武内今日子
TAKEUCHI Kyoko

非二元的な性を生きる

性的マイノリティのカテゴリー運用史

明石書店

凡　例

・引用文中の（注：）は筆者による内容の補足をあらわす。
・文献の引用に際しては、基本的には「社会学評論スタイルガイド」（2018）に依拠したが、
　著者名がデッドネーム（トランスジェンダー／ノンバイナリー当事者が名前を変更する前
　に用いていたが、現在は用いていない名前）であることが明らかな場合、「Style Guide for
　the Bulletin of Applied Transgender Studies」（2021）や「MLA Handbook」（2021）の記載
　にならい、当事者のアイデンティティを尊重するために、名前の変更前に書かれた文献に
　ついても現在の名前を記載するようにした。

はじめに

　本書は、「男」「女」に当てはまらない非二元的な性を表すカテゴリーが、いかにして用いられ、性の理解や自己知をめぐるいかなる実践を人びとに可能にしてきたのかを明らかにするものである。そのために、1990年代以降の日本において非二元的な性のカテゴリーがいかに用いられてきたのか、そして現在自明視されている諸カテゴリーが人びとにいかなる可能性や限界をもたらしてきたのかを描き出すことをめざす。

　「LGBTQ」が大衆メディアで大きく取り上げられる近年、「トランスジェンダー」、「Xジェンダー」、「ノンバイナリー」など、ジェンダー・モダリティや性自認が非規範的である人びとを表すさまざまなカテゴリーが可視化されている。さらに、トランスジェンダーやXジェンダー、ノンバイナリーの人びとに関する解説書が出され（Label X編 2016; Young 2019=2021）、非二元的な性のアイデンティティをもつ人びととの生きづらさの所在やその乗り越えの方途を探ろうとする研究も蓄積されてきた（中村 2005; Dale 2014; 石井 2018）。

　こうした人びととの経験において、十分に描かれてこなかったが重要な側面として、「トランスジェンダー」や「Xジェンダー」、「ノンバイナリー」といった性のあり方を表すカテゴリーが人びとに何を可能にしてきたかという問いがある。これらのカテゴリーは現在、メディア等を通じて社会に浸透しつつあり、カテゴリーのもとでようやく自らの性のあり方をうまく表せるようになったという語りがある一方で、カテゴリーが個々人の性を表しきれないという語り、

＊1　ジェンダー・モダリティ（gender modality）は、出生時に割り当てられた性と性自認との関係のありようを表す概念としてF. アシュリー（2021）によって提起された。この概念はシスジェンダー／トランスジェンダーだけでなく、この二分法によって不可視化されやすい多様な立場を包含しうる。

カテゴリーに自己を位置づけられないという語りも多くみられる。それでも、さまざまなカテゴリーが多くの人びとの実践が関わり合って生み出され、用いられてきたことは、当たり前のことではない。I.ハッキング（1995=1998）が述べるように、新たなカテゴリーを知ることは新たな経験解釈の可能性をもたらし、時に人びとがさらに別のカテゴリーをつくり出していくことにつながってきた。

　そこで本書は、「トランスジェンダーの人びと」「Xジェンダーの人びと」といったカテゴリー集団を自明視せずに、性のカテゴリーが人びとに用いられている仕方、すなわちカテゴリーの運用を考察の対象としている。

　とりわけ本書が焦点を当てるのは、「オーバージェンダー」や「Xジェンダー」、「ノンバイナリー」といった男女のいずれかには当てはまらない非二元的な性のカテゴリーである。これには、先行研究において二元的な性自認をもつトランスジェンダーの人びとについて主に検討されてきたという理由もある。ただそれだけでなく、非二元的な性のカテゴリー運用をめぐるさまざまな実践を見ていくことは、翻って「トランスジェンダー」や「性同一性障害」など、日本社会に先行して浸透していった諸カテゴリーがどのような影響を人びとにもたらしたのかを映し出すことにつながると考えている。こうした他のカテゴリーとの関係のもとで、さまざまな非二元的な性のカテゴリーが特定の時期や場においていかに意味づけられ、何を人びとに可能にしてきたのかを、本書を通じて明らかにしていきたい。

　本書が依拠するのは、29人におこなったインタビュー・データや、ミニコミ誌等の文献の分析である。振り返ると、私が「Xジェンダー」を知ったのは2014年、学部2年生の頃だった。非二元的な性のカテゴリーの存在は、二元的な性の観念から距離をとり、自分の人生を別の仕方で振り返り、これからの生き方の新たな可能性を朧げにとらえるような経験をもたらした。その後多くの非二元的な性を生きる人びとに話を聞くうちに、時期や属していた場によって異なるXジェンダー観があること、「Xジェンダー」以外にも「オーバージェンダー」や「インタージェンダー」など非二元的な性を表すさまざまなカテゴリーが用いられてきたことを知り、さらに調査を進めていくようになった。本書の調査を支えたのは、自己を位置づける性のカテゴリーが揺らぎ続けてきた

自分の経験を多少なりとも言語化し、先人たちの足どりをたどっていきたいという私自身の、そして自らの活動や人生の軌跡を遺そうとする調査協力者たちの、抜き差しならない想いでもある。

　加えて、性の非二元的なカテゴリーの運用の変遷や、それにかかわる個々人やグループの活動、オフライン／オンラインでのネットワーキング、性的／恋愛的惹かれ、「性同一性障害」医療との距離感、性別欄などの制度への働きかけといった多様な要素を描き出すことは、現在に至るまで生じている、非二元的な性を生きる人びとの生が軽視される傾向に抗することも意味する。男女の二つの性別しかないという性別二元論が自明とされる社会において、非二元的な性を生きる人びとは数多くの障壁に直面し、信頼できる情報も得にくく、とかく生きづらい。「ノンバイナリー」が可視化されている現在も、非二元的な性は、しばしば一時的なブームや一過性のアイデンティティ、二元的なジェンダー役割からの「逃げ」として否定的にとらえられることがある。こうした状況においてこそ、非二元的な性を生きようとしてきた先人たちの入り組んだ足どりをつぶさにたどることが必要とされている。

非二元的な性を生きる

性的マイノリティのカテゴリー運用史

目　次

第 1 章

序論
── ジェンダー非順応な人びとのカテゴリーを
問いなおす

本章では、非二元的な性のカテゴリーをめぐる社会的背景を先行研究に基づいて確認し、問題設定を示す。まず、性的マイノリティを表すカテゴリーにどのようなものがあるのかを説明する（1.1）。次に、とくに出生時に割り当てられた性別と異なるジェンダーを生きる人びとの置かれた状況を整理し、その社会的処遇の定まらなさを指摘する（1.2）。さらに、このような状況において当事者の主張は社会的処遇に影響しうるが、当事者によるカテゴリーの運用にも対立や摩擦が生じており、そのカテゴリーの運用を探る必要があることを示す（1.3）。最後に、本書全体の目的や意義、構成を各章の概要とともに述べる（1.4）。

1.1　ジェンダー非順応な人びとを表すさまざまなカテゴリー

　本書では、「トランスジェンダーの人びと」「Xジェンダーの人びと」といったカテゴリー集団を自明視せず、性のカテゴリーが人びとに用いられている仕方を検討していくことをめざしている。

　そこで、本書が検討していく現在定着しているカテゴリーについて、とくに出生時に割り当てられた性別とは異なるジェンダーを生きる人びとに関するものを中心に整理していきたい。本節で説明していく用語は、性的マイノリティの人びとが自己を表現する際に参照しているものだが、のちに本書が分析するように、それをどのような意味で用いているのかは歴史的に変容し、個々人によっても異なる部分がある。それゆえ、以下でおこなうのはあくまでも便宜的な説明とならざるをえない。それでも、現在流通している性的マイノリティをめぐるカテゴリーの布置を理解し、私たちがいかなるカテゴリー化をおこなっているかをまずは確認していくことが必要だろう。

　まず、男女のいずれかに人びとが属していることは、社会において自明であるとされやすい。たとえば、人びとは出生するとすぐに男女のいずれかの性別に割り当てられ、身体的性分化が非定型的であると医学的にみなされた者は、「性分化疾患」（DSD: Disorders of Sex Development）として分類される。加えて、通常男女のいずれかへの性別の見分けは、服装などの手がかりを解釈する過程を経ることなく即座におこなわれているという（K. Phoenix 2009: 41-65）。さらに、性別が重要な意味をもつ局面とそうでない局面はあるものの、名づけや書

類における性別欄、男女別の空間などのさまざまな社会的装置は、人びとを男女の二元的なジェンダーに割り当ててきたと言える。

　加えて、人びとが出生時の割り当てと同じジェンダーを生きる「シスジェンダー」であることも前提とされやすいが、出生時に割り当てられた性別とは異なるジェンダーを生きている「トランスジェンダー」の人びとの存在も知られている。たとえば、日本において異性装者は古くから存在していたことが指摘されているほか、とくに1980年代以降、出生時に男性と割り当てられ女性としてバーやヘルスなどの職業に従事する「ニューハーフ」の存在は、メディアを通じてひろく知られてきた（三橋 2008）。

　「トランスジェンダー」は1980年代後半から日本で用いられており、1990年代には出生時に割り当てられた性別とは異なるジェンダーを生きる人びとを包括するカテゴリーとして、もしくはそのうち手術を望まない者を表すカテゴリーとして用いられた。2000年代に医学上の診断概念である「性同一性障害」（Gender Identity Disorder: GID）が普及してからは、「トランスジェンダー」は当事者間で医学的なGID概念に対抗して自己決定や生き方を強調する概念として広まっていく（山田 2020）。ただし日本においては、「GID」が現在も大衆メディアを通じて知られており、「トランスジェンダー」が「GID」と区別されずに"からだとこころの不一致"という文言によって説明されることもある（東 2017）。藤高和輝（2022）が述べるように、「トランスジェンダー」は、時期や属するグループ、個々人の考え方によって異なる意味を付与されて名乗られている。

　さらに、男女のいずれかには当てはまらない性自認を表すカテゴリーとして、「Xジェンダー」や「ノンバイナリー」などがある。「Xジェンダー」は、「両性」「中性」「無性」「不定性」という下位カテゴリーをもつ（Dale 2014; Label X 編 2016）。「Xジェンダー」と同様のカテゴリーとして、英語圏でも「ジェンダークィア（genderqueer）」や「ノンバイナリー（non-binary）」、「エイジェンダー（agender）」などが用いられている（Darwin 2017）。このような非二元的な性自認のカテゴリーは、GIDのように医学的な診断基準をもつわけではない。むしろ当事者は、「トランスジェンダー」と同様に、これらのカテゴリーを独自に解釈しつつ自己を表現している。

　本書では、当事者が特定の時期や場で用いている自己表現を尊重することを

原則としつつ、さまざまなアイデンティティをもつ、出生時に割り当てられた性別と異なるジェンダーを生きる／生きようとする人びとを指す包括的な表記が必要な場合には、“ジェンダー非順応な人びと”[*1]を用いる。この表現は、日本において当事者が自己を表現するうえで用いられているわけではない。しかしだからこそ、多様で時間的にも変化する当事者のさまざまな用語法によらずにかれら[*2]を包括的に指示できるため、当事者が諸カテゴリーを用いる複雑な様相やその変遷を記述していくという本書の目的のもとでは適切だと言える。それゆえ、出生時に割り当てられた性別とは異なるジェンダーを生きる人びとを包括的に言及する語として、“ジェンダー非順応な人びと”を便宜的に用いる。

　加えて、ジェンダー非順応な人びとは、自らの出生時に割り当てられた性別と性自認のあり方の組み合わせを簡略化して表すことがあり、本書もそれにならってかれらを表記する。出生時男性として割り当てられ女性としての性自認をもつ人びとはMtF（Male to Female）またはトランスジェンダー女性（トランス女性）、出生時女性として割り当てられ男性としての性自認をもつ人びとはFtM（Female to Male）またはトランスジェンダー男性（トランス男性）と表記されてきた。[*3]同様に、出生時男性として割り当てられ男女いずれでもない性自認をもつ人びとをMtX（Male to X）、出生時女性として割り当てられ男女いずれでもない性自認をもつ人びとをFtX（Female to X）と表記することができる。

1.2　ジェンダー非順応な人びとをめぐる社会的処遇の定まらなさ

　このようにジェンダー非順応な人びとに関して、「GID」という医学的な概念を含むさまざまなカテゴリーが用いられている状況がまさに映し出している

＊1　この語の発想のもとには、近年英語圏の研究において出生時に割り当てられた性別と異なるジェンダーを生きる人びとを包括して用いられることもある gender-nonconforming people や gender diverse people がある。これらの語の意味づけもそれ自体論争的ではあるが、これらは「トランスジェンダー」を自認しないが、「シスジェンダー」とは異なるジェンダー・モダリティをもつ人びとに配慮しようとする傾向から生じていると考えられる。

＊2　本書では「かれら」という語を、性別を指定しない複数形の代名詞として用いる。

＊3　基本的にはMtF、FtMと表記するが、資料によってはMTF、FTMのように、大文字のTが同じ意味で用いられることもある。なお近年では、MtFやFtMという表現よりも、トランスジェンダー女性やトランスジェンダー男性という表現のほうが、本人の性自認を尊重しているとみなされることがある。本書の分析では、あくまでも特定の時期や場でいかなる表現がいかなる意味で用いられているかを重視したい。

16

ように、ジェンダー非順応な人びとをめぐる社会的処遇は定まっていない。その定まらなさは、日常的・医学的・法的処遇の水準で見てとることができ、それらは相互に密接な関係があるため、まずはその現状を整理する必要がある。

　日常的な水準において、私たちを取り巻く環境は多くの場合、「シスジェンダー」であることや、性別二元論を前提としている。それゆえ、ジェンダー非順応な人びとは生活全般において困難を経験しているが、それらに対処するための方針は定まっていない。たとえば、更衣室やトイレを利用するときや健康診断を受けるとき、多くの場合二元的なジェンダーによって空間が規定されており、どのジェンダーの人でも使える空間や個別の空間はあらかじめ用意されていないことが多い。あるいは保険証やパスポートなどの性別欄は、日本では二元的なジェンダーしか選択肢になく、性別移行中の人びとや非二元的な性を生きる人びとに困難をもたらしている。生活上の困難を量的に把握しようとするときにも、ジェンダー非順応であることやさまざまな性自認を人びとがもちうることを含みこんだ質問項目をどのように設計するかは、議論の途上にある。そしてこうした日常的な困難は、身分証の性別を規定している医学的・法的水準の性別とも密接にかかわりあっている。

　医学的な水準において、国際的に使用されている疾病分類におけるジェンダー非順応の扱いの変遷からは、その処遇の定まらなさが読み取れる。アメリカ精神医学会が作成している「DSM」という疾病分類では、1980年のDSM-Ⅲで、はじめて「性同一性障害」が診断名として用いられている。その中核となる要素は、「反対の性（sex）」に対する強く持続的な同一感と現在の性に対する持続的な違和感及び苦痛であり、性別二元論を前提としている（APA 1987=1988: 69）。とはいえDSM-Ⅲ以降、DSMは記述的に症状のあり方を定義するようになり（APA 1987=1988: 7）、「特定不能の」というカテゴリーをそれぞれの疾患に設けるようになる。[*4] 2013年のDSM-5においては、多様な当事者の存在を背景に、より記述的に診断される「性別違和（Gender Dysphoria）」が採用された。

＊4　「特定不能の性同一性障害」というカテゴリーは、DSM-ⅣやDSM-Ⅳ-TRにおいても存在する。その例として、①半陰陽状態に性別に関する不快感を伴っているもの、②一過性のストレスに関連した服装倒錯行動、③去勢や陰茎切除の考えに持続的にとらわれていて、反対の性の特徴を獲得したい欲求は伴っていないものが挙げられている（APA 1994=1996; APA 2000=2002）。

WHOが作成している「ICD」という疾病分類においても、「性同一性障害」は精神疾患に分類されていたが、2018年に公表され2022年に発効したICD-11では精神疾患ではなく、「性の健康に関連する状態」という新設される章に「性別不合（Gender Incongruence）」として分類されている。したがって、「性同一性障害」は現在の国際的疾病分類では用いられておらず、ジェンダー非順応な人びとは医療を必要とする場合もあるが、それは精神疾患ではなく、「性の健康に関連する状態」として分類されるようになっている。

　関連して、日本におけるGID医療の錯綜した状況に目を向けたい。日本では戦後からジェンダー非順応な人びとに対する「性転換手術」が実施されていたが、これは1990年代中頃までは「GID医療」としておこなわれていたわけではなかった。「性転換手術」は、1952年末から1953年末にかけて、アメリカ人のクリスティーン・ヨルゲンセンの「性転換」が大きく報道されたことも影響して、日本でもおこなわれるようになっていた。しかし、「性転換」した男娼が増加するなかで、1965年10月に3人の男娼に対して「性転換手術」を行った医師が優生保護法28条違反の容疑で摘発される「ブルーボーイ事件」が起こる。この事件は、国内における「性転換手術」は非合法であるという認識を医療者にもたらし、ジェンダー非順応な人びとに対する医療の不可視化を招いた（三橋 2003b: 108-9）。

　GID医療がおこなわれるようになるのは1990年代中頃であり、それ以降大衆メディアを通じてGID概念がひろく知られるようになる。すでに1982年にはGID概念を紹介しているDSM-Ⅲが、また1992年にはICD-10が日本語に翻訳されていた（高田 1998）。そして1995年5月、埼玉医科大学においてFtMのGID患者に対する性別適合手術（SRS）の実施が同大倫理委員会に申請されると、1996年7月、同委員会がGID患者に対するSRSを正当な医療行為であると答申している。その後専門チームが編成され、1997年5月には精神神経学会特別委員会が、GIDの診断と治療に関するガイドラインを承認し、1998年には手術が実施された。2002年頃以降、日本においてGID概念は、「3年B組金八先生」といったテレビドラマや大衆メディアの報道などを通じてひろく認知され（K. Phoenix 2009: 178-80）、現在も「性別違和」とともに医学的診断に用いられている。

　GIDのガイドラインは、カウンセリング、ホルモン療法、手術療法からなる性別移行のルートをジェンダー非順応な人びとに示してきた。第一段階の精神科でのカウンセリングでは、GIDの診断を与えるかどうかが決められる。しかし、GIDかどうかは、器質的に判断できるものではない。それゆえこのカウンセリングは、医師が性別違和感に関する語りを聞き取り、患者の社会適応の状況や反対の性別として生活していく見通しを調べるためにおこなわれ、当事者は移行する性別の外見やふるまいを呈示してきた（K. Phoenix 2009: 109-24）。第二段階のホルモン療法は、エストロゲンやプロゲステロン、テストステロンといった性ホルモンを投与する治療法であり、第三段階の性別適合手術は、生殖器を取ったり性器の外観を希望する性別に典型的とされる形状に変えたりする手術である。このガイドラインには数回の改訂が加えられ、当事者の多様性への対応および治療の選択における当事者の自己責任が強調されるようになる（石井 2018: 109-11）。

　ただし、これらの医療が部分的にしか保険適用の対象とならないことは、当事者によって問題視されている。すなわち、性別適合手術は2018年から保険適用対象となったが、ホルモン療法は現在も保険適用対象外となっているのである。手術を望む人の多くはホルモン療法を手術前におこなうことになるが、保険診療と自由診療を併用する「混合診療」は原則禁止となっているため、実質的に保険適用の恩恵を受けられる人はごく少数となっている現状がある。

　加えて、「GID」や「性別違和」という診断のもとでなされる治療は、ジェンダー非順応な人びとの要求の変化や多様性を考慮しようとしてきたが、適切な方針がとられていない。K. Phoenix（2009: 180）によれば、「GID」が大衆メディアを通してひろく知られるようになった結果、「GID」かどうかわからない人や治療を迷う人が"自分探し"のためにカウンセリングを受けるようになっている。これらをふまえて医療者のカウンセリングのあり方も、患者の「女らしさ」、「男らしさ」のステレオタイプを助長するよりは、「反対の性であるというゆるぎない確信」と、「周囲からどれだけ理解されているか」を重要視するものに変わってきているという（K. Phoenix 2010）。しかし、非二元的な身体の性的特徴を望むことや、非二元的な性を生きることによる心理的な苦悩に対して、医療側は適切な方針をもたず、GIDの治療方針に準じて対応してい

る現状がある（針間 2016）。

　そしてジェンダー非順応な人びとをめぐる法的処遇も、限界をもつGID医療を組み込むかたちで成り立っている。2003年、「性同一性障害者の性別の取扱いの特例に関する法律」（以下、「特例法」と表記する）が戸籍法に対する特別法として制定されると、二人以上の医師によって「性同一性障害」であると診断され、以下の要件を満たした人のみ戸籍上の性別を変更できるようになった。すなわち、①20歳以上であること^{*5}、②現に婚姻をしていないこと、③現に子がいないこと^{*6}、④生殖腺がないこと又は生殖腺の機能を永続的に欠く状態にあること^{*7}、⑤その身体について他の性別に係る身体の性器に係る部分に近似する外観を備えていることである。これらの要件のうち、④と⑤の要件を満たすにはSRSを受ける必要がある。つまり特例法は、GID医療のガイドラインに依拠しており、ジェンダー非順応な人びとをめぐる法的処遇に際してその有効性を認めているのである。しかし、当事者からは排除的な要件がかねてから問題視されており、特例法は大きな限界を抱え込んでいる。このように、ジェンダー非順応な人びとの処遇をめぐる方針は論争的なものであり続けている。

1.3　カテゴリーをめぐるコンフリクト

　これらのジェンダー非順応な人びとの社会的処遇に対しては、とりわけ当事者による理解や主張が影響力をもちうるが、かれらの立場や主張も一枚岩ではない。実際、GID医療や特例法の制定が進められていく契機となったのは当事者による訴えであった。しかし、当事者はジェンダー非順応であることを、「障害」と認識することもあれば、ライフスタイルの一つであると考えることもある。三橋順子が指摘しているように、自分をGIDであると考え、性別移行をおこなってマジョリティの男女のなかに溶けこんで生きていこうとする人と、医療に頼らずに自ら性別違和感に折り合いをつけながらマイノリティとして

　＊5　この要件は、成人年齢の引き下げに伴い「18歳以上であること」となった。
　＊6　この要件は、2008年にGID当事者の要望に応じるかたちで「現に未成年の子がいないこと」と改正されている。
　＊7　この要件は、2023年10月に憲法違反であるとの最高裁判所判決が出ている。

生きていこうとする人では、処遇をめぐる意見は対立しうる（米沢編 2003: 248）。

　ジェンダー非順応な人びとを表すさまざまなカテゴリーは、これらの対立を反映して名乗られており、その運用には制度的な問題が生じさせた排除や序列が伴われている。三橋（2003b: 114-6）によれば、1990年代後半において、手術をおこなわない狭義の「TG（Transgender）」（トランスジェンダー）を、手術をおこなう「TS（Transsexual）」（トランスセクシュアル）と、異性装者である「TV（Transvestite）」（トランスヴェスタイト）の中間に位置づけ、「TS」を上位、「TG」を中位、「TV」を下位とする階層意識が一部の当事者の間で生じていたという。これはGID当事者を選定しようとするGIDのガイドラインが、男女いずれかのあり方やそのステレオタイプ的な表現を絶対視する規範を生んだことの帰結でもある。

　加えて、特例法はGIDを名乗る人に分断をもたらし、手術を必要としていない人まで手術を希望することになるという帰結をもたらすこともあった（中村 2011; 吉野 2008）。ほかにも、この法律制定がもたらした分断として、「現に子がいないこと」という要件は「子有り」「子無し」というカテゴリーを生み出し、「男性器で性行為をした人の心が女性であるはずがない」といった差別のための論理によって「子有り」バッシングを当事者間に生じさせた（三橋 2010: 179-191）。

　特例法が定めた性別変更の要件のうち、とくに手術要件に対しては、国際的な批判が寄せられてきた。たとえば、トランスジェンダーの健康に関する世界最大の国際学会であるWPATH（2019）は、「有害で非科学的な要素を含んでおり、トランスジェンダーの人びとの健康の保護と増進に関する国際的なコンセンサスから逸脱している」として特例法を批判し、医学的・外科的・精神保健的治療および診断の有無は性自認の的確な指標とならないため、法的な性別変更の要件にしてはならないという勧告を厚生労働大臣および法務大臣宛に出している。実際、英国やデンマーク、アルゼンチン、ニュージーランドなど、手術を要件とせず、本人の申告だけで性別変更をおこなうことのできる国は増加している。

　もっとも、GIDをめぐる制度的問題は、ガイドラインが版を重ねることなどによって徐々に改善され、より多様な自己像をもつ当事者の存在が可視化さ

れていった部分もある。たとえば、DSMにおいて「GID」に代わって導入された「性別違和」は、非二元的な性を生きる人びとをも包含しうる概念である（松永 2014; 吉野 2020）。S. モンロー（2005: 89-90）は、このようなジェンダーに基づく不必要な区分をなくそうとする変化を脱ジェンダー化（degendering）と呼び、ほかにも手術などの制限的な要件を外したりジェンダー平等一般に資する取り組みをしたりするジェンダー二元論の拡大（the broadening gender binaries）や、言語や文書に追加のジェンダー・カテゴリーを作成することでジェンダーの流動性や中性性を支持しようとするジェンダー多元化（gender pluralism）もおこなわれていると指摘する。これらの制度的変遷は、社会がより多様なジェンダー非順応な人びとを承認するようになったことを示しており、その結果、かれらは「GID」や「TS」などのカテゴリーから自己を差異化して独自の自己像を追求しているのだと論じられている（石井 2012）。

　ところが、多様なジェンダーの承認へと社会が向かっているという一方向的な時代診断ではとらえられないような排除も新たに生じている。すなわち、一見多様性の増大としてとらえられそうな男女に当てはまらない性自認のカテゴリーの承認においても、排除が伴うことが指摘されているのである。たとえば、近年ではオーストラリアにおける「X」やインドやネパールにおける「Others」といった、第三ジェンダーの法制化が進められている。[*8] しかし、ネパール人移民の経験から第三ジェンダーの承認の可能性を探ったS. アボイムによれば、ジェンダー非順応な人びとが第三ジェンダーの規範に束縛されたり、周囲の人びとや制度から疎外されたりすることがある（Aboim 2020: 236-8）。すなわち法的な第三ジェンダー・モデルは、自分のジェンダーを肯定し、自分の存在を公的に認めてもらうための個人の道徳的な権利をむしろ制限する場合もあるのである。

　このように、ジェンダー非順応な人びとをめぐるカテゴリーの運用には、当事者間におけるコンフリクトが存在し、非二元的な性を包摂しようとするような制度的変化にもかかわらず、一部の当事者の排除が生じている状況がある。

　＊8　第三ジェンダーの法制化を進める国の多くはコモンロー・システムをとっており、個人情報を集積する一つの中心的な登録簿をもたないため、それぞれの書類に第三ジェンダー表記を導入しやすいという（Holzer 2020）。

1.4　本書の目的と構成

　本節では、これらのジェンダー非順応な人びとをめぐる論争的な社会的状況をふまえ、本書の目的と構成を述べる。

　ここまで論じてきたように、さまざまな性のカテゴリーの運用をめぐって、当事者間でのコンフリクトや制度による排除が伴われている。そしてこうした問題の一端には、さまざまなカテゴリーの布置が複雑化し不明確となっていることが関わっている。そうであれば、日本社会におけるジェンダー非順応をめぐる諸カテゴリーが、とりわけ当事者によってどのように相互に差異化され、自らの経験や人びとの集団を指示するものとして観念されてきたのかを明らかにすることが求められるだろう。

　こうした問題解決のために、ジェンダー非順応であることで生じる日常的な困難や、特定の制度的承認の是非を規範的に論じていくような方向性もありうる。しかしまずもって重要なのは、そうした規範的な議論の前提として、かれらがいかにして自らの性をめぐる経験を把握し、他者から性を意味づけられるなかで生じる困難に対処しているのか、そしていかにして社会的処遇をめぐってカテゴリーに同一化したり差異化したりしているのかということだろう。それによって、現在制度的に用いられている性のカテゴリーが社会のなかでいかなる限界を抱え込んでいるのかもより明晰に見出されうる。カテゴリー運用の実態の解明は、それによるコンフリクトや排除といった問題を解決していくための出発点となるのである。それゆえ本書では、ジェンダー非順応な人びとをめぐるカテゴリー運用の歴史的変遷を明らかにする。

　さらに、ジェンダー非順応をめぐるさまざまなカテゴリーの運用からは、現在自明のものとして説明の前提とされている性の諸カテゴリーが人びとの自己知や行為の可能性をもたらす仕方を読み取りうる。すなわち、本書が焦点を当てるのは、ジェンダー非順応な人びとが抱える困難や生きづらさの経験それ自体というよりも、特定の制度や人びとの活動の文脈において、「ジェンダー」「性自認」「性的指向」「トランスジェンダー」「X ジェンダー」といった性をめぐるカテゴリーが、人びとにいかなる性の理解や自己知をもたらし、性をめぐ

る規範とどのように結びついてきたか、という問いである。このように、ジェンダー非順応をめぐるカテゴリーの運用を研究の主題とすることは、ジェンダー非順応な人びとが自らの存在を主体的に語ることを通して、性をめぐる知識のありようを捉えなおし、自己をより適切に表そうとしてきた仕方を明らかにするうえでも意義をもつ。

　これらの目的のためには、ジェンダー非順応な人びとがいかにしてカテゴリーを用い、それによってどのような実践が可能になっているのか、かれら自身がおこなう活動を描き出す必要があると考えられる。そのために本書では、性的マイノリティ専門誌やインターネット上のテクスト、ジェンダー非順応な人びとを対象とするインタビューを文字化したテクストの調査をおこない、カテゴリーの用いられ方を中心に分析する。

　最後に、本書全体の構成を示す。ここまで第1章において、性的マイノリティを表す一般的な用語を整理し、ジェンダー非順応な人びとをめぐる社会的状況を記述してきた。そして本書が、現在のジェンダー非順応な人びとのカテゴリーをめぐる実践の歴史やその限界を示し、自明視されている性の諸カテゴリーそのものへも再考を迫るものであるとして、その意義を説明してきた。

　そのうえでまず第2章では、英語圏および日本におけるジェンダー非順応な人びとを対象とする先行研究を検討し、カテゴリーの運用を分析するという本書の視座について説明する。まず、先行研究では、「男」「女」「GID」などの性のカテゴリーに付随する規範が析出されてきたものの、非二元的な性のカテゴリーが可能にする性の理解や自己知が十分に探究されていないことを指摘する。加えて、ジェンダー非順応な人びとを対象とする歴史的研究においても、女装コミュニティ史が中心となり、非二元的な性のカテゴリーには着目されてこないか、非二元的な性はGID概念では表せない性自認の多様化の傾向のなかで読解されてきた。これらを乗り越えるために、I. ハッキング（1986=2000, 1995=1998）らの議論を参照し、非二元的な性をめぐるさまざまなカテゴリーが歴史的・社会的状況のなかで用いられ、意味づけられる仕方を探ることの必要性を述べる。

　第3章では、本書が実施した調査の概要を説明する。具体的には、1980年代から2010年代に出版された、性的マイノリティが自ら情報や意見を発信して

いる文献と、29名の当事者におこなった半構造化インタビューのデータを分析対象とすることを説明する。加えて、これらの多様な資料に基づいて性のカテゴリーが用いられる仕方を分析する方針を示す。

　第4章から第7章にかけては、分析結果として、単に多様な性自認の可視化の傾向としては整理できないような、特定のコミュニティでの実践を背景にカテゴリーへの同一化と差異化がせめぎ合うジェンダー非順応な人びとの経験の歴史が示される。

　第4章では、1990年代後半における「オーバージェンダー」や「インタージェンダー」に着目し、女装者のネットワークにおいてどのような語が非二元的な性を表すカテゴリーとして用いられ、しかし忘れられていったのかを分析する。1990年代から一部の当事者は自己を非二元的な仕方で位置づけようと試みていたが、この時期に「男」「女」ではないことを表現する動きはほとんど可視化されないか、否定的に意味づけられていたことを論じる。

　第5章では、1990年代末頃GIDのガイドラインが制定された時期に、男女の二元的な性別移行を進めることが規範的なふるまいとされた一方で、一部の関西のグループにおいては、性別二元論への批判や性別移行の規範へのついていけなさを「FtX」や「MtX」というカテゴリーのもとで当事者自身が主張していたことを明らかにする。このとき、バイセクシュアル概念が「X」の名乗りに関連する仕方、当時のトランス当事者のグループのなかでも非規範的な性のあり方をしていたグループ代表者の果たした役割、グループ内でメンバーが「X」の名乗りを可能にするためにおこなった実践を詳細に描き出していく。

　第6章では、2001年頃から2010年頃にかけて、GID概念が社会に普及していき、それに対してトランスジェンダー概念のもとで脱医療化や自己決定を強調する言論活動が活発化するなか、「X」が関西の文脈をこえていかにして名乗られていったのかを論じる。「X」は手術などの医学的治療をおこなわないことを表明する概念として、あるいはHPやmixi上で語りの場を立ち上げ、「中性」「両性」といったさまざまな立場を表明する概念として用いられていく。この時期には、「X」が「トランスジェンダー」の下位カテゴリーとして位置づけられなくなる傾向も示される。

　第7章では、2010年代にいかにして「Xジェンダー」や「ノンバイナリー」

が社会に広まり、非二元的な性を生きる人びとがどのように相互にカテゴリー化しているのかを論じる。「Xジェンダー」はTwitter（現X）や匿名掲示板上でその定義をめぐる論争を経て、個々による定義づけを重視する概念として、出生時に割り当てられた性別から切り離されるかたちで理解されるようになる。インターネット上の記事を通じて英語圏から流入した「ノンバイナリー」「クィア」等の概念が複数の仕方で意味づけられたことは、それらとの関係によって「Xジェンダー」の位置づけを明確にすることにもつながっていく。

　第8章では、ここまで論じてきたような非二元的な性のカテゴリーのもとで、人びとが自己を位置づけるいかなる実践がおこなわれているのかを論じる。ここで読み取れるのは、同性愛者のグループなど多岐にわたるコミュニティを渡り歩いた人びとと、トランス・コミュニティにおける経験を経た人びと、2010年代に「Xジェンダー」を知った人びとなど、個々人が異なる時期や場に属していたことで得られた知識が、自己定位の実践に織り込まれていく仕方である。Xジェンダー観の違いのもとで、カテゴリーの意味を曖昧なままにしようとする活動と、カテゴリーの意味を厳密化して医療化を求める活動が同時に発生し、そこで協働や矛盾をはらむ複数の実践がおこなわれていることも示される。

　第9章では、本書の内容をまとめたうえで、その意義と展望を論じる。

第 2 章

先行研究の検討と問いの所在

前章では、ジェンダー非順応な人びとをめぐる社会的処遇をたどり、かれら
の活動においてカテゴリーの運用が重要な意味をもち、その歴史的変遷を探る
ことが現状の性の諸カテゴリーをめぐる実践を捉えなおすことにつながること
を示してきた。前章でも述べたように、本書はこのようなカテゴリーをめぐる
実践の変遷を、とりわけ非二元的な性のカテゴリーの運用に着目することで明
らかにしようとするものである。そこで本章では、性的マイノリティ、とりわ
けジェンダー非順応な人びとを対象としてきた研究を中心に先行研究を整理し、
本書が具体的に取り組むべき作業とその意義について述べる。

　まず、性的マイノリティの運動におけるカテゴリーの使用に関する規範的な
議論を整理し、さらにジェンダー非順応な人びとの語りに依拠するかたちで、
二元的なジェンダー規範や性別移行の規範が描かれてきたことを示す（2.1）。
次に、「性同一性障害（GID）」や「トランスジェンダー」などの語が名乗られ
る多様な実践をまとめ、その実践の歴史が明らかでないことを指摘する（2.2）。
そこで、ジェンダー非順応な人びとの歴史をたどる研究を整理し、カテゴリー
集団や二元的な性を自明視しない歴史記述をさらに探究する必要性を説明する
（2.3）。最後に、先行研究の課題を述べ、非二元的な性のカテゴリーがもたら
す経験理解の可能性を探っていくという本書の視座を示す（2.4）。

2.1　ジェンダー非順応な人びとをめぐるカテゴリーと性規範

　まず、性的マイノリティを表すさまざまなカテゴリーを用いる仕方が、性的
マイノリティの活動と連動するかたちで、学問的にも重要な論点となってきた
ことを確認し（2.1.1）、規範的な議論だけでなく、ジェンダー非順応な人びと
の実践から性別二元論が相互行為において成り立つ仕方が論じられてきたこと
を示す（2.1.2）。

2.1.1　性的マイノリティの運動におけるカテゴリーをめぐる規範的主張
　性的マイノリティの権利獲得運動の機運のもと、社会的な病理として扱われ
がちであった性的マイノリティの存在を学問の組上に載せてきたゲイ・レズビ
アンスタディーズにおいて、「ゲイ」や「レズビアン」といったカテゴリーの

もとで集合的アイデンティティを獲得し、同性愛者としての権利を社会に主張することが重視されてきた。このようなカテゴリーについては、他者に自らの性を伝えるカミングアウトの実践が、同性愛者における共通の物語や歴史、帰属感を創り出してきた（Weeks 2007=2015: 144-50）。欧米では、1969 年にニューヨークで起こったストーンウォール事件を代表的なものとして、1960 年代後半に同時多発的に生じた同性愛者差別事件への抗議活動を契機に、「ゲイ」としてのカミングアウトが社会を変革するための政治的な意味をもつようになる。

　しかし、性を語るカミングアウトの実践に解放の可能性を見出す議論には、疑念も向けられ始める。M. フーコーは、『性の歴史 I　知への意志』（Foucault 1976=1986）において、17 世紀以降近代のキリスト教社会では性は抑圧されており性について語ることはタブーとされたという「抑圧仮説」を否定し、むしろ人びとが性について積極的に語ることによって、性に関わる「知」と、その知を媒介とする権力が構築されてきたと論じた。フーコーの議論に依拠すれば、告白としてのカミングアウトは結局のところ、局所的に存在する権力への従属を意味し、セクシュアリティの装置の中核にとどまり続けることになると解釈されうる。それゆえに、「最終的にセクシュアリティの装置の外部に出るためにはたとえそれが肯定的な価値を持つカテゴリーであれ、性のタームで自己同一性を得ることから脱出しなければならない」（赤川 1996: 132）といった、脱アイデンティティの議論もなされるようになる。

　日本においても 1990 年代はじめ、同性愛者団体「動くゲイとレズビアンの会」（以下、略称であるアカーと表記）が差別的扱いを受けた「府中青年の家」事件によって、同性愛者差別の現状が顕在化する。風間孝（2002）はフーコーの議論を摂取しつつも、「ゲイ」であることのカミングアウトを、同性愛嫌悪〔ホモフォビア〕への抵抗の手段として肯定的に位置づけた。風間（2002）は、脱アイデンティティをめざすべきとする主張が、セクシュアリティの装置の内部にあるにもかかわらず自らの位置づけを問いたださないことで成立しており、権力装置への抵抗を構想しえないとして批判する。そこで風間（2002）は、権力関係のなかにとどまりつつも、異性愛規範に依拠する公／私の境界を再定義していく政治的抵抗の実践としてカミングアウトを捉えなおそうとするのである。

　レズビアンの人びとにおいても同様の関心のもと、女性として生きるうえで

経験しやすい固有の困難が指摘されている。たとえば、日本において「レズビアン」は、ポルノグラフィのなかに登場する、性的な存在や女性を支配する男性的な存在として意味づけられがちだった（掛札 1992: 10; 杉浦 2006）。それゆえに、カミングアウトをおこなうときにもレズビアンの人びとの場合、その表明が不可視化され、「歪められた承認」を付与されて抹消されるという困難が生じていた（堀江 2015: 158-9）。こうした状況において、「レズビアン」というカテゴリーが「わたしたち」という共同性を立ち上げる側面が重視され（飯野 2008）、抹消への抵抗に向けて多様なレズビアンたちの〈レズビアン・アイデンティティーズ〉を暫定的に引き受けていくことに可能性が見出されている（堀江 2015: 160-1）。

　こうしたカテゴリーのもとでアイデンティティを立ち上げることを志向する議論が看過しやすい、カテゴリーの運用に伴う性の規範の強化や特定の性のあり方の排除の危険性に目を向ける視座としてクィア理論を特徴づけることができるだろう。J. バトラーは、同性愛者らに対する侮辱的な意味をもっていた「クィア」という語の肯定的な語り直しを例にとり、カテゴリーをめぐる歴史的な意味づけの蓄積がどのように新たな働きを可能にしたり制限したりするのか、という問いを投げかけている（Butler 1993=2021: 305-315）。こうした問いの前提としてバトラーが注目しているのは、言葉が行為遂行的な効果をもたらすという、J. L. オースティンの言語行為論から示唆を得た発想である。たとえば、「この子は女の子だ」と呼びかける医師の発話といった反復行為は、それらを繰り返し引用することでジェンダーやセックスを成り立たせていき、その反復には失敗と固定化の両方の契機が含まれている（Butler 1997=2004: 56-81）。

　クィア理論の影響のもとトランスジェンダー研究をおこなう山田秀頌（2020）は、上記のバトラーによる呼びかけの議論について、呼びかけが完全な従属を帰結するのではなくエイジェンシーにつながるとして、「GID」という障害カテゴリーの引き受けを有意味な実践として読み解こうとする。そして山田は、トランスジェンダー活動家が「GID」を精神疾患概念として批判する一方で、「生き方」としてトランスジェンダー概念を提示しようとする二項対立的なふるまいによって、当事者がGID概念を複雑な仕方で受容していることが看過されていると批判的に指摘している。

　ただし山田の議論を受けて藤高（2022）は、山田がトランスジェンダー論として括ってしまう語りも同じ主張ではなく、そのなかにある論者による多様性、とりわけ性別二元論や「健常主義」に批判的な語りを取りこぼしてはならないと指摘し、以下のように語る。

　　「トランスジェンダー」や「性同一性障害」という名／アイデンティティをどのように用いるのが「正しい／誤っている」「良い／悪い」かを、私はここで判断したいのではない。そうではなくて、ある名／アイデンティティを用いて自己を記述することがたとえ〈同じ〉にみえたとしてもその内実は〈異なる〉ということ、そして、それはたとえ〈同じ〉名／アイデンティティだったとしてもそれは差異を孕んだ歴史を生きているということであり、〈いま・ここ〉に収斂せずに異物として残りつづける時間性／歴史を忘却してはいけないということを指摘しておきたいだけである。
　　（藤高 2022: 76）

　ここでは、「トランスジェンダー」や「性同一性障害」といった語を用いることの正しさを議論するのではなく、それぞれの語を用いることがいかなる歴史をもつのかを忘却しないことが望ましいとされる。これは具体的な当事者の実践の積み重ねが、それらを排して当事者の生の正しさを判断してきたトランスジェンダー排除的な言説[*1]への批判として意義をもつためでもある。
　これらをふまえると、性規範への批判をおこなう理論的な実践も、ジェンダー非順応な人びとが「トランスジェンダー」や「性同一性障害」といったカテゴリーを用いてきた仕方と無関係ではありえない。とはいえ藤高においても、人びとがいかなる歴史のもとでカテゴリーを用いてきたのかが、テクストから具体的に検討されているわけではない。のちの著作『ノット・ライク・ディス──トランスジェンダーと身体の哲学』（2024）で明確になるように、藤高が取り組んでいるのは、過去の語りを、現在のトランス排除にたいする批判的な

＊1　2018年お茶の水女子大学でのトランスジェンダー女性学生の受け入れ報道を機に、トランス女性排除的な言説が増加している。このオンライン上での言説の傾向を分析した研究として堀あきこ（2022）を参照のこと。

声として拾い上げ、引き継いでいく抵抗の実践だと考えられる。その重要性を認識しつつも、人びとの語りがある時期、ある場の文脈において発せられていることを忘れてはならないだろう。日常的な相互行為やテクスト上の実践として性のカテゴリーが用いられる場面を検討することは、性をめぐる諸規範がいかなる時期や場において作動しているのか、そこで取り残されるのはいかなる性のあり方なのか、こうした問題関心を深化することにつながると考えられる。だからこそ、カテゴリーの運用を経験的な水準で追究する必要があるのである。

2.1.2　ジェンダー非順応な人びとの間でのカテゴリー運用と性別二元論

　このように前項では、経験的な水準でのカテゴリーの使用に着目する重要性が明るみになった。先行研究では、具体的なジェンダー非順応な人びとの語りから、それぞれのカテゴリーが用いられる局面で「女」「男」という二元的なジェンダーの帰属が相互行為において成り立つ仕方も論じられてきたため、これらの研究を本項では整理していく。

　一つの重要な参照点となってきたのは、エスノメソドロジー的なジェンダー研究である。H. ガーフィンケル（1967=[1987]2004）は、MtF（Male to Female）であるアグネスが女性としての生活歴がないなかで、女性としての自己呈示を意識的におこなっていく仕方を描いている。このとき、社会において男女の性別が自明視され、性別の移動が禁じられており、その現実定義はアグネス自身にとっても道徳的事実として扱われ、秘密の露見を避けて継続的なパッシングに従事することが指摘されている。加えて、人びとは、声のピッチ、服装、性器や胸の形状といった身体の性的特徴などの手がかりを解釈することによって「女」「男」のいずれかに決定されているとされる（Kessler & MacKenna 1978）。

　日本においても K. Phoenix（2008, 2009, 2015）は、これらのカテゴリー化への関心を引き継ぎ、GID 当事者コミュニティでのインタビュー調査から、ジェンダーが声や服装などの「手がかり」の解釈というよりも、一瞥によって理解されると論じている。たとえば K. Phoenix（2015）は、E. ゴフマン（1963=1980）における「焦点の定まっていない相互行為」と「焦点の定まった相互行為」の区分に着目し、FtX（Female to X）と FtM（Female to Male）へのインタビュー・データの分析から、「人が女か男である」というのは、さまざま

な行為や光景を理解するときに主題化されない背景として進行している「焦点の定まっていない相互行為」水準の秩序だと述べる。このような秩序のもと、中性的な外見を特徴とし、「女性」には見られないことを望む FtX 当事者は、中性的な外見ゆえに周囲の人びとから批判的な視線を向けられ、相互行為に困難が生じるという（K. Phoenix 2015）。

　とりわけ「男」「女」のいずれかに性別を移行し、「埋没」して生活しようとする人びとは、周囲の人びとに元の性別がばれてしまうことを強い恐れとして感じ、「女装者」や「中途半端」な外見に見られることを避けようとして、終わりのない「女／男らしさ」の追求をおこなっている（K. Phoenix 2009）。ここには、「性別越境していることを『ばれたくない』と考えている人とは異なる生き方をする人がいるという現状とは関係なく、男女のどちらかであるとわかり、わからなければ問題状況を引き起こす性別カテゴリーの特性」（K. Phoenix 2009: 105）が示されているという。この「女／男らしさ」の追求を支える心理について戸梶民夫（2009）は、ジェンダー非順応な人びとは必ずしも反対の性別へ同一化するために身体加工するのではなく、目撃者のまなざしを安全に通過しようとする「埋没」志向をもつと論じている。

　さらに「女／男らしさ」の追求は、ジェンダー非順応な人びとの間で、パッシングできない／しようとしない、すなわち性別移行していることを見破られずに「普通」の女性／男性としてみなされる外見を獲得していない他の当事者の排除や、一部の当事者による「正当な当事者」であるという主張にもつながっている。たとえば K. Phoenix（2009: 141-58）によれば、GID 当事者間では、多くの犠牲を払ってこそ「真の TS」だとして、その犠牲の体現の仕方を相互に判断しようとする論争に GID 当事者が巻き込まれ、独自にカテゴリー化する状況があるという。さらに、「女／男であること」と「女／男に結びついた活動」の間に、一貫した齟齬のなさが観察できないことは、うまく実践できている人たちから「問題児」や「人間としてまず駄目」といった評価を下されてしまう。加えて、大衆メディアを通じて GID 概念が広まることにより、「なんちゃって」の GID であると他の FtM たちから批判されることを FtM 当事者が恐れるという事態も生じているという。

　これらをふまえて K. Phoenix（2009: 148）は、H. サックスの議論を参照し、

「性同一性障害」はその割り当てを医療者がおこなうものの、その正当性が医学的な基準を参照しつつ当事者間で独自に争われていると特徴づけている。サックス（1979=[1987]2004）は、「ホットロッダー」という改造自動車に乗る若者たちが、大人によって付与される「若者」カテゴリーへの異議申し立てとして、ふつうの車に乗る若者を「裏切り者」としつつ、メンバー間で「ホットロッダー」という名乗りを維持すると論じる。サックスによれば、このような自己執行カテゴリーは、「あるカテゴリーによって自分たち自身の見方を確立し、他者に対してそのカテゴリーを通して自分たちを見るようにしむける」（Sacks 1979=[1987]2004: 30）ことで、他者執行がもたらす支配的な現実理解に対して現実の見方を変革しようとするものである。このときメンバーは、カテゴリーに当てはまる知識や行動を他のメンバーと互いにルールづけ、それらに当てはまらないメンバーを「裏切り者」とみなすことで、カテゴリーをめぐる社会統制のシステムを維持する（Sacks 1979=[1987]2004: 34-6）。「性同一性障害」は、性別違和を主張する人に対して、診断基準のもとで医師が他者執行しているカテゴリーである。しかし同時に、K. Phoenix によれば、当事者間で「性同一性障害」カテゴリーが、医療者が用いる基準を変革するのではなく、むしろそれを強化するかたちで自己執行されているのだという。

　このように、ジェンダー非順応な人びとを対象とする研究は、男女の二元的なジェンダーが規範的となる秩序がどのように成り立っているのかを探るという関心のもとで進められ、とりわけ二元的な性別移行を望むジェンダー非順応な人びとの間で、「男らしさ」「女らしさ」を追求することが要請される仕方が描かれてきた。これらの研究は、当事者がカテゴリーを用いる仕方から、性別をめぐる実践や規範を析出している点、クィア理論が論じてきたような規範的な議論の前提となる点で重要である。そのうえでさらに、二元的なジェンダーに人びとを見分ける性別秩序のなかでも、ジェンダー非順応な人びとが周囲の人びととの関係において自己をカテゴリーのもとで位置づける仕方を変えていく側面や、自己を「トランスジェンダー」や「Xジェンダー」などの、「GID」とは異なるカテゴリーのもとで表現している仕方を問う研究も蓄積されてきた。次節では、このようにジェンダー非順応な人びとが性のカテゴリーのもとで自己を位置づける多様な実践に関する研究を整理していく。

2.2　カテゴリーのもとで自己定位する多様な実践

　本節では、ジェンダー非順応な人びとが性のカテゴリーのもとでどのように
自己定位してきたのかを、性別二元論に依拠するカテゴリーを人びとが受容す
る仕方を探った研究（2.2.1）と、非二元的な性自認をもつ人びとを考察の対象
としてきた研究（2.2.2）から検討していく。

2.2.1　性別二元論を前提とするカテゴリーの多義的な運用

　前節で見てきたような「TS」「TG」「GID」といったカテゴリーは、「男」
「女」という二元的な性別概念を前提とした規範と結びつくとはいえ、これら
のカテゴリーがジェンダー非順応な人びとによって用いられている仕方は、周
囲の人びとによる受容のあり方や自己の位置づけとの関係によって多様である。
　本項で取り上げる「GID」や「トランスジェンダー」といった社会的によ
く知られているカテゴリーは、ジェンダー非順応な人びとが自己を説明するう
えで参照されやすい。K. Phoenix（2008）が論じるように、ジェンダー非順応
な人びとは、「正当な」GID当事者であることを示そうとして女らしさ／男ら
しさを追求する傾向があった。同様の実践は、男女の二元的な性自認をもたな
い当事者においても見られる。たとえば米国で調査をおこなったS. ギャリソ
ン（2018: 626-30）によれば、非二元的な性自認をもつ人びとであっても、典
型的とされる性別違和の経験を語ることによって、「正当な」トランスジェン
ダーであると主張することがある。
　とはいえ、社会学や心理学における先行研究からは、当事者によるGID概念
の受容は自明のものではなく、他者によるカテゴリー化との関係でなされる複
雑な実践であることがわかる。出生時に割り当てられた性別は男性で、女性と
しての性自認をもつ協力者にインタビューをおこなった有薗真代（2004: 60-7）
によれば、GID概念は、「ホモ」「オカマ」といった嘲笑的に機能する概念に対
して、当事者が性自認に沿ったかたちで生きることを肯定することを可能にし
た。GID概念がもたらした「病気」という認識も、親に罵倒されたり病気であ
ると言われたりしていたことと無関係ではない。はじめはこのような「病気」

という地点から自らの「女らしさ」を確認する語りを示していた協力者も、当事者団体での語り合いのなかで、より肯定的な意味合いに語りを転換していく。

　加えて、ジェンダー非順応な人びとは、周囲の人びとに性のあり方を受容される過程で「GID」や「トランスジェンダー」といったカテゴリーから自己を差異化することもある。たとえば荘島幸子（2008）は、周囲の人びととの人間関係が安定していくにつれてGID当事者が「GID」を名乗らなくなっていく過程を探っている。荘島によれば、職場の人びとや友人、家族にカムアウトすることで、人間関係が摩擦を引き起こしながらも開かれていき、GIDに起因しないものにも当事者が目を向けるようになっていく。そして他者との対話を重ねて環境が安定してくると、手術をおこなうという飛躍した未来に重心を置くことが難しくなる。他方で、とくに10代から20代の性別違和をもつ人たちは、「GID」であるという診断を受けて治療を進めようとしても、それに反対する親への配慮から治療を諦めることもあるという（杉浦 2013）。このように身近な人びととのやり取りのなかで、「GID」か否かが当事者によって判断されているのである。

　このような差異化の実践は、家族や職場の人びとだけではなく、自助グループなどを通じた他のジェンダー非順応な人びととの交流のなかでおこなわれてもいる。「FtM」や「MtF」を性自認とする人びとが自己を語る仕方を検討した石井（2018: 57-81）によれば、当事者団体で他の当事者と会って話を聞いたり情報を集めたりすることも、自己の受容につながっている。かれらは「TS」「GID」などのカテゴリーにまず同一化しようとするが、当事者団体で交流するうちに、社会的カテゴリーとのずれのなかに個人独自の「アクチュアル・アイデンティティ」（石井 2018: 78）や、個人に独自の身体のありようを肯定的に認めていくという。同様に中村美亜（2005: 86-9）も、深刻な性別違和感に苦しんだことがあるがその苦しみが薄れてきている当事者へのインタビュー調査を通して、カミングアウトすることやセックスの受容、情報を得ることなどが、自分の性自認を再構築し、自分のありのままを受け入れ、性別違和感が解消されるということにつながっていると指摘する。

　さらに、自らの視座を「質感的」心理学と位置づける町田奈緒士（2022）は、ジェンダー非順応であることをめぐる「出来事に伴われる固有の感覚や実感」（町田 2022: 71）が他者との関係性で立ち現れる仕方を検討している。すなわち、

町田は「トランスジェンダー」である町田自身の体験を洞察する対話的な自己エスノグラフィをおこないつつ、調査協力者と一対一で語り合い、その際に調査者が感じ取ったものや調査者自身の体験のうちにある前提を積極的に考察することで、生理や性交渉と性別違和感の関係など、中村（2005）も見落としてきた調査協力者の身体感覚を詳細に描き出してきた。町田（2022: 270）が重視するのは、他者との関係性において性別違和感が〈雰囲気〉として生起することであり、それをありのままに受け止めてくれる概念や他者を総称する〈器〉である。町田は、荘島や中村の議論からさらに、性別違和感が他者との関係性のなかで立ちあがる仕方を調査者の身体感覚を手がかりに把握しようとしている。

　このように先行研究において、「GID」や「TS」といったカテゴリーのもとでジェンダー非順応な人びとが自己を位置づける仕方は、他者による意味づけがかかわる複雑な過程として描かれているほか、これらのカテゴリーのもとで自己同一性を得ることは自明視されず、間主観的な身体感覚に着目した性別違和感の研究が進められてきた。[*2] このような研究関心のもと、GID 概念ではとらえられないような、非二元的な性自認をもつ人びとにも着目されるようになってきている。

2.2.2　非二元的な性自認をもつ人びとを対象とする研究

　2010 年代以降、男女のいずれかに当てはまらない非二元的な性自認に着目する研究が蓄積されつつある。英語圏では、「トランスジェンダー」というアンブレラタームのもとで、非二元的な性自認をもつ人びとをも記述することにより、かれらの固有な経験が見落とされてしまうと批判的に指摘されるようになる（Darwin 2017）。とりわけ、米国において非二元的な性自認をもつ人びとがトランスジェンダーを名乗るかどうかを探った H. ダーウィン（2020: 374-6）は、「ノンバイナリー」と「トランスジェンダー」のいずれかを明確に名乗らない人びとがいることに着目している。ダーウィンによれば、かれらは「ノンバイナリートランスジェンダー（nonbinary transgender）」を名乗ることで、「トランスジェンダー」に付随するジェンダー規範に対抗しようとしているという。ここからは、新たな概念として「ノンバイナリー」を名乗ることで、「トランスジェ

---

　*2　あるはずのない性器があるといった、ジェンダー非順応な人びとの身体イメージの物質的な経験も分析されている（藤高 2024: 41-59）。

ンダー」に当てはまらない者として自己を定位しようとする実践が読み取れる。

　ただし日本では、非二元的な性自認をもつ人びとを含め、ジェンダー非順応な人びとを一括りに「トランスジェンダー」として扱い、非二元的な性自認を表すカテゴリーである「Xジェンダー」や「ノンバイナリー」を自認することがいかなる経験なのか、ということには着目しない研究が多い（石井 2018; 中村 2005; 町田 2022）。

　とはいえ、日本においても少数ながらいくつかの研究が、非二元的な性自認をもつ人びとの固有の経験を描き出してきた。とりわけ日本でXジェンダーを名乗る人びとへのインタビュー調査を精力的におこなってきたのがS. P. F. デール（2014）である。デールは、「Xジェンダー」を自己定義にひらかれ、制度化されていない「オープンな」アイデンティティ（Dale 2014: 18）としてとらえ、個々人がそれぞれどのような意味で「Xジェンダー」を意味づけているのか、二元的なジェンダーを超えられるのかを探究している。このときデール（2014）はアイデンティティを、単に「自分は何者か」ということではなく、個々人を取り囲む社会環境全体との関係からひろくとらえている。そして、「Xジェンダー」を名乗る人びとを取り巻く周囲の状況として、日本語における一人称のありよう、外見、場所、セクシュアリティ、カミングアウトと家族のつながりにおける二元的なジェンダー規範を多角的に描き出している。これらの社会環境において、戸籍制度の存在や、カミングアウトの場面で世間体を意識する人びとのふるまいといった要素が日本における二元的なジェンダー規範を支えるものとして論じられてきた。

　質的心理学研究においても、「X」がどのような性自認であるのかが検討されてきた。佐々木掌子（2010）は、MtX11名、FtX15名に対して「性自認の[*3]性別で目標とする姿、めざしている方向」の自由記述を求め、男女の性別移行のなかに自らを位置づけて否定的に評価する者、目標に揺れがある者、「X」を肯定的にとらえている者が存在することを析出した。さらに山田苑幹（2019）はこれらの類型をふまえ、「当事者1人1人が、どのようにして自身の

＊3　佐々木は、ジェンダー・アイデンティティの欄に「両性」あるいは「どちらでもない」に回答した人をMtXやFtXとして把握しているため、Xジェンダー当事者がどのような語に言及しているのかを重視するデールとは異なる着眼点をもつ。

Xジェンダー・アイデンティティを生きているのかをじっくりと感じとることが重要」（山田 2019: 147）だとして、出生時に女性として割り当てられたXジェンダー当事者2名の語りを整理し、性別違和の体験と、Xジェンダー概念に対する考えの2点を検討している。山田は、Xジェンダーという性自認が、恋愛に関する認識と関連しつつ揺れ動いていることを指摘したほか[*4]、「Xジェンダー」は佐々木の分類にそのまま当てはまるのではなく、「迷い揺れている状態のままに自己を表現できるジェンダー・アイデンティティ概念として機能しうる可能性を秘めている」（山田 2019: 157-8）と結論づけている。

　これまで心理学では、男でもなく女でもない性別への同一化がアイデンティティ拡散として否定的にとらえられていた。このような分野の傾向に対して佐々木の知見は、FtXやMtXが必ずしも不適応や一次的状態とは限らず、一つの固定的な性自認でありうることを見出した点で意義をもつ。「Xジェンダー」がいかなる性自認なのかを探るという関心は、山田にも通底している。たとえば山田は、「自己を規定しうるジェンダー概念との出会いそのものが、性別違和当事者にとってジェンダー・アイデンティティの形成促進要因となるのかもしれない」として安定したアイデンティティ形成への関心を示しているほか、男女二元論に抗う概念である「Xジェンダー」を「トランスジェンダー」の下位概念として位置づけることの危険性を指摘している（山田 2019: 146）。

　このように先行研究では、「GID」や「トランスジェンダー」のような二元的とされやすいカテゴリーの運用だけでなく、「ノンバイナリー」や「Xジェンダー」のような非二元的な性のカテゴリーのもとで自己を位置づける人びとの経験も描かれてきている。しかし、本書の目的を遂行するうえでは、これらの蓄積では十分ではなく、歴史的研究が求められる。荘島や町田といった論者が取り組んできたような、GID概念を他者の関係で受容する仕方の分析は、身体論的な「実感」の分析に進むことで、さまざまな概念の歴史的な布置については看過してきた。しかし、さまざまな身体的感覚を伴いながら諸概念が用いられる仕方と、ある概念をいつ、どのような知識のもとで人びとが受容して

＊4　関連してほかにも、原則的には区分されてきた性的／恋愛的惹かれと性自認との関わりあいを他者との関係性から記述していく研究（Cuthbert 2019; 武内 2021; 佐川 2023）が蓄積されている。

いるのかということは関わりあっていると考えられる。[*5]次節では、ジェンダー非順応な人びとの歴史をたどる研究において、カテゴリーについてどのように論じられてきたのかを確認していきたい。

2.3 ジェンダー非順応な人びとに関する歴史的研究

前節では、非二元的な性自認に着目する経験的研究もなされてきたものの、本書が探ろうとしているカテゴリーが用いられる歴史的文脈については明らかではないことを確認してきた。そこで本節では、主に現代日本におけるジェンダー非順応な人びとに関する歴史的研究[*6]をカテゴリー化に着目してまとめ、非二元的な性のカテゴリーについてはさらなる検討が必要となることを論じていく。

まず、日本語圏のジェンダー非順応な人びとに関する歴史的研究としては、異性装、とりわけ女装コミュニティ史の蓄積がある。ここでは「女装者」「男装者」などのカテゴリー化はある程度自明視されており、女装を生業とする「プロフェッショナル」な女装世界や、趣味的な「アマチュア」女装世界が都市において成立していく歴史が明らかにされてきた。具体的には、女装者のライフヒストリーが記録されてきたほか（矢島編 2006）、とくに三橋順子（2017）は、女装者と女装者愛好男性からなる「演劇研究会」を母体とする秘密結社「富貴クラブ」が1960年代から1970年代に活動していた仕方を会員の語りや手記から明らかにしている。また三橋（2008）は、「富貴クラブ」関係者が新宿に形成したいくつかの女装系バーにおいて、自らが1990年代にバーのホステスとして勤務した経験や、周囲の女装愛好男性のふるまいを描いてきた。このように東京の女装コミュニティに着目する三橋に対して、宮田りりぃ・石井由香理（2020）は、2010年代後半の大阪女装コミュニティが形成される過程を記述してきた。他方、2010

＊5　トランスジェンダーの経験を描いてきた町田（2022）は、概念のもとで可能になる経験よりも、他者との相互行為に着目しているが、本書からすればこれらは相互排他的なものではなく、むしろ特定の概念のもとでいかなる身体観の表現が可能になるか、それがどのようなグループでの実践に支えられているかといった関わり合いをこそ描くべきだと言える。

＊6　英語圏の研究において近年、不可視化されてきた黒人や先住民族のトランスジェンダー史（Ware 2017）や、アジアのトランスジェンダー史（Chiang et al. 2018）を描き出す必要性も指摘されており、本書はその不足を補うものとなりうる。ただし、英語圏で知られていないだけで、すでに日本を含めアジア各国でトランスジェンダー史の蓄積がある（ありうる）ことには注意したい。

年頃の男装ブームを指摘し、雑誌やYouTubeのインタビュー動画から男装やジェンダーレス女子のファッション実践を分析したM. H. S. ホー（2021）は、その実践者たちがどのカテゴリーにも沿いたくないという想いの表現や、規範的なファッション・スタイルへの抵抗をおこなっていることを明らかにしている。

こうした研究では文献資料だけでなく、人びとの声から歴史を立ち上げるオーラルヒストリーも活用されている。オーラルヒストリーは、既存の歴史学が黙殺してきた非規範的なセクシュアリティやジェンダー非順応な性を生きる人びとの経験に声を与え、記憶を再形成するアクティビズムでもあった（Weeks 2016=2024: 225-232）。とくにジェンダー非順応な人びとは医学的・法学的言説の影響を受けやすいがゆえに、かれら自身が経験を語ることそれ自体に意義が見出されてきたと言える（Brown 2015）。たとえばS. ストライカー（2008）は、19世紀半ばから2000年代初頭の専門家の言説や、主に都市部のコミュニティで中心的な役割を果たした人物の語りからトランスジェンダー活動史を描いた。ストライカーがストーンウォール暴動に関する矛盾しうる複数の語りを記録し、重要な語りを長く引用する仕方からは、一つの「歴史的事実」ではなく複数の声を浮かび上がらせようとする意図が読み取れる。

北米のオーラルヒストリー研究でも、周縁化されやすい主体として都市を生きるトランス女性たちの生活が描写されており、これは先に見た日本の女装コミュニティ史とも重なる関心と言える。そのうえで都市に着目した背景には、北米においてアカデミズムのオーラルヒストリー研究がアイデンティティの問題に焦点化してきたことへの批判も含まれている。たとえばV. ナマステ（2004）は、1955年から1985年のケベック州におけるトランス女性の語りから、キャバレーやバーでの労働状況の変遷を探り、かれらの成功が都市における文化や犯罪のあり様に関わっている仕方を析出している。1970年代から1980年代のバンクーバーの路上でセックス・ワークに従事するトランス女性の語りを分析したB. L. ロス（2011）も、トランス女性が女性らしさの演出や、男性客へのサービス、組織的暴力への対応策などを当事者間の親族的なネットワークのもとで編み出す実践を描き出している。ただしここでは、トランス女性という自己像は歴史記述において前提となっている。

そこで次に、「トランスジェンダー」「性同一性障害」といったカテゴリーの

歴史的布置を探ってきた研究の蓄積を見ていこう。E. H. ブラウン（2015）によれば、人びとの声を歴史化すると、特定のアイデンティティをもつ者として対象者を規定することになりやすい。他方で、カテゴリーがいかにして用いられてきたかを探ることによって、当事者の声を掬いとった結果として生じるアイデンティティの再規定を避けることができるという。とくに D. ヴァレンタイン（2007）は、フーコー系譜学の影響のもと、米国のゲイやトランスジェンダーの人びとのコミュニティでフィールドワークをおこない、「カテゴリーのエスノグラフィ」を描こうとした。ヴァレンタインによれば、「ゲイ」と「トランスジェンダー」という概念は、ドラッグボールといった場によっては、明確に区別されることなく用いられていた。しかし1990年代以降、活動家やジャーナリストによってトランスジェンダー概念が制度に組み込まれていく帰結として、ジェンダー非順応であることの脱病理化が可能になり、学問的・世俗的な言説が再定義されていったという。

　日本においても、こうしたカテゴリー化への関心から戦後日本の雑誌記事が分析され、まず「トランスジェンダー」と「同性愛者」との区別が形成される仕方が検討されている。1950年代から1990年代における日本の雑誌記事を分析した村上隆則・石田仁（2006: 519-28）によれば、戦後復興期の日本において、会員制男色頒布誌や、『風俗奇譚』といった「変態雑誌」が発刊され、これは「男を愛する男」と「女性化した男」の区分が不明瞭なかたちでさまざまな「変態性欲」をめぐる性的ファンタジーを提供する雑誌として読まれていた。これらの性的ファンタジーは、固定的なものではないとはいえ、〈男-女〉、〈年上-年下〉、〈能動性-受動性〉といった二元的で相補的な枠組みのもとに成り立っていたという。1950年代後半から1960年代末、メディアで「ゲイボーイ」や「ブルーボーイ」をめぐる報道が現れると、「男を愛する男」と「女性化した男」の区分が知られ、雑誌における「変態性欲」同士の関係性が薄れていく（村上・石田 2006: 520）。さらに1990年代には、「ゲイ」を名乗るようになった男性同性愛者の活動や GID 概念の影響により、「セックス」「性的指向」「性自認」の組み合わせによって性を把握する視座が形成され、「ゲイ」と「MtF トランスジェンダー」の区分が一般的になっていく（村上・石田 2006: 539-41）。「レズビアン」をめぐる週刊誌の言説を分析した杉浦郁子（2006）も、1980年代末以降、「FtMTS

(Female to Male transsexual)[*7]」を名乗る虎井まさ衛による言説が影響力をもち、「レズビアン」と「FtMトランスジェンダー」の区分が明確化されたと述べる。

　こうしたGID概念をめぐるカテゴリー化の過程とその帰結は、ジェンダー非順応な人びとの経験に関してさらに論じられてきた。ここでまとめる研究には、歴史的研究としてのアイデンティティをもたない経験的研究も含まれるが、それらが自己像や性規範の変遷をテクストから読み取っていることに着目したい。

　まず、GID概念がジェンダー非順応な人びとにもたらした規範が描かれてきた。たとえば、女装者が周縁化されたことが指摘されたほか（三橋 2010）、ニューハーフとして働いていた人びとがこの医療概念にとまどい、GID概念に依拠せずに独自の自己像を維持しようとした仕方（McLelland 2004）が析出されている。また吉野靫（2020）は、ノンバイナリーなトランスジェンダー、クィアである自らの経験や、関西のコミュニティである「ROS」機関誌の語り、蔦森樹への聞き取りなどから、特例法のもとで周縁化されてしまう語りや身体像、そしてGID正規医療がいかに典型的な身体嫌悪を自明視し、性別二元論や異性愛規範をもたらしてきたかを探り、批判してきた。

　他方で、GID概念がジェンダー非順応な人びとの間に大きな影響をもたらさなくなることも示されてきた。あるトランスジェンダー演劇団体の2000年〜2011年における演劇台本を分析した石井（2013）によれば、「GID」に結びつく性自認の一貫性や外見の「男らしさ」は回を経ると強調されなくなる。むしろ台本の内容は、性の多様性を強調するような「多様性言説」の影響のもとで、非当事者である他者を巻き込みながら「自分らしく生きる」、個別性に焦点が移っていくという。加えてK. Phoenix（2016）も、コミュニティに詳しい三橋順子や、職場を変えずに性別移行をおこなったトランス女性、その職場の人びとへのインタビューから、2003年頃には「GID」を「病気」として、「トランスジェンダー」を「生き方」としてとらえる二項対立的な解釈枠組みが当事者間で成立していたが、GID概念がひろく普及するにつれてこの区分が自明のものではなくなり、GID概念も「障害」や「病気」というより、「生き方」の問題として当事者から認識されていると指摘している。

　＊7　「FtMTS」は、出生時に割り当てられた性別が女性であり、手術を経て男性として生きる／生きようとする人のことを指す用語としてGID当事者間で用いられていた。

しかし、これらの歴史的研究において、非二元的な性のカテゴリーにどのようなものがあり、それらがどのように用いられてきたのかは、ほとんど明らかではない。英語圏でも、現在普及しつつある「ノンバイナリー（nonbinary）」や「エイジェンダー（agender）」、「ジェンダークィア（gender-queer）」といったカテゴリーがどのようにして用いられ始め、人びとに何をもたらしたのかは部分的にしか示されてこなかった（Thorne et al. 2019）。例外としてデール（2014）は、「Xジェンダー」が2000年頃から関西のコミュニティで用いられたと指摘しているほか、現在は多くが残っていない2010年頃のブログ上の「Xジェンダー」への言及について手がかりを残している。しかし、デールは「Xジェンダー」に関する詳細な歴史的分析をおこなっているわけではなく、また「Xジェンダー」という語にのみ焦点を当てているため、他の非二元的な性のカテゴリーや、その「GID」や「トランスジェンダー」との関わりについてさらに検討すべきだろう。このように「GID」や「トランスジェンダー」が用いられる仕方をも探る必要があるのは、これらのカテゴリーがジェンダー非順応な人びとの支配的な認識枠組みを形づくり、非二元的な性自認をもつ人びとの実践にも、おそらくは排除的な仕方で影響していると考えられるためである。

　このように、ジェンダー非順応な人びとの歴史を探ってきた先行研究は、シスジェンダーの対象を自明視する傾向に異議を唱え、ジェンダー非順応な人びとの声を掬いとり、「GID」「トランスジェンダー」といったカテゴリーの作用について論じてきた。しかし、非二元的な性のカテゴリーの歴史については明らかではなく、これを「GID」や「トランスジェンダー」といったカテゴリーの使用との関係からさらに探るべきことも示された。

2.4　本書の視座

　本節では2.1から2.3までの議論をまとめ、カテゴリーが人びとに可能にする実践を探るという、本書の視座について説明していきたい。1.4で述べたように、本書は、ジェンダー非順応をめぐる諸カテゴリーが当事者によって、どのように相互に差異化され、自らの経験や人びとの集団を指示するものとして観念されてきたのか、その変遷を明らかにすることをめざすものである。

　このような問いは、2.1.1で論じた藤高（2022）の問題提起をふまえるならば、性をめぐるカテゴリー化の良し悪しを判断するのではなく、それぞれの時期や場におけるカテゴリーの使用が性をめぐる諸規範といかに関わっており、その帰結として、いかにある性のあり方が包摂され、別の性のあり方が排除されてしまうのかを経験的に探究する点で意義をもつ。

　ジェンダー非順応な人びとに関する先行研究の検討から示されたのは、非二元的な性のカテゴリーのもとで可能になる経験をさらに探っていく必要性である。先行研究では、「GID」や「トランスジェンダー」といった二元的な性のカテゴリーに付随する規範や、それらの規範を避けようとする諸実践が記述されたほか、非二元的な性自認をもつ人びとの経験も描かれてきた（2.2）。また、ジェンダー非順応な人びとに関する歴史的研究においても、「GID」等の二元的な性のカテゴリーについては蓄積がある（2.3）。しかし先行研究では、「Xジェンダー」のような非二元的な性自認のカテゴリーがいかにして用いられてきたのか、その運用にはいかなる規範が伴うのかは、日本では十分に分析されていないと考えられる。たとえば、デール（2014）の研究は、断片的にはXジェンダー当事者が属していたグループやカテゴリーの広まりに寄与したとされる書籍に言及しているが、人びとが「Xジェンダー」というカテゴリーを用いることで可能になっている経験は焦点化されていない。

　そこで本書は、ジェンダー非順応をめぐる諸カテゴリーが用いられてきた歴史を明らかにするうえで、具体的には以下の点を分析する。「Xジェンダー」「ノンバイナリー」のような非二元的な性のカテゴリーや、それらに関連している人びとの間に普及し支配的な認識枠組みを形づくってきた諸カテゴリーが、いつ、いかなる仕方で用いられてきたのか。そして、こうしたカテゴリーの運用が、カテゴリーを用いるメンバー同士のつながりや活動のあり様に応じて、人びとにいかなる規範をもたらし、どのような実践を可能にしてきたのか。

　これらを分析するために求められるのは、次の3つの分析方針である。

　第一に、性のカテゴリーが人びとにもたらす作用について、国家や制度・組織ではなく、性的マイノリティである人びとのカテゴリーの運用から経験的に明らかにすることである。このような性のカテゴリー化への着目は、「ゲイ」と「トランスジェンダー」の区分の変化を描いてきたヴァレンタイン（2007）、

ジェンダー概念の系譜を探ったJ. ジャーモン（2009=2012）などの研究にも見られ、これらはフーコーの視座に依拠している。フーコー（1976=1986）は、同性愛といった「倒錯的」とされる性が個々人を種別化していき、それに関する知は治療や差別に根拠を与えるとともに、解放運動の戦略においても用いられていることを指摘した。フーコーの議論は、一つの心性の変容よりも一つの言説のなかに複数の諸力が交錯する仕方を描き、性行動に対する概念が社会や時代によって変化する点に着目するという歴史記述の方針として読解されてきた[8]（赤川 1999）。本書がフーコーから読み取りたいのも、このような新たなカテゴリーが可能にした実践のあり方である。とはいえ、フーコー自身がとくに注目しているのは国家的な分類であり、それぞれのカテゴリーのもとで当事者がどのような性をめぐる理解を得てきたのかといった点については部分的にしか検討されていない[9]。なぜなら、フーコーにおいて性が重要な主題となるのは、国家が人口を管理・調整する「生政治」をおこなううえで、性が権力の標的となるためである（慎改 2019: 220-1）。

　I. ハッキング（1995=1998）はフーコーに依拠しつつ、統計などの国家的な人びとの分類というよりも、新しい概念を手に入れたことで人びとが新たな経験記述の可能性を得ることに着目している。ハッキング（1995=1998: 260-319）は、新たな分類によって人びとが新たな自己知や行為の可能性を得て、時には分類の仕方自体に変化をもたらそうとすると指摘する。たとえば、既存の医学的知識に対して当事者が「同性愛者」であることを制度的に規定すると、人びとは過去を振り返り「同性愛者」としての自己知を得て、それ以降「同性愛者」として行為するようになるという（Hacking 1986=2000）。これは、人間に関する概念が意味を獲得して日常生活との関連性をもつ仕方、そうした概念が

　＊8　たとえば、ジェンダー概念の用いられ方の変遷を探ったジャーモン（2009=2012）は、性分化疾患や性別違和に関わる研究で用いられてきたジェンダー概念が、1960年代後半から70年代後半にフェミニストたちによって導入され、生物学的決定論のもとで女性を低い社会的地位に位置づける立場に反論することを、フェミニストたちに可能にしたと論じた。

　＊9　フーコーは、「半陰陽者」であるエルキュリーヌ・バルバンに関する書籍（Foucault 1978=1980）において部分的に当事者による実践に焦点を当てている。この書籍は、フーコーによる序文に加え、エルキュリーヌ・バルバンが残した手記、バルバンをめぐる新聞記事、検死をおこなった医師による報告書、医学論文を載せている。これらのテクストは、「半陰陽」をめぐって、バルバンを男女のいずれかに見分けようとする医師のふるまいや、医学的介入がなされることによる当事者の環境の変化を浮かび上がらせるものとして読むこともできる。

人びとにもたらす経験の可能性、新たな経験に基づく知識が翻って概念に与える効果、という諸側面を指す歴史記述の視点として読み取られてきた（酒井ほか編 2009: 71）。ハッキングによれば、こうした人びとと分類や概念との相互作用は、分類を取り巻くさまざまな制度や慣習の網のなかで描き出していく必要がある（Hacking 1999=2006: 237）。

　本書は、このような分類と人びととの相互作用を描こうとするハッキングの視座を引き継ぎつつ、ジェンダー非順応な人びとをめぐるカテゴリーの運用を探る際にはサックス（1979=[1987]2004）やK. Phoenix（2008）の研究手法を参照し、非二元的な性のカテゴリーの運用を分析する。まず、同性愛者による同性愛の脱病理化の過程に着目するハッキング（1986=2000）から学び取れるのは、専門家によるカテゴリー化と、自らがどのカテゴリーに属すると考えるかという自己カテゴリー化との関係性を描き出す必要性である。これはさらに、サックスが述べた意味での当事者によるカテゴリーの自己執行につながる場合もある。2.1.2で述べたように、自己執行カテゴリーは、「あるカテゴリーによって自分たち自身の見方を確立し、他者に対してそのカテゴリーを通して自分たちを見るようにしむけ」（Sacks 1979=[1987]2004: 30）るものであり、これはメンバー間においてカテゴリーに当てはまる知識や行動を他のメンバーと互いにルールづけるふるまいを伴うものである（Sacks 1979=[1987]2004: 34-36）。K. Phoenix（2008）はGID概念が当事者間で自己執行され、規範に沿わない当事者の排除が生じた仕方を論じたが、非二元的な性のカテゴリーがいかにして用いられているのかを、さらに検討する必要があるだろう。

　第二に、カテゴリーの運用にあたって、個々人だけでなく、その前提にあるメンバー間のつながりがいかにして形成されているかに着目することである。ハッキング（1986=2000）は同性愛者のグループが社会運動において果たした役割には言及していたが、それについてグループでのやり取りに基づき具体的に論じることはなかった。しかしK. プラマー（1995=1998）によれば、性的マイノリティの語りは、雑誌や書籍などのメディアや、かれらの語りに耳を傾ける「解釈的サポートコミュニティ」（Plummer 1995=1998: 253）の存在によって促進されるという。そこでカテゴリーの運用も、グループでの人びとの活動によって支えられていると言える。たとえばジェンダー非順応な人びとに関する経験的研究では、

かれらがある概念を受容する仕方に、グループが提供する知識や所属するメンバーの活動が関わっていることが指摘されてきた（有薗 2004; 中村 2005; 石井 2018）。

このとき、グループにおいて人びとがカテゴリーを用いるときに生じる規範についても注意深く描き出す必要がある。たとえば石井（2018: 128-9）は、グループの代表者が男女のカテゴリーの意味を拡張することで、男女いずれなのか迷う当事者に二元論を引き受けるよう助言することがあると述べる。これはジェンダー二元論の拡大（Monro 2005: 89-90）を勧めるものとして理解でき、それによって性別を迷ったままにしておくことを困難にさせている可能性がある。他にも、外見が男女いずれともつかないことを非難するような規範（K. Phoenix 2015）や、「正当な」GID 当事者であるべきとする性別移行をめぐる規範（K. Phoenix 2008; 吉野 2020）は、非二元的な性のカテゴリーの運用のあり方にも関わっていると言える。本書はこれらの知見をふまえ、非二元的な性のカテゴリーがどのようなグループでの活動との関連で用いられたのか、その運用にはいかなる規範が伴っていたのかをさらに検討していく。

第三に、人びとがカテゴリーを用いるとき、性をめぐるさまざまな要素とカテゴリーをいかにして関連づけているのかを明らかにすることである。性のカテゴリーの運用は、出生時に割り当てられた性別、性自認、ジェンダー表現、性的／恋愛的惹かれのあり方といった、性をめぐる複数の要素と結びついている。たとえば、「Xジェンダー」や「ノンバイナリー」が用いられているとき、これらの概念が性自認における非二元性を意味する一方で、身体における二元論を自明視している場合もあるだろう。こうしたカテゴリーと性の諸要素との連関は、いかなる意味でカテゴリーが二元的／非二元的なのかを示すものであり、ジェンダー非順応をめぐる諸カテゴリーが可能にする諸実践の歴史的変遷を明らかにするうえで重要性をもつ。

これらをふまえ、本書では、人びとがグループでのやり取りや性をめぐる諸要素の関係においてカテゴリーを用いる仕方に着目し、ひろく普及していく先行するカテゴリーとの関係から、非二元的な性のカテゴリーがいかにして用いられ、人びとにいかなる経験理解を可能にしてきたのかを描き出していく。そのために次章において、分析対象とする資料の概要と具体的な分析の方法をさらに説明する。

第 3 章

調査の概要と分析方法

本章では、文献調査およびインタビュー調査の概要を述べる。前章で述べたように、本書は「Xジェンダー」や「ノンバイナリー」といった非二元的な性を表すカテゴリーが、人びとにどのような実践を可能にしているのかを探ることを中心的な課題としている。そのために本書がどのようにデータ収集と分析をおこなったのか、その手続きを明示していきたい。これは、性的マイノリティが自己について語るためのグループや雑誌などがいかにして形成されていたのかを確認し、筆者が公共的な図書館等に保存されにくい非二元的な性のカテゴリーにかかわる資料をどのように入手したのかを示すうえで意義をもつ。

　まず3.1では分析対象とする文献やインターネット上のテクスト等の資料について、3.2ではインタビュー調査の概要について、それぞれ情報保護に留意しつつ説明する。これらの資料の性質をふまえつつ、3.3では、本書がさまざまな資料における語りを解釈していく方針を示す。なお、本章で説明している資料の詳細は巻末の「資料編」にまとめているため、適宜参照されたい。

3.1　分析対象とする文献資料

　本節では、分析対象とする資料として、ミニコミ誌等の性的マイノリティに関する専門誌の概要（3.1.1）およびインターネット上のテクストの概要（3.1.2）を説明する。

3.1.1　性的マイノリティ専門誌の概要

　本項では、どのような文献資料を分析対象として収集したのかを説明する。セクシュアリティに関する特定の言説がどのような資料で現れているのかあらかじめ把握することはできず、ある程度網羅的な資料の調査が必要になるという指摘（赤川 1999; 小泉 2020: 57）と同様の課題は、本書にも当てはまる。というのも、SNS上の議論や2010年代のインターネット上の記事を除くと、まとまったかたちで非二元的な性について言及するような雑誌や書籍は少なく、断片的な記述をおこなう資料が大半だと言えるためである。

　そこで本書では、まずは断片的な記述ではあっても、「Xジェンダー」「ノンバイナリー」といった非二元的な性を表す語に直接言及する文献資料を分析の

対象とした。これにはまず、デール（2012）も指摘するように、「G-FRONT 関西[*1]」の機関誌『ぽこあぽこ』の用語集がある。ほかに「Xジェンダー」に言及のある一般書籍として、吉永みち子（2000）、田中玲（2006）、ROS編（2007, 2008）、薬師実芳ほか（2014）、Label X編（2016）、石﨑沙織（2019）などが出版されている。ただし、一般書籍で非二元的な性を表す概念が登場することは少なく、どのような文脈でそれらが用いられているのかは不明瞭である。

　そこで調査協力者からの協力を得て、非二元的な性のカテゴリーの運用を読み取りうる資料をさらに収集した。調査協力者の助力が必要となるのは、そもそも非二元的な性を生きる人にとって、どのような文献やインターネット上の議論を見知っていたのか、それらの記述がどのような人によるもので、どのような文脈をふまえているのか、先行研究でほとんど明らかではないためである。それゆえ本書は、次節で詳しく論じる調査協力者による情報提供を参考にしつつ、ジェンダー非順応な人びとが自ら記した文献資料や、その前提となる議論が展開されている1980年代から2010年代にかけて出版されたゲイやレズビアンのグループの出版物、ジェンダー非順応な人びとに関連するミニコミ誌、女装・ニューハーフ系の商業誌、ジェンダー非順応な人びとによって執筆された一般書籍を中心的な分析対象とする。

　この資料収集の際には、「ゲイ」や「トランスジェンダー」といった特定のカテゴリーに絞るのではなく、非二元的な性に関わる表現が読み取れる資料を幅広く収集対象とした。これはまず、現在一般的に定義上、非二元的なジェンダー表現や性自認を意味しないような表現でも、個々人やグループによって非二元的な性を表すものとして用いられていたことがあるためである。本研究では、「Xジェンダー」や「ノンバイナリー」が普及する2010年代以前にも、さまざまな概念が非二元的な性を表現するために用いられていた可能性をあらかじめ排除しないようにした。加えて、「Xジェンダー」を文献上早い時期に名乗った人が「ゲイ」を名乗っていたことからも、非二元的な性をめぐるカテゴリーの運用にはジェンダー非順応な人びとによる議論だけでなく、同性愛者間

＊1　結成時の正式名称は「ゲイ・フロント関西」で、別称を「G-FRONT関西」としていた。2002年に正式名称を「G-FRONT関西」と変更した。本書では一部を除き「G-FRONT関西」の表記で統一する。

での議論も関わっていると考えられるためである。「ゲイ」と「トランスジェンダー」が区分されて理解されるようになる仕方それ自体、本研究の検討対象となりうる。

　資料の収集においては、調査協力者や複数のリソースセンターの協力を得た。ゲイ男性向けあるいは女装系のいくつかの商業誌は、国会図書館に所蔵されたものを閲覧したほか、一部のミニコミ誌については「東京ウィメンズプラザ」の図書室や、「WAN（Women's Action Network）」のミニコミ図書館、「共生社会研究センター」を利用した[*2]。しかし、その他の資料の多くは公共図書館には所蔵されていない。そこで、のちに述べるようなインタビューをおこなった調査協力者に資料提供を依頼したほか、調査協力者の知人で筆者の関心を知り、資料提供してくれた方もいた。加えて、「G-FRONT関西」、性的マイノリティのリソースセンターである「QWRC」の協力を得たほか、トランス男性に焦点を当てた雑誌『Laph』や、ニューハーフ系の雑誌である『シーメール白書』等はミニコミ系の書店やオンラインショップ、古書店で買い集めた。

　具体的に分析対象とした性的マイノリティ専門誌とその概要を、巻末の資料編「1　性的マイノリティ専門誌」に出版年順に示す。欠号や入手の困難さから、すべての号を参照できた資料は少ないが、女装系や同性愛などそれぞれの特色をもつ文献を可能な限り対象とすることを心がけた。分析対象とした範囲も表中に記載している。

　グループの機関誌や小規模に会員間で頒布された冊子などのミニコミ誌は、発行部数が少なく流通経路やターゲットが限定されているが、本研究においてミニコミ誌を中心とする専門誌を扱うことは極めて重要である。第一に、そもそも「Xジェンダー」等の非二元的な性の概念への言及は文献上、同性愛者やジェンダー非順応な人びとのサークルが発行するミニコミ誌や、それらの関係者の一般書籍におけるものに限られている。それゆえ、こうした概念の現れ方を探るうえでミニコミ誌等の専門誌の分析は欠かせない。第二に、グループ内で何が話題になったのか、どのような決まり事があったのかといった、カテゴ

＊2　2020年10月に設立された「プライドハウス東京レガシー」に「LGBTQコミュニティ・アーカイブ」が付設されたが、国会図書館などに収蔵されている書籍が中心となっており、ミニコミ誌や商業雑誌をまとめて閲覧できるようなアーカイブは日本には存在しないとされる（三橋 2021: 279）。

リーが用いられる仕方に関わるグループでの活動内容を探りやすい点がある。
第三に、多くのミニコミ誌が定期的に出版されており、性的マイノリティをめ
ぐって社会的に問題化されたことに対してどのように反応したのかという変化
のあり方をたどりやすい点も挙げられる。とくに大衆メディアにおいて性的マ
イノリティへの言及が少ない時期において、ミニコミ誌の記述は、マイノリ
ティとされる人たちが社会における自らの位置づけをどのように受け止めていた
のかを示している。

　では、本書で焦点を当てたのは具体的にどのような資料なのか。これについ
て先行研究が明らかにしてきた資料との関係から位置づけておく。まずは、ゲ
イ・バイセクシュアル男性を主な対象としている雑誌である。ゲイ雑誌が会員
制の同人誌にとどまらず書店に並ぶ出版物となったのは、1971年の『薔薇族』
（第二書房）創刊以降であり、主なものだけで約2000冊あるとされている（三
橋 2021: 278）。これらの雑誌の多くは、「男性同性愛者」という主体を前提にし
ており、ジェンダー非順応な人びとの存在に焦点化していない。しかし、「X
ジェンダー」が名乗られたグループである「G-FRONT関西」は、ゲイ・バイ
セクシュアル男性のグループを母体としており、そのなかでいかにジェンダー
非順応な人びとをも包含するグループとなっていくのかも本書の射程に入るた
め、ゲイ・バイセクシュアル男性を主たる対象としている雑誌も分析の対象に
含めている。

　次に、レズビアン・バイセクシュアル女性を主な対象とする雑誌のうち、ジェ
ンダー非順応な人びとによる投稿が含まれているミニコミ誌である。レズビ
アン系の専門誌を分析してきた杉浦（2017: 162-3）によれば、1970年代におけ
る「若草の会」というグループを端緒として、「ウーマン・リブ」に接点をも
つ人びとによって『すばらしい女たち』『ザ・ダイク』といったいくつかのミ
ニコミ誌が創刊され、1985年には『れ組通信』（1985-2013）が出されたという。
1990年代には、掛札悠子が『「レズビアン」である、ということ』（河出書房新
社）を一般書籍として出版し、ミニコミ誌『LABRYS』（1992-1995）を発行し
たほか、レズビアンとバイセクシュアル女性のための拠点として「LOUD」
（1995-）を開設した。杉浦は、口述資料の一部を「レズビアン・デジタル・
アーカイブス」で公開する試みを始めており、そのうち「ミナ汰」（杉浦 2009）

による語りは、3.2において述べるように、本研究でもインタビュー調査をおこない収集している。とはいえ、杉浦が焦点化しているのはレズビアンコミュニティ史であり、ジェンダー非順応な人びとの実践については論じていないため、本研究の調査はその不在を補うものとなりうる。

　さらに、ジェンダー非順応な人びとを主な対象とする専門誌である。こうした専門誌が現れたのは、女装交際誌『くいーん』が発刊された1980年以降のことである。『くいーん』は女装交際誌でありながらも、ジェンダー非順応な人びとに関する数少ない専門誌であったため、国外のグループにも知られていたほか、「女装者」や「女装愛好者」を自認しない人びとによっても購読されることがあった。『シーメール白書』などのニューハーフ系雑誌では商業誌が比較的長期にわたり発刊されているが、女装雑誌には継続的に発刊された商業誌は少なく、“売れる”ための工夫が必要だったという。三橋は、商業的女装誌の出版を望む三和出版の下請けの北斗出版の編集長に対して、それ以前に『Cross Dressing』、『インナー TV』、『女装読本』が売れずにすぐに廃刊となったため、風俗系のニューハーフの人に人気のあるヌードを頼み、胸がなく裸を出せない女装系の人を少ない割合で出すことを提案し、これは商業的に成功して継続的に発刊されるようになる（2020年2月、三橋順子へのインタビュー[*3]）。

　加えて、資料編「1　性的マイノリティ専門誌」からわかるように、ジェンダー非順応な人びとに関するミニコミ誌の比重が1990年代末頃から増している。これは、性同一性障害（GID）概念に依拠する医療が整備され、GID概念が世間に流通し始めたことで、さまざまなジェンダー非順応な人びとのグループが結成されたことと関係している。これらのミニコミ誌には主に、『FTM日本』のように登録したメンバー間で流通しているもの、『LIKE』のようにミニコミ系書店やオンラインサイトという限られた場で入手できるもの、そして自助支援グループの紹介をおこなう全国交流会誌がある。この全国交流会誌は、GID学会（前身はGID研究会）後に開催された、当事者グループ主催の交流会で配布されるものであり、学会や交流会への参加も一つの重要な情報源となっ

---

　*3　調査協力者については3.2において詳細に説明する。以後、インタビュー・データを参照する際には、インタビューを実施した年月、協力者に加え、複数回にわたるインタビューの場合には何回目のインタビューであったかを記載する。

ていた。

　これらの資料を収集・分析するうえでおこなった倫理的配慮についても説明しておく。とくに「G-FRONT関西」や「QWRC」が所有する、公共図書館には所蔵されていない資料に関しては、資料提供を受けたり引用をおこなったりする際に、性的マイノリティの語りを読み取るうえで必要な倫理的配慮に関して説明した。具体的には、溝口彰子ほか（2014）が呼びかけている、クィア領域における調査研究にまつわる倫理や手続きを要約し、論文公表の際には個人や団体にその旨を確認し発行物を送付すること、意図せずして個人を特定することのないよう、個人や団体に確認をとることなどを確認した。そして本研究でおこなうべき配慮として、以下の点を挙げた。[*4]まず、基本的に個人情報を多く含むような語りを長く引用することはせず、議論の内容全体の要約をするか、当時の社会状況や言葉の使われ方、イメージを探るために資料を用いることである。加えて、できる限り発行者・発行団体や著者に連絡をとり、引用箇所の許可を得るようにし、難しい場合は指導教員や資料提供者などに引用箇所を示し、個人を特定しうる詳細な情報が含まれているか確認をとり、名前を匿名化することである。これらの説明に対して了承を得て執筆を進めた。

　同様に、共生社会研究センターや公共図書館などで手に入れた資料でも、それらがひろく流通することが意図されていない特定のグループのミニコミ誌である場合には、個人情報を特定できるような語りの長い引用などはおこなわないことで、個人情報の保護に配慮した。なお、『FTM日本』の引用については、発行者である虎井まさ衛にメール上で同様の説明をおこない、許可を得ている。とりわけジェンダー非順応な人びとにおいては、活動後に性別移行を経て、活動家であったことや、ジェンダー・モダリティを公にせずに「埋没」して生活している人も多くいるため、書籍やホームページ等で自らの性のあり方を公表している場合などを除き、むやみに名前や写真を公にすることは避けるよう気をつけた。本書に掲載した資料等の画像については、発行者・発行団体・画像提供者などとの相談のうえで許可を得られたもののみ載せている。

　本書では、これらの資料の特性や、他の資料との関係性をふまえて分析をお

＊4　「QWRC」においては、グループの許可を得られている場合に資料のコピーが可能になるとの説明を受け、そのような資料については必要な部分をコピーした。

こなう必要があるだろう。これらのミニコミ誌を主とする紙媒体の専門誌は、2010年頃までには不活発化していく傾向があり、インターネット上の議論や情報収集が主流となっていく。

3.1.2　インターネット上のテクストの調査

そこで、前項で説明した性的マイノリティ専門誌に加えて、2000年代に非二元的な性のカテゴリーがいかに広まり、ジェンダー非順応な人びとに何を可能にしたのかを探るため、インターネット上のテクストも調査した。インターネット上の議論の調査は、日本の性的マイノリティ、とりわけジェンダー非順応な人びとのやり取りについてはほとんどおこなわれておらず、すでに削除されているコミュニティもあるため困難を伴うが、再び調査協力者の助力を得て情報を探った。分析章でその都度説明するが、本項では対象とした範囲など調査の概要を述べる。

（1）パソコン通信・ホームページ（HP）・ブログ

パソコン通信は、インターネットが普及していく1997年頃までは交流や情報交換のためにジェンダー非順応な人びとによって盛んに用いられていた。しかし、ほとんど記録が残されていないため、調査協力者の語りに頼るほかない。調査協力者によれば、当時はある程度知識をもつMtF当事者が主にパソコン通信上のやり取りに参加し、出生時に割り当てられた性別が女性である当事者においては学歴が低く金銭的な余裕もない人が多く、パソコン通信にアクセスできる人は少なかった（2019年6月、真木柾鷹へのインタビュー）。

まず、1990年にトランスジェンダー向けパソコン通信のネット「EON」[*5]を神名龍子が開設している。また、大手の「ニフティサーブ」では、「F-HUMAN」や、これとメンバーの重なりもあった「セクシャリティフォーラム」において、セクシュアリティやジェンダーの話が活発になされていたという（2019年11月、

[*5]　「EON」は、「テーマ別の掲示板の集合体と、会員同士の電子メールが使えるだけの簡単なシステム」であったが、会員でのオフ会を開催し、IDの発行数も1400以上あったという（神名 2022: 30）。東京を拠点とする「EON」に対して、大阪を拠点とする「スワンの夢」も白鳥美香によって主宰されたほか、三橋順子は1995年に「EON」上で「クラブ・フェイクレディー」を主宰し、女装温泉旅行などのイベントをおこなってきた（三橋 2003b: 117）。

畑野とまとへのインタビュー）。実際、1997年の会議構成の通知（図1）によれば、「セクシャリティフォーラム」に「TS・TGスクエア」という会議室があり、「F-HUMAN」に「TGの街」という会議室がある。「ニフティサーブ」は固定アカウントであり、「その人が誰かっていうのは、ちゃんとした登録した人だからわかる」（2019年11月、畑野とまとへのインタビュー）ようになっており、匿名で話すわけではないため、ある程度書く内容に責任が伴っていたという。

加えて、1996年頃のインターネットでは、「Yahoo!」などにおいてカテゴリー検索機能があり、登録されたリンクを検索できるという仕組みになっており、1990年代後半から「トランスジェンダー」を掲げた個人HPも作成されていく。

お知らせの文書表示　NIFTY MANAGER

ﾀｲﾄﾙ：電子会議構成
登録日：97/02/10

－－－－－－－－－－－－－－－－－－－－－－－－－－－－－－－－－－－－－－

セクシャリティフォーラムではフォーラムメニュー【３：電子会議】でご利用いただける内容を以下のように設置しています。あなたの興味のある会議室がございましたら、是非ご参加することをお勧めします。

－－－－－－－－－－－－－－－－－－－－－－－－－－－－－－－－－－－－－－

■会議構成

１：セクシャリティフォーラムからのお知らせ
セクシャリティフォーラムからのお知らせを掲載させていただく場所です。この会議室は運営グループが書き込みを行うもので、参加者の方は書き込みを行うことはできません。

２：はじめまして、よろしくね
この会議室は参加する方が自己紹介を行う事を目的とした会議室です。自分をアピールして頂く場所としてご利用下さい。

３：フリートーク
セクシャリティフォーラムに参加する全ての皆様が、さまざまなフリートークをお楽しみいただくための会議室です。

４：ウイメンズ スクエア
レズビアン、バイセクシャルウーマン、ＭＴＦ、ヘテロセクシャルウーマン等の話題を取り扱う会議室です。参加者は限定いたしておりませんので、関連ある話題をお持ちの方は是非ご参加下さい。

５：メンズ スクエア
ゲイ、バイセクシャルメン、ＦＴＭ、ヘテロセクシャルメン等の話題を取り扱う会議室です。参加者は限定いたしておりませんので、関連ある話題をお持ちの方は是非ご参加下さい。

６：TS・TG スクエア
トランスジェンダー、トランスセクシャル等の話題を取り扱う会議室です。参加者は限定いたしておりませんので、関連ある話題をお持ちの方は是非ご参加下さい。

７：ヘテロセクシャル☆スクエア
ヘテロセクシャル等の話題を取り扱う会議室です。参加者は限定いたしておりませんので、関連ある話題をお持ちの方は是非ご参加下さい。

８：メンズ マガジン　（開設予定）
ゲイ雑誌から男性誌等の話題を取り扱う会議室です。なを、この会議室は情報をご提供いただける媒体・編者のご参加をお待ちしております。詳しい内容は運営グループまでご連絡下さい。

９：ウィメンズ マガジン　（開設予定）
女性を愛する女性の雑誌から女性誌等の話題を取り扱う会議室です。なを、この会議室は情報をご提供いただける媒体・編者のご参加をお待ちしております。詳しい内容は運営グループまでご連絡下さい。

10：アート&カルチャー&ビジネス スクエア
セクシャリティのテイストが如実に発揮されるアート、カルチャー、ビジネス等の話題を取り扱う会議室です。参加者は限定いたしておりませんので、関連ある話題をお持ちの方は是非ご参加下さい。

＜1＞

お知らせの文書表示　NIFTY Manager

１０番会議室　同性愛・両性愛・異性愛
ＢＬ　PEE03251　猫の手
同性が好き、異性が好き、性別にこだわらず好きな人がすき・・・。そういう、「セクシュアル・オリエンテーション（性的指向）」をめぐる話題を扱う部屋です。日常の出来事や考えていること、さまざまな情報、ささやかな疑問、シュミに走った話題、そして「性的指向」っていったい何？　などという議論、なんでも思ったことを書いてください。ちがった立場の者同士も、同じテーブルにつければいいな。さあ、お楽にお楽に。

１１番会議室　ＴＧの街（討論＋相談事はこちら）
ＢＬ　VFE06115　くまのプーさん
ここではＴＧ＜心と身体の性別の不一致感をもつ人たち＞に関する
議論や相談ごと、または広報などを扱います。
普段は静かな会議室になると思いますが、
これはぜひ議論したい、こんな相談があるんだけど、という時に
このスペイスをどんどん利用してください。
ですからフリートークやおいしい空気をのんびり楽しみたい方は、
関連会議室＃１６のほうにお願いいたします。

１２番会議室　はんなりと性教育
ＢＬ　KGG03544　星のおじさん
私たちが、創り育む全てのものは、自身を除けば、おそらくそれは次世代のためにあるのでしょう。ならば、子ども達に最善のものを伝えたい…そう思います。
教育は武器にもなるし救いにもなる。傷ついたり傷つけたり、もうそんな思いはしたくないから。
今まで、あまり伝えられなかった性の真実を、明るく、やはらかく、おおらかに、そう、「はんなり」と語り合いませんか？地域で家庭で学校でそしてここで。

１３番会議室　１３番目の部屋
ＢＬ　不在
タイトルから会議室の内容が想像できないところがミソです。名前のつけようがなかったのですが、性の嗜好（指向でなく）を取り扱います。フェティシズム、ＳＭ、その他いろいろです。テーマを特定はしませんので、ゆるやかな枠の中での雑談の気分です。

１５番会議室　女性専用・ふりーとーく
ＢＬ　不在
女性会員専用のフリートークの場です。

１６番会議室　ＴＧの森
ＢＬ　KHC04323　かおる
この会議室ではトランスジェンダー（Transgender＝ＴＧ）の話題を
取り扱います。参加資格は限定いたしません。ＴＧ当事者やＴＧに
関心のある方はどうぞお気軽に参加なさってください。

１８番会議室　あたたかい紅茶をご一緒に◆悩める方へ
ＢＬ　不在
５番会議室の分室です。今、結婚・離婚・未婚・非婚で悩んでいる方の
相談場所です。とくに思いやりのあるコメントをお願いします。

１９番会議室　抹茶を点てましょ
ＢＬ　PEE03251　猫の手
５番の分室・別室として、〈婚〉にまつわるテーマの中から、とりあえず一ヵ月
ごとに一つ取り上げていく、数珠つなぎの期限限定会議室です。

２０番会議室　優しく教えて！パソコン・ワープロ通信
ＢＬ　QWC03672　小雪　TBC02075 PIROP
ワープロ通信・パソコン通信で困ったことがあったら、ここ２０番が何でも
お引き受けいたします。もちろん、相談事だけではなく、パソコン・ワープロ
に関する話題なら、なんでもＯＫです。いろいろなよもやま話を交えて楽しく
わいわいやってますので、お気軽にお立ち寄りくださいね。
相談事の場合は、お使いになってる機種や通信環境を明記してくださいねっ！

＜2＞

図１　1997年の会議構成の一部（真木柾鷹による提供）

畑野は、「Yahoo!」において「トランスジェンダー」を検索してもヒットせず、対してアメリカの「Yahoo!」ではトランスジェンダー関連のHPが数多くあることに気づき、日本の「Yahoo!」にも同様のカテゴリーの作成を依頼したという。そして畑野は、トランスジェンダーに関するまとまった情報サイトとして1996年6月に「TransGenderCafe」を開設している。ほかにも個人HPにおいて、1990年代後半から2005年頃にかけて活発な交流がなされていた。個人HPについては、調査協力者から示唆を得てURLを検索したほか、ミニコミ誌に記載のあったHPを検索し、これらのHPのリンクから別のHPを探した。すでにリンク切れであることが多く、その場合はインターネットアーカイブ（https://web.archive.org/）を使用したが、記録が十分に残されていないことも多くあった。

　ブログにおいては、2005年頃から2010年代前半まで盛んに交流がなされ、「X」などの非二元的な性のカテゴリーも用いられるようになる。ブログでは、個人やグループにおける活動報告やそれに対するコメントを通じて交流がもたれたほか、別のブログへのリンクをつくり、それをリンク先の相手に通知するというトラックバック機能によって、記事の作者がその記事を参照した記事を一通り確認でき、交流が活発化することもあった。すでに消されてしまったブログは多いが、ブログをまとめているサイト「にほんブログ村」における、メンタルヘルスブログ内の、「性同一性障害（FtM・FtX）」「性同一性障害（MtF・MtX）」カテゴリーに登録し、ランキング上位のブログからリンクを通じて他のブログを探しに行くような運用がなされていたという[*6]（2022年5月、YuiToへのインタビュー）。

　とくに「Xジェンダー」に関して活発に交流がなされていたのは、Amebaブログであると考えられる。これはまず、2010年代に頻繁にブログを更新・閲覧していたYuiToが指摘していた（2022年5月、YuiToへのインタビュー）。加え

＊6　デール（2014: 90）は、2013年12月には「性同一性障害（FtM・FtX）」、「性同一性障害（MtF・MtX）」それぞれ200近いブログがあると述べる。ただし、そのうち「X」のブログがどれほどであったかは不明である。2022年5月19日時点での「にほんブログ村」でのブログ数は、「性同一性障害（FtM・FtX）」が650、「性同一性障害（MtF・MtX）」が386、「性同一性障害（FtX）」が12、「性同一性障害（MtX）」が6であり、「GID」の枠組みのなかに「X」も位置づけられていること、「X」当事者によるブログの割合は多くないことがわかる（にほんブログ村 2022）。

てデール（2014: 17）も、AmebaブログにはいくつかのXジェンダー系のグループができていたと述べる。デールの挙げたURLを調べると、これは「Amebaグルっぽ」のことであるとわかる。「Amebaグルっぽ」は、2009年4月から2019年3月まで続いた、共通の趣味などをもつ人が掲示板などを通じて交流できる無料のコミュニティ機能である。サービスが終了した現在、その内容を確認することはできないが、2009年頃にはいくつかの「グルっぽ」がつくられていた。とくに「性別？そんなの知りません！（笑）」という「グルっぽ」には、少なくとも2011年11月20日時点で7044人のグループ参加者がいた（性別？そんなの知りません！（笑）2022）。YuiToによれば、登録だけする人が多く、掲示板はジェンダーについて真面目に話すよりも、出会い目的で使われるような雰囲気だったという（2022年5月、YuiToへのインタビュー）。

　これらのHPやブログは公開されているものの、個人情報も多く、現在公開されることが意図されていないこともあるため、個人を特定しうる情報を載せることはせず、カテゴリー化のあり方に着目するようにした。

（2）ソーシャル・ネットワーキング・サービス（SNS）——mixi・Twitter
　次に、2000年代に活発化していったSNSについて取り上げる。とくに2004年から用いられたmixi、2010年頃から多くの人に知られるようになったTwitter（現X）[7]は、非二元的な性を生きる人びとが集い、経験を共有する重要な媒体となっていた。

　mixiは、「マイミク」と呼ばれる友人を登録する機能のほか、日記を書いたり、写真をアップロードしたり、「コミュニティ」と呼ばれるグループに所属し、同様の関心をもつメンバー同士で交流したりする機能をもつ。そして、「コミュニティ」ごとに話題として「トピック」を立て、「コミュニティ」に登録しているメンバーが投稿することができる。mixiは、ほとんどのユーザーがニックネームを用い、本名やプライベートな写真を投稿しない点でFacebookとは異なっている（Dale 2012: 10）。mixiには、性別欄に男女いずれかを入力しなければならないという問題があり、その点も話題になっていた（2018年2月、

＊7　2023年7月に「Twitter」の名称が「X」に変更されたが、本書で分析対象とする時期は名称変更前であるため、以後Twitterと表記する。

今将人へのインタビュー、1回目）。調査協力者によればmixiは、2006、7年頃まで投稿がなされていた印象があるが、活発さは低かったという。

　「コミュニティ」によって「トピック」の傾向は異なるため、どのような「コミュニティ」が存在していたかを概観しておきたい。「Xジェンダー」「FTX」「MTX」「中性」「両性」「無性」「不定性」「ノンバイナリー」というキーワードで2022年3月に「コミュニティ」を検索したほか、「トピック」のコメント等で紹介されていた「コミュニティ」も参照し、巻末の資料編「2　mixiコミュニティ」に示した。[*8] ただし、「不定性」「ノンバイナリー」についてはこれらの語を掲げるコミュニティは存在しなかった。これはこれらの語が、mixiが勢いを失っていく2010年以降に徐々にウェブ上で可視化されていくためだと考えられる。

　資料編「2　mixiコミュニティ」の表中の網掛けは、「トピック」等を公開しておらず、承認されたメンバーだけが内容を閲覧できる「コミュニティ」である。これらの「コミュニティ」は、初期のメンバーの多い「コミュニティ」（「男でも女でもない性」「中性＆無性別」など）にいくつか見られるほか、子どもやパートナーといった内容の「コミュニティ」（「子どもがいるFTM・FTX」「Xとストレートのカップル」など）、地方の「コミュニティ」（「北陸×FTM・FTX・GID」）に見られる。これらの「コミュニティ」は公開を意図されていないため、「コミュニティ」の説明文のみを検討の対象とした。分析対象としたのは、「コミュニティ」の「詳細」欄の説明文および、各「コミュニティ」の「トピック」の内容である。「トピック」はすべての「コミュニティ」のものをあわせて300ほど存在したが、「コミュニティ」への参加を表明するだけの自己紹介トピックが多くのコメントを集め、他に活発なコメントが集まる「トピック」は多くない。それゆえ、自己紹介トピックを除いて、コメントが30以上集まっている「トピック」に分析対象を限定し、それらを資料編「3　mixiトピック」の表に記した。

---

　*8　「中性」を掲げる「コミュニティ」は多く存在したが、性的マイノリティに関する「コミュニティ」であることが明確なものに限定した。なぜなら、性的マジョリティのなかで中性的な外見になることをめざす人びとの「コミュニティ」と、性別違和感の存在や、性自認の中性性を前提とする「コミュニティ」とでは、異なる種類のやり取りが見られたためである。

　加えて、Twitter は出会いや社会的な議論の場として 2006 年にサービスを開始し、日本では 2010 年代以降盛んに用いられてきた SNS である。利用者は、140 字以内のツイートを投稿することができ、他のツイートに「いいね」という反応をつけたり、ツイートをリツイートしてフォロワーに拡散したりすることができる。デール（2014: 92-3）は具体的なツイートの内容を分析しているわけではないが、Twitter はプロフィールを通じて同じ関心をもつ人を自由にフォローして会話を始められる点で、ダイナミックで瞬時になされるコミュニケーションを可能にしており、mixi よりも新しい人に出会いやすいと指摘している。本研究の調査においても、「X ジェンダーが本格的に流行ったのって Twitter だと思うのよ」（2019 年 11 月、畑野とまとへのインタビュー）などと、調査協力者において Twitter が「X ジェンダー」の知名度を高めたと考える人は多かった。そこで本研究では、とくに「X ジェンダー」をめぐってどのようなやり取りがなされていたのか、その特徴を探るため、調査協力者による語りと、2009 年にサービスを開始した Togetter（https://help-app.togetter.com/）を利用する。

　Togetter は Twitter 利用者がツイートを自由にまとめられるサービスであり、それぞれのまとめにはテーマに関するタグをつけることができ、それを検索することで関連するまとめを収集できる。本書では「X ジェンダー」「FTX」「MTX」のタグを検索し、関連するまとめもあわせて収集できた 2010 年代の 13 件のまとめを分析対象とする（資料編「4　Togetter」）。このツイートのまとめは恣意的なものではあるが、現在はアカウントを消している人のツイートや、他の人のツイートを引用しつつ自らのツイートで意見を表明する引用リツイートによる会話なども収集している。これは、すぐにツイートがタイムライン上で流れていき、まとまった議論として残りにくいという Twitter の特徴があるがゆえに、主要な議論を記録として残しておこうとする試みだと言える。また、Togetter のまとめは当事者によって参照され、カテゴリーをめぐる知識となりうるほか、コメント機能によってさらに連続する議論を喚起することもあった。その際、各年のツイートも上記のキーワードで検索し、Togetter 上の議論が生じている経緯を含め、どのような話題が登場しているのかを適宜確認した。

（3）匿名掲示板

　匿名掲示板の「2ちゃんねる」（2ch）[*9]においても「Xジェンダー」や「中性」などの非二元的な性のカテゴリーをめぐるやり取りがなされていたため、これも分析対象とした。2chは1999年に開設された完全匿名性の掲示板サービスであり、アカウントを登録せずに誰でも議論に参加できる。この掲示板は「板」と呼ばれるジャンルによって分けられており、ジェンダー非順応な人びとをめぐる話題は「同性愛板」や「メンタルヘルス板」などで議論される傾向がある。「板」に存在する「スレッド」上で書き込みや閲覧がおこなわれ、一つの「スレッド」には1000件までコメントを寄せることができ、その後議論が続く場合には次の「スレッド」がつくられる。2chの匿名掲示板においては、その匿名性ゆえに、攻撃的・批判的な投稿も多くなされている。しかし、こうした攻撃的・批判的なコメントが多く寄せられる「板」や「スレッド」と、当事者間であることを前提に情報や経験の共有をおこなうものとが明確に分離されている傾向がある。一部の「スレッド」においては当事者間であることを前提としたやり取りが見られ、そこでは非二元的な性自認をもつ人びとにおいて規範的とされるふるまいも読み取れる。

　非二元的な性についてやり取りしている「スレッド」を検索するため、「かころぐβ」（https://kakolog.jp/）において、「Xジェンダー」「FTX」「MTX」「中性」「両性」「不定性」「無性」をキーワード検索して「スレッド」を検索し、その結果を資料編「5　匿名掲示板スレッド」に記した。ここには、それぞれの「板」やコメント数も記している。その際、当事者間のやり取りがほとんど見られないスレッドには網掛けしている。なお、コメント数が10に満たない不活発な「スレッド」は分析の対象から外した。

（4）インターネット記事

　さらに、インターネット検索を通じて2010年代に「Xジェンダー」や「ノンバイナリー」について知ったという調査協力者は多いため、インターネット記事において、これらの非二元的な性のカテゴリーがいかに用いられてきたの

＊9　2017年に「5ちゃんねる」（5ch）に名称変更されている。

かを探ることも必要となる。しかし、どのような記事を見たのかについて、調査協力者の印象や記憶は曖昧でほとんど手がかりが得られなかった。これは、非二元的な性について紹介する代表的なサイトが存在するわけではないことを示唆している。そこで考えられるのは、メディア報道などを通じて「Xジェンダー」等の概念を知り、それを検索することで表示されたさまざまなインターネット記事の説明を読んでいくという過程である。

　そこで本研究では探索的なかたちではあるが、匿名掲示板で取り上げられていたインターネット記事を収集したほか、これを補うためにGoogle検索で「Xジェンダー」「ノンバイナリー」というキーワードで時期を区切って1年ごとに検索し、「Xジェンダー」に関する記事が現れる2010年から2019年までの199記事を対象にした（資料編「6　インターネット記事」）。このとき、2020年代の記事が関連記事として記事内でヒットしているだけのものは除外し、当事者／非当事者によるものかを問わず、非二元的な性のカテゴリーについて定義づけなど何らかのまとまった説明をしている記事を取り上げた。

　なお2021年6月、著名な歌手である宇多田ヒカルによる「ノンバイナリー」であることのカミングアウト以降、とくにTwitterやインターネット上で「ノンバイナリー」に関する投稿や記事が急増することを付記しておく。本研究の調査は「Xジェンダー」に関する語りに焦点化して始められたものであり、2021年以降の「ノンバイナリー」をめぐる意味づけについては扱うことができなかったが、2010年代に「ノンバイナリー」概念がいかにして日本に導入されていったのかは読み取れる。近年の「ノンバイナリー」をめぐる状況の変化に関しては、今後さらにインタビュー調査や文献調査が必要となるだろう。

　このように、本研究では多様な形式のインターネット上のテクストを調査した。こうしたテクストにおいて、個々の投稿者がいかなる前提や文脈のもとで発言しているのかということには不明瞭な部分が多く、一部のテクストしか入手できないという限界も生じている。とはいえ、ジェンダー非順応な人びとをめぐるテクストのみならず、性的マイノリティ全般においてもインターネット上のテクストを分析した先行研究が少ないなかで、その不在を補い、インターネット上のグループで性の諸カテゴリーがいかに運用されていたのかを明らかにしうる点で本調査は意義をもつ。

3.2　インタビュー調査の概要

　前節で述べたような文献資料やインターネット上のテクストだけでなく、資料の位置づけや個々人の活動をさらに詳細に探るために、筆者は2016年5月から2023年3月にかけて、主にジェンダー非順応な人びとである29名に対してインタビュー調査をおこなった。本節では、インタビュー調査の概要および、調査協力者と筆者の関係性について説明する。

　調査協力者のプロフィールは、了承が得られた範囲で表1に記してある。^{*10}性自認や性的指向の欄には、調査協力者が用いていたさまざまな表現をそのまま記載し、メールで確認をとった。プロフィールに記載された言葉は、あくまでもかれらの性のあり方に関する目安に過ぎないことは述べておきたい。

　本研究では、非二元的な性のカテゴリーの運用をグループでの活動との関係から探るために、非二元的な性自認をもつ人びとに加え、非二元的な性に関連するグループに属してきた人びとを調査協力者とした。具体的にはまず、筆者は2016年5月から、筆者も2015年10月に入会していたXジェンダー当事者と支援者の団体である「label X」のオフ会への参加などを通じて知り合った5人に対して半構造化インタビューをおこなった。この団体の会員数は入会当時90人以上、2022年には200人以上であり、当事者ではない場合にもサポート会員というかたちで参加することができる。年1回ほどの講演会のほか、主に東京や大阪など大都市で時折オフ会が開催されていた。「Xジェンダー」を自認する人であれば、会員専用の日記やSNSで会員同士交流をもつことができる。

　筆者は調査を始める前に、当時label Xの代表であった水野瑛太と話し、団体ができた経緯を尋ね、調査の許可を得た。そして2016年3月に1回、4月に1回オフ会に参加し、そこで出会った「Xジェンダー」を自認する人たちのうち4人に個人的に協力を依頼した。また、2017年10月にオフ会に参加し、そのときに知り合った人のうち1人にも協力を依頼した。

　その後、筆者は調査協力者に、他に「Xジェンダー」を名乗ったことのある

＊10　Iさんに関しては、Jさんも途中から同席しており、Jさんが発言することもあるが、同じように質問したわけではないためJさんの詳しいプロフィールは載せていない。

人や、「Xジェンダー」が成立した頃のことを知っていそうな人を紹介してもらうかたちで、スノーボール・サンプリングによって調査協力者を募った。「エイセクシュアル」の坂口ユキエは唯一、出生時に割り当てられた性別と性自認が同じであるが、ジェンダー非順応な人びとも含む交流の場をつくった人として紹介されたため、調査協力者に含めている。調査協力者のうち4人に関しては、筆者がXジェンダー当事者団体のSNS上で交流していた人や調査の過程で会った人に声をかけることで協力を得た。

　はじめに調査した5名以降、調査協力者において非二元的な性自認をもつ調査協力者よりも、アイデンティティにかかわらず、グループを立ち上げた人や主導的な立ち位置にいた人、雑誌を編纂していた人の占める割合が次第に増えていった。とくにこれらの調査協力者からは、ミニコミ誌を主とする資料の提供や、HPやブログ、SNS等インターネット上でのやり取りの特徴に関する情報提供も受けることになった。

　筆者は調査協力者に対して、事前に筆者の身分や、カテゴリーの運用を探るという論文作成の目的、データの管理、匿名化の方針や公開の仕方などの倫理的配慮について説明し、同意を得ている[11]。具体的にはまず、質問については、答えにくい質問には答えなくてよいことを伝え、いつでも録音や調査を中止できることを説明した。質問の多くが当事者のアイデンティティに深く関わるものであると考え、慎重な聞き取りを心がけた。

　加えて、匿名化の方針として、個人情報の保護のために、原則として名前はアルファベット記号に置きかえることを説明した。ただし、調査協力者の希望がある場合には、その公開されたペンネームや活動名などをそのまま表記した。本書はカテゴリー化の仕方から活動の歴史に至る広範な話題を探ることを目的としているため、グループ名については調査協力者が問題ないと判断した場合には匿名化していない。これは、とくに調査後半の調査協力者の多くがグループで主導的な位置に就いていたことや、本書が記述するグループの多くが現在は活動していないか、情報をHP上などでオープンにしていることをふまえて

＊11　インタビュー後、引用する可能性のある部分を明記したデータの文字起こし全文を調査協力者に送付し、調査協力者の希望に応じて引用する具体的な文脈を確認してもらい、要望があれば修正を加えた。

表1　調査協力者プロフィール

調査協力者	年齢	出生時性別割り当て	性自認	性的指向	ホルモン療法や手術の経験	居住地域	調査時期
A	20代	女性	女ではなく、人間自認 男性寄りXジェンダー	男性　ゲイ的	なし	関東	2016年5月、2017年9月（2回）
B	20代	男性	わからない、Xジェンダー	恋愛感情がわからない	なし	関東	2016年5月
C	20代	男性	両性、Xジェンダー	パンセクシュアル	なし	関東	2016年6月、2018年1月（2回）
D	20代	女性	Xジェンダー	女性	なし	関東	2017年10月
E	不明	女性	Xジェンダー、ノンバイナリー	バイセクシュアル	ホルモン療法	不明	2017年11月（メール上）
F	40代	男性	男女の切り替わりのある不定性、Xジェンダー	女性	なし	関西	2018年4月、2020年7月（2回）
G	30代	女性	男女を揺れ動く、Xジェンダー	バイセクシュアル	なし	関西	2018年4月（メール上）
H	30代	男性	女性と中性を揺れ動く	バイセクシュアル	ホルモン療法、SRS	関西	2018年6月、2020年3月（2回）
I	50代	女性	男女のどちらでもない、ジェンダークィア	パンセクシュアル	ホルモン療法、胸の除去手術	関西	2018年9月
K	30代	女性	FtM	女性	ホルモン療法、子宮卵巣摘出済	関東	2018年10月
L	40代	女性	限りなく男寄り	ゲイ	ホルモン療法	北陸→関西	2018年11月（メール上）
M	50代	男性	女性	男性	ホルモン療法、SRS	関西→関東	2019年4月
N	40代	女性	男性	女性	ホルモン療法、SRS	関東	2019年5月、2021年4月（2回）
O	50代	女性	男性	パンセクシュアル	ホルモン療法	関西	2019年9月、2020年10月（2回）
P	40代	男性	Xジェンダー、わからない	デミロマンティック、デミセクシュアル	なし	関西→関東	2022年1月（2回）

調査協力者	年齢	出生時性別割り当て	性自認	性的指向	ホルモン療法や手術の経験	居住地域	調査時期
まさよし	30代	女性	ほとんど男性、トランスジェンダー、Xジェンダー	女性	ホルモン療法	九州→関東	2016年10月、2017年10月（2回）
今将人	40代	女性	女ではない、FtXトランスジェンダー	男性の外見をした人	子宮摘出済み	関西→関東	2018年2月、2020年9月（2回）
ともぞう	40代	女性	FtM	ゲイ	ホルモン療法を予定・通院中	関東	2018年2月
塩安九十九	30代	女性	男女のどちらでもない、トランスジェンダー	バイセクシュアル	胸の除去手術、ホルモン療法	関西	2018年3月
真木柾鷹	50代	女性	男性寄りのXジェンダー	男性（トランス男性限定）	ホルモン療法、乳腺切除	東北	2019年6月
土肥いつき	50代	男性	女性	女性	ホルモン療法、SRS	関西	2019年9月
坂口ユキエ	40代	女性	女性	エイセクシュアル	なし	関東→東海	2019年10月
畑野とまと	50代	男性	女性	バイ	ホルモン投与、豊胸	関東	2019年11月
三橋順子	60代	男性	女性	女性	ホルモン投与	関東	2020年2月
ミナ汰	60代	女性	Xジェンダー／ノンバイナリー	恋愛対象は女性	なし	関東、アメリカ、フィリピン、スペイン、イギリス、北海道	2021年10月、11月、12月（6回）
藤原和希	30代	男性	Xジェンダー	分からない	ホルモン療法、睾丸摘出・陰茎切除	関東	2021年10月
YuiTo	30代	女性	FtX	パンセクシュアル	なし	甲信越	2022年5月
壱（水野瑛太）	50代	女性	男性	女性	ホルモン療法、SRS	関西→関東	2022年5月
濱川敦材	30代	男性	無性	ポリセクシュアル	なし	関東	2022年8月（メール上）、2023年3月（2回）

いる。その場合も、調査協力者以外のグループのメンバーの個人情報に言及することは控え、カテゴリー化に関係している個々人の活動やグループの規範などを記述するようにした。

　質問内容としては、はじめに年齢や出生時に割り当てられた性別、性自認といった基本的な属性を尋ね、それから性別違和を抱いてきた仕方や、どのような知識を得て活動してきたかといったことを聞いていった。はじめに以下のような質問リストを作成しており、インタビューは半構造化されている。ただし、質問の順番はこれに従ったわけではなく、すべての質問をしたわけではない。

　以下は実際に使われた質問項目である。本研究はカテゴリーの歴史的な運用の仕方だけでなく、それがどのように個々人の性自認や他者との関係性に関連しているかも射程に入れるために、多岐にわたる質問項目を用意したが、質問内容は調査協力者に応じて適宜変更を加えた。たとえば、あるグループに属していたことが明らかである調査協力者の場合、そのグループがどのような経緯で形成され、どのような活動がなされていたのかを具体的に質問項目に組み込んだ。また、それぞれのグループに詳しい調査協力者に対しては、カテゴリーが用いられた文脈に焦点化するため、①性自認のあり方、③知識のあり方、⑤グループでの当事者活動に関する質問内容が主となった。

　①性自認のあり方
　・どのような性自認をもっているか
　・今の性自認をもつに至った経緯
　②身体のあり方
　・身体感覚やその変化はどのようなものか
　・ホルモン治療、SRSなどの経験はあるか
　・どのような服装を着たいと思うか、どのような服装をしているか
　③知識のあり方
　・「Xジェンダー」「トランスジェンダー」「性自認」などの言葉を、いつ、どのようにして知ったか
　・知ったときにどのように感じたか
　・他のカテゴリーにもあてはまるか、それともあてはまらないと感じるか

④他者との関わり

・家族、友人、パートナーとの関わりが性自認や身体のあり方に影響していると感じるか、カミングアウトの経験はあるか

・恋愛、性愛のあり方はどのようなものか

・SNSを用いて他の当事者と交流しているか、もしくはオフ会などに行くことはあるか

・グループにはどのように関わっていたか、その場でどのような言葉が使われていたか

・他の当事者と話すなかでどのような影響があったか

⑤グループでの当事者活動（グループに関わっていた場合）

・活動に関わるようになった経緯と活動の内容

・グループ内での言葉の使われ方と普及の仕方：どのような人たちが、どのような意味や経緯で言葉を使っていたか

　▷「TS」「TG」「TV」「Xジェンダー」など

・グループで話されていた内容と、時期や出来事による変化

　インタビュー調査の概要に加えて、調査協力者と筆者との関係性について補足しておきたい。一般にインタビュー調査において、調査者と調査協力者の属性等に基づく関係性によって、得られる語りは変わりうる（Yow 2005=2011: 216-28）。筆者と調査協力者のもつ共通性によって、インタビューがスムーズに運ぶこともあった。とくにXジェンダー当事者および支援者のグループである「label X」に所属しているメンバーである（であった）人とのやり取りにおいては、同じグループへの参加や非二元的なアイデンティティを互いにもつことで共通の話題が出ることがあり、安心感や話しやすさが生じていた可能性はある。

　ただし観察する限り、Xジェンダーやノンバイナリー当事者間において、「同性」概念は成り立ちにくく、互いに「異性」であり、異なる性自認をもつことが前提とされるし、どのような意味で「異性」であり、それがインタビューの相互行為に影響するかにもさまざまな水準がある。すなわち、性自認の内実だけではなく、世代、社会的に生活してきた性別、性別移行のあり方、性的／恋愛的な惹かれ、ジェンダー表現、といった要素がインタビューの内容には影響

していると言える。たとえ同じカテゴリーのもとで自己定位していたとしても、経験を語りやすかったり共感が生じたりするとは限らない。

　とりわけグループの立ち上げや雑誌の編纂に関わった人びとへのインタビューでは、性自認にかかわらず、1980年代や1990年代から活動している調査協力者と、2010年代後半において一部のXジェンダー系のグループにしか参加したことのない筆者との間に横たわる知識や経験の差異が大きく感じられた。たとえば自助グループで「TS」「TV」といった概念が自己紹介において用いられること、あるいはよく参照されていたHPがどのようなものか、といった筆者が共有していないさまざまな前提が存在しており、インタビューはそれらを確認していく作業でもあった。

　それゆえ、調査協力者の側も、筆者の知らないかつてのグループ等でどのようなやり取りがなされていたのかを伝えるという関心をもつことが多かったように思われる。とくに筆者が非二元的な性の概念に関心をもって研究していることを知る調査協力者は、関連する知識を想起しようと努め、いつ頃に「Xジェンダー」は普及していった、というかたちで俯瞰的に語ることもあった。こうしたやり取りにおいて、非二元的な性の概念について知りたがっている若い研究者という筆者の側面が前面に出やすく、それ以外の属性は後景化されやすかったと考えられる。

　このように、本研究では、非二元的な性自認をもつ人だけではない多様なジェンダー非順応な人びとに、グループでの活動やカテゴリーの運用といった質問内容を中心にインタビュー調査をおこなった。

3.3　分析方法と多様な資料の位置づけ

　本節では、前節までに見てきたような多様な資料を、本書がどのような方法に基づいて分析するのか、その方針を調査の内容や先行研究の知見をふまえてさらに説明していく。

3.3.1　分析方法
　本項では具体的な分析方法について説明する。これまで述べてきたように、

本書では I. ハッキングの視座のもと、非二元的な性のカテゴリーが自己知や性の理解に関するいかなる実践を人びとに可能にしてきたのかを探る（2.4）。

　そのために、具体的な分析においては、ハッキング（1995=1998）とサックス（1979=[1987]2004）が展開したカテゴリー化の議論を接続してきた研究（前田 2009; 團 2013）を参考にして、人びとがさまざまな資料においてカテゴリーを用いることで、何をおこなっているのかを記述していく。サックスは、〈女-男〉〈大人-子ども〉といったカテゴリー集合におけるカテゴリーのもとで人びとがどのような活動をおこなっているのかは、社会学者だけではなく当人たちにとっても問題であることに注目してきた（Sacks 1972; K. Phoenix 2008; 團 2013）。これは本研究の場合、非二元的な性自認をもつ人びとの集団を自明視するのではなく、人びとが非二元的な性のカテゴリーのもとでどのような活動をおこなっているのかを観察していく必要性を示している。

　このような分析方法に依拠する歴史的研究も、少数ではあるが蓄積されている[12]。サックス（1979=[1987]2004）においても、他者執行カテゴリーに対して、特定のメンバー間でカテゴリー付与の権利を行使する自己執行カテゴリーの主張が既存の知識体系を変容させることが論じられてきた。そこで團（2013）は、1970 年代末から 90 年頃までの雑誌資料から、「おたく」というカテゴリーが登場してから、「おたく」カテゴリーのもとでなされる活動の可能性が変化していく仕方を描き出している。性的マイノリティを対象とする研究としては、R. ブランケット（2009）はオーストラリアの CAMP というレズビアン／ゲイ組織の広告における性のカテゴリーの運用を分析し、同性愛者が自ら同性愛にかかわる知識を「倒錯」や「犯罪」ではなく、「社会問題」に配置する権限を主張したことを明らかにしている。

　これらをふまえ、本書では、「X ジェンダー」や「ノンバイナリー」といった非二元的な性のカテゴリーが、文献資料やインタビュー・データにおいていかにして用いられているか、それによって人びとが何をおこなっているのかを、

＊12　サックスに示唆を得たカテゴリー化の分析をおこなう研究は、会話分析にならい、レリヴァントな資料をすべて提示するという分析方針をとることが多いが、数多くの資料を対象とするときにも、歴史資料の文脈を回復する実証的な努力を前提にしてカテゴリー化分析は可能だとされる（中河 2005）。

関連するカテゴリーや人びとの活動との結びつきに着目して分析していく[*13]。このとき、2.4で述べたように、誰によってカテゴリー化されているのか、カテゴリーが用いられるグループでどのようなやり取りがなされてきたのか、カテゴリーが性をめぐるどのような要素と結びついているのかといった観点にとくに注目して性的マイノリティの人びとのカテゴリー運用のあり方を探った。

　ここで、本書の目的に際しては、文献資料とインタビュー・データを組み合わせる必要がある。インタビュー・データは、文献資料と同じ水準にあるテクストではない。というのも、調査協力者の回顧的な語りには、文献上の記載や他の調査協力者の語りとの異同も生じうるし、出来事の個人史的位置づけも影響しうるためである（Yow 2005＝2011）。それゆえL. エイブラムス（2016: 1-17）の整理によれば、歴史学においてオーラルヒストリーの資料としての信頼性のなさが指摘され、批判されることもあった。しかし1980年代以降、記憶の主観性に関するスタンスが変化し、インタビューのプロセスにおいて歴史が再構成される側面が重視されるようになる。むしろオーラルヒストリーにおける記憶の主観性は、個人のアイデンティティや個人と集団の記憶の関係について手がかりを与えるものとして積極的に評価されていくのである。代表的な論者の一人であるA. ポルテッリ（1991＝2016）は、警察との衝突事件で死亡したトラストゥッリの死をめぐる年代などの「事実」と調査協力者の記憶とが食い違う仕方に、インタビュー・データの信頼性のなさや間違いを読み取るのではなく、同志の死に適切に対処できなかったことへの屈辱感の管理といった能動的な解釈を見出し、これをむしろ歴史記述における強みとしてとらえた。またクィア・オーラルヒストリーでは、研究者と調査者との親密性や、会話のなかで生じる沈黙や涙といった情緒的な反応といった、インタビューのプロセスそのものに焦点を当てることの重要性が示されてきた（Ramírez 2012; Cvetkovich 2003＝2024: Ch.5-6）。

　＊13　言説分析においても、当事者が何をおこなってきたか、詳細な語りの分析をおこなう必要性は否定されていない。小泉友則（2020: 60）は、言説分析において「言説を構成する『言葉の群れ』を『等価に眺める』ことが優先的に目指される」ため、「言説を構成する一つ一つの語りについて、史料批判などを含めた細部にまでいきわたる記述がされない傾向がある」と述べ、さらに細部にまで分析を進めようとする。とはいえ、特定の言説の型を導くよりも、インタビュー・データを含む資料から、どのような人びとの活動との関わりにおいてカテゴリーが用いられてきたのかを描き出そうとする関心は本書に特徴的だろう。

　ただし本書では、研究者と調査協力者との相互行為に着目するよりも、特定の時期や場におけるテクスト上の実践や調査協力者の活動の仕方を、多様な資料と比較検討しつつ記述することを試みる。こうした方針は、オーラルヒストリー研究においてインタビューの過程への注目が集まることで、歴史的資料としてのインタビューの利用から目を背けてしまうのではないかという批判的な指摘と共鳴する。J. サングスター（2013）は、インタビューが対話的なプロセスであることを認めつつも、インタビュー・データを歴史的・社会的文脈のなかで理解し、調査協力者の回想に見られる共通点を歴史的証拠として評価することは依然として重要であると主張する。加えて朴沙羅（2011）は、桜井厚（2002）らによる対話的構築主義に依拠するライフストーリー論を批判し[14]、「語りの内容に注目し語られた出来事の解明を目指す立場」としての「ヒストリー派」を表明してきた[15]。歴史記述を志向する朴は、調査協力者の語りをいかにして理解しうるかを記述するK. Phoenix・小宮（2007）の関心を引き継ぎつつ、インタビュー現場での研究者と調査協力者の会話を記述していく方針からは距離をとる。朴（2011: 48）が重視するのは、語り方は出来事それ自体から離れては存在せず、「語られた出来事を複数の資料から検討することが欠かせない」ことである。インタビュー・データにしても文献資料にしても、すべての資料が不完全なかたちで出来事に関連しており、それらがどのような立場の人によって、いつ、どのような状況で作成されたかを考慮することが必要だ

＊14　朴も述べるように、桜井によるライフストーリー論は必ずしも「対話」に回収されるものではない。桜井（2002: 62）はオーラルヒストリーを、「個人の人生経験における特定の局面に注目する」ものとし、ライフストーリーにおいても文献資料を参照する必要があるとしている。そのうえで桜井（2006a: 12-3）は、語りの位相をインタビューで生じる対話から成る〈ストーリー領域〉と、語り手主導でプロット化された一定の自律性をもつ〈物語世界〉に区分し、後者は前者に一定の限定をかけているとする。とはいえ、桜井はモデル・ストーリーを前提とした〈ストーリー領域〉を主軸としており、モデル・ストーリーを生み出しうる出来事それ自体の、インタビュー・データを含むさまざまな資料を用いた検討には焦点化していないと思われる。

＊15　桜井厚（2002）による対話的構築主義は、被調査者を研究の客体としてしかとらえてこなかった実証主義アプローチに対して、インタビューの過程に着目する重要性を主張するものだったため、インタビュー・データから歴史を描こうとする関心が後景化した面があると言える。他方、桜井に対して「相互行為としてのインタビュー」を徹底させた方法論を示そうとするK. Phoenix・小宮（2007: 29）は、「被調査者のおこなうことがどのように、なんのためになされているのかということのほうをきちんと見ていくこと」、つまり協力者の説明がその人自身の自己呈示のやり方、規範の記述になっていることに着目する必要があると述べてきた。

とされる。

　これらをふまえ、まずは朴の言うように、非二元的な性のカテゴリーのもとでなされる実践に、多様なかたちで存在する資料の検討から迫ることが必要となると考えられる。その際、非二元的な性のカテゴリーの使用に関連して、桜井（2002）がモデル・ストーリーとして位置づけたような、何らかの支配的な解釈枠組みが生起する可能性はある。しかしこのような解釈枠組みは、それを前提とするのではなく、それが資料において特定の時期や場で生起する仕方自体も主要な検討対象とする必要があるだろう。また調査協力者は、特定の時期のグループにおける活動について語ることによって、自らの自己定位の仕方についても筆者に示しているが、その仕方は前提とされている知識との関連を検討してこそ緻密に描かれうる。したがって本書では、ジェンダー非順応な人びとが、非二元的な性のカテゴリーをどのような他のカテゴリーや活動と結びつけながら用いているのか、それによって何をおこなっているのかを、幅広いテクストやインタビュー・データから分析する。

3.3.2　多様な資料から明らかにしうること

　本項では、文献資料とインタビュー・データのいずれも分析対象とすることによって何を明らかにしうるのか、その具体的な特徴をさらに論じ、第4章から第8章の各章において主に検討する資料について説明する。

　まず、文献資料、とりわけ性的マイノリティ専門誌において、非二元的な性の概念には断片的なかたちでしか言及されていないことも多い。それでも、どのようなグループが出版したテクストにおいて非二元的な性のカテゴリーが用いられ、他のテクストでは用いられないのかを、多様なテクストから把握することができる。これは、非二元的な性のカテゴリーのもとでどのような特徴的なテクスト上の実践がなされているかを明らかにすることにつながるうえに、インタビューにおいて質問すべき内容を検討するうえで役立てられた。加えて、文献資料の記述には、なぜ非二元的な性のカテゴリーが用いられないのかを明らかにする手がかりがあると言える。というのも、その記述からは翻って、関連する諸カテゴリーの作用について検討することができるためである。たとえば、二元的な性別移行の規範が強く現れるグループでの活動において、「X」

「ノンバイナリー」を自己定位のために用いることには困難が生じるだろう。

　次に、インタビューによって得られた語りによって、どのような記述が可能になるのかをまとめたい。第一に、文献資料において明らかではなかった、あるいは当たり前すぎて言及されにくいカテゴリーの運用や関連するグループでの活動を探ることができる。たとえば、トランスジェンダーで社会史研究者の三橋順子へのインタビューからは、新宿歌舞伎町における女装バーでのやり取りにおいて、『くいーん』などのテクスト上ほど「TV」などのカテゴリーが明示的に用いられていないことがわかる。

> 三橋：そこにいる子が女装していることが当たり前っていうか、前提になっている世界なので、とくに名づけがないのです。で、口が悪いおじさんだと"お前ら"とか、ちょっと丁寧なおじさんだと"お嬢さんたち"っていう。
> （2020年2月、三橋順子へのインタビュー）

　このように女装が自明視されるために「名づけがない」新宿女装コミュニティに対して、新宿二丁目では、「スワンの夢」という店ができてから、「ゲイの人たちが女装している子を馬鹿にして言う言葉」である「女装子」（じょそこ）という語が用いられていたという。ここで、対比的に三橋が特徴づけるのは、女装交際誌『くいーん』においてはさまざまなカテゴリーが導入されており、そこには新しいものを取り入れようとする編集者の意向も反映されていたことでもある。こうしたカテゴリーとそれぞれのグループでの人びとの活動との関係は、インタビューと資料をどちらも検討することで詳細に示しうる。

　第二に、インタビューで語られたことの間、あるいは文献資料とインタビューで語られたことの間にある異同は、当時のジェンダーや性別移行をめぐる規範や特定のグループにおけるカテゴリー運用のあり方を探る手がかりとしてとらえられる。ただし、ポルテッリ（1991=2016）が分析したように一つの出来事に対する錯綜した解釈が現れる事態は、本書においてはそれほど生じていない。本研究の調査は、1990年末頃の非二元的な性のカテゴリーについて語る人から、2010年代において「Xジェンダー」をインターネットではじめて知ったという人、非二元的な性の概念には詳しくないがひろく読まれる雑誌を

編んでいた人など、幅広い領域にわたる調査協力者を対象にしている点に特徴がある。語られた内容は相互に矛盾を含むというより、それぞれが異なる領域について語ることのほうが多い。これをふまえ、どのような立場の人による語りなのかをプライバシー保護に問題が生じない範囲でできる限り示すよう心がける。

　第三に、見落としてはならないのは、インタビューによって、これまで可視化されていなかった文献やインターネット上のテクスト、グループの存在や個々人の活動が明らかになることである。筆者は、いかなるミニコミ誌がどの程度の規模で流通していたのか、どのようなインターネット上のテクストが参照されていたのか等について、あらかじめわかっていたわけではない。多くの資料が調査協力者によって存在を教えられ、時には提供された。なかにはプライバシーの問題で非公開となっているテクストもあるため、その具体的な活動内容ややり取りは、インタビューを手がかりとしてしか明らかにならない。

　最後に、次章からの分析章で主たる分析対象とする資料について、それぞれの章で説明するが、ここでその概要を述べておく。第4章では、性的マイノリティにおいて「性自認」や「性的指向」といった概念が広まっていくなか、二元論が自明視された一方で、女装系コミュニティのなかで非二元的な性の概念が自己定位のために用いられたり、他者執行的に「インタージェンダー」が用いられたりしたことを論じる。そこで、これらの同性愛者やジェンダー非順応な人びとの幅広いテクスト上の実践に焦点を当てるため、1980年代から1990年代前半におけるゲイ雑誌やレズビアン雑誌、女装系雑誌、インタージェンダー概念を形成した三橋順子による語りを中心に分析する。

　第5章では、「GID」が導入され、支配的な解釈枠組みを形成していた1990年代後半において、「X」がどのようにして関西の一部のグループで名乗られたのかを分析していく。そのために、文献においては「GID」に関する反応が読み取れるレズビアン雑誌や『FTM日本』、『ぽこあぽこ』『UP＆UP』といった関西のグループ機関誌、個人HPを主たる対象とし、当時東京の自助グループや「X」が名乗られた関西のグループに参加していた調査協力者の語りをあわせて分析する。

　第6章では、GID特例法などにより「GID」が世間に普及していく2002年

頃から2010年頃において、「GID」当事者にいかなる規範をもたらし、対して「X」がどのような意味で名乗られていたのかを論じる。そこで分析の対象とするのは、『FTM日本』やグループ機関誌に加え、新たに2000年代に発行された『LIKE』、ROSによるMook本といったミニコミ誌、活発化していくインターネット上の個人HPや匿名掲示板、mixiのテクスト、そしてこれらのテクストについて語る、あるいは「X」を含むグループに参加していた調査協力者の語りである。

　第7章では、2010年代において「Xジェンダー」や「ノンバイナリー」の当事者間の議論が活発化し、これらのカテゴリーが世間に可視化されていった仕方と、そのなかで生じる当事者による主張について論じていく。そのために、インターネット上の匿名掲示板やTwitter上での議論、「X」や「ノンバイナリー」に言及するインターネット記事、Xジェンダー当事者団体「label X」による出版物、個々人あるいはグループにおいて非二元的な性を社会的に表明するべく活動してきた調査協力者の語りを分析する。

　これらの時期や場によって異なるカテゴリーの使用をふまえて、第8章では個々人が周囲の人びととの関係やグループの知識を解釈しながら、カテゴリーをいかにして自己を定位する際に用いているのか、それによっていかなる実践が可能になっているのかを論じていく。それゆえ、ここでは非二元的な性のカテゴリーのもとで自己を位置づけており、自己の位置づけ方の変遷やその文脈について詳しく語っていた調査協力者のインタビュー・データを主な分析対象とする。

第4章

二元的な性の自明視と、
「オーバージェンダー」「インタージェンダー」
──1990年代のミニコミ誌を中心に

「男」「女」には当てはまらないという自己表明の含意は、その前提となる「ジェンダー」「ジェンダー表現」「性自認」といったカテゴリーの運用と関わっている。村上・石田（2006）によれば、1990年代は「セックス」「ジェンダー」「性的指向」が性的マイノリティ間で定着し、「ゲイ」と「MtFトランスジェンダー」の区分が明確になっていく時期である。加えて、ジェンダー非順応な人びととの間では、手術による性器の変更を望む人を指す「TS」と性器の変更までおこなわない人を指す「TG」が、医療者の診断に依らず、当事者間でカテゴリー化されるようになる（K. Phoenix 2009: 121-31）。

　ただし、これらの概念が性的マイノリティの間に自明のものとして均質に広まったとは限らない。それぞれの媒体やグループの人びとによって、ジェンダー非順応をめぐる概念が異なる仕方で受容された側面を見落としてはならないだろう。そこで本章では、これらの概念の広まりとの関連において、1990年代に「男」「女」ではないことがどのように表現されていたのか／表現されえなかったのかを探る。すなわち、人びとを理解する枠組みとして二元的な性がいかにして自明視されていたのか、そうした状況においても、現在よく知られる「Xジェンダー」のような非二元的な性のカテゴリーが出現する以前に、非二元的な性の表現につながるようなカテゴリーとして「トランスジェンダー」「オーバージェンダー」「インタージェンダー」がいかにして用いられていたのかを描き出していく。

　そのために、この章では主に、1980年代から1990年代において同性愛者を含むさまざまな性的マイノリティが「性的指向」「性自認」といった概念を導入し、他の概念との関係で議論している女装雑誌やニューハーフ雑誌、グループの機関紙などの文献資料を分析する。その際、一つの資料に限定するのではなく、90年代にテクスト上で相互に影響関係が読み取れた資料をひろく対象とする。加えて、これらの文献の読者や投稿者であった人びとへのインタビュー・データ、とりわけ女装雑誌への寄稿や編集に関わり、「インタージェンダー」という語を考案した三橋順子へのインタビュー・データを解釈の手がかりとした。

　まず1980年代後半から、性的マイノリティが性科学の知見を取り入れつつ主体的に性の図式を整理し始めた仕方を探り、非二元的な性には焦点が当てら

れなかったことを論じる（4.1）。しかしこうした状況において、男性学の文脈で、女装コミュニティにも関わっていた蔦森樹によって男女いずれでもない性の思想が探究されるようになる（4.2）。ただしこの動きは、ジェンダー非順応な人びとの間に浸透したわけではない。「女装者」と医療を用いた性別移行をめざす人びととでは異なる仕方で「TS」「TV」「TG」が用いられ、それらの試みにおいて男女いずれかの性別であることは自明視されやすかったためである（4.3）。最後に、これらの性的マイノリティが集い、性の枠組みが議論された1990年代後半に「オーバージェンダー」や「インタージェンダー」が用いられた仕方を論じる（4.4）。

4.1　性を理解する諸概念の導入——「同性愛者」による活動を中心に

　はじめに、同性愛者における交流や運動が萌芽するなか、「ゲイ」「レズビアン」「性的指向」といった概念を用いて自らの性を表現する動きが生じたこと、しかしその試みにおいてジェンダー非順応な人びとは考慮されていなかったことを述べる。それにより、のちにジェンダー非順応な人びとが諸概念を用いて自己定位していく前提となる概念の布置を描く。

　まず、1980年代には、大衆メディアにおいて「ニューハーフ」や「Mr.レディ」などのMtFの性別越境を職業上の特性とするカテゴリーが可視化されるようになるが、これらは当事者による主体的な名づけというわけではなかった。「ニューハーフ」は、大阪のゲイボーイであるベティが歌手デビューする際に作詞・作曲者の桑田佳祐との会話のなかで生まれ（ベティ春山 1996; 三橋 2004a）、1981年3月「六本木美人」のポスターで注目を集め、映画『蔵の中』で有名となった松原留美子のキャッチフレーズとして有名になった。「シーメール」も「ニューハーフ」と同様の意味で用いられていたようだが、AV男優兼監督である山本竜二が、欧米のAVジャンルから斬新な言葉として取り入れ、「シーメールEVE」（1989）に始まる"シーメールもの"を手がけたことにルーツをもち［くいーん 1996年 99号: 39-43］[1]（デラべっぴんR 2016）、主にアダ

ルトビデオによって真新しい言葉として広まっていったと考えられる。1980年の映画『Mr.レディ Mr.マダム』に起源をもつ「Mr.レディ」は、1988年10月からフジテレビの昼間の人気番組「森田一義アワー　笑っていいとも！」に「Mr.レディー Mr.タモキンの輪」というコーナーが設けられ、多くのMr.レディが出演したことで広まった（三橋 2004b: 196-8）。だが三橋によれば、この語が自称として用いられることは少なく、90年代には雑誌でほとんど用いられなくなっていくという。

　こうした概念は、同性愛を「女性性」や「両性性」と結びつけて理解するものであったが、対して男性同性愛者は異なるネットワークを築きつつあった。1970年代から80年代には『薔薇族』等のゲイ雑誌が創刊され、『The Ken』や『さぶ』では、とくに男性同性愛者を指して「ホモ」が、米国の運動を参照したグループでは「ゲイ」が頻繁に自称されており、「ゲイ」は女性同性愛者を含む語として用いられることもあった［THE CHANGE 1981年1号: 3］。1984年の「IGA日本」[*2]の設立は、同性愛者がHIV/AIDSをめぐる啓発活動をおこない、各地に同性愛者の団体がつくられていく一つの契機にもなった。

　こうした背景のもと、1980年代から1990年代はじめにかけての大衆メディアでの"ゲイ・ブーム"においては、「ゲイ」は基本的に男性同性愛者を指す語として用いられ、米国の「ハード・ゲイ」と異なる「ソフト・ゲイ」として女性性と結びつけられやすかった［THE CHANGE 1981年1号: 1］。たとえば1980年の映画「クルージング」の上映試写会では、東映洋画宣伝部のスタッフによって「ゲイ」に関する説明会が開かれ、「クルージング」の「ゲイ」は、「日本のホモやオカマ＝ソフト・ゲイとは違い、男を強調したハードな連中」である「ハード・ゲイ」として説明された［JGC 1981年1号: 1］。1980年代末から1990年代はじめにかけての大衆メディアでのゲイ作品の受容においても、「ゲイ」は異性愛女性にとって女性役割を演じずに済む理想のパートナーとして意味づけられることがあった（McLelland 2000: 91-4）。

　1990年代前半から、パソコン通信上や新宿の女装バーといったジェンダー非順応な人びと同士が話す場があり、ジェンダー非順応な人びととゲイ男性と

＊2　「IGA日本」は、1987年ケルン大会でIGAにレズビアンを表す「L」が加わったことを機に、日本でも「ILGA日本」と改称された。

の交流もあったという。たとえば、パソコン通信の「MOON-NET」に参加していた人が集っていた新宿三丁目の「梨沙」や「嬢」という店で、畑野とまとははじめてテレビのなかではなく実体験として、「女装している人」や「ニューハーフ」に出会っている（2019年11月、畑野とまとへのインタビュー）。また、「ニフティサーブ」の「F-HUMAN」という支部には、「梨沙」に通っていた人のほか、ゲイ雑誌『バディ』の創刊者や、のちに「T-GAP」（4.3.2参照）の代表となる人、「TSとTGを支える人々の会」という自助グループをのちに立ち上げる人などが集っていた（2019年11月、畑野とまとへのインタビュー）。

　他方、レズビアンの人びとは、杉浦（2017）が述べるように1970年代からミニコミ誌を出すなどの活動を始めていたが、当事者間では女性を好きになる女性としての「レズビアン」であることを表明することが規範的とされていた。1980年代前半からいくつかのレズビアンの人の集まりや、新宿二丁目のバーに行っていた「Xジェンダー」のミナ汰は、集まりに参加した人の親や配偶者などが非難の電話をかけてくることもあったため、安全のために「れ組」というグループの事務所ができたのだと述べる。他にも国立婦人教育会館（埼玉）において、「レズビアン・ウィークエンド」と呼ばれる合宿形式のイベントが1985年から開催されていた。

　　ミナ汰：長い間、そのジェンダーの自認がちょっと違う、要するに女性自認がない人たちもけっこういて。わりといて。で、いつも話してたのは、「そうだね。我々はいいレズビアンになろう！」みたいなね。誓いを立てて、頑張って、とにかく「この場ではいいレズビアンになろう」みたいな。（中略）自分たちの場っていうのは、まあ、ないわけだよね。そういう問題あったよね。うん。
　　筆者：やっぱり、そういうときに、「いいレズビアン」っていうのは、わりと女性らしくて。まあ、少なくとも、男性自認であるとか、全然明かさないし。
　　ミナ汰：うん、うん、そうだよね。やっぱり明かせないし。まあ、でも、少し後半になってきて、90年代ぐらいになってきてから、そのトランス女性とかも入ってきたから。

筆者：ああ、なるほど。

ミナ汰：まあ、明かしてないけど、トランス女性だろうなっていう人が、やっぱりいて、まあ、大体パートナーがレズビアンの人なのね。私も、自分のパートナーがレズビアンだったから、まあ、OK。なんか自分のパートナーがレズビアンだと、きっとあなたもレズビアンでしょうっていう、その想定で来るわけよ。だから、入れたんで、別れてからは、もう一度も行けない。やっぱりパートナーと別れて、暮らし始めてからは、そこはもう、うちのパートナーが行けるところだけど、やっぱり自分は、その、行きづらいっていうかね。（2021年11月、ミナ汰へのインタビュー、4回目）

　出生時に女性と割り当てられたミナ汰は性別違和を抱いており、女性を好きになる女性としての「レズビアン」とは認識していなかったが、パートナーがレズビアンであることによって、レズビアンのグループに参加できていたところが大きかったと振り返る。「レズビアン・ウィークエンド」において「女性」を自認しない参加者はいたものの、参加者が「レズビアン」であることは自明視されていたため、ミナ汰は他に居場所がないなかで性別違和を表明せず「いいレズビアン」であろうと努めていた。「女性としての日常」に苦しさを覚え、「女性自認っていうものはないんだ」とはっきりしてから、ミナ汰はパートナーと別れ、それ以降レズビアンのグループには参加しにくくなる。このように、「レズビアン」のカップルであるという前提によって、「性自認」や、たとえばトランス女性であるといった出生時の性別割り当ての差異が覆い隠されていたと言える[3]。加えて、ミナ汰は「レズビアン・ウィークエンド」のオーガナイザーを務めたり、通訳や翻訳をおこなったりすることでレズビアンのグループに貢献し、それによって居場所を確保しようともしていた。

　「性自認」の問題をレズビアンのグループで議論しにくかったことには、「バイセクシュアル」である人が排除されやすかった状況も関わっている。ミナ汰によれば、とくに「付き合っている女性と別れて、そのあと男性と付き合

＊3　他方で、ミナ汰によれば、二丁目のウィメンズバーにおいてはトランス女性が「ひどい扱いをされ」る傾向があり、「そこに飛び込みたいっていう気持ちが強いとね、まあ、何言われても笑ってたりとか、黙ってたりとかする」として、「力関係」において弱い立場に置かれやすかったという（2021年11月、ミナ汰へのインタビュー、4回目）。

う人」は、「昔男性と付き合っていて、今女性」と付き合う人以上に厳しく批判されるような差別の濃淡があり、これはレズビアンコミュニティから去った人が「アライ[*4]」となりうる可能性や、バイセクシュアルの人が男性パートナーと協働で活動する可能性を絶つものと感じられた（2021年11月、ミナ汰へのインタビュー、4回目）。このように「女性を愛する女性」であることが規範的とされ、そうでない人が排除されやすいレズビアンの人びとのグループにおいて、「女性ではない」ことを表明すると、「男性性」と結びつけて解釈され、非難されると予期されていたのである。

　ゲイとレズビアンの人びとのグループはそれぞれに活動することが多かったが、HIV/AIDSをめぐる活動においては、ジェンダー非順応な人びとを含めた協働の動きも見られた。秋波水魚子（1993, 1995）によれば、1993年にIGA日本の南定四郎の声かけにより、エイズ救援とレズビアン＆ゲイのためのスペースとして新宿に「ハンズ・オン・ハンズ」がつくられると、バーのつながりとは異なる場として、しばらくして閉鎖されるまで勉強会などが開催されていた。この場には、「FTMTS」の虎井まさ衛や、「MTFレズビアン」の麻姑仙女、次節で取り上げる「トランスジェンダー」の蔦森樹も参加していた。

　とはいえ、活動のなかでは、ゲイ男性とレズビアンの人びとの置かれた社会的状況の違いも見出されていた。「札幌ミーティング」の活動を探った斉藤巧弥（2019）は、レズビアンの人びとにおいてゲイ男性のように抗議活動をおこなうよりも、「女性」としての問題と向き合いレズビアンコミュニティをまずは形成していくことがめざされたという。加えてミナ汰によれば、「ファミリーで動くっていうのは、男の人には圧倒的に少ない」という「ライフスタイルの違い」も、ゲイ男性の活動との違いを形づくる一つの要素となっていた（2021年11月、ミナ汰へのインタビュー、5回目）。たとえば「れ組」では、子どもと一緒に参加するようなイベントが多く企画されており、「レズビアン・ウィークエンド」の分科会でも広い敷地で子どもを遊ばせることがあった。当時のゲイ男性には、女性が社会的に置かれた状況に無頓着な傾向も見受けられた

　＊4　「アライ」（ally）は、性的マイノリティのことを理解し、支援しようとする人びとのことを表す語である。

が、関西のグループ「OGC」[*5] の代表など、「トップの人が」「女性との共闘に
慣れていれば、あるいは、自分の女性性みたいなものをちゃんと意識していれ
ば、けっこうつながれた」部分もあったという（2021年11月、ミナ汰へのイン
タビュー、5回目）。

　このように同性愛者による主体的なネットワークが形成されていくと、同性
愛者の表象の問題が当事者個々人や団体によって指摘され、性のカテゴリーを
めぐる知識も醸成されていくようになる。その一つの試みとしてゲイ・ライ
ターである伏見憲明は、『プライベート・ゲイ・ライフ』（1991: 192）において、
はじめの段階としての「性対象を方向づける性的志向性」、「生殖器の区別によ
って言語的に確認される性自認」、視覚的な要素と関係性の〈物語〉を含む
「ジェンダーともいわれる〈制〉別表現様式」から性を把握しようとしていた。
すでに J. マネーと P. タッカーによる『性の署名』（1975=1979）などを通じ、フ
ェミニズムにおいて「性役割」や「性同一性」といった概念は紹介されていた
が、これは当事者がそれらの要素の関係から自己を位置づけようとする新たな
試みであった。その後伏見は、本章でのちに述べるように、性的マイノリティ
の協働をめざし、「クィア」を掲げた一般書籍（クィア・スタディーズ編集委員
会編 1996, 1997）を編むことになる。

　加えて、1991年からアカーと東京都との間で争われた府中青年の家利用拒
否をめぐる裁判は、アカーに同性愛の正しさを「性的指向」のもとで主張する
ことを迫った（ヴィンセント・風間・河口 1997: 187）。アカーは、同性愛を「性
的異常」「性的逸脱」と意味づけてきた主要な辞書・事典の記述を変更させた
ほか、世界保健機関による ICD-10（1990）が「性の方向づけそのものは障害
とはみなされない」として、「異性愛」「同性愛」「両性愛」を等価な性的変異
として位置づけていることを挙げ、「同性愛」が「異性愛」と異なりその原因
を問われ、犯罪とも結びつけられるなどの処遇をされてきたことを問題化し
た[*6]。

　＊5　OGC（大阪ゲイ・コミュニティ）は、1987年10月、「IGA日本」大阪支部を「OGC」
　　　と改称して発足されており、これは男性同性愛者に限らずセクシュアリティの問題を議論し、
　　　レズビアンのグループや「エイズ予防法（案）」に反対する大阪連絡会」を通じて女性たちの
　　　グループとひろく交流をもってきたグループである（平野 1994: 228）。

　＊6　具体的には、日本の精神医学が英米の旧説にならい、教科書等で同性愛を正常な「異性
　　　愛」に対する「性的異常／逸脱」と位置づけた点、異性愛の原因を問わずに同性愛の原因を

　その際アカーは、Sexual Orientationの訳語として「性的指向」を選択している。アカーは「性的嗜好」を「同性愛を趣味や嗜好の問題、すなわち私的領域の問題とするという政治的効果が伴ってしまっている」語として、また「性的志向」を「意思」に基づく語として退け（ヴィンセント・風間・河口 1997: 210）、「本人の意思や治療によって変えられるものではない」「性的指向」が適切な語であると述べている［同性愛者と人権教育のための国連10年 1998年: 7］。これは同性愛者への差別が不可視化されている日本において、「同性愛者の存在」を可視化することを期待した「本質主義的」な戦略でもあった（ヴィンセント・河口・田崎 1995: 36-7）。

　ただしこの「性的指向」の導入には、世間に普及している「女性性」と「同性愛者」とを結びつける解釈枠組みを批判する実践も伴っていた。アカーは、これまでの男性同性愛者の表象を否定的なものととらえ、「自分自身がどんな人間であるかを自信をもって確認」するために、「いい意味が少ない」「女装趣味の男性同性愛者に対する"ニューハーフ""Mr.レディ"など」（動くゲイとレズビアンの会 1992: 265）とは異なる言葉が必要であると論じる。同様に「オカマ」という言葉も、"女装""女っぽい""性転換者""水商売"というイメージがあり、「それらの意味をこめた使用に対して"不愉快""差別用語"などの嫌悪感を大部分の人がもっていた」（動くゲイとレズビアンの会 1992: 339）とインタビュー結果からまとめている。[*7]

　加えて「性的指向」は、とりわけレズビアンやバイセクシュアルの人びとからの批判を呼びこむこともあった。たとえば『ぽこあぽこ』の「セクシュアリティ」特集号では、身体部位や年齢などの他の記号への欲望に対して二元的な性別への欲望を上位に位置づけ、社会的多数派の価値観に同化している概念として「性的指向」が批判的に論じられている［ぽこあぽこ 1996年6号: 74-83］。

環境や脳に求めた点、「完全な同性愛」「両性的同性愛」「機会的同性愛」などに分類した点、犯罪と結びつけた点が、アカーによって問題視されてきた［Sexual Science 1994年27号: 14-5］。
＊7　同様に伊藤悟（1996: 94）も、女装をしない、オネエ言葉も使わない同性愛者もたくさんいることを知り、「同性愛者は、異性装をする人や性転換をする人たちとは違うんだ！一緒にするな！」という思いが当時あったと述べている。またW.ランシン（2005: 85-8）は、雑誌記事で「オカマ」という語が使用されたときの肯定的・否定的な反応に着目し、アカーが米国から借用した論理を用い、ゲイ概念から女性性を排除したことの限界を読み取っている。

レズビアンの人びとにおいても、女性が性欲概念と結びつく「性的指向」を明確に認識することが難しい状況があるとして、「セクシュアリティという言葉自体が無意味」であり［CHOISIR 1994年34号：6］、性欲の方向性ではなく「セックスを含めた人間関係」を考慮すべきだとされる。このように、現在自明視されている「性的指向」は、とりわけ男性同性愛者が自らを女性的な存在から差異化することを可能にしたが、性別二元論や性的欲望の明確さを前提とする点は批判されていた。

　本節では、同性愛者による議論を中心に、性の諸概念が当事者によって整理されていく仕方を論じた。レズビアンの人びとにおいてはレズビアン・アイデンティティが自明視されることで「性自認」に関する議論は潜在化されていた。他方、大衆メディアで「ニューハーフ」「Mr.レディ」などが可視化されたなか、ゲイ男性においては「性的指向」を導入し、世間に流通するゲイ表象の"女性性"を否定することが試みられ、ジェンダー非順応であることに焦点が当たらなかったと言える。

4.2　男性学の文脈における「トランス・ジェンダー」をめぐる実践

　次に、「性自認」や「性役割」といった概念との関係からジェンダー非順応な人びとをめぐる議論が現れた、男性学の文脈で著された一般書籍の内容を検討していく。このとき、とくに渡辺恒夫を端緒とし、蔦森樹に引き継がれる一連の流れに注目し、蔦森の著作において「男」「女」のいずれでもないことが表明されることに焦点を当てる。

　渋谷知美（2001）によれば、1980年代には渡辺によって「男性学」が提唱されたほか、上野千鶴子らフェミニストによるメンズリブ、男性学の提案がなされたが、メンズリブ運動が勃興し学問として男性学が確立されていくのは1990年代においてである。たとえば伊藤公雄（1996）においても、男性のメンツや性役割などが焦点化されており、渡辺・蔦森に見られる「トランス・ジェンダー」への関心は、その後の男性学においても特異な位置づけにあると言える。

　まず、心理学者であり、『脱男性の時代』（1986）で男性学を萌芽させた渡辺による『トランス・ジェンダーの文化』（1989）において、日本でははじめて

「トランス・ジェンダー」という語が一般書籍上で説明されている。英語圏で「トランスジェンダー」は 1970 年代以降多義的に用いられてきたが、1980 年代半ば頃からトランスセクシュアルやクロスドレッサー、その他性別違和を抱く人びとを含む包括的な語として、医療やポップカルチャー、トランス・コミュニティなどさまざまな分野で用いられるようになる（Williams 2014）。しかし、以下の記述から読み取れるように、渡辺において「トランス・ジェンダー」は、人びとを分類する概念として用いられているわけではない。

　　　あらゆる伝統的社会は、性別変換によってこの世界を越境し、異世界へと一時移行するためのサブ・システムを備える。これを、クロス・ジェンダーの文化と呼んだこともあったが、今では、超越と意識変容の要素を重視して、トランス・ジェンダー（性別超越）の文化と呼ぶことにしている。（渡辺 1989: iii）

　渡辺は「ジェンダー」を、「成長の道筋でこうむる最初の境界設定であり」、「自己同一性の核であり、つまりは人格全体の基底を成すもの」（渡辺 1989: ii）としてとらえ、その変換を世界の越境として理解しようとする。とりわけ渡辺が女装コミュニティへの取材に基づく前著『脱男性の時代』（1986）から一貫して問題視していたのは、女性が運動の結果、男性的な役割や意識を身につけ始めた一方で、男性は「美も感性もはぎとられた灰色の産業ロボットになってしま」（渡辺 1986: vii）っていることである。渡辺（1986: 83）によれば、女性は服装が華美で多様であり、これは美を強調するのみならず、「無名であること」の苦しみを和らげる。対して男性の服装は画一的であり、女性的な服装をすると「変態」というラベルを貼られてしまう。

　そこで女性美への羨望を昇華させようとする「アンドロジナス男性」が出現し、「女装」に関しては DSM-Ⅲ などの精神医学概念にも組み込まれているが、渡辺は「女装」に必要なのは「治療」ではなく「服装革命」であると述べる。渡辺は「女装」をタブー視しない日本の歴史的背景を振り返り、「第三の性」が社会制度に組み込まれている伝統的社会としてベルダシュ制やインドにおけるヒジュラ社会について検討する。しかし、これらの社会とは構造が異なる現

在の日本においては、「個々人が、自身の工夫でもって性別越境を企て、ジェンダーを自己創造してゆく、その積分としてアンドロジニー型文明を目指すほかない」（渡辺 1989: 48）と結論づけられる。こうした女装実践は、「女性解放運動を補足し完成させる」ものとしての「脱男性運動」とも結びつけられている（渡辺 1986: 231）。

このとき渡辺（1986, 1989）は、その理論的基盤を性科学や精神分析学の知見に求め、男であることに苦しんで「変性」願望をもつ男性の多さを調査研究から裏づけようとするとともに、J. マネーやR. J. ストラーのトランスセクシュアル研究を紹介している。マネーが述べたのは、性別の自己同定が生物学的な性（sex）だけでなく、子どもの学習によっても影響されるが、2歳半頃までの臨界期に確立した「性別自己同一性（ジェンダーアイデンティティ）」は変更することができないということであり、ストラーはこれを「中核的性別自己同一性」（core gender identity）と呼んだ。これらをふまえて渡辺は、「ジェンダー」を「性役割」に還元することを批判し、「中核的性別自己同一性」、「性別役割」、「性対象選択」の3要素から成る構造として整理している。

渡辺の議論は、フェミニストから批判されたが、嬬森によってその関心が引き継がれることにもなる。渡辺に寄せられた批判は、「女装趣味は第三空間に封じこめられた性別越境」に過ぎないのではないか（中河 1989: 23）、男性の不安定性を心理学に依拠して一般化している（掛川 1998: 102-3）といったものであり、渡辺自身、性科学や精神分析の立場から立論することの限界を自覚することになった。とはいえ、嬬森は「アンドロジナス男性」の創出をめざす思想に共鳴し、「トランス・ジェンダー」という考え方の前提が「今も根強く残る男女性二形の区分」（嬬森 1990a: 124）にあるという限界を見据えつつ、かかるジェンダー観に基づく世界がすでに存在することを「先にワープ」せずに思考することを意図して「トランス・ジェンダー現象」という論集を企画する（嬬森 1990b）。

さらに嬬森は『男でも女でもなく──新時代のアンドロジナスたちへ』（1993）において、自らの性別越境の実践と深く結びつくかたちで男女いずれでもない性の思想を追求していく。まず嬬森は、脱男性化を実践したのち、「女装者」から自らを差異化していく。出生時に男性として割り当てられた嬬森は、「優しく愛らしくそしてきれいな人間」として「『女性』というイメー

ジ」をとらえ、憧れを抱く（蔦森 1993: 19）。そこで渡辺の著作に共感した蔦森
は、調査対象となっていた都内の女装クラブに通い始める。しかし、そこでは
「女装者」が自らを位置づける語として用いられていた。蔦森はこの語を、「存
在を異端化してしまう」もの、「時代に逆行している」ものとしてとらえ、「女
性に羨望したことを、自分の存在する全時間を通じて丸ごと体験」するために、
女装クラブに行くのを止め、「女性」としての生活を送ることにする（蔦森
1993: 64-5）。

　それから蔦森は、女子工員やダンスホールの厨房、ヌードモデル、ホステス、
「主婦」と次々と職を変えながら女性として生活し、男性と比べたときの女性
の立場の低さや、男女の区分の根強さを知っていく。とくに根強く残ると感じ
られたのがアトリビューション、すなわち身体や服装を含めた外見の問題だっ
た。たとえば蔦森がヌードモデルして働いたのも、「見かけの区分が、女性身
体のエロス化・過剰なエロス化、男性身体のエロスの無価値化・非エロス化と
いうイメージの差別構造を形作っている」（蔦森 1993: 111）ことを問題視し、
身体が価値あるものとして自らや他者によって賞賛されることを意図したもの
である。

　蔦森が「男‐女という制度を超える」べく思考を進める際にも、これらの生
活における気づきを反映するかたちで、「ジェンダー」および「ジェンダー・
ロール」に加え、「アトリビューション」の問題が検討される。

　　　ジェンダー・ロールが解体したあとには、誰もが因って立つ基盤として
　　のジェンダー・アイデンティティが岩のように固く存在し、目に見えない
　　ジェンダー・アイデンティティの印としてのジェンダー・アトリビューシ
　　ョンが立ちはだかっていた。ジェンダー・アトリビューションとは、人が、
　　男に見える、女に見える、といった服装を含む身体や容貌のことだ。役割
　　に性差がなくなったあと、人は自分が男の性なのか、女の性なのかという
　　確認を、もうここにしか求められなくなるだろう。なぜなら人は、その先
　　にあるむきだしの私という状態を、未だかつて経験したことがないからだ。
　　（蔦森 1993: 206-7）

蔦森にとってジェンダー概念は「生物学的事実から社会的文化的意味を切り離す」（蔦森 1993: 204）ことに、そしてジェンダー・ロール概念は「自然なものと思っていた感情や気持ちの表し方が、けっして自然なものではないこと」（蔦森 1993: 205）を示すことにつながっていた。しかし、性別役割に性差がなくなったとしても、「ジェンダー・アイデンティティ」が男女いずれかに区分されている「ジェンダー・アトリビューション」と密接に結びついており、男女いずれかに判断されない「むきだしの私」を経験することはないという。それゆえ、自らを解放するうえでジェンダー概念は、「鎖のついた重い足枷」としても認識される（蔦森 1993: 213）。

　男女いずれかに表現を分類せざるを得ないことに「気が違いそうな焦燥感」（蔦森 1993: 274）を覚えていた蔦森は、あるとき男女に代わる言葉の限界と、言葉なきあとの可能性に関する気づきを得る。

　　男女に代わる新しい言葉などない。別の何かや中間の多様さを表す言葉の数々。たとえそれらがあったとしても、二分法の思考、極点と極点を対の限界として置いてしまう考え方から逃れることができるのだろうか。答えは否だろう。（中略）男女という言葉と前提がなくなるとき、すなわちこの世界の最後とは、世界を規定する人がいなくなるということだろう。そのとき言葉のすべてが瞬間に消える。

　　だが、言葉のすべてが消えるとき、言葉による思考や判断がすべて止まるとき、言葉による認識がすべて無になるとき、私の身体はどうなるのだろうか。言葉による規定のなくなった身体は、もはや男というアトリビューションも、女というアトリビューションも保てなくなり、人の形そのものが保てなくなり、言葉とともに、霧が晴れわたるように消えてしまうのではないだろうか。

　　だが人が、今在る人の目に見える波長で存在しているのだとしたら、それがエネルギーだとしたら、消えていく身体は決して消滅したわけではないだろう。今の波動より軽く短く、その周波数が変わるだけなのだ。それがたまたま、二分法の言葉で思考し、世界を、この身体を形作っている私には見えないだけなのではないだろうか。エネルギーの存在、そのことに

　　は変わりないのだ。（蔦森 1993: 278-9）

　このように蔦森は、男女とは異なる中間性を表すような言葉も、男女という対の概念を前提とする点で、男女との結びつきをもたざるをえないという。そこで蔦森が「生きている間には、二分法の言葉による思考を手放すこと」（蔦森 1993: 281）は難しいとしつつ期待するのは、言葉の前提がなくなったあとに残るもの、すなわち、言葉によって規定される身体、ジェンダー・アトリビューションが消滅しても変わらずに存在する「私を私であらしめる」「波長」（蔦森 1993: 278）としての「エネルギー」である。そして、蔦森における「男」であること、「女」であることの経験も、どれもが蔦森自身の本質を揺るがすことなく、もともと蔦森の内にあった表現の一つひとつであったと認め、「ジェンダーという仮定そのものから超越すること」、そのプロセスが蔦森にとって「トランスジェンダー」として位置づけられている（蔦森 1993: 282-3）。このように、蔦森は男女いずれでもない性の思想を追求したが、これは男女いずれでもないことを指す語を生み出すのではなく、言語の限界を認識し、「エネルギー」や他者との共振と共感に可能性を求めていく蔦森自身の自己解放の過程であったと言える。

　「女装」実践から距離をとる蔦森の著作は、1990年代末にかけてメンズリブや男性学における個々人の自己解放の実践に影響を与えたが[8]、「男性」であるという「性自認」を自明視するメンズリブや男性学において、蔦森のスタンスが理解されていたとは言いがたい[9]。これはフェミニストの間でも同様である。たとえば1995年の女性学特別講座での議論からは、蔦森の報告が現行の性別秩序を解体する「シングル単位社会」（日本女性学研究会 1998: 175）として好意的にとらえられることもあるものの、「ジェンダー・アイデンティティを意識化し社会構造を変革してゆく」フェミニズムやメンズ・リブへの理解の不

　＊8　たとえば、南野忠晴（1999）は蔦森編（1999）において、服装や言葉、しぐさなどのジェンダー・モデルを無数に作り、「ジェンダーを遊んでしまおう」として「フリー・ジェンダー」を唱える。ただしこれは、言葉なきあとの世界を想像する蔦森の議論とは異なる実践であり、ジェンダーフリーの動きとの関連も読み取れる。

　＊9　蔦森はJ. ストルテンバーグの監訳書『男であることを拒否する』において、「『男という類を完全に離れた』周縁的な生き方の模索が、90年代を通じてのメンズリブ／男性学のメインストリームではなかったように思えた」（蔦森 2002: 261）と述べている。

足が指摘されている（日本女性学研究会 1998: 176-7）。MtFの麻姑仙女も、「〈性自認〉の解体」は、蔦森が近代的自我を確立した〈男〉だったからこそ達成できたのであり、〈女〉においては「現在の制度的女性差別の構造がかなり解消されるまでは、むしろ危険なこと」だと警戒を示していた［CHOISIR 1994年34号: 15］。ここで蔦森が自らの身体と向き合い紡ぎ出した思想は、二元的なジェンダー観のもとで社会構造にいかなる政治的効果をもつかという点から理解されてしまう。とはいえ蔦森の著作は、Xジェンダー的な思索を展開しているものとして、のちに非二元的な性を生きる当事者が現在の地点から過去とのつながりを見出していく際に参照され続けている[10]（2018年1月、Cへのインタビュー、2回目）。

　このように、男性学の一部において、渡辺や蔦森が「トランス・ジェンダー」概念のもとで「女装」実践の延長から男性性の解体を論じ、とくに蔦森は二元的な性からの自己解放を思考していた。そのアカデミアへの影響は限定的であったが、非二元的な性を生きる人びとが自らの性のあり方との共通点を見出す契機ともなっていた。

4.3　「TV」「TS」「TG」の定着
——文脈による意味づけの違いに着目して

　これらの議論は、当時ミニコミ誌やパソコン通信上で交流をもっていたジェンダー非順応な人びとにとって無縁ではない。これらの交流は、渡辺が『脱男性の時代』のもととなる連載を載せる場とし、蔦森が一時期ライターとして関わった女装クラブであるエリザベス会館の女装交際誌『くいーん』上や、『くいーん』に寄稿していた虎井まさ衛が1994年に創刊した『FTM日本』上においてなされていたためである。しかし蔦森の議論は、当事者間においても必ずしも共感を呼んだわけではなかった。

　本節では、こうしたテクスト上において、どのようにさまざまな性のカテゴリーが用いられていたのかを探ることで、1990年代中頃までは「TS」「TV」

＊10　その後蔦森は特例法成立をめぐる運動で周縁化され、言論活動から距離を置くようになる（吉野 2020: 61-79）。

94

「TG」というカテゴリーについての議論がなされているものの、非二元的な性にはほとんど焦点化されないことを論じていく。

4.3.1　女装交際誌『くいーん』における「TV」「TS」「TG」の運用

　まず、女装交際誌『くいーん』における「TV」「TS」「TG」についての議論をみることから、当時女装者間で男女の切り替えが規範的なふるまいとされていたことを確認していく。

　「TV」という語が流通していたのは、女装クラブであるエリザベス会館や、同じ会社を母体とする女装交際誌『くいーん』においてである。エリザベス会館には、新宿女装コミュニティとは異なり、女装して外出せずに男性的な服装に着替える必要があるという閉鎖的な側面があった。ほかの女装系雑誌と比べても、『くいーん』には女装者による多くのグラビア写真の投稿があり、女性美を競う部門別の大会を開く「競技女装」の側面を有していた。[*11]

　『くいーん』において「TV」という語は、1980 年代後半には投稿者および編集者によって用いられており、1991 年にはアメリカ精神医学会による精神疾患分類 DSM-Ⅲ が紹介される（三橋 2003b: 114-5）。DSM-Ⅲ を紹介したのは、日本においてはじめて「FtMTS」、すなわち出生時に女性として割り当てられ、手術によって性別違和を解消することをめざす「TS」であると週刊誌で公言した虎井まさ衛である。虎井は、1989 年にサンフランシスコで手術をおこなっており「女装者」ではないが、『くいーん』は海外にも日本のほぼ唯一のトランス系雑誌として知られ、当事者が情報を得る媒体ともなっていたのである。

　虎井は「性転換──脱ぐことのできない女体」［くいーん　1991 年 8 月 67 号: 2-13］にはじまる連載で、米国のホルモン療法や手術の情報提供をおこなうとともに、TV ／ TS という区分を明確化しようとする。虎井は「TS」であれば何を犠牲にしても「性転換」に突き進むのだと主張し、対して「TV」を「異性としての女性を愛するあまり女になってみたくなった」、あるいは女性装によって「性的快感を引きおこしたりする」［くいーん 1991 年 8 月 67 号: 4］と特

＊11　女装系の雑誌は一枚岩ではない。たとえば、キャンディ・ミルキィによって発行されていた『ひまわり』では、幼稚園や女学校といったシチュエーション女装や SM などフェティシズム的要素が強く見られる。

徴づけている。これは自らを真剣に「性転換」をめざす者として、「性転換」にまで至らず性的指向に基づく欲求から女性装する者としての「TV」から差異化しようとする実践であろう。

　しかし、少なくともそれまでの『くいーん』投稿者による「TV」の運用には、「性的快感」の希求や病理的であるといった意味合いは含まれていないと考えられる。すでに渡辺は『くいーん』に「女装は倒錯ではない――未来を拓くニューセクソロジー」という連載を載せたとしているほか、『脱男性の時代』において、性的興奮を強調するDSM-Ⅲを批判し、「女性的部分人格に自己表現させるべく女装するすべての女装者に、トランスヴェスチズムの名を与えるべきだと思う」（渡辺 1986: 223）と述べている。また虎井の投稿を機に開かれた「TSTV座談会――相互理解で明るい未来を」［くいーん　1991年10月68号: 12-23］において三橋は、「TV」である場合、外見上「理想の女性像」を表出することに価値を置くと述べている。三橋は、『くいーん』誌上で蔦森が担当していた読書コーナーの担当を引き継ぎ、その後新宿女装コミュニティにおいて活動しつつトランスジェンダー論を展開したほか、GID医療の自助グループにも関わっていく人物である。

　　　自己愛的な部分はTVの場合必ずあるんで、理想の女性像をみんなやっぱり持ってて、それに或る程度近づきたいっていうのは、相当根源的にあるものですよね。そしてその理想の女性像ってものを、男の自分（の身体の上）で観たい。（中略）女としての自分と男としての自分と、二つの気持があって、それを育てようっていう意識があると思うんですよ。［くいーん　1991年10月68号: 20］

　このように、「TV」に女性への性的惹かれや女性装によるフェチシズム的な「性的快感」が結びつくとは限らない。むしろ「TV」において、「男の自分（の身体）」は前提とされ、そのうえで「理想の女性像」を体現し自己愛として回収する二重性が特徴的なものとして語られる。加えて三橋は、当時の対談について以下のように想起している。

筆者：虎井さんはけっこうDSMに基づいて、性的欲求からくるものだと言っていて、三橋さんとかが批判的な感じの対談だったように思うんですけど、

三橋：批判的っていうより、よくわかっていなかったと思う、当時ね（笑）。

筆者：TVっていっても、服装倒錯症という感じではなかったわけですよね、きっと。

三橋：そうですね。当時は精神医学概念という意識はほとんどないです。TVとTSはもっぱら即物的に身体をいじるかいじらないかっていうその違い。TVは身体はいじらないという、今から思うと、すごい変なこだわりがあった。そこらへん『女装と日本人』にも書いたけど、アマチュア女装イズムみたいなのが、「エリザベス」はすごく濃かった。少なくとも私がいた頃までは、ホルモン投与も含めて、全くタブーだったんです。

筆者：そうなんですね。

三橋：そんな奴は女装者じゃない、みたいな感じ。私は当時からそこらへん微妙な違和感をもっていたんだけど、外部の方に説明するとき、たとえば上野公園にお花見行って全く知らない外部の人と交流するときに、ほとんど必ずと言っていいほど、先輩たちが「自分たちは昼間はまっとうなサラリーマンなんです」っていうことを強調するの。（2020年2月、三橋順子へのインタビュー）

　ここで三橋は、筆者が対談から読み取ったようなDSMという精神医学的概念への批判的意識があったというよりも、実際のところ虎井の議論を明確に理解していたわけではなく、「身体をいじるかいじらないか」という違いから「TS」「TV」の区分が成立していたと指摘している。そして「身体をいじる」、すなわちホルモン投与や手術をおこなうことは、少なくともエリザベス周辺において1990年代前半には「女装者」としてすべきでないこととされていたことがわかる。

　「女装者」による「昼間はまっとうなサラリーマン」だという主張は、ショーパブやバー、ヘルスなどで働く「ニューハーフ」からの差異化を意味してもいる。日本においても身体をホルモン治療や手術などの医学的手段によって

加工することは戦後からおこなわれており、ミスター・レディ、ミス・ダンディ、ニューハーフの存在は大衆メディアを通して知られていた。日本では1965年、男娼に「性転換手術」をおこなった産婦人科医が優生保護法（現：母体保護法）違反に問われた「ブルーボーイ事件」以降、「性転換手術」は違法であるとの認識が医療関係者に広まったが（石田 2002）、海外や国内の一部の病院でホルモン投与や手術を受けることはできた。三橋によれば、「女性化している人たちに憧れながらも、そっちに行っちゃ駄目っていう縛りが強い」という両義的な感情が女装者のあいだでは存在していた（2020年2月、三橋順子へのインタビュー）。実際、『くいーん』上では、「女装」をアマチュア、「ニューハーフ」をプロとする区分は明確になされていた［くいーん 1990年6月60号: 19-31］。

　それゆえ、「TG」が『くいーん』上で1994年頃から用いられたとき、「女装」を私秘的な空間にとどめ、社会的には「男性」として生活するという男女の切り分けの規範からの解放が生じていた側面はある。『くいーん』上で「TG」が、「性転換」しない人という狭義の意味ではなく、「TS」「TG」「TV」を区別せずに総称するという広義の意味で明確に紹介されたのは、三橋（1997）も指摘するように、森高夏樹によるサンフランシスコの女装者について紹介するレポートにおいてである［くいーん 1994年82号: 14］。ここで「TG」は、閉鎖的な空間で一時的に女装する「TV」か、身体加工して常時女性として自己表出する「TS」かという二者択一とは異なり、身体加工することなく常時望むジェンダーで生きるという選択肢を認識可能にしたと言える。三橋によれば、女装者の間でこれらのカテゴリー化への無関心や批判が表明されることもあったが、少なくとも「昼間と夜、男と女の世界をきっちり切り分けなければいけないんだっていうプレッシャーからの解放には、TG概念はつながった」（2020年2月、三橋順子へのインタビュー）という。

　このように『くいーん』上では精神医学的な概念の影響は弱かったが、男女の切り分けが規範的とされていた。しかしこうした規範は、「TG」の導入のもとで揺らいでいく。

4.3.2　GID医療化の運動における「TS」「TG」──『FTM日本』の語りを中心に

　他方で、手術による身体加工をめざす虎井まさ衛のような「TS」を名乗る
人びとが中心となる媒体では、『くいーん』上で虎井が寄稿したように、「TS」
「TG」「TV」というカテゴリー化が厳密になされる傾向があった。

　『FTM日本』は、1994年から2010年頃まで、虎井まさ衛が米国のミニコ
ミ「FTM Newsletter」を手本として継続的に日本全国に発行した、最大で400
名ほどのジェンダー非順応な人びとや学者といった読者をもつミニコミ誌であ
る[*12]。誌面は虎井や読者からの文章やイラスト（図2）、漫画などの自由な投稿
から成り、投稿者への手紙が虎井によって回送されることで交流がなされてい
た。このミニコミ誌の内容は、虎井によって複数の一般書籍にもまとめられ
（虎井 1996; 虎井・宇佐美 1997; 虎井編 2003 など）、より広い読者を得ることにも
なる。

　『FTM日本』冒頭の用語集において「TS」や「TG」といった語は、『く

いーん』寄稿時と同様にDSMの影
響のもと、虎井の当事者性を反映し
つつ紹介される。すなわち「TS」
は、「FTMTSであれば、どうにか
してペニスを付け、素っ裸の状態で
男としか思われない限り気が済まな
い」として性器の転換から意味づけ
られ、「TV」は異性装者、「TG」は
「広義にはTVやTSも含むけれども、
狭義にはTVとTSの中間で、異性
の性役割をもちたい人」とされてい
る［FTM日本 1994年7月1号：1］。
1995年8月に横浜で開催された第
12回世界性科学学会のプログラム
「日本におけるトランスセクシュア

図2　『FTM日本』の表紙にも毎号イラストが寄
せられた（『FTM日本』2002年10月2日34号）

***

*12　投稿者として活躍していたNさんによれば、投稿者と対面で会い、記事について話す
　　こともあったという（2021年4月、Nへのインタビュー、2回目）。

リズム」においても、当事者や医療者が集ってこれらの概念定義が明確にされた。

　医療の整備を主張するためにとくに虎井が重視するのは、「TS」と「狭義の TG」や「オナベ」との区別を明確にすることである。このとき虎井を含む FtM当事者においては、「FTMTS」を「オナベ」から差異化し、「普通」の男性として位置づけようとする試みがみられた。杉浦（2006）によれば、1993年頃から虎井は週刊誌上で「FTMTS」を「オナベ」や「レズビアン」とは異なる存在として位置づけている。

> FTMTSが一度オナベバーに勤めたとしてもすぐにやめてしまうのは、いくらピシッと男装して周囲からそれらしく扱われても、心から本物の男だと思われてはいない、ということを感じとって嫌になってしまうからである。ペニスがついてしまえば話は違うのかもしれないが、そこまで心身の性が一致したならば、本物の男の職に就くのがTSの道であろう。肉体を望みの性のものにしたならば、人生もそうするべきなのだ。（中略）普通の男、そこら辺にいる男として、市民生活に溶けこみたい。それが願いなのである。（虎井 1996: 14-5）

　『FTM日本』においても、オナベバーの広告が載せられ、性別移行して生きる数少ない方途として、オナベバーで働くことを望む相談はなされていた[*13]。しかし、上記の虎井の説明のようにオナベバーを「本物の男」が働くようなところではないとみなす主張や、「オナベ」には特有の水商売の適性が必要であるとして「TS」「TG」「TV」とは別枠でよいのではないかという意見が寄せられている。

　このように「普通の男」「普通の女」として生きるという主題は1990年代中頃の『FTM日本』に共通してみられるが、とくにMtF当事者間では、「TS」のもとで身体的治療の必要を主張するだけでなく、「性転換」に付随していた社会的意味づけへの異議申し立てや、差別の解消の主張もなされていた。すで

＊13　「FTM」であるがゆえの就職の困難は頻繁に語られ、就職相談などを個別におこなう「FTM関西」や、1996年4月に新宿で会合が開かれた「サークルFTM」などのサポートグループも形成されている。

に女装交際誌『くいーん』や米国コミュニティで性ホルモンや手術の情報を得
て、実際に身体加工しているという投稿も見出せる。

> 彼女は徹底して手術反対、いや不要派なのでした。彼女によれば、性転
> 換手術が不十分なものである以上、それをすることによって、変化するも
> のはなにもない。自分も本質的に変わることがないし、手術をしたからと
> 言って周囲の眼も変わることはない。オカマはオカマ、と。結局のところ、
> 果てしない自己満足のために手術を「敢行」するのであって、それじゃあ、
> あまりリスクが大き過ぎない？［FTM 日本 1994 年 10 月 2 号：31］

　この投稿者は女性としてパスしている、すなわち性別移行していることを見
破られずに「普通」の女性としてみなされる外見を獲得している MtF の知人
を例に、手術「不要派」の存在を指摘する。ここには「オカマはオカマ」「リ
スクが大き過ぎない？」として、「性転換手術」をおこなったとしても、「オカ
マ」ではなく「女」として社会的受容されることが難しく、「自己満足」にし
かならないという諦念が示されていると言える。
　このような社会的な「性転換」の位置づけは、とくに「TS リブ」と虎井が
呼んだ試みや「TS スタディ」という勉強会において問題化されていく。「TS
リブ」とは、1994 年に新宿で開催された日本初のゲイ＆レズビアンパレード
において、ある MtF 当事者が「こころに合った身体になること　だから性転
換　私が私であるために」と書かれたプラカードを掲げ、素顔で街頭演説をお
こなった出来事である［FTM 日本 1995 年 1 月 3 号：3-7］。『FTM 日本』に載せ
られた「プラカード文面の趣旨」には 47 のメッセージが掲載され、「一般の
人」に対して「性転換」は「オカマ」「恥ずかしい病気」「風俗」「スタイル」
ではなく「こころの問題」であること、「性転換者」にも人権があること、「フ
ツウに生きたい」「あたりまえのヒトになりたい」ことが主張された。また当
事者に対しては、声をあげて連帯することが呼びかけられ、司法・行政に対し
ては、性染色体によって性別を決定しようとする戸籍法の改正や公的機関での
差別是正が訴えられている。

101

染色体を重視する司法は、結果としてバストの大きい男性とペニスのあ
る女性を生みだしてしまい、しかもしらんぷりしています。そんな人でも
あたりまえの世の中ならいいんです。でも、社会通念はそういう人を自由
にのさばらせるようにはできていないようで・・・・・・差別の構造とマ
イノリティーの中にTSを放り込んでしまうのです。これでは、司法がす
すんでフリークスを作っているようなものじゃないですか。これは、憲法
がうたう基本的人権はTSには適用されない、TSは自由に生きちゃいけな
いといっているようなものじゃないですか。[FTM日本 1995年1月3号：6]

　ここで念頭に置かれているのは、過去数回の「性転換」による戸籍記載事項
変更裁判であり、とくに1979年に名古屋家裁が下した、性染色体のみが人間
の性別を決定するという見解である。このような性別観は、「性転換」によっ
て変容した身体のありようを「社会通念」に沿わないものとして周縁化し、自
由に生きることのできない「マイノリティー」を生み出しているとして批判さ
れている。

　麻姑仙女らが1995年に新宿で開催した「TSスタディ」においても、「医療
システム・保険診療制度・家族法・税制年金など・職業選択の自由」という5
つの社会制度上の問題が検討されている［FTM日本 1995年4月4号：2-6］。こ
のとき、優生保護法・戸籍制度の廃止や撤廃を求める他の運動とのつながりを
模索すべきことや、医療システムや保険診療制度においては「半陰陽者」との
共通性が、家族法や税制年金、職業選択をめぐっては「レズビアン・ゲイ」と
の共通性が指摘され、TS以外の人びととの協働もめざされている。ここで麻
姑は、「マイノリティのリベレーションについて考えるんだったら、アイデン
ティティをいったんはもたないと、と思うね」（麻姑・志麻 1996: 83）として、
最終的にアイデンティティが解体されてもよいとしつつ、まずは明確なアイデ
ンティティのもと制度的な状況を改善することを志向していた。[*14]

　このように1990年代中頃の『FTM日本』においては「TS」をめぐる主張

---

　*14　とはいえ、対談相手の志麻みなみは、「人をラベリングしていくということは、ラベリ
ングごとに集団を作り出していくわけだけど、どんどん細かくマイノリティのマイノリティ
を作っていってしまって、最後に何か残してしまう」（志麻 1996: 84）として、「TS」「TG」
等のカテゴリー化の弊害をも指摘していた。

が多いが、『FTM日本』に広告を載せ、ゲイの活動と連携してHIV/AIDS啓発活動をおこなっていた「T-GAP」^{*15}というグループでは、「TG」が手術のプレッシャーからの解放をもたらしたと指摘される。たとえば、「T-GAP」の代表者は、1995年12月に英国で視察をおこなった際、そこでは「TG」があまり認知されていないことに気づき、「TS」と「TV」の二つのカテゴリーでは「TG」の多様性を説明できず、誤った医学的処置さえ与えかねないと批判する。そして「日本のTGたちの間にこの言葉がもたらされた時も、ずいぶんと反響があったものです。手術のプレッシャーを不必要に受けることから解放された人もずいぶんいた」と振り返っている［LAP NEWS LETTER 1996年 13号：32］。「T-GAP」代表者と親交をもっていたOさんによれば、手術のプレッシャーに関しては、美を競って安易にホルモン投与や手術に進む周囲の女装者の傾向に対して代表者が懸念を抱いていたことが念頭にあるという（2020年10月、Oへのインタビュー、2回目）。

　この手術規範については、「T-GAP」代表者とは異なる場を観察していた人において、別のとらえ方がなされていることもある。たとえば、新宿女装コミュニティでは、当時手術規範は強くなく、むしろ「馴染みの男性客が、私の太ももに手を置きながら、『お前まだ切っていないだろうな』っていう、そういうプレッシャー」もあったという（2020年2月、三橋順子へのインタビュー）。加えて、「T-GAP」代表者から「トランスジェンダー」という言葉を教わり、TS・TGを区分しない広義のイメージとして肯定的に受容していた畑野によれば、ニューハーフヘルスにおいては、女性的外見と男性的身体の「ギャップ萌え」や、ニューハーフの側が男性客に挿入する「逆アナル」のニーズから、ペニスを切除しないことに価値が置かれる傾向があった（2019年11月、畑野とまとへのインタビュー）。

　このように「TS」のもとで医療の整備や「普通の男」として生きることが主張されたほか、MtF当事者は手術のリスクや手術をめぐる社会制度の問題

────────────

＊15　「T-GAP」（Trans Gender AIDS Project）には麻姑仙女も参加し、保健所等での講演をおこなっていたほか（2019年11月、畑野とまとへのインタビュー）、女装系のバーにコンドームを置くなどの活動もしていた（2020年2月、三橋順子へのインタビュー）。このグループは1996年9月末に活動を中止しているが［LAP NEWS LETTER 1996年 16号］、代表者はそもそも「T-GAP」を期間限定のプロジェクトとして位置づけていたとも語られている（2019年9月、Oへのインタビュー、1回目）。

を指摘しており、非二元的な性については焦点化されず、医療の整備が達成されていないなかでの脱アイデンティティの主張には警戒も示されたと言える。

4.4 「オーバージェンダー」「インタージェンダー」はいかに用いられたか

それでも、非二元的な性のカテゴリーが用いられなかったわけではない。1990年代半ば頃から、前節でみてきたような性の枠組みや、ジェンダー非順応な人びとがクィア概念のもとに集っておこなったやり取りとの関係において、「オーバージェンダー（OG）」や「インタージェンダー（IG）」という非二元的な性を表すカテゴリーも用いられるようになる。本節では、これらが異なる意味をもちつつも、女装コミュニティのネットワークの影響のもとで非二元的なジェンダー表現や性役割を表すカテゴリーとして用いられていたことを論じる。

4.4.1 嶋田啓子による「オーバージェンダー」の自己カテゴリー化

「OG」が嶋田啓子によって自己カテゴリー化されたのは、伏見憲明などとの対談においてであり、そこには蔦森の著作や、女装コミュニティでの議論の影響も読み取れる。まず伏見の図式を確認したのち、対談内容を見ていきたい。

伏見は1990年代後半、「排除されてきた者同士」の「共通性への幻想」〔QUEER JAPAN 2001年4号: 239〕として「クィア」という語を掲げ、「ゲイ」や「レズビアン」だけでなく、「インターセックス」や「FTMTG」などを名乗る多様な人びととの交流をもっていた。伏見（1997）は、伏見（1991）における図式を、「性的志向性」を「性的指向」とし、「セックス」と「性自認」を別のカテゴリーとして理解する図式として定式化しなおし、「ジェンダー」「セックス」「性自認」「性的指向」の4つのカテゴリーから性を整理した図式を提出している。

この図式では、「ジェンダー」「性的指向」が男女を両極として0から100の数値を振られる座標平面上に表記され、これにオスとメスの印からなる「セックス」および、座標上の図形の濃淡によって男女二極のグラデーションとして理解される「性自認」を組み合わせることで、交流をもった人びとの多様な性

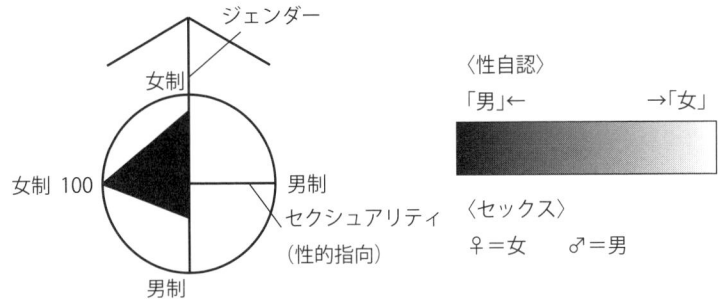

図3　伏見による性の見取り図（伏見（1997）をもとに作成）

を便宜的にとらえようとしていた。たとえば図3が示しているのは、「ジェン
ダー」が「女制的」、「性的指向」が「異性愛」で「女」を好み、「性自認」が
「男」、「セックス」が「男」である者の性のあり方である（伏見 1997: 201）。こ
の図式上では、「男制／女制」という「ジェンダー」によって欲情が喚起され
るという伏見（1991: 210）の認識が、「ジェンダー」と「性的指向」が結びつ
けられている座標軸の発想に影響しているものの、「性自認」が二元的ではな
く、グラデーションで表現されている。

　とはいえ、こうした性の図式化に対しては、「性自認」や「セックス」の非
二元的な側面を表しきれないという反応も生じている。たとえば志木令子
（1996）は、包括的に性を把握する枠組みをつくることに批判的である。志木
は、ミニコミ誌『LABRYS』でおこなわれた性的指向の調査において「性自
認（sexual identity）」においてトランスジェンダー、もしくはわからないと答え
た人がおり、かれらが「性指向（sexual orientation）」についても「決められな
い／わからない」「いずれにもあてはまらない」とすることがあると述べ、個
別的な性の把握を重視する。

　加えて、当時「半陰陽」や「インターセックス」と名乗っていた「セック
ス」の発達における非定型性を見出された者は、性科学に基づく性の発達モデ
ルに依拠していた。このモデルにおいては、人間の性が①染色体の構成、これ
によって規定される②性腺と③内性器、性腺から分泌される性ホルモンが分化
させる④外性器、⑤二次性徴の性、⑥心理的な性、⑦戸籍の性別の7つの段階
に区分される（PESFIS事務局 1997）。インターセックス当事者にとって、性別

の自己決定をおこなわずに性ホルモン投与や外性器手術がなされた結果生じる肉体的・心理的な困難や、男女にみなされないことによる自己確立こそが深刻な困難として感じられていた［性と生の教育 1997年 11号: 84-8］。それゆえかれらは、性的マイノリティの間でも十分に認識されていなかった、「人類の男性と女性の間には、多様な中間性が存在する」（橋本 1998: 27）ことを性の枠組みにおいて強調しようとしていた。

　伏見は『FTM日本』から「TG」「TS」等の概念を受容していたほか、1995年に、男女どちらでもあることを表明していた嶋田啓子との対談をおこなっている。嶋田はテレビ番組でカミングアウトし（伏見 1996: 51）、『ニューハーフ倶楽部』等の女装・ニューハーフ雑誌で頻繁にグラビア表紙を飾るなど女装界で影響力をもつ人物だった（2020年2月、三橋順子へのインタビュー）。

> 嶋田：蔦森さんは「どちらでもない」って書いてあるけど、私は「どちらでもある」。例えば、旅したいなぁ、ラフな格好で旅したいなぁ、じゃあラフな格好でバイクに乗って、野宿で旅行に行っちゃおうみたいな、これってかなり男っぽいことでしょう。それにたいして、ちょっと心的時間がズレると、電車に乗って駅弁でも食べながら、キレイな格好して旅行したいなぁとか、そんなような旅の仕方をしたいとか、感覚が女になる。だから時間によって「男になりたい」「女っぽいことしたい」って、すごく移り変わるんですね。（中略）
>
> 伏見：蔦森さんはジェンダー二元制、男／女で何でも二分割していくこと自体に窮屈を感じるっていうようなことを書いているけど、あなたの場合、いま、窮屈さっていうのは感じるの？それともトランスしちゃって、男／女のスイッチを入れ替えれば自由っていうところだけで楽しめちゃう感じ？
>
> 嶋田：うん、けっこう楽しめちゃう。（伏見 1996: 43）

　嶋田が参照する蔦森樹（1993）では、「男でもなく、女でもない」生き方を探り、言葉なき世界を思考しようとする苦闘が展開された（4.2参照）。他方、嶋田において男女の「どちらでもある」ことは、「ラフな格好で旅」をするこ

とや「バイクに乗」ることなどの男性的とされる行動を好む感覚と、「キレイな格好して旅行」するような女性的とされる行動を好む感覚の切り替わりとして位置づけられ、この切り替わりは「楽しめちゃう」ものとして認識されている。続く語りで嶋田は、伏見から「私みたいなもの」を言い当てる語について問われ、「トランスジェンダーとかトランスベスタイトとかいう言葉じゃなくて、自分で言葉を勝手に作っちゃったんです。オーバージェンダーって。」（伏見 1996: 52）と応じている。これは男女いずれかへの移行に焦点を当てた既存の「TG」「TV」から距離をとり、男女の移り変わりを楽しむことを新たな「OG」というカテゴリーのもとで表そうとする試みだと言える。

　さらに1996年6月に実施されたオンライン・マガジン上のインタビューでも[*16]、嶋田は「異性装を趣味とするTransvestiteでも、性転換を指向するTranssexualでもない。自称『男でもあり、女でもある』オーバージェンダー。」として紹介される。その語りからは、「OG」が他者から男女どちらの性別として見られても構わないというスタンスと結びついていることも読み取れる。

　　インタビュアー：ニューハーフの人は、自分は女だから女として愛されたいと思ってるし、一方、ホモの人は男として男を愛したい。だから、ニューハーフの人はホモの男性が嫌いで、ノンケの男の方に行く。狭義な意味でのトランスセクシャルってそういうニューハーフの人達みたいなケースを言うんだと思うんだけど、そうじゃないわけですよね。
　　嶋田：そうじゃないですね。だから、自分で勝手に言葉を作っちゃって、オーバージェンダー、つまり、どっちでもいいよ、相手の人が私を男だと思って接するんだったら、それでいいよ、って。一緒に働いてた会社の女の子たちも、私をどっちとして見ようかって考えたみたいで、じゃあ女として見よう、ってことになって、女同士の付き合いが始まった。（CrossSexual 1997b）

＊16　主に「アダルトでフェティッシュなイベントやショップ」の告知をおこなうHP『フェティッシュよいこ新聞』内にあるオンライン・マガジン「Cross Sexual」において、女装関係のHPリンクが紹介され、書籍の紹介やインタビューも載っていた（CrossSexual 1997a）。

「ニューハーフ」のように女性として愛されることを望むのではなく、見られる性は「どっちでもいい」という嶋田のスタンスは、二元的に性別を判断しようとする視線が相互行為において存在することを示すと同時に、それでも女性として埋没するのでも、閉鎖的な場で女装するのでもない社会での生き方を肯定しようとするものだと言える。実際、「秘密の女装クラブ」や「女装者のスナック」についてどう思うかを問われた嶋田は、「非日常なこととして女装がおこなわれていることに関しては、ちょっと抵抗があって、もう少し自由にやっていい」、「日常に溶け込ませていくための主張なり工夫なりをした方がいい」と述べている（CrossSexual 1997c）。この点で「OG」は、非日常的な場でそれぞれが女性装する「TV」とは異なり、日常的な場で他者によるジェンダーの判断に合わせて自己表出することを意味している。このように「OG」は嶋田によって自己カテゴリー化されたが、その後ジェンダー非順応な人びとに広まることはなかった。これは嶋田自身もその後、「女性」としての暮らしに重点を置いて語るようになり、「OG」を表明しなくなるためだと考えられる。[*17]

4.4.2　三橋順子による「インタージェンダー」の造語とその影響

　他方、嶋田と友人であった三橋が、男女を分ける規範の揺らぎを生きる人の可視化を受けて考案した「IG」は、一時期当事者間で議論の対象となることもあった。

　ただし、三橋自身は非二元的な性のカテゴリーのもとで自己定位していたわけではない。1990年代後半にエリザベス会館から距離をとり、新宿女装コミュニティで活動した三橋が試みたのは、狭義の「TG」と「TS」、「TV」の対立的な構造を批判し、「服装・髪形・化粧・しぐさ・言葉づかい・社会的役割などのジェンダー要素が揃った越境」（三橋 1997: 129）として「トランスジェンダー」を位置づけることだった。このとき多くの当事者は既存の二元的なジェンダーへの帰属を望み、「ジェンダーの束縛からの自由」やインドにおける「ヒジュラ」などの「第三ジェンダー」論は、あまり支持が得られないのでは

　＊17　嶋田は『ニューハーフ倶楽部』の連載で、「性同一性障害」の言葉も知らない頃に女性的な格好をしたことにより会社で排除された苦しさや、「女性社会」にまずは「同化」していくという方針について2002年に語っている［ニューハーフ倶楽部 2002年11月38号: 37-39］。

ないかと考察されている（三橋 1997: 135）。

　そこで「IG」は、ジェンダーの越境にあえて失敗してみせる者の出現を新奇な現象として名づけるために用いられ始めた。三橋自身は男女いずれでもないように見える人には関心をもっていなかったとするが、当時を振り返り以下のように語る。

　　三橋：アマチュア女装者の規範として、男をするときと、女をするときとを切り分けろっていうのがある。とくに「エリザベス」はそうだった。新宿は、そういう建前だったけど、実際には、けっこう変な、どっち？っていうような人がいたわけ。髪の長さとか、女性ホルモン入れると肌の状態とかは変わってくる。だけどそれは、本人が望んでそういう中間的なジェンダー表現をしているわけじゃなくて、本人は一所懸命男しているつもりなんですよ。でも、客観的に見ておかしいよっていう、そういう話だったわけです。で、当時そういう「どう見てもおかしいよ」っていう人のことを、大阪の女装用語で「壊れ者」って言ったの。

　　名詞だと「壊れ者」とか、動詞だと「壊れちゃった」。「あーぁ、あの子、壊れちゃった」とか、「誰々さん『壊れ者』だから、そのうち昼間の仕事やばいですよ」とか、そういう使い方だった。でも、本人は「壊れてない、壊れてない」って言い張るわけ。まあ若干、茶化しながら否定的なニュアンスで、本人はそのつもりはないんですよ。ところが、そうじゃなくて、積極的に男女の中間的な、どっちつかずな性別表現を意識的にする人が、たぶん90年代の終わりくらいから私の視野に入ってきたわけ。当時の規範から言うと、「あいつは何だ、わざわざそんなことするなんて、おかしい奴だ」ってことになりますよね。そうした人を、インターセックスのジェンダー版みたいな感じで、「インタージェンダー」と私は表現したんです。（2020年2月、三橋順子へのインタビュー）

　三橋によれば、「エリザベス」ほど閉鎖的でない新宿女装コミュニティでは、「男」であるという本人の認識とは裏腹に、「女性ホルモン」を投与した「中間的なジェンダー表現」をしている人が「壊れ者」と呼ばれていた。この否定的

な表現からは、昼間は「男性」として生活し、一時的に「女装」するというジェンダーの切り替えが規範的なふるまいとなっており、それが成り立たないことは問題として認識されていたことがわかる。しかし、1990年代の終わり頃から「中間的なジェンダー表現」を意識的におこなう人が可視化されたことを受け、三橋は男女の定型に沿わない身体的な性の発達の状態を表す「インターセックス」に着想を得て、かれらを「インタージェンダー」と名指したのである[18]。

さらに「IG」は、日本の伝統社会における「第三ジェンダー」的な要素とも結びつけられている。三橋は「IG」にほとんど言及してこなかったが、例外的にこの語を「シスターボーイ」などとマスコミで取り上げられた美輪明宏の中性的なジェンダー表現を読み解くために用いていた。美輪の中性性は、軍国主義によって失われた「日本文化の男とも女ともつかないインタージェンダー的な伝統への回帰」を意識したものと評される（三橋 2000: 211）。とはいえ、三橋が重視するのは「IG」よりも、女性のジェンダー記号を身につける「女装」の実践に、社会の二元的な性の枠組みを揺るがす可能性を読み取ることだったと考えられる。

このように考案者が広める意図をもたなかった「IG」だが、ジェンダー非順応な人びとの間では、「TS」「TG」概念を明確化したものとして受容されることもあった。「IG」について唯一詳しく論じている、ニューハーフやニューハーフ愛好男性に向けた雑誌『シーメール白書』の記述を確認していこう。この雑誌上でニューハーフの労働環境や日常生活を説明する連載を担当し、三橋が主宰した自助グループ「TSG」のメンバーでもあった真唯は、1999年8月の号で、最近の出来事として三橋による「インタージェンダー」の考案に言及している。

　　以前は性転換手術まで受けたいかどうかの差しかないという見方以外に、
　　性別二元論的考えの持ち主がTSで、男でも女でもなくという考えの持ち
　　主がTGだとか、先天的な人がTSで、後天的な人がTGだといった考え

---

*18　HP「EON/W」（主宰：神名龍子）においても、「インタージェンダー」(IG) は「男女の中間的なジェンダー・パターン（性別表現）およびジェンダー・ロール（性役割）を、意図的に指向する人々」として定義されている（神名 2001）。

がまぜこぜになり、当事者の間で混乱や衝突が繰り返されてきました。しかし、この中間性を望むタイプの人をインタージェンダーと定義した事で、手術を望むか望まないか以外にTSとTGの間で根本的な差はないとはっきり言えるようになったと思います。実はこの考えはアメリカ等でも最近「ジェンダーブレンダー」なる言葉で区別されるようになってきたみたいで、世界的に認知されつつある考えのようです。（中略）インターネット等ではこのインタージェンダーに属するであろう人たちに対して冷ややかな目で見ているような意見が多いように感じます。フェミニズムから発展（？）したこの思想にはまだまだ意味不明な部分が多く、解決方法が一つに集約できそうになく、結局個別に対処していくしかないであろう為に、これからこのインタージェンダーという生き方をする人がどのようにして難問を解決していくのかが焦点になりそうですね。［シーメール白書1999年8月38号：43］

　ここからは、「TS」「TG」を区分する観点は単に手術するかどうかにとどまらず、蔦森（1993）のように男女いずれでもない考えを志向するか否か、性別違和を先天的にもつか後天的にもつかなど論争的であったことがわかる。しかし「IG」が登場したことによって、「男でも女でもなく」「中間性」を志向する人びとが「IG」のもとで表され、「TS」「TG」は手術の有無によってのみ異なる二元的な概念として、その意味が明確化されたと言える。ここで「IG」は、英語圏の「ジェンダーブレンダー」と類似する概念として位置づけられることで、検討すべき対象としての正当性を獲得している。
　加えて、インターネット上で「IG」に対して「冷ややかな」意見が多いという指摘からは、「IG」と異なる立場に属する当事者が多数派であることが窺える。真唯も「IG」とは異なる立場から、「IG」について思想的で解決方針を立てにくく、個別的な対処が必要だという困難を読み取っている。そのうえで、続く39号の連載において真唯は、「IG」を新しい定義どころか、日本においては「IG用語」のほうが「トランス用語」よりもひろく認識されていたと位置づけている［シーメール白書1999年10月39号：41-2］。すなわちブルーボーイ事件の影響のもと、これまで「性転換」した人は「男でも女でもない扱いを受け

るしかない人」として社会的に認識されており、同様に「中間的な性」「第3の性」として可視化されていた「シーメール」や「ニューハーフ」、「Mr. レディ」も「IG用語」としてとらえられている。それにより真唯において、「IG」への理解を示しつつも、「TS」「TG」といった性別二元論に基づく性別移行が達成できるよう検討することがまずは必要だと主張することが可能になっている。対して「IG」を擁護する意見は少なくとも同時期のテクスト上では見られず、GID概念のもとで医療化が進められた1990末頃、「IG」としての生き方は不可視化されやすかったことが窺える。

　このように1990年代後半において、ホルモン療法の広まりを背景に男女いずれでもないジェンダー表現を望む人びとが「OG」「IG」として可視化され始めたが、二元的なGID医療に焦点が移ってゆくなかで、これらの「中間的な性」を指す語はほとんど使われなくなる。[19]

小括

　本節では、1980年代後半から、性的マイノリティ自らが性科学の知見を取り入れつつ性の図式を整理し始めた仕方を整理し、蔦森や嶋田によって非二元的な性がそれぞれに表現されていたことを論じた。

　4.1ではまず、ゲイ男性とレズビアンの人びとの活動において「ゲイ」や「レズビアン」への同一化が当事者間で求められ、それゆえにジェンダー非順応な人びとの存在が不可視化されやすかったことを論じた。しかし、「レズビアン」に違和感を覚える人びとは、性別違和を抱えつつ、「よいレズビアン」であるべくグループに貢献しようと試みていた。他方、ゲイ男性の間では、府中青年の家裁判を機に「性的指向」が導入され、このとき「ニューハーフ」などとして可視化されていたMtFとの差異化やゲイ概念から女性性を切り離す実践がみられた。

　加えて、「ジェンダー表現」や「性自認」といった概念は、主に男性学においてMtFの実践を論じようとした渡辺恒夫や蔦森樹によってまず議論される

＊19　しかし「IG」に関しては、インターネット上で非二元的な「性自認」を表す概念として読み替えられて用いられることもあった。6.3.1を参照のこと。

(4.2)。とくに蔦森が試みたのは、「女装者」から自己を差異化し、性が二元的であるという観念が恣意的なものに過ぎないという思想を形成することだった。ここにおいて、「トランス・ジェンダー」なども含む非二元的な性のカテゴリーを新たに打ち立てることもまた、二元的な言語を参照する実践として退けられる。むしろ蔦森がめざしたのは、カテゴリーのもとで自己同一性を得ることを避けようとする実践であったと言える。

　ただし蔦森の思想は、ジェンダー非順応な人びととの間で必ずしも肯定的に受容されたわけではない。「女装者」と医療化をめざす人びととでは異なる仕方で「TS」「TV」「TG」が用いられたが、それらの試みにおいて二元的な性別は自明視されやすかったためである（4.3）。女装系のグループにおいて「TG」は、性別二元論への批判としてではなく、私的な空間をこえて社会的に「反対の」ジェンダーで生活していくことができるという男女の切り分けの規範を揺るがす可能性を示す概念として受容されたのである。

　こうした女装系のグループでのやり取りを背景として、1990 年代後半になると、いずれも広まらなかったとはいえ、「OG」が嶋田啓子によって TS・TV 等の概念から差異化するかたちで自己カテゴリー化され、「IG」が三橋順子によって考案されるなど、ジェンダー表現の非二元化を表す概念の萌芽も見られた。ただし「IG」は、この時期においては他者執行カテゴリー（Sacks 1979=[1987]2004）として運用されており、「TS」と「TG」を二元的な性のカテゴリーとして厳密化する効果をもったことが明らかになった。これらの結果は、「X ジェンダー」に焦点化されていた研究（Dale 2012, 2014）に対して、それ以前にいかにして非二元的な性のカテゴリーが用いられていたのかを示す点で意義をもつ。

　注意すべきは、これらの議論は女装コミュニティの延長上にありつつも、すでに GID 概念が当事者間で知られるようになる 1990 年代後半になされていることである。本章でも確認したように、『FTM 日本』誌のような性別移行を強く望む当事者が多い媒体では、とりわけ性自認の二元性が自明視されやすかった。そこで、GID 医療が制度化された 1990 年代後半以降、各地に形成される自助グループでいかなる概念が当事者に受容されていたのか、そのなかで「X」が一部のグループでいかに用いられ、いかなる影響をもったのかをさらに次章で論じていきたい。

第5章

GID概念の導入と「FtX」「MtX」による性別移行の規範への抵抗

――1990年代末の関西のグループに着目して

前章では、1980年代末から1990年代にかけて、性的マイノリティ間で「性自認」「ジェンダー表現」や、手術によって性別移行する「TS」、手術まではおこなわないが反対の性別で生活する「TG」、異性装をおこなう「TV」が知られるようになり、「OG」として自己定位する実践や、ジェンダー表現の揺らぎを「IG」としてカテゴリー化する実践がなされたことを論じてきた。しかし、「IG」は「TS」「TG」を性別二元論に依拠する概念として明確化する作用をもっており、「男」「女」のいずれでもないことを表現する動きは限定的であったことも示された。

　では非二元的な性のカテゴリーは、いかにしてジェンダー非順応な人びとによって能動的に用いられるようになるのか。先行研究によれば、性別移行をめぐって「男らしさ」「女らしさ」が当事者間で重視されやすく（K. Phoenix 2009）、当事者団体において代表者が「男」「女」の意味を拡張することで、迷う当事者にそれらを引き受けるよう助言することもある（石井2018: 128-9）。他方で、2000年頃関西の一部のグループで「Xジェンダー」が名乗られ始めたと指摘されているが（Dale 2014）、その名乗りが具体的な文脈においていかにして可能になり、グループの人びとにいかなる作用をもたらしたのかは明らかではない。

　そこで本章では、ジェンダー非順応な人びとが著したミニコミ誌および、自助グループに所属していた人びとが「X」について語るインタビューから、1990年代から2000年過ぎにかけて「FtX」（Female to X）「MtX」（Male to X）がどのように名乗られていたのかを、グループにおける諸概念をめぐる活動に着目して論じる。加えて、その社会的文脈として、GID概念が知られるようになったことがグループ形成につながり、二元的な性別移行をめぐる議論がグループ内でのやり取りに影響した仕方も描き出していく。これにより、山田（2020）が重要な研究課題として論じた、GID概念が受容されたときの当事者における両義的な反応を探ることも可能になる。

　まずGID医療の導入が当事者にどのような反応をもたらしたのかを、「GID」や「性別移行」といった概念を多義的に受容する仕方から描く（5.1）。次に「Xジェンダー」が「G-FRONT関西」に属していた人びとに何を可能にしたのかを、「G-FRONT関西」のグループとしての特徴を確認したのちに、

「バイセクシュアル」をめぐる活動の文脈（5.2）、「MTFTX」を一時期名乗っていた「G-FRONT関西」代表であった森田真一の影響（5.3）、性別移行を進めることが規範とされるグループ内での実践（5.4）にそれぞれ焦点を当てて論じる。

5.1　GID概念に基づくガイドライン策定と性別移行をめぐる規範

　本節ではまず、GID概念を受容する当事者の投稿が多い『FTM日本[*1]』の記述や、その購読者、グループ参加者への聞き取りから、「X」が名乗られたグループで前提とされていたようなGID医療をめぐる規範を描き出していく。

5.1.1　「TS」は「障害」なのか

　GID医療は、埼玉医科大学倫理委員会が審議を進め、1996年にGID患者への手術は正当な医療行為であると答申したことから整備されていく（埼玉医科大学倫理委員会 1996; 山内 1999）。1997年には日本精神神経学会がGIDの診断基準および、カウンセリング、ホルモン療法、性別適合手術（SRS）という3段階の治療方針を示したガイドライン初版を発表する。これは、SRSが患者の同意を得て医学的に承認された手段に依拠していることを主張し、「ブルーボーイ事件」の判決を乗り越えてGID医療を確立させようとするものだった（石田 2002）。翌1998年にははじめてガイドラインのもとでSRSが実施される。このガイドラインではGIDの診断の基準として、精神科医による養育歴や生活史、性行動歴の聞き取りに基づく性自認の判定が必要とされたほか、性別への嫌悪感や「反対の」性別への持続的な同一感、「反対の」性役割への希求から性別違和の実態を明らかにすべきことが記載された。杉浦（2002）も指摘するように、性別二元論を前提とした「疾患」としてGID概念は提示されたのである。

　このようなGID医療の進展は、当事者にGID概念をめぐる両義的な反応を

---

　*1　このミニコミ誌については4.3.2も参照のこと。投稿者には手術をおこなうことをめざすTSの人が多かったとされ、その投稿からはGIDをめぐる制度化が進む時期において、当事者が「GID」や「性別移行」を意味づけた仕方を読み取りうる。

呼び起こした。まず、GID概念は「タレントやゲイバー以外にも、生きる可能性を知り、希望が、わきました」[FTM日本 1997年1月 11号: 18] などと、とくにMtF当事者に対してタレントやゲイバー以外の生きる選択肢を認識させていた（有薗 2004）。加えて、FtMTSの虎井まさ衛は、医学的な治療のためには「障害」と言ってしまうほうがよいとして、K. Phoenix（2016）も指摘するような「手段」としての障害概念の必要性を指摘している [性と生の教育 Human Sexuality 1997年1月 8号]。とはいえ、1996年から1997年頃の『FTM日本』の投稿からは、GID概念が導入されたことに対する反発やとまどいも読み取れる。以下の投稿では、手術を進めていこうとするFtM当事者においても、「TS（transsexual）」を「精神病」から差異化しようとしていることがわかる。

> 御存じのように、TSは精神病ではない。趣味や好みという次元の問題とも違うが、脳や神経に何らかの要因のある、いわゆる'精神病'ともあきらかに違う。（中略）私は、真性TSに対する手術は『再建』であると考える。（中略）手術の結果が機能的に、或いは外観的に、思ったほどうまく出来ていなかったとしても、真性のTSであれば、少なくとも'元の身体に戻りたい'とは絶対に思わないだろう。[FTM日本 1996年10月 10号: 4-5]

ここで『再建』手術は「異常な状態を正常に近づける手術」として位置づけられ、「正常といえる状態であるものを、さらに本人の好みに合わせて作り変える手術」としての「美容外科」から差異化されている [FTM日本 1996年10月 10号: 5]。このような差異化は、外観的にうまくできていないとしても「真性のTS」であれば「元の身体に戻りたい」とは思わないという"身体違和"解消を優先する論理のもと、「趣味や好みの次元」から「TS」を差異化することを可能にしている。加えて、「TS」が「精神病」とは異なることが強調されるのは、性別違和感の訴えに基づいてGIDか否かが診断されるために、確固とした「精神」の状態を主張することが求められたためでもあると考えられる。

レズビアン・バイセクシュアル女性向けの雑誌『アニース』に以下の語りが掲載されたことに端を発した議論でも、「病気」や「障害」に付随する社会的意味づけをどのようにとらえるかが複数の仕方で問題化されていく。

　　　いつのまにか病気扱いされているではないか。「性同一性障害」と病名
　　をつけられ、精神の病気にされてしまったら、何も知らない世間の差別に
　　つながりかねない‼僕らは病気なんかじゃないよ‼［アニース1996年10月
　　2号:95］

　ここではGID概念によって性別を移行することが「精神の病気」と意味づ
けられることが、世間からの「差別」につながるのではないかという懸念から
反発されている。この投稿に対して、「一緒にされたくない」という障害者へ
の毛嫌いが見られると主張されると［FTM日本1997年1月11号:4］、アニース
投稿者からは、GIDは「心の病気」ではなく「生まれつきの障害」ではない
かという「仮説」が述べられ、マスコミが「心の病気」と公表することで
GIDが「精神障害」と結びつけられて「新たな差別が生じる」懸念があった
のだと説明される［FTM日本1997年13号:20］。別の観点では、医療措置を受
けるために医学的な定義づけはやむを得ないとしつつも、TSを障害とするこ
とで社会における男女の正常性が境界づけられ、「"フツーの"男女の枠には納
まり切れない者達（自分を含めて）にとっては、非常に都合が悪い」［FTM日本
1997年10月14号:14］と主張される。

5.1.2　性別移行をめぐる規範

　このようなTSやGID概念への困惑や反発に加え、カウンセリングを経てホ
ルモン療法や手術をおこなうというルートを定めたガイドラインが性別移行の
解釈を規定し、そのもとで「男」「女」であることが意味づけられていく。
　まず、この時期Sex Reassignment Surgery（SRS）という概念のもと、「性転換」
という表現は否定的に評価されるようになる。ある投稿者は「性転換」を「ど
んな者でも性別を変更できる感じをもたせるうえ、Fetishisticなイメージを強
く与えるので不適切」［FTM日本1997年4月12号:5］だとして、望みの性別に
適応して生きている「TS」が「性別の再指定」の最後の手続きとしておこな
う「性別再指定手術」と訳している。虎井も『FTM日本』の用語説明におい
て、「『性転換』という語自体、当事者とその周辺の人びとにとっては『ヤな感

じ』の呼称」[FTM日本 1998年1月15号:1] として、「性再指定手術」や「性別適合手術」という表現を用いるようになる。このように「性転換」という表記を避けることは、SRSが、性別を変化させるのではなく、あるべき性別に適合させるための手段であり、趣味嗜好とは異なる真剣な取り組みであると意味づけることを可能にしていると言える。

　加えて、性別移行のルートが制度的に定められたことで、GIDの診断を得てホルモンを打つことや手術することが規範的なふるまいとされていく。

　　　体をイジッテなくホルモンもしないで自分は男性として通用していると
　　　いわれますが、そんなことは絶対にありません。ただ可哀想にとか何とか
　　　思って、直接その人にはいわないだけです。[FTM日本 1998年1月15号:
　　　17]

　ここで投稿者においてホルモン投与や胸の手術といった医学的な身体加工を進めることは、「男性として通用」するという、他者による性別判断とも関わることとして理解されている。これはK. Phoenix（2009）が指摘したような、外見において一瞥で望む性別に見られることを重視しているとともに、それが医学的な身体加工を経なければ達成できないとして、そうでない人を非「男性」として位置づけようとする主張でもある。[*2]

　しかし、このような性別移行の規範に対して、ホルモン療法や手術をおこなうことへのためらいもまた主張されるようになる。たとえば、「TSとTGの亜種」は、二元的な性別移行を望まない当事者も自己定位しうる概念であったと言える。この概念のもとで、「TSかTGか」の揺らぎを肯定し、性自認を否定されやすい位置にいる人に焦点化すべきだという主張[FTM日本 2000年4月24号:2-5]がなされていたためである。実際、この投稿をしたNさんは、「私の頃だと亜種って言ってた子とかが、わからない、曖昧なもので「X」っていうのを名乗るようになってる」と語る（2019年5月、Nへのインタビュー、1回目）。

─────────────

＊2　なお、こうした主張が性別移行の医療を用いないFTMの人びとに対して排除的で問題
　　含みであることは編集者の虎井によっても理解されており、この手紙の掲載を迷ったと付記
　　されているが、結局「ほぼ全文」を載せ、「活発な議論を期待します」とされている[FTM
　　日本 1998年1月15号:18]。

また以下のように、「男」「女」「TG」「TS」といったカテゴリーに拘泥しない個別的な人間性が重要なのだという主張もなされるようになる。

> 男か女かという、二者択一の心理をもっているのが、TGであったり、TSであったりするのではないかと思います。それは、性差という範囲内で、自分はこうでなければいけないというとらわれの心理をもっているということだと思います。（中略）人間として、どう生きるべきか、自分らしく、本当の意味での本来の自分を模索してみるのもいいと思います。
> ［FTM日本1998年7月17号：19］

同様に、自らの好むジェンダー表現を重視する主張も見られるが、それでも身体的な性別移行が必要とされるとき、精神科医によって「男」と判断されるかどうかが懸念されやすいことも読み取れる。たとえば以下のFtMの投稿者は「きれいな服や長い髪が好き」だとして「自分らしさ」を主張する。

> カウンセリングを受けるとき、これらの理由で「お前は女だ」ときめられてしまいはしないかと…それが怖いのです。よっく考えれば、こんな風な男性だってそこらへんを歩いています。（中略）男らしさ、女らしさなんてカタにはまったことより、自分らしさが大切だと思うんだけどな…。
> ［FTM日本1996年4月8号：18-9］

投稿者は長い髪の男性もいると語るが、自分らしさの表出によってカウンセリングの場で精神科医から「女」だと判断されるのではないかという恐れを同時に抱いている。次の号でも投稿者は「精神科での正しい立ち居振る舞い」を知りたいと述べており［FTM日本1996年10月9号：15］、医学的な身体加工をする場合、精神科医による判断を無視できないことが読み取れる。

　加えて、性別移行において規範的なふるまいとなるのは、性的指向が異性に向くことでもある。MtFの人びとにおいて、異性愛規範が回顧的に語られることはほとんどなく、むしろMtFレズビアンの存在が可視化されていたと語られている（2020年3月、Hへのインタビュー、2回目）。他方で、『FTM日本』

を購読し東京のグループにも参加していたFtMのともぞうによれば、FtMにおいて女性への性的／恋愛的惹かれを抱くのが「男」として当然とされていたという。

　　ともぞう：自分みたいに、その頃はまだ、服装とかは気にしてなくて、男性っぽくしようとしてないし、しかも自分は男性が好きなんだ、FTMでゲイっていうのはまだ珍しいというか、あまりその、今ほどカムアウトする人がいなかったりするので、とくに、お前は偽物だろとか、いわゆるやおい好きとかBL好きだから、そういうこと言ってるだろとか。（2018年2月、ともぞうへのインタビュー）

　ともぞうは、服装が「男性的」でないということだけでなく「男性が好き」であったために、他の当事者から「偽物」ではないかという疑念を向けられてしまう。同様の記述は『FTM日本』においても、「セクシュアリティがはっきりしないのは反発を買いやすい」[FTM日本14号 1997年10月：13]、「"女が好きだからFTM""男が好きだからMTF"という立場を取る方だっている」[FTM日本 2000年10月26号：9] などと観察できる。「性自認」と「性的指向」が明確に区分すべきカテゴリーであることは1990年半ばから当事者運動において強調されているが、女性に対する性的／恋愛的惹かれを媒介とする男性同士の絆（Sedgwick 1985=2001）は、女性への性的／恋愛的惹かれを表明することが「男性である」ことの証明にもなるという論理によって、FtM当事者間で強化されやすいと考えられる[3]。ともぞうはこのような疑念に対して、「医者に認められてるんだから文句は言わせないぞみたいな」気持ちから、診断書を得ることに固執したところもあるという。

　このような性別移行をめぐる規範は、GID医療化を機に全国の都市部を中心に形成された自助グループにおいても見られた。東京では、埼玉医大の答申

_____

＊3　ただし、『FTM日本』では代表者の虎井が両性愛的であることを表明しており（虎井 2000）、2001年からゲイ団体「すこたん企画」の協力のもと、ゲイ男性にアンケートを実施し、元女だった「男」を恋愛の対象として受け入れるかどうか尋ねる企画をおこなってもいる。この企画では性器に興味がなく「男」に見えればいい、本物のペニスが必要などの「男である」ことの多義性が可視化され、FTM読者からの大きな反響を呼んだという。

を機に、医療者との連携をとる「TSとTGを支える人々の会」(Trans-Net Japan：以下、略称のTNJを用いる) が1996年8月に結成される。「TNJ」の主宰を務めた森野ほのほは、すでに「TSスタディ」(4.3.2) にも参加していたほか、「T-GAP」(4.3.2) 代表ともパソコン通信上で交流をもっており、当初は「T-GAP」との合同というかたちで「TNJ」の活動を始めている (2019年11月、畑野とまとへのインタビュー)。「T-GAP」が抜けた後も「EON」のメンバーが活動を手伝うなど、女装系の人とGID系の人とではメンバーに連続性があった (2020年2月、三橋順子へのインタビュー)。

　かつての「TNJ」参加者は、1998年頃までの「TNJ」には性自認が曖昧な人や手術をしない人も含めて活動していく空気はあったと振り返っている (2019年5月、Nへのインタビュー、1回目; 2019年6月、真木柾鷹へのインタビュー)。たとえば、社会的にはFtMとして生活し、性自認は「X」だという真木柾鷹は、「TSとTGですからね、わりと、はっきりと性自認の強い人だけじゃない集まりっていう感じだったと思うんですけど」と述べ、TG概念を提示していることから「TNJ」におけるさまざまなジェンダーをもつ人の包摂性を読み取る (2019年6月、真木柾鷹へのインタビュー)。加えて、専門家や著名な当事者を招いた講演会を数多く実施してきた「TNJ」のイベントにおいて、1998 年に「MTXTG」を名乗る「G-FRONT関西」関係者が話し手となっている [「性同一性障害者も生きやすい社会を！」資料集 1999 年]。

　しかし、とくにガイドラインができた1997年以降、東京での集まり、あるいは『FTM日本』上においては、ニューハーフを排除する傾向や、三橋 (2010) が指摘したような「TS」を頂点とし「TV」を下位とみなす階層構造も感じ取られていた。たとえば、医学的な身体加工を「ツール」としてとらえていた畑野は、ガイドラインが「除外項目」を設けることでニューハーフを排除していることや、医療者に依存する雰囲気が当事者間に現れたことを批判する記事を『創』に寄稿し (畑野 1999)、「TNJ」には参加しなくなる[*4]。また三

＊4　畑野は当時の状況について以下のように述べる。
　　最初の答申でニューハーフは丸切り。全部切る。私としては、当然ふざけるな。そもそも、あんたたちが日本でのトランスジェンダーの治療なんて一切行ってきてなかったからこそ、ニューハーフっていう存在が文化的にできあがっていった。それを後からあの人たちは違いますって、おかしいだろそれは。(2019年11月、畑野とまとへのインタビュー)

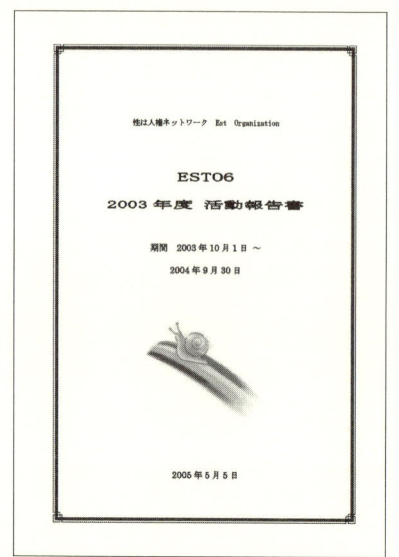

図4 ESTOの活動報告書表紙には、真木にとって雌雄がなくジェンダーの非二元性を象徴的に表す、カタツムリの絵があしらわれている［ESTO 6 2003年度活動報告書 2005年：1］

橋は、「MtFにしろFtMにしろ、もう限りなく、自分の望みの性になることが重視されていた」ため、「Xみたいなことを言っても、当時は半端扱いで相手にされなかった」だろうと語る（2020年2月、三橋順子へのインタビュー）。三橋はとくに1998年頃から「TNJ」が「TS純化路線」に走っていくことに危機感を覚え、「トランスサポートグループ（TSG）」を立ち上げている（2020年2月、三橋順子へのインタビュー）。

　このような「TS」を頂点とするような階層構造は、とりわけ東京やインターネット上のやり取りのなかに見られるものとして特徴づけられている。真木は「TNJ」で日本各地の当事者とつながったことを機に、地元の秋田で「ES-T東北（現・性と人権ネットワークESTO）」（図4）という、どのような性のあり方の人でも参加できるセクシュアリティミックスのグループを立ち上げているが、「TS原理主義[*5]的な争いっていうことは、東北はないんです。東京とかはすごかった」とする（2019年6月、真木柾鷹へのインタビュー[*6]）。「TNJ」やニフティサーブなどで知り合ったMtF当事者の間で、「自分がより女性としてパスしているっていうことを主張したくて他のMtF当事者を攻撃するっていうのはね、しょっちゅう起こっていた」と述べる。真木はニフティ

*5　三橋（2003c: 126）は「TS原理主義」を、性別二元論に依拠する点、「元々、女性（男性）」であって性器の形状が違うだけであるからカミングアウトの必要もないと考える点、既存の男／女らしさを自明視する点から特徴づける。

*6　「ESTO」において、トラブルが生じていなかったわけではない。オフ会では、孤立して生活してきた、自尊心の低くなりがちな当事者が集うことで、「自分と同じように感じる人がいるっていうことにすごく期待してしま」い、「わかってくれないっていうことに対して、非常に攻撃的になる」ことで参加者間のトラブルが生じており、勉強会中心に変えていったという（2019年6月、真木柾鷹へのインタビュー）。なお、「ESTO」の立ち上げや真木の活動については杉浦・前川編（2021: 256-273）に詳しい。

サーブで他の当事者と交流をもったときにも MtF が大半であったとし、これを MtF は学歴が高くインターネットの利用にも習熟している傾向がある一方、FtM には「ガテン系などの 3K 労働で、ホルモンを打って、手術をどうするかっていうので悩んでいる人が多い」ところから特徴づけている（2019 年 6 月、真木柾鷹へのインタビュー）。

　このように本節では、埼玉医大の答申以降、GID 概念が当事者間に知られ、GID 医療のガイドラインが作成されたことが、当事者間でどのような性別移行の規範をもたらしたのかを論じた。病気や障害といった意味づけへの批判や、治療を進めること・異性愛者であることといったふるまいが規範的とされ、それがとりわけ東京のグループやネット上で特徴的なものとして語られていたことが示された。

5.2　G-FRONT 関西における「X」の名乗り①　　──「バイセクシュアル」をめぐる主張

　では、このような状況のもと、関西のグループにおいて「X ジェンダー」の名乗りはいかにして可能になったのだろうか。その文脈はグループ内のやり取りや代表者の位置づけなど複数の点から特徴づけられる。まず本節では、とりわけ「G-FRONT 関西」において「バイセクシュアル」をめぐる議論との関連のもとで「FTX」が名乗られた仕方や、それによって可能になった実践を明らかにする。

5.2.1　G-FRONT 関西の状況

　多くの調査協力者において、「X」という語が用いられていたと言及された「G-FRONT 関西」は、ゲイ団体を母体とし、多様なセクシュアリティの人が集う、セクシュアリティミックスの場である点で、とりわけ東京の当事者グループとは異なる特徴をもつと評されている。そこで、まず本項では、「G-FRONT 関西」を取り巻く状況についてまとめていきたい。

　1990 年代から 2000 年頃には、関西でもいくつかのグループが成立している。1994 年には、就職活動や医療情報、パートナー探しをサポートするグループ

である「FTM関西」がすでに活動をおこなっていたほか、岡山を中心とし関西の会員も訪れていたセクシュアリティミックスの「P³」というグループも設立されている[*7]。1997年には、「PIAZZA for TransGender」がインターネット上にも広がりをもつ活動を始め［トランスジェンダーの自助支援グループ全国交流誌 1999: 41］、京都で「玖伊屋」が宴会を中心とする活動を始めており、1998年には大阪にセクシュアリティミックスの交流グループである「Various Sexuality Group（V.S.G）」が成立している[*8]［西日本セクシュアル・マイノリティ団体名鑑 2001年: 20-1］。2000年頃には、インターネット上の女装関連のHPが100サイト前後あるとされ、メールマガジン「関西！TVNEWS」が関西でのイベント案内やHP更新情報を配信しており、検索エンジン「TranSearch[*9]」や、「『T's』に関する情報を提供するホームページを輪（リング）のように相互リンクする」「T's Webring[*10]」（T's webring 2022）などのウェブリングも発達し始める［ぽこあぽこ 2000年 15号: 86-7］。とはいえ、当時関西には、東京の「TNJ」のように医師との連携がなされていたグループはなかった。

　本節で注目する「G-FRONT関西」は、1994年に3つのサークルが統合して結成した[*11]、ゲイ男性、バイセクシュアル、インターセックス、障害をもつ人、トランスジェンダー、ヘテロセクシュアルなどさまざまなセクシュアリティの人が集うグループである。このグループでは、書籍やテレビ番組の差別的表現

　＊7　多くの調査協力者が語るのは、このようにセクシュアリティミックスのグループが成立する背景には、「ゲイ」や「トランスジェンダー」などにメンバーを限定してしまうと、とくに地方ではメンバーが集まらないという事情があることである。

　＊8　その他、レズビアンのグループとしては、「YLP」が活動しており、これをもとに1994年に「OLP」が設立されている。また、ゲイに関する議論を中心としているものの、セクシュアリティミックスである「大阪ゲイ・コミュニティ（OGC）」も1987年に当時の「IGA日本」（のちにILGAと改称）から独立するかたちで設立されている。これらのグループと「G-FRONT関西」とは、イベントなどで交流をもっていた。

　＊9　これは個人、団体、出会い系、お店などのジャンル分けのもと、300ほどのHPが登録されているサイトである（TranSearch 2000）。

　＊10　「T's」は、パソコン通信において、神名龍子によってTV/TG/TSの総称として考案されたされた概念である（神名 2001）。関西ではミックスで活動する団体も多く、細かな区分を重視しないことの概念がグループ内で用いられることもあったほか、女装者や「G-FRONT関西」のメンバーなど多様な人びとが集う「T's festival」が2000年から開催されている。

　＊11　「上方DJ倶楽部」（1985年-）、「サークルT」（1989年-）、「ぷあぷあ」（1991年-）が統合された。「サークルT」は遊びやコミュニケーションを主眼としており、「ぷあぷあ」は「アカー」の裁判闘争の支援集会を手伝っていたメンバーらが始め、リブ色が強かったとされる［ぽこあぽこ 1998年 10号:10］。「上方DJ倶楽部」は、ボイスメッセージ「ノクターン」を作成し、音楽や芝居を組み合わせたイベントを行っていた。

の撤回・謝罪を求める運動などもおこなわれたが、「自分をありのまま受け入れ、自分を差別する社会自体を客観的にとらえるための『場』であり」、「ゲイ個人の自己解放」をめざすと創刊時に述べられている［ぽこあぽこ 1993 年創刊号: 5］。また、いくつかの活動部門に分かれて定期的な集まりが開催され、毎月の会報『UP & UP』や、機関紙『ぽこあぽこ』の発行を通じてメンバー間の結びつきが形成されていた。

　「G-FRONT 関西」がトランスジェンダーの人びとのための場をつくる契機となったのは、1997 年 3 月の「トランスジェンダーの自助グループ（TG 自助グループ）」（1998 年 4 月にトランスジェンダーブランチ（以下、TG ブランチ）に昇格し、2001 年 8 月にトランスサロンとなる）の成立である。この動きには、当時の「G-FRONT 関西」代表の森田真一が、自ら性別違和を抱き、医療サポートにも関心をもっていたことが影響している。森田はすでに存在していたグループである「FTM 関西」とのつながりをもたなかったが、畑野とまとが主催する HP「TransGenderCafe」での交流を契機に、TG 自助グループを「G-FRONT 関西」の下部組織として形成し、初版ガイドライン作成が進められていた 1997 年 2 月 に 本 格 的 な 活 動 を 始 め て い る。 畑 野 に よ れ ば、 森 田 は「TransGenderCafe」のチャットでの議論に積極的に参加し、「トランスジェンダーっていう存在がすごく幅広い」ことを知り、「ゲイのなかにジェンダー・マイノリティがいること」に問題意識をもっていたという（2019 年 11 月、畑野とまとへのインタビュー）。

　ただし 1997 年において、「トランスジェンダーっていうのはゲイの 1 ジャンル」［UP & UP 1997 年 41 号: 1］という認識をもつ人がいるように、「ゲイ」と「トランスジェンダー」との関係は必ずしも明確ではなく、「トランスジェンダー」について知識をもつ人は少なかった。それゆえ森田は、TG 自助グループ設立に際して、「TG」を「体の性別と心の性別が一致していないという問題を中心にして、広く、ジェンダーの問題を抱えている人たち」、すなわち「男性や女性の物まねをする人／インター・セクシャルの人／性同一性障害者／ドラック・クイーン（ママ）／性ラベルがフィットしていない人たち」を包含する語として意味づけた［ぽこあぽこ 1997 年 8 号: 80-1］。これは「TG」を、ゲイ男性にとっても当事者性をもちうる概念として提示しようとする試みであると言える。

その結果、TG自助グループは成立するが、これは森田自身が述べるように、森田が会の代表や経理を担当していたという組織内での位置づけがあってこそ可能になったことであり、ゲイ男性による反発や、「自分たちの問題じゃない」(2019年4月、Mへのインタビュー)という反応も生じた。TGのブランチメンバーとゲイ男性のブランチメンバーとの相互交流は多くなかったとの意見もある(2018年2月、今将人へのインタビュー、1回目)。とはいえ、少なくとも機関紙上では「ゲイ」と「トランス」のあいだを揺れ動く人を含むさまざまな自己認識をもつ論者によって投稿がなされていた。加えて、50代のトランス女性であるMさんは、自らの性的指向が男性に向くことも影響して、「G-FRONT関西」に行くことへの違和感はなく、「世の中の、社会的な生きづらさっていうのを、同じことを抱えているんだ」という共感を覚えたという(2019年4月、Mへのインタビュー)。

　TG自助グループ成立を伝える広告は、『FTM日本』誌上や、他のグループ機関紙などに掲載され、レズビアンの団体に出入りしていた人、オナベバーやニューハーフバーで働いていた人、GIDをめぐる報道を目にした人などさまざまなタイプの当事者がこの場に集うことになった。というのも、GID医療が可視化される以前にも当事者間のつながりは存在しており、ニューハーフバーや女装雑誌、パソコン通信、『FTM日本』のほか、『アニース』等レズビアン系雑誌上での交流があったためである。

　このときTG自助グループやその後のTGブランチには、GID医療の情報を求める人も多く集っていた。関西では主にニューハーフを診てきた和田形成クリニックはあったものの、1998年に岡山大学でジェンダークリニックが発足

＊12　Mさんはこの言葉について、社会において「ゲイ男性」と「女性的な男性」とが混同されていた時代背景があると補足する。「ゲイ男性自らが誤解を解く社会活動をしなくてはならない過程である」という認識のもと、人権問題としてトランスジェンダーの活動にも関われる段階ではないとゲイ男性が考えていたのではないかとMさんは述べる(2022年8月、Mさんとの補足的なメールでのやり取り)。

＊13　たとえば「迷い道から一本道へ」という題の寄稿では、出生時に男性として割り当てられた人物が、性別違和感を自覚しホルモン投与を行ったが、「ゲイ男性」に回帰していくライフヒストリーが語られている[ぽこあぽこ2000年15号:76-7]。

＊14　和田耕治医師は数多くの手術を行っており、施術のクオリティが高かったとされるほか、美容整形においてもMtFに適したレーザーの出力の強い脱毛器を置いているのは、当時和田形成クリニックを含め1、2軒であったという(2020年3月、Hへのインタビュー、2回目)。

するまで、ガイドラインに沿った治療ができる人はほとんどいない状況であ
り、*15 とくにTG自助グループの時期は、「助けてもらいたい人が多く集まって」
「対応できない事態」に陥っていたとされる（森田MILK 2003: 156）。そこで
TGブランチの早い時期においては、交流の場では「言いっぱなし聞きっぱな
し」、すなわち「みんな言いたいこと思っていることを話して、（中略）とにか
く頷いて、自分は一人じゃないんだよっていうこと、みんなで納得して、みん
なで分かち合ってもらう」（2019年4月、Mへのインタビュー）ような場の形態
がとられていた。とはいえ、個々人の間では集まりの後に交流し、ホルモンに
よる身体変化を間近で観察してホルモンの量などの情報交換を各人の責任のも
とでおこなうこともあったという。TGブランチを含むトランスジェンダーの
集う場に出入りしてきたIさんは、Jさんとの対話のなかで、対面での情報交
換について以下のように語る。

> J：ネットでもいろんな情報が載ってるけど、何のこっちゃようわからへ
> ん、変な情報もいっぱいあるし、ちゃんと生身の人間と話をするのも大事
> な気もするけどね。
> I：ホルモンのこともわからへんもんなあ。
> 筆者：周りに使ってて、変わっていく過程にいる人がいたら、
> I：そうそう。いち、に、さん、し、ってな（笑）。何年後、何年後（笑）。
> J：みんな違うしな、期待できる効果も人によって出方も違うし、こうし
> たら絶対こうなるって問題でもない。そういうのを体感するのも大事やな。
> I：そう思う。（2018年9月、Iへのインタビュー）

このように、ホルモンに関する多くの情報がインターネット上にも存在してい
たとしても、個々人におけるホルモンの効果や、人によってその効果が異なっ
ている仕方などを「体感」し、自らがどのような身体のありようを望むのか検討す
ることが可能になっていたと言える。トランスサロンに移行してからは、ピアサ

＊15　岡山大学ジェンダークリニックにおける性別違和感を主訴とする患者数は1994〜2000
　　年まで計100名ほどだったが、埼玉医大に次いで2000年3月に包括的治療が承認されると増
　　加し、2008年時点で計917名に及んでいる（松本2008: 220）。岡山大学以外にも、2000年
　　頃から大阪医科大学や関西医科大学などいくつかの病院に当事者が受診するようになる。

ポートグループではなくあくまで交流のみをめざす場として位置づけられるようになり、雑談が中心となるが、個別で相談をおこなう当事者は存在していた。

　加えて、この語りの場に集う人において、性別違和感があることは前提とされつつも、自らの性のあり方を適切に言語化するために議論されることも多くあった。この議論において、「GID」の下位区分としての「TS」「TG」「TV」という概念や、治療の必要性の有無による対立があったことも、インターネットや雑誌、東京の団体である「TNJ」への参加などを通じて知られていた。しかし、5.3で詳述する森田の影響もあり、「TS原理主義」のような階層構造が現れることはなく、個々人の性のあり方が尊重される雰囲気があったと語られている（2019年4月、Mへのインタビュー）。

5.2.2　「バイセクシュアル」のもとでの性別二元論批判

　このように自己について言語化する試みのなかで、「X」も名乗られている。「G-FRONT関西」関係者による、確認できるもっとも古い「X」への言及はヴイによるものであるが、名乗られた文脈に不明瞭な点が多いため、その後機関誌上で「X」が名乗られた仕方を中心に検討する。とはいえ、いずれも性別二元論への批判的な意識を明確に示していることが読み取れる。

　まず「FtX」のヴイの日記から読み取れるのは、自らの身体に関連する非二元的な表現の志向と、二元論を自明視しないかたちでフェミニズムを捉えなおそうとする試みである。Iさんによれば、ヴイは「G-FRONT関西」のTGブランチに出入りしていた（2018年9月、Iへのインタビュー）。1997年8月19日の「ヴイ'Sエッセー」には、「何の疑問も抱かずにせっせこ頭を働かせがちだが、ちょい待てよ。自立に女も男もXもあるのかよぉ。ジェンダーによって、自立の意味まで堅苦しく分けられるのかよぉ。」と投稿されている（ヴイ 2001）。この具体的な文脈は不明だが、ジェンダーという区分が社会においてもつ意味を減じようとする関心は、日記の内容に共通して見てとれる。

　たとえば同年の日記からは、「『だから女は…』と言われるのが嫌で、ついつい力んでしまう。そして、身体の'女'性を削ろうとする。丸刈り、ノーメイク、中性的な服装。」（ヴイ 2001）として、出生時に割り当てられた「女性」と結びつく身体の性的特徴をなくそうとしつつ、このジェンダーへの意識を「力」み

として批判的にもとらえていることがわかる。ウーマン・リブの主要な論者で
あった田中美津による講演会に対しても、「IS や TG の問題で顕在化している
『強固な‘性の二分化論’に対する異』*16『‘性別’に対する意味の問い直し』につい
て思慮が及ばないのも残念」（ヴイ 2001）と述べ、二元論を自明視しているこ
とを批判している。そこで「性差」よりも「その人らしさの異なり」から出発
すれば「フェミニズムは色褪せる」が、それでも「自分は『フレキシブル・フ
ェミニズム』」（ヴイ 2001）として、ヴイは非二元論に依拠したフェミニズムに
期待を寄せるのである。

　「G-FRONT 関西」の機関誌のなかではじめて「X」に明確な言及があるの
は、一部執筆者に TG ブランチ参加メンバーを含んではいるものの、TG ブラ
ンチとは独立したかたちで企画された特集号『「バイセクシュアル」である／
ない、ということ」においてである。具体的には、レズビアンやゲイのグルー
プにも関わってきた以下の投稿者によって、「FTXTG」が名乗られていること
がわかる。

　　　私はバイセクシュアルですが、自分のセクシュアリティを伝える場合に
　　はバイセクシュアルだけでは不十分というのが本当のところです。私は、
　　性指向だけが重要でもない、性自認だけが重要でもない、性アイデンティ
　　ティだけを強調したいのでもないのです。「セクシュアリティは発明と発
　　見だ」と聞いたことがあるのですが、確かに発見の連続だったし、こんな
　　私自身の「あいまい」なセクシュアリティを考えてみました。それが、
　　「バイでありバイでない、FTXTG」だったのです。（中略）FTXTG（Female
　　To X gender TransGender）に関してですが、身体的性別と異性愛女性として
　　生きてきた経験から「女性／ Female ／ F」との性別自認があるけれど、
　　性別違和をずっともっているので、「ある種の TG」だと思っているので
　　す。つまり、簡単に言うなら「女でも男でもあり／男でも女でもない」
　　「両性具有とかユニセックスである」ような違和感というか欲望というか
　　性別自認をもっています。もっと言うと、「X」とは実は友人の真似なの

───────────────
＊16　この「異」は、異議申し立てのことを表していると考えられる。

ですが、性別二元制に対抗する意味もこめて、正直何が「女」で何が「男」なのかよくわからなくなっているので、性別自認は「あいまい＝X」です。[ぽこあぽこ 1999 年 12 号: 119-20]

投稿者は、「バイでありバイでない、FTXTG」という「あいまい」なセクシュアリティを表明している。この「あいまい」さによって、「性指向」「性自認」「性アイデンティティ」いずれかの重要性を強調するような認識上の枠組みや性別二元論がとらえ損ねるような、身体的性別や異性愛女性としての経験と、性別をめぐる違和とも欲望とも言いうる両性的な感覚の多層的なありようを表現することが可能になっていると言える。

このときまず「バイであり」という表明が必要だったことには、当時の同性愛をめぐる社会的な認識や、ゲイやレズビアンのグループでの状況も関わっている。投稿者はまず、社会において異性愛が自明のものとされているために、「バイセクシュアル」を可視化することが重要であると指摘する。加えて、投稿者も属していたレズビアン・グループにおいて男性との性的経験を否定することが規範的なふるまいとされ（2018 年 9 月、I へのインタビュー）、「バイセクシュアルに対する無視・偏見」[ぽこあぽこ 1999 年 12 号: 114]があったなかで、男性への性的／恋愛的惹かれをも肯定することが重要な意味をもっていた。[*17]「バイ」の主体的引き受けが可能となっていたことには、投稿者が 1998 年春に米国マサチューセッツ州で開催された第 5 回国際バイセクシュアル会議に参加し、「バイ」に関する肯定的な情報を得ていたことも影響しているだろう。

他方で「バイでない」と言うことで、性別二元論が自明のものではなくなっていることが表現されている。その背景として、英語圏で「モノセクシュアル」、「オムニセクシュアル」といったさまざまな概念を知ったこと、「G-FRONT 関西」でインターセックス当事者の活動を見聞きしていたことを[*18]

---

*17　とくにフェミニズム系のレズビアン・グループでは、とくに 1993 ～ 4 年にはレズビアンの人びとの間にある「バイセクシュアル」への偏見や「性的指向」概念では表せない性的欲望について議論されていた（杉浦 2019）。

*18　すでに 1994 年には「肉体的には両性具有で両性の要素をもっている」[ぽこあぽこ 1994 年 3 号: 23]とし、1995 年に「男でも女でもなく～第三の性別両性具有者（アンドロジナス）　男性を演じること」[ぽこあぽこ 1995 年 5 号]という論考が出されていた。

投稿者は挙げる。加えて「G-FRONT 関西」機関誌上では、「バイ」である／ないことをめぐる議論や「性的指向」を批判的に捉えなおす議論が、投稿者を含むさまざまな論者によって展開されていた。これは「バイ」を、「性的指向」のもつ限界を指摘する言説資源として用いつつ、性別二元論を前提とする「バイ」のもとで自己同一性を得ることをも避けようとする議論である。こうした文脈のもと、「バイセクシュアル」は関西の一部のグループにおいて、男女いずれにも性的／恋愛的惹かれを抱きうることではなく、「ジェンダーを基盤にせず関係を築く」「あくまで個と個の関係から出発する」[OGC にゅうす 1996年 4 月：2] という意味を有していたと評されている。

　このようにバイセクシュアル特集号での「X」の名乗りは、性別二元論やアイデンティティの区分の自明性が崩れていった文脈において、曖昧な自己の位置づけの表明を可能にしていたと考えられる。

5.3　G-FRONT 関西における「X」の名乗り②
──森田真一をめぐる多層的な語り

　次に着目したいのは、関西のグループに関わった人における、「G-FRONT 関西」の代表であった森田真一（別名：森田 MILK）の影響力の大きさである。「G-FRONT 関西」関係者である調査協力者の多くが、「X ジェンダー」に関する思想を形成したのは森田であり、この概念の普及において重要だったのも森田の存在であると認識していた。

　デール（2014）も森田が「X ジェンダー」を名乗り、ジェンダー・フリーを唱えていたことに言及しているが、本節では森田が自身の性を回顧し、「第三の性」を語るテクストと、グループ内外の人が森田を「X ジェンダー」の思想的な背景として理解している仕方をさらに論じる。森田の自己定位の仕方は、「ゲイ」、「MtFTS」、「X ジェンダー」と推移し、「ゲイ」に回帰していく。その過程からは、同性愛や性別違和、「多重人格症」であることといったカテゴリーの境界が、それぞれのカテゴリー集団が明確化されていくなかで揺るがされ、再編成されていくなかで「X」が名乗られていることがわかる。

　はじめに森田が「ゲイ」を自認しなくなることは、ゲイ概念が明確化されて

いったことの一つの帰結でもある。森田は一貫して、「私は自分で自分が男だと思ったことはありません」と述べている。だがその状態は、「といって女だとも思っていませんが。だから私はいわゆる「オネエ」だと思っています」［ぽこあぽこ 1993年 創刊号：44］として、はじめはオネエ概念のもとで理解されていた。「G-FRONT関西」では「オネエ」という認識をもつ人が多く、オネエ特集号［ぽこあぽこ 1996年7号］も企画されており、この号において「オネエ」の経験の多くは、内股で歩く・上品とされる言葉を用いる・スカートを好むといった、男性的とされない言動によって特徴づけられる。このようなジェンダー表現やふるまいは、「女性である」という性別認識と明確には区分されていなかったため、曖昧なまま「オネエ」というカテゴリーのもとで表現されていたと考えられる。

　しかし、森田による論考「ゲイ・リブ最大の矛盾——いわゆるオネエ問題について」［ぽこあぽこ 1996年 7号：26-38］では、ゲイ・リブにおいて「オネエ」や「ニューハーフ」といった人たちの「女性性」への否定的な雰囲気が蔓延していたと指摘される。「すべてのゲイが女性的なのではない」「それは偏見だ」という、当時同性愛者差別に関する裁判をおこなっていた「アカー」の政治的主張に対して、森田は「女性的である」「オネエ」であることが悪いことなのだろうかと問い、ゲイ内部での「オネエ」差別を指摘したのである。HP「TransGenderCafe」上で森田とやり取りしていた畑野は、この実践を森田がXジェンダーであることと関連づけて理解している。

　　畑野：MILKとしては、オネエ言葉を使うこと自体が、Xジェンダー的なこと。Xジェンダー的なことがゲイのなかにあるのは普通じゃないかって。だからMILKがサードジェンダーっていう言葉を出してくるのもその辺にあって。（2019年11月、畑野とまとへのインタビュー）

　他方で森田は、虎井まさ衛らによる「TS」の説明や、性科学者のマネーが論じた性別の複数の要素を知るなかで、以下のように「オネエ」と、「ジェンダー・アイデンティティ」の問題としての性別違和を差異化するようになる。

　　　ジェンダー・アイデンティティとジェンダー・ロールが一致しない、こ
　　れが、オネエの本質である。MtF・TS（男性→女性の性転換者）と、オネ
　　エ（女性的な男性同性愛者）の本質的な違いは、ジェンダー・アイデンテ
　　ィティの違いだ。そしてジェンダー・ロールもまた自分では選べないし、
　　「男らしさを演ずる」ことはできても、自分の意志ではなかなか変更でき
　　ない。[ぽこあぽこ 1996年7号:30]

　このとき森田は単にマネーに依拠するのではなく、マネーにおいて「ジェン
ダー・アイデンティティ」と「ジェンダー・ロール」が一体のものと主張され
た点を批判し、これらの要素はすべて、しばしば食い違うものであると主張す
る。そのうえで「ジェンダー・アイデンティティ」の確立に関心をもつマネー
が重視していない「ジェンダー・ロール」の役割を、「自分の意志ではなかな
か変更できないような、もっと人格の根源的な部分に関わる」ものと強調して
いる。加えて、「トランスセクシュアル」も「セックス」と「ジェンダー・ア
イデンティティ」の食い違いとして理解されている。「性転換」することはこ
の食い違いの回復として位置づけられ、「女性的なゲイも、本当に性転換した
いわけではない」として「ゲイ」との差異化がなされた。
　このように一度は「TS」のもとで自己を位置づけようとした森田であるが、
「TS」もまた、「なんか違う」ものとして感じられていく。以下のように、そ
の過程には森田が抱えていたという「多重人格症」の特性や、マネーが「ジェ
ンダー・アイデンティティ」を固定的なものとしてとらえたことへの違和感が
見てとれる。

　　　私自身は「ジェンダー・アイデンティティ・ディスオーダー」を持って
　　るんだけど、TV／TG／TSのどれでもない。というより、「今の人格は」
　　ということ。私は多重人格症なの。（中略）私のこれまでの4つの人格のう
　　ち、2つはまちがいなく「MtF・TS」で、性転換手術をかなり真剣に考え
　　ていたけど、今の人格は、「自分は男だ」ということにイマイチ確信がな
　　いんだけど、かといって「女」とも思えない、「ジェンダー・アイデンテ
　　ィティ・ディスオーダーをもったゲイ」ってことにしてるってわけ。もし

かしたらそれもズレてるかもしんないんだけど。(中略) 性的指向に「バ
イセクシャル」があったり、身体の性別に「半陰陽」があったりするんだ
から、ジェンダー・アイデンティティにも両性具有や中性があったってい
いじゃない? 一般的には、セクシャル・オリエンテーション (性的指向)
よりもジェンダー・アイデンティティ (性自認) のほうがより固定的で強
固だってことらしいんだけど、私の場合逆で、性自認は人格の交代ととも
に変化したけど、性的指向の方はほとんど変化しなかった。[ぽこあぽこ
1996年6号:66]

　このように森田は、人格の交代に伴う性自認の変化を感じている。こうした
森田の抱えていた状態を、「MtFTS」や「ゲイ」といった既存のカテゴリーが
包含できず、それゆえ「ズレ」や「両性具有」「中性」の可能性が模索されて
いる。この可能性は、周囲の人びととのやり取りのなかで発想されたものでも
あると言える。というのも、前節でみたような「半陰陽」や「バイセクシュア
ル」の文脈は森田においても「両性」や「中性」であることを表明する際に参
照されているためである。加えて森田は、この投稿ののち、自助グループにお
いて周りのMtF当事者が異性装やメイクに対する強い興味や性器不快感を抱
いているとして、かれらを同様の感覚をもたない自己から差異化している。
　このような違和感のもとで森田が検討するのは「第三の性」であり、インド
のヒジュラ等の国外において制度的に定められた「第三の性」を文化的に固有
なものとして位置づけ、それらとは異なる政治的な可能性を模索しようとす
る[ぽこあぽこ 1998年4月10号:96-110]。具体的に森田が論じたのは、以下の4
つの選択肢である。第一の選択肢として、「第三の性」が挙げられ、これは男
にも女にも自己を分類できない者に、第三の性を選ぶ自由を認めることだとさ
れる。第二に、「性別の廃止」、すなわち性別そのものがなくなることで、同性
愛も「性転換」も「第三の性」も、すべて意味のないものになるという見方が

*19　この論考は、HP「TransGenderCafe」上においても寄稿されており、畑野はHP上のチャットでは、「わりとみんなそういう話をがんがんしていたよ(笑)。結局、性同一性障害の流れができるなかで、お医者さんみたいな、権力に指図されるのはすごく嫌だって。」と述べ、森田に「左翼思想」「反権力的なところ」も読み取っている(2019年11月、畑野とまとへのインタビュー)。このように森田の思想は、HP上での会話のなかで形成されたものでもある。

語られる。第三に述べられるのは、「n個の性別」であり、これは男女の性別を相対的なものとみなし、「男」や「女」や「中性」、あるいは自分なりの性別を名乗ってもよいというように、自由に自分を表す符号として性別をとらえることである。第四にすでに進行しているものとして、性別の空洞化、すなわち法律や制度よりも、文化の変容を促す方法が挙げられる。これは性別二元論を実質的に解体し、風俗や文化の面で空洞化していく試みとして位置づけられる。

　かかる思想を形成し、1999年の映像作品では「MTFTX」として登場している森田は、しかし2000年頃にはこのような「第三の性」についての思索や自己定位を重視しなくなっていき、「欲望を優先する形」、すなわち「ゲイ」としての「ライフスタイル」を選択し、「女性ジェンダーの方を捨て」るようになる［node 1999年］。

　　　ぐるっと遠回りをして、再びゲイコミュニティに戻ってきたんです。同
　　　じくらい違和感があるんですが、同じなら自分の楽しめる方に行っちゃえ
　　　という事で戻ってきて、で、「自ら選択したゲイ」、と今は言ってるんです。
　　　［胡散無産 2000年8号：17］

それゆえ森田はTG自助グループやTGブランチで一時期ファシリテーターを務めていたものの、2000年頃からグループの活動に参加しなくなっていく。[20]森田ののち、何人かのファシリテーターが入れ替わって場を存続させていた。

　森田がファシリテーターを務めていた時期における森田の影響力の大きさを語る調査協力者は多く、森田を直接には知らない人が、「X」は森田の影響で名乗られたのだと語ることもある。[21]また森田自身は「第三の性」を志向しつつも、「人懐っこいというかね、何でも抱えてくれるような方」として語られ、

＊20　森田は2007年2月に逝去している。筆者は森田が記録してきた活動の資料が残されていると何名かの調査協力者から聞くことになり、2020年に森田のパートナーと連絡をとって居宅を訪ねたが、一部の画像が保存されたCDを除いて資料はすべて処分された後であった。

＊21　Xジェンダーという言葉が誰によって用いられ始めたのかは明確ではないが、森田が考案したわけではないと思われる。というのも、森田と交流がありTGブランチでファシリテーターを務めていたOさんは、森田がTGブランチの時期に誰かの話を聞き、「なるほど、だからXね」と指をクロスさせていたことを記憶しており、これは森田がはじめて「X」について知った場面であると考えられるためである（2019年9月、Oへのインタビュー、1回目）。

「私のことを見て、狭義の古典的なトランス、トランスセクシュアルと言われる人のこともちゃんと取り組まなければいけないね」（2019年4月、Mへのインタビュー）として、二元的な性別移行をめぐる活動の必要性をも軽視しなかったと回顧的に語られる。

　加えて、とりわけ「X」を名乗る人において、森田が機関紙上で展開したような政治的に「第三の性」を模索するという側面が調査協力者によって語られることはほとんどない。むしろ森田の性のあり方が、「MTFTX」であるにもかかわらず、「恋愛営業上の打算」［胡散無産 2000 年 8 号：17］からライフスタイルとしての「ゲイ」を選び取るものであったことが、TG ブランチに関わった調査協力者の何人かによって印象深く想起されている。

> 塩安：（注：森田さんは）ゲイ男性にモテるために、ゲイっぽい格好をしてたんです。トランジションしてなかったんです。短髪で、わりとがっしりしていて、つなぎを着てて。まあ普通に見たらゲイのおっさんなんですけど、それは優先順位は性指向のほうが先に来るので、性自認としての、自分は女性であるっていうのは表に出てこないんですよね、見た目ではわからない。（中略）トランスジェンダーというと、大体みんな期待するのは、性別を変えてる、トランジションしてる、表に出てわかりやすく表出してる状態だと思うんですけど、性指向のことも自分の優先順位によってライフスタイルが変わるというのは、すごく勉強になったというかおもしろい気づきでしたね。（2018年3月、塩安九十九へのインタビュー）

　このように出生時に割り当てられた性別と異なるジェンダーへと移行するとき、「女性」であるという性自認をもつのであれば「女性」として見られるジェンダー表現をおこなうことが規範的であったにもかかわらず、森田は自己呈示するうえでこうした一貫性を示さず「性指向」を優先させた格好をしていた点で特異な存在として位置づけられていた。他にも「森田さんがあんなだから批判なんてしたって意味ないやん、24時間男装のMTFTXやで（笑）」（2018年9月、Iへのインタビュー）と語られるように、場を取り仕切る立場の人が、二元論を自明視した性別移行をしておらず、「異性愛者」でもなかったことは、

セクシュアリティを理由とした排除を生じにくくさせていたととらえられている。

このように、当時女性性を排しつつあった「ゲイ」という自認に違和感を覚えた森田真一は、インターセックス当事者との出会いや「第三の性」の解釈など当時流通していた知識を用いつつ、「MTFTX」として自己を位置づけていく。「X」は森田に、他の「MTF」を名乗る人びとと異なるという感覚を表現し、「多重人格症」との関わりのもとで経験された性自認の揺らぎを表現することを可能にしていたと言える。また、ブランチ参加者やその後「X」を名乗る人にとって、森田は「X」の起源をなす人物と

図 5　「MtX ／ FtX」が用語集に載っている『ぽこあぽこ』15 号表紙

してみなされることがあり、森田がTG自助グループを立ち上げ、その後短期間ではあるがブランチのファシリテーターを務めていたことは、典型的とされる性別移行をおこなわないあり方を否定しないように、語りの場を規定していたと考えられる。

5.4　G-FRONT関西における「X」の名乗り③ ——自助グループにおける実践

とはいえ森田は、2000年頃にはTGブランチを去ってしまうとされる。では「X」というカテゴリーは、その後のTGブランチやトランスサロン内でのやり取りのなかでどのように用いられ、人びとに何を可能にしていたのか。本節ではこれらの点を、「X」が名乗られていた自助グループ内の文脈に着目して論じる。

まず説明すべきは、性別移行を望む人が集うグループに特有の実践として、「MTFTG」「FTMTS」というように出生時に割り当てられた性別から移行す

るジェンダーを表記し、移行の仕方として「TS」「TG」「TV」のいずれかをつける言い方が、自己紹介などを通じて定着していたことである。H. S. ベッカー（1963=1978: 148）は、職業的隠語の使用が、それを自由に操る者とそうでない者に分け、後者をアウトサイダーとして区別する自己隔離の過程に結びつくと指摘している。この性別移行の枠組みに沿った記号の羅列は、他者排除の力を強くもつものではないが、場への参入の儀式として自己隔離の効果を有していた。はじめて来た人は何を言っているのか理解できないが、次第に語りの場の作法を知っていく。

　これらの「MTF」「TG」「TS」「TV」といったカテゴリーは、自分が何者なのか模索する人も多く、内面的な話をすることもよくあったなかで、自らの状態を言語化して把握するために役立てられていた。加えて、2001年頃からトランスサロンの常連であった今将人の語りからは、当事者が相互にカテゴリー化することが、医師不在の場において他者の状態を理解し配慮するための言説的資源として、便宜的に必要とされていたことも読み取れる。

　　今：とくに、完全にパスしてない移行期間みたいな人は、明らかに元女性の、男性に移行中だなっていう人なんかは、男とも女とも名乗れないから、「TSです」「TGです」って言ったりとかしてたんですよね。MTF、FTMとかっていう言葉もみんながみんな使ってたんで。（中略）ノンパス派のMTFが来たりすると、「なんで男がいんの」みたいな感じになったりしてて。でもみんなお約束事は知ってるから、一応、「なになに君は」とか絶対言わないように、「なになにさんは」とか話しかけたりとかっていうのは、一応頑張ってました。（2018年2月、今将人へのインタビュー、1回目）

　今将人が指摘しているのは、外見上「女性」あるいは「男性」としてパスしていることを自覚している人は「MTF」や「FTM」を用い、移行の過程にある人は「TS」や「TG」を用いて性別違和をもつ当事者であると主張することで、呼び方などの配慮を周囲の人たちから得ていたということである。性別移行の程度はさまざまであり、パスを望む人も望まない人も同じ場所にいるという状況において、個々人が自らをどのように扱ってほしいのか、どのような

140

ニーズをもつのかを表明する必要性が生じていたと考えられる。

　ただし、このようなカテゴリーの運用はそれ自体自明なものではない。たとえば、1997 年から京都で宴会などを行ってきた集まりである「玖伊屋」では、TG ブランチと共通するメンバーもいたが、1990 年代末において、自己紹介をすることや「TS」や「TV」等の語を使うことは少なかった。[22]その背景として、当時「玖伊屋」の常連であり、現在は「玖伊屋」を主宰している土肥いつきによれば、「玖伊屋」では互いの社会生活に立ち入らないかたちで限定的に性表現を変える実践がなされており、これは「その人の生活背景とか一切、わからない」「女装者の世界」の側面でもあった（2019 年 9 月、土肥いつきへのインタビュー）。さらにこのグループを立ち上げた阿部まりあは、女装者の世界に入りつつも、「『女』としての張り合い」を嫌い、「張り合わずに遊べる場所」として「玖伊屋」をつくり、「トランスして両極に行ってしまうこともないし、もっと中途半端でいきましょう」と述べている［ぽこあぽこ 2000 年 15 号：75］。

　このように生活の一部分で異性装をおこなう生き方は、当事者間で流通していた用語において「パートタイム」と呼ばれていた。TG ブランチではとくに 1998 年末頃から、「男性モードと女性モードを行き来する」パートタイム志向の人が目立つようになる。ただし、さまざまなニーズをもつ人が同じ場に集ったことは、抱え込む問題が増える困難をもたらしてもいた。この時期の語りの場は、「みんなストレスの度合いがすごく高いので（中略）ものすごい自分のことばっかり話したり、泣き出したりとかね、あと、意見が合わなくって喧嘩になるとか」（2018 年 3 月、塩安九十九へのインタビュー）という緊張感が高い場としても語られている。このように「にわかに緊張が高ま」ったことで、6 つの「約束事」[23]が形成されていく［ぽこあぽこ 2000 年 15 号：19］。

　この「約束事」には、当時問題となっていた対立が反映されており、これは

＊22　ただし、2002 年頃から土肥が GID 学会に参加するようになり、関西医科大学ジェンダークリニックの受診者の会である「まんまるの会」を主宰するなど病院との関わりをもつようになったことで、客層が変わっていったところがあるという。そして 2010 年代から再び、医療情報を求めるのではない、「力の抜けたええ感じ」に変化していく（2019 年 9 月、土肥いつきへのインタビュー）。

＊23　「性的指向を問わない」という項目は 7 番目として後から記載されたが、これは「G-FRONT 関西」がゲイ団体を母体としており、異性愛規範を押しつけないという意識はすでにメンバーに共有されていたため、他のグループでは必要となる項目として位置づけられている。

交流の際に気をつけるべきこととして、事前に配布されたほか、HP上にも記載されている（トランスサロン 2004）。「約束事」には、望む性に見られることを望む「パス」、どのような性で見られるかということの優先順位が低い「ノンパス」や「クイア派」、“トランス”が“普通の男女”に同化しようとするプロセスに過ぎない「プロセス派」、“男でも女でもない状態”が本来の状態に近くそのままで生活を送ることを望む「ノンプロセス派」などのカテゴリーが記載された。「約束事」が強調したのは「自分が何を捨てられる人で、何を捨てられない人なのか」「はっきりさせること」の必要性であり、「自分の状態や価値観からなされた判断を他者に押しつけることは、この自助グループを崩壊に追いやるだろう」と記された［ぽこあぽこ 2000 年 15 号: 22］。それでも、主にプロセス派とノンプロセス派、TS・TG と TV の間では、「あなたたちはいいよね、私たちはこんなに大変なんだよ」（2018 年 6 月、H へのインタビュー、1 回目）といった不幸くらべはよくなされていたという。

　「X」も「トランスジェンダー」の下位カテゴリーとして認識されていたため、プロセス派／ノンプロセス派、TS・TG ／ TV といった区分と無関係ではない。TG ブランチが制作した「基本用語集」では、「MtX ／ FtX」が「狭義の MtF ／ FtM が反対性への移行をめざす意味合いが強いために、既存の男性・女性に当てはまらない、あるいは、わからない人の呼称・総称」［ぽこあぽこ 2000 年 15 号: 128］と定義されている。「FTX トランスジェンダー」を自認してきた今将人も以下のように言う。

　　今：当時は「G-FRONT 関西」のなかでは、何々ではない人、っていう風な扱いだったんですね。たとえば、MTF でもない、FTM でもない、男でもない、女でもない。だけど、ニュアンスとしては、FTX、MTX っていう言葉がある通り、トランスジェンダーの一部だったんですね。今は違うじゃないですか。（2018 年 2 月、今将人へのインタビュー、1 回目）

　「トランスジェンダーの一部」であることは、あるカテゴリーから別のカテゴリーへ、移行前の性別と移行先の性別を示す「FTX」「MTX」という表記に表れており、この用法は現在とは異なるものとして位置づけられてもいる。

この表記は、「X」が移行前の男女の性別を前提とする点で、出生時に割り当てられた性別を疑うという意味をもたなかったことを示唆している。また、「トランスジェンダー」の下位カテゴリーとして「X」を名乗ることは、トランスサロンでさえ、性別移行を進め、明確に立場を決めることが規範として現れていたなかで、逃げとしてとらえられることもあった。そのため面と向かって「X」を表明する人は多くなかったが、「X」はトランスジェンダーの下位カテゴリーでありながら、「X」であることを判断できるような明確な活動があるわけではないなかで自己カテゴリー化されていった。

このように「X」が名乗られたことは、一部のメンバーによる実践によって可能になっており、既存の性別移行を前提とするカテゴリーを揺るがそうとするものとして語られている。まず、出生時に男性として割り当てられ、中性的な性自認をもつ H さんは、ファシリテーターであった塩安九十九が「X」をパフォーマンス的に名乗っていたことを記憶しており、この名乗りは既存の区分を揺るがそうとする効果をもったと考えられている。加えて、医療に関心をもち、個人的にピアカウンセリングを行っていた H さん自身も、初版ガイドラインが依拠していた DSM を解釈し、初版ガイドラインでは言及されていない「特定不能の性同一性障害」の項目を根拠に、「中性的な状態でいたいっていうふうに思う感情が、間違ってない」ことをことあるごとに言っていたという。このようなメンバーの活動のもと、「X」は 1990 年代末から 2000 年過ぎに、「口には出せないけれどもトランジションするのが不安で途中で止まりたいっていう人も、いっぱいいた」（2018 年 6 月、H へのインタビュー、1 回目）という状況で、当事者が既存のカテゴリーから自己を差異化することを可能にしていたと考えられる。

このように「X」は、GID 概念を前提とするグループに用意された「FTM」「MTF」「TS」などのカテゴリーのもとで自己を表すことを避け、性別移行への不安感や不幸くらべを回避することを可能にしていたと考えられる。

小括

本節では、GID のガイドラインが定められた 1990 年代半ばから 2000 年頃に

かけて、「X」がどのように当事者によって主体的に名乗られ、何を可能にしていたのかを、ミニコミ誌や調査協力者の回顧的な語りから探ってきた。これは、二元的な性規範に焦点を当てつつも時期による違いやグループ内でのやり取りを問うてこなかった先行研究に対して、特定の時期、地域に根差した性別違和への対処をサポートするグループにおいて、当事者間で「X」が用いられた仕方を描き出そうとする試みだった。

　本章で論じてきた「X」の名乗りは、前章でみたような「OG」「IG」の名乗りとは異なる特徴をもつ。「OG」や「IG」は、主に女装系コミュニティにおいてジェンダー表現の男女の切り替えが成り立たない場合を指して用いられていた。対して「X」は埼玉医大の答申以降に形成されたグループにおいて名乗られ、GID概念に依拠する性別移行の規範から距離をとることを可能にする「性自認」として名乗られている。

　5.1では、このようなグループで前提とされていたGID概念やそのもとで位置づけられた性別移行をめぐる規範を示してきた。GID医療のガイドラインが作成されたことによって、当事者間で病気や障害といった意味づけへの批判が現れる。しかし、とりわけ『FTM日本』上や東京のグループ、インターネット上の議論において、治療を進めること・異性愛者であることといったふるまいが規範的とされていた。

　他方、5.2で明らかになったのは、関西のグループではセクシュアリティミックスでの交流がおこなわれる傾向にあり、とくに「G-FRONT関西」では、機関紙上において「バイセクシュアル」が性別二元論への抵抗や脱アイデンティティの必要を表明する概念として用いられていたことである。バイセクシュアル特集号での「X」の名乗りは、性別二元論や既存のアイデンティティの区分に当てはまらない、曖昧な自己を表現することを可能にしていた。

　5.3で焦点を当てたのは、性別移行する者として"非典型的"であるとみなされていた森田真一が、自己を模索する過程で「X」を名乗っており、これらの実践が一部の当事者間での「X」の起源としての記憶の定着に寄与していたことであった。「X」は、多重的な自己像を有していた森田に、自己の定位を可能にする概念として受容されていた。そしてブランチ参加者やその後「X」を名乗る人にとって、短期間ではあるが森田がブランチの仕切り役を務めていた

ことは、典型的とされる性別移行をおこなわないあり方を否定しないように、語りの場を規定していたと考えられる。

　5.4では、森田が去ったのちのTGブランチやトランスサロンにおける当事者の実践を論じた。あえて「X」を名乗る仕切り役によるパフォーマンスやガイドラインの再解釈など、曖昧な性を否定しないようにする当事者の実践を背景として、当事者が「FtX」（Female to X）「MtX」（Male to X）を自己カテゴリー化し、性別二元論への批判や性別移行の規範へのついていけなさを表明することが可能になっていたことが明らかにされた。

第6章

GID概念の普及と関西を越えた
「X」の多義的な意味づけ

――2001年頃から2010年頃における
当事者活動から

前章で論じてきたように、GID概念が導入された1990年代後半、「Xジェンダー」は「FtX」（Female to X）あるいは「MtX」（Male to X）というかたちで、主に関西のグループで「トランスジェンダー」の下位カテゴリーとして名乗られてきた。それでは、「Xジェンダー」は関西のグループからどのように広まり、意味づけられてきたのか。

　トランスジェンダーをめぐる言説を俯瞰してきた三橋など多くの調査協力者は、「MtX、FtXって本人が堂々と言えるようになるのは特例法以後」（2020年2月、三橋順子へのインタビュー）だという認識をもっていた。デール（2014: Ch. 2）は、2000年代に入っていくつかの一般書籍やブログで「Xジェンダー」が用いられていると指摘するが、具体的に「Xジェンダー」やその他の非二元的な性のカテゴリーが用いられた文脈は明らかではない。そこで本章では、2001年頃から2010年頃にかけて「X」が用いられる仕方を、この時期にGID概念が世間に普及するとともに、GID医療にとどまらない関心をもつ当事者活動やインターネット上のネットワークが発達していく仕方との関連から描く。

　これらの動きを読み取れる資料として、まず『FTM日本』や「G-FRONT関西」等のグループの機関紙のほか、2000年代に入ってから創刊された『LIKE』、「ROS」によるミニコミ誌やそれをまとめた書籍を取り上げる。加えて、当時盛んに利用されていた個人HP、mixiなどのインターネット上のテクストを分析対象とする。さらに、当時の活動についてさらに手がかりを得るため、インタビュー・データを分析する。

　具体的には、まず2001年頃から進められる戸籍上の性別変更に向けた活動と特例法成立後の当事者活動の展開をまとめる（6.1）。次に、社会的認知が高まっていくGID概念が肯定的なアイデンティティとされる一方、関西の一部の交流グループで「X」が名乗られていた仕方を論じる（6.2）。加えて、インターネット上でさまざまな非二元的な性のカテゴリーが用いられたことを示しつつ、「X」が、「トランスジェンダー」との結びつきが不明瞭なかたちで、あるいは強い手術規範のもとで未治療であることを表す概念として、コミュニティによって異なる仕方で用いられ、「中性」「無性」といった「X」の下位カテゴリーも用いられ始めたことを指摘する（6.3）。

6.1　特例法制定前後における当事者活動

　本節ではまず、GID をめぐる制度化の展開を、ジェンダーフリーとの関連に着目しつつ、2001 年頃から戸籍上の性別訂正を進めた専門家と当事者の動きから整理し（6.1.1）、次に特例法成立後にどのような当事者活動が展開されるのかをまとめていく（6.1.2）。これらの活動は、性別移行の二元化をさらに進めていくものとして位置づけられる。

6.1.1　戸籍上の性別変更をめざす活動とジェンダーフリー

　GID 医療が整備されていくなか、次にめざされたのは戸籍上の性別記載の変更であった。以下で見ていくのは、ジェンダー非順応な人びとが単に専門家に同調するのみならず、その問題を指摘するなど両義的な反応を示す仕方である。ただし、これらの動きは性別二元論を前提とするものであり、当時普及していたジェンダーフリー言説を批判的に扱うという特徴がみられた。

　GID 医療のガイドラインが用意されたとはいえ、性別を移行したのちに戸籍上の性別を変更することができないことは生活上の問題となっていたため、当事者運動において戸籍上の性別変更がめざされた。この運動の経過は、GID 医療に親和的なメンバーが多く集う『FTM 日本』上の投稿、とりわけ FTMTS であった虎井まさ衛による投稿から読み取れる。すでに 1990 年代末には戸籍上の性別変更を見据えていた虎井は、「ダメ元かもしれないが世論を喚起する」ために、神戸学院大学法学部教授であった大島俊之の後ろ盾のもと、2001 年から戸籍訂正のための「全国一斉申し立て運動」を始める［FTM 日本 2001 年 1 月 27 号: 2-3］。大島も手術を終えた当事者に申し立てをおこなうよう呼びかけ、深刻な苦痛に基づき、恣意的な趣味嗜好によるものではないことなど、申し立ての際に主張すべきことを説明している［FTM 日本 2001 年 4 月 28 号: 4-5 など］。

　この申し立ての文書作成のため、小中学校で生じた GID であるがゆえのいじめや自殺未遂の体験談が誌上で募集され、読者の協力を得て関連する数多くの自伝的な文章が企画「Fight!」として『FTM 日本』誌上でも連載される。こ

れらの文章は、GIDであることへの家族など周囲の人びとからの強い偏見と、就職において生活上のジェンダーと戸籍上の性別が異なることで生じる困難を可視化することにもなった［FTM日本2002年7月33号：24-5など］。このような状況を問題視していた虎井や『FTM日本』購読者らは、GIDの問題に協力的な南野知恵子厚生労働副大臣に対して、GID当事者に対する保険証の性別記載の訂正や就労差別に関する指針の策定などを求める活動もおこなっている［FTM日本2001年7月29号：5］。

　ただし、大島や虎井らの申し立て運動に対して、当事者の反応は一枚岩ではない。かれらは立法の可能性についても検討し、戸籍上の性別変更の重要性を認めつつも、運動の性急さや手術を要することへの懸念を表明してきた。

　　　法的な性別変更を望むなら、必ずSRSを受けなければならないという
　　　状況を作ることが、「性別の変更は望むがSRSは必要ない」と考える人を、
　　　不必要な手術に駆り立ててしまう危険性も考えなくてはなりません。
　　　［FTM日本2001年4月28号：7］

　とくに投稿者が懸念するのは、ほとんどのFTM当事者が手術前で「正規就職が困難になり、経済的にも極めて厳しい状況」にあり、SRS（性別適合手術）をおこなうことが難しい状況にあることである。このようにSRSを法的性別変更の要件にすることは、当事者を不必要な手術に駆り立ててしまうのではないかとこの時点で危険視されてもいた。

　とはいえ、戸籍上の性別を変更するという目標自体は誌面上多くの当事者に共有され、専門家との協働がめざされていたと言える。たとえば、「先生が示してくださった熱意に、いったい私たちはどこまで応えることができるのでしょうか」［FTM日本2002年10月34号：4］という大島への賛同は、GID医療に尽力する数少ない専門家に当事者が頼ることになる構造を示している。戸籍上の性別変更そのものの必要性は、この申し立て運動以前から、以下のように指摘されていた。

　　　いくら自分らしく、といっても「帰属」をないがしろにされては問題解

決したことにはなりません。「男という帰属をみたした上での自己実現」
でないとならないわけです。[FTM 日本 2000 年 4 月 24 号：4]

　この投稿者が念頭に置くのは、ジェンダーによる抑圧からの解放をめざす
「ジェンダーフリー」の主張との差異化である。ここでは、ジェンダーフリー
言説における「自分らしさ」は結局のところ社会的なジェンダーの水準におけ
る自己実現を意味しているが、「TS」を名乗ってきた者の「自己実現」は、割
り当てられた性別の「帰属」の変更を経てからしか達成できないのだと主張さ
れている。
　このような「帰属」の変更、すなわち戸籍上の性別変更を望む人においては、
「ジェンダーの解体」が唱えられることによって法律の制定が立ち行かなくな
ることが警戒され、厳格に性別二元論に基づく法律が支持されている。

　　　TS（性転換）法は単純に二分法であってほしい。男の勇壮な行動を愛す
　　る人がいて良いし、女性のたおやかで慈しみに満ちた言動を愛する人々も
　　居て良い。その権利が、侵害されるようであってはならない。（中略）今、
　　ジェンダーの解体だけが進むこの時代は、次のビジョンを持って解体して
　　いるだろうか。私には残念ながら、そうとは思えないのだ。解体だけが進
　　めば、そこには混沌としたカオスの状態が残る。それは混乱である。混乱
　　には、あらゆる価値観の崩壊が連鎖的に生じて来る。その事態はあらゆる
　　人々にとって秩序の存在そのものを不安とならしめる。[FTM 日本 2001 年
　　4 月 28 号：9-11]

　ここで「ジェンダーの解体」は、男らしさ／女らしさを表現する権利を侵害
し、あらゆる価値観や秩序の崩壊を連鎖的に引き起こすものとして扱われてい
る。投稿者は続く語りにおいて、「中性」を含むジェンダーに関する法を制定
することも必要だが、それは二元的な性別変更を認める法律ができたのちにな
すべきことであり、「性別の超越」を試みる人は“生物学的”身体における時間
的な経過や進化をあまりにも無視していると指摘している。ここにおいて「中
性」的な人びとは、その実態については不明瞭にされたまま、秩序の「混乱」

をもたらし“生物学的”時間を超越しようとする者として意味づけられてしまう。

同様の論理によって、中性的な性自認をもつ人びとは「ジェンダーフリー」をバッシングする側からも、フェミニストからも否定的に扱われやすかった。これはミナ汰の語りから読み取れる。ミナ汰は1980年代から東京で「れ組」などのレズビアンのグループでの活動に関わりつつも、「女性」として扱われることに違和感を抱いてきた。2002年頃、ミナ汰は「トランスとして再出発しよう」と思い、出生時に親からつけられた名前ではなく「ミナ汰」と名乗り、ひげをつけて「パフスペース*1」などさまざまな語りの場に参加し始めた。

> **ミナ汰**：ジェンダー・バックラッシュっていうのがあったときに、それたぶんもう90年代からすでに始まってたっていう記憶があるんですけど。その、すごい中性バッシングっていうのが始まって。中性的な、気持ちの悪い社会にさせないみたいな。（中略）みんなが、その、フェミニストの人たちも、いやいや、そんなことはなくて、そんな気持ち悪い集団にはなりませんみたいなことを言っているのを聞いたんですよね。見たんですよね。やり取りをね。それでもう、もうすごくやっぱり、「えー」みたいな「乗っかっちゃってるわ」みたいな感じで。いや、もう相当これは大変な、その両方に言わなきゃなんないっていうのは、まあ、誰も味方がいないっていうことに等しいので、本当に大変だなと思っていて。（2021年12月、ミナ汰へのインタビュー、6回目）

ここでミナ汰が想起するのは、「ジェンダー・バックラッシュ」における中性性の否定である。一方では国会議員の山谷えり子らによるバッシングにおいて「気持ちの悪い社会」になるとして「中性」化が槍玉にあげられ、他方でフェミニストにおいて性差を解体するわけではないとして「中性」であることは切り捨てられてしまう。このように「ジェンダーフリー」をめぐる議論では、戸籍上の性別変更をめざす人びととフェミニストいずれの主張においても、

---

*1　PA/F SPACE（パフスペース）は、イトー・ターリにより2003年につくられ、その後浜田幹子が経営を引き受けた、早稲田にある「パフォーマンスアート（アート）とフェミニズムが交差する空間」であり、性的マイノリティのための活動に利用されている（杉浦 2009: Ch.3）。

「中性性」は不可視化され、否定されていた。ジェンダーフリーをめぐる議論を分析した風間（2008）も指摘するこうした「中性人間」へのフォビアは、非二元的な性を生きる人びとに孤立感を抱かせることにつながっていたと言える。

　結局のところ、虎井や大島らによる申し立て運動は、2003 年 7 月までにすべて敗訴するが、この敗訴を経て、立法による解決、すなわち特例法の制定に可能性が見出されていく。このように法的な性別変更がめざされていく過程で、GID 当事者がジェンダーフリー言説から自己を差異化して性別二元論を強調し、「中性」性が否定的に言及されていた。

6.1.2　特例法制定とその後の活動の展開

　本項では、特例法が成立した社会的文脈や当事者活動を説明したのち、特例法制定時に残された課題の解決がめざされ、性別欄の撤廃など活動の目標が移り変わっていったことを論じていく。

　特例法成立やその後の GID 概念の普及の背景として、K. Phoenix（2009）も述べるように、2001 年後半から 2002 年において大衆メディアで GID が大きく取り上げられる出来事が重なったことが挙げられる。具体的には、まず、2001 年 10 月からの FtM 当事者を取り上げたドラマ「3 年 B 組金八先生」第 6 シリーズの放送、2002 年 3 月の FtM の競艇選手のカムアウトなどがメディアで大きく取り上げられるようになる。また 2002 年 9 月以降、いくつかの市議会において GID の性別訂正に道を開くべきとする意見書が決議される。2002 年 9 月に小金井市議会は、「ストーカー対策及び本人による訂正請求権等に関し戸籍法の早期改正を求める意見書」を議決し、その項目に「性同一性障害者の性別記載については性別の書換えのできるみちを開くこと。」という文が記された。さらに 2002 年 12 月には小金井市と新座市で、性同一性障害者の人権保障を求める意見書が議決される［活動報告書 2003 年（改訂版）2003 年：2］。これらの「小さなうねりを消すことなく、大きなウェーブに育てていきたい」という思いから、山本蘭は 2003 年 1 月に「性同一性障害をかかえる人々が、普通にくらせる社会をめざす会（現：日本性同一性障害・性別違和と共に生きる人々の会）」（gid.jp）を発足させている［活動報告書 2003 年（改訂版）2003 年：2］。

　この「gid.jp」の名称に用いられた GID 概念は、社会的な不利益を被ってお

り、選択できない生き方をする人びととして当事者を提示することを可能にしていた。山本は、「TS」「TG」「トランスジェンダー」という言葉ではなく「性同一性障害」を用いた理由を以下のように語る。

> 　私たちは、好きこのんで性同一性障害の当事者として生きているわけではありません。普通に男性として、あるいは女性として生活できるのであれば、どんなにか楽でしょうか。
> 　でも、楽な生き方もあるとわかっていながら、魂の叫びには勝てません。私たちはいろいろな苦しい思いをしながら、この生き方を選択せざるを得ませんでした。「性同一性障害をかかえる人々」とあえて言う意味はそこにあります。
> 　また「普通に暮らせる社会をめざす」というのは、この会の最終的な目標を表しています。
> 　私たちは、ただ「普通に」暮らしたいだけなのです。何も特別な保護を求めているわけではありません。私たちは、性自認を除いては他の多くの人々と何ら変わることがありません。でも多くの不利益を被ってきています。偏見にさらされています。他の人と同じように「普通に」暮らせること。これが多くの当事者が願っていることなのではないでしょうか。[活動報告書2003年（改訂版）2003年: 2]

　このように山本は、GID概念を用いることで、シスジェンダーの男性や女性よりも困難な生き方を引き受けることが、選択できないものであると位置づけ、「特別」な保護を求めるのではなく、「多くの人々」と同様に「普通に」暮らすことを求めていると訴えている。これは「TS」「TG」「トランスジェンダー」といった概念を、「普通に」暮らすこととは異なる意味合いをもつものとして対比的に位置づける効果を生んでいる。そして「gid.jp」は自助ではなく「行動する会」として、①戸籍の性別訂正の実現、②性同一性障害治療の健康保険への適用、③地方自治体レベルにおける公文書からの不必要な性別欄の撤廃、④住民基本台帳ネットワークからの性別欄および性同一性障害を理由とした訂正履歴の削除、⑤履歴書からの性別欄の撤廃を最重要課題としている

［活動報告書2003年（改訂版）2003年：2］。

　「FTM日本」や「gid.jp」などのグループの訴えの結果、特例法は2003年7月に成立し、GIDの診断を得て一定の要件を満たす者に戸籍上の性別記載の変更を認めたが、その要件は一部の当事者を切り捨てる厳しいものだった。特例法成立までには、2003年から虎井らも参加した「naoのそらいろリボン運動」において国会への陳情活動がおこなわれ、3月には「TNJ」や「gid.jp」、「FTM日本」が戸籍上の性別の訂正・変更に関する要望書を提出し、7月に特例法は与野党全会一致で成立している（野宮2004）。しかし特例法は、①20歳以上であること、②現に婚姻をしていないこと、③現に子がいないこと、④生殖腺がないこと又は生殖腺の機能を永続的に欠く状態にあること、⑤その身体について他の性別に係る身体の性器に係る部分に近似する外観を備えていることという5つの要件を設けていた。虎井は、子をもつ当事者を切り捨てることに関して「壮絶なやり取り」があったが、「性教育への干渉が厳しくなっている」時期に、何もないところから要件のゆるい特例法を求める運動をおこなう見通しは暗いとして［FTM日本2003年7月37号：3］、3年後の見直し条項がついたためによしとしたのだと述べる[2]。

　この特例法成立は、GIDをめぐる活動の一つの区切りではあるが、その後も数多くのグループが形成され、要件の改正や性別欄削除といった運動が継続されている。まず、いわゆる子無し要件の改正をめざす活動がおこなわれている。たとえば「家族とともに生きるGIDの会（TransFamilyNet）」では、2003年から子無し要件・非婚要件等の要件削除・緩和のために、国会議員への陳情活動やヒアリングがなされた［GID・TG全国交流誌2004 2004年：20］。また2006年1月には、議員や医師との面会をおこなってきた「タスクフォース」（2005年9月～）というグループを前身とした、「GID特例法『現に子がいないこと』要件削除全国連絡会」が設立され、日本精神神経学会へ要望書を提出するなどの活動をおこない、「gid.jp」も改正をめざした活動を続けていた[3]。結

─────────────

＊2　この「子ども要件」をめぐる当事者運動の葛藤や法案成立に至る選択については、上川あや（2007）および野宮（2024）も参照のこと。

＊3　提言・主張として、「親が性別変更を行っても、子どもは混乱しません」・「親が性別変更を行なっていないと、子どもにとって著しい不利益となります」・「子ども自身が、親の性別変更を強く望んでいます」・「性別変更できた人との格差が大きく、法の下の平等に反して

果、2008年の法改正において要件は削除されなかったが、「現に子がいないこと」という文言が「現に未成年の子がいないこと」に変更され、その後「gid.jp」が条文の完全削除をめざす活動を始めている［全国交流誌 2009 2009年：11］。

　また、「人権問題」としてのGID認知の拡大をめざす活動や、各地域での活動も活発化していく。虎井は「GIDについて未知である人を減らしていくこと」をテーマとして、「人権問題」として語られるようになったGID概念を広めていくべく他の障害者団体や性教育団体とも協働すると述べている［FTM日本 2004年1月39号：2-3］。GIDをめぐる活動の力点は、講演活動や、北海道、北九州、富山、和歌山など地域ごとのグループの活動［FTM日本 2007年10月54号：15］に移っていく。たとえば、Nさんはふるさとである九州の医療をめぐる状況を改善したいと考え、2003年から2007年まで「FTM関門・北九州」というグループで特例法をめぐる状況などの情報共有やSRSの支援などをおこない、大分医科大学でジェンダークリニックを発足させるべく活動し、医療情報の勉強会[*4]も開催していた（2021年4月、Nへのインタビュー、2回目）。

　加えて、各都市への公文書からの性別欄削除も、「gid.jp」や各地域の個々人やグループによって要望されてきた[*5]。個人レベルでも性別欄に記載しないといった実践はなされていたが（2021年4月、Nへのインタビュー、2回目）、2002年以降その動きはさらに組織的に進められていく。2002年12月には小金井市で印鑑証明書からの性別記載が削除されていたほか、2003年1月以降新座市、埼玉県草加市、鳥取市、神奈川県大和市などさまざまな地域で当事者による陳情活動が実を結び始める［活動報告書 2003年（改訂版）2003年：9］。「gid.jp」は地方自治体への陳情のやり方を説明し、実態調査をおこなって経験を蓄積してきた［活動報告書 2003年（改訂版）2003年：20-2］。

　ただし、これらの公文書から性別欄を削除する動きにおいても、ジェンダー

います」・「性同一性障害特例法は、『自分の子どもを持つ』権利を奪っています」を掲げている［GID特例法『現に子がいないこと』要件削除全国連絡会 2006年］。

＊4　医療をめぐるタイと日本との文化的差異をふまえたアテンド会社との付き合い方や、SRS後の後遺症やケアなどの情報交換をおこなっていたという。

＊5　2020年6月には、NPO法人POSSEやトランスジェンダー当事者の署名活動の結果、JIS（日本産業規格）の履歴書から性別欄をなくすよう、JIS規格を管理する一般社団法人日本規格協会に行政指導がなされ、同協会は2020年7月に履歴書の様式例から性別欄をなくしている（遠藤 2020）。

フリーからの差異化が意識されている。たとえば、「そもそも性同一性障害とは、ジェンダーという『男女の違い』の存在を前提とした現象」であり、「ジェンダーレスの主張に組みすることは、自己否定になってしまいます」とされ、性同一性障害者に配慮するものとして、あるいは「男女共同参画社会」に沿った運動として位置づけられている（gid.jp 2003）。他方で性別欄削除の動きは、非二元的な性を生きる人びとにも性別のもつ社会的意味を減じプライバシーを守ることを可能にしたと言える。

　このように、戸籍上の性別変更をめざす当事者運動の過程では、ジェンダー規範を解体しようとするジェンダーフリーの主張や中性性は否定されやすかったことが示された。そして特例法が成立するとGIDの認知拡大がめざされ、GID当事者の生活上の困難を解消すべく性別欄削除も進められてきたことを確認した。

6.2　GID 認知の拡大のもとで生じる「X」を名乗る困難

　では、2002 年頃からGIDの社会的認知が拡大していったことは、ジェンダー非順応な人びと、とりわけ非二元的な性を生きる人びとが性別移行や自己像を解釈する仕方にいかなる作用をもたらしたのか。まずはミニコミ誌と対面で交流するグループでのやり取りに着目し、「GID」を名乗る人びとにいかなる規範が作動していたのかを論じ（6.2.1）、関西における対面で交流する複数のグループでの活動と「X」のカテゴリー化との関係を論じたい（6.2.2）。

6.2.1　「GID」という"アイデンティティ"の顕在化とそれに対する批判・葛藤
　まず複数のミニコミ誌の記述から、「GID」が肯定的なアイデンティティとしてカテゴリー化されていく仕方が窺える。特例法以後、GIDの診断を得て、アテンド業者を介して海外で手術することが容易になると、「三択だったTS、TG、TVじゃなくて、みんなGIDになっちゃった」（2019 年 6 月、真木柾鷹へのインタビュー）、つまり、あえて手術によって性別変更する人を指す「TS」と、手術までおこなわない人を指す「TG」といった区分に基づいて自己呈示するジェンダー非順応な人びとは見られなくなっていく。以下の投稿からは、

「GID」を肯定的なアイデンティティとみなす人が顕在化していることが読み取れる。

> 「病気である」と確定したことが、自慢になることなんて通常はあんまりない。「あなたは癌です」と診断されて、「そら見ろ。俺は予想通り癌だったぜ！」なんて大喜びで言いふらして歩く奴とか、「GIDってのは俺のようでないと診断が出ない病気なんだぜ」ってその病気の模範みたいに吹聴する奴がいたら、ちょっと不気味ではないか？［FTM日本2003年7月37号：21］

　ここからはGID概念のもと戸籍上の性別を変更して生活する希望が見出され、「GID」の診断が「病気」であるにもかかわらず、社会的に「男である」「女である」ことを証明するような肯定的な意味合いを当事者にもたらすようになったことが窺える。また、非二元的な性自認をもつ人も、GIDの診断を自らの性別違和感の証明として肯定的にとらえる場合がある。たとえば、現在「Xジェンダー」を自認し、2000年代はじめには「中性」だと思っていたというGさんは、「自分は女性ではないという確定がされた」こと、そして「当時はホルモンや手術まで考えてい」たことから、「GIDの診断が下りて本当にうれしかった、ホッとした」と語る（2018年4月、Gへのインタビュー）。
　上述した『FTM日本』の投稿には、GID概念を肯定する人びとに対する違和感も見てとれるが、それが明確なGID概念への批判として現れるかどうかは、媒体によって異なっている。"反対の性別"に移行して埋没して暮らそうとする当事者を多く読者・投稿者にもつ『FTM日本』上では、埋没した人びとが新たに用語を形成する必要性や影響力は失われていくものの、トランスジェンダー概念のもとでGID批判が可視化されているわけではない。
　他方、高橋慎一（2008）や山田（2020）が指摘したように、この時期さまざまな論者が、トランスジェンダー概念のもと、GID概念の限界を論じたり、トランスジェンダーを取り巻く社会環境を捉えなおそうとしたりしてきた（米沢編2003; 三橋2003a; 田中2003; 田原2003; 吉野2008）。山田（2020）によれば、これらの論者の議論に見られる「GID」と「トランスジェンダー」の理解に

は、①前者は障害で、後者は個性やライフスタイルとする「障害 - 個性」、②前者は身体違和を強調し、後者は社会の側の問題を指摘する「身体 - 社会」、③前者が支配的な日本と後者が流通した世界を対比する「日本 - 世界」、④前者は他者によって割り当てられ、後者は自己決定に基づくものとする「他者 - 自己」という、4つの二項対立が見てとれるという。[*6] 性別規範を問いなおそうとする動きがファシリテーターらによって可視化されていた「G-FRONT 関西」の会報上でも、GID 概念への批判的意識のもとで「トランス」や「トランスジェンダー」という語が使用されている。

　　性同一性障害当事者という名称がおかしいのであって、"トランスジェンダー"という名称にすればどうであろうか。「自分の性別を自分で選び取った人」そのように考えれば、自分の人生に前向きで行動的な人というイメージがもてるのではないだろうか。[UP & UP 2004 年 12 月 132 号：14]

　　暗黙の了解のように、「病気ってもんでもないけど、医療使うから病気って言っとこうよ、この際は。」みたいな雰囲気は今確かにある。そして、アイデンティティが「性同一性障害」だっつーような人さえ現れているのが現状だ。人の核をなす、「自分は何たるものか」になり得る概念が発明されて、使用される、まさにその現場に居る気がする。[UP&UP 2005 年 7 月 138 号：22]

　これらの投稿では、「GID」が病理概念であるにもかかわらず、当事者によって「アイデンティティ」としても用いられている状況に対する違和感が表明されており、その論理において山田（2020）の整理する「身体 - 社会」や「他者 - 自己」という認識枠組みも用いられている。2004 年 12 月の投稿は、性別を自ら選択するという、より「前向き」な概念として「トランスジェンダー」

──────────

＊6　ただし、山田が取り上げる三橋（2003a）や田原牧（2003）などによる特例法批判が掲載されたリレー連載「逆風に立つ」においても、各論者の主張には差異があり、トランスジェンダー概念と GID 概念とを対比的に用いていない論者もいることは見落としてはならないだろう。たとえば土肥いつき（2004: 222）は、特例法が「多様なトランスジェンダーのあり方」を排除し、性別二元論を強化していることを批判しているが、少なくともこの連載においては山田が見出した二項対立的図式を用いていない。

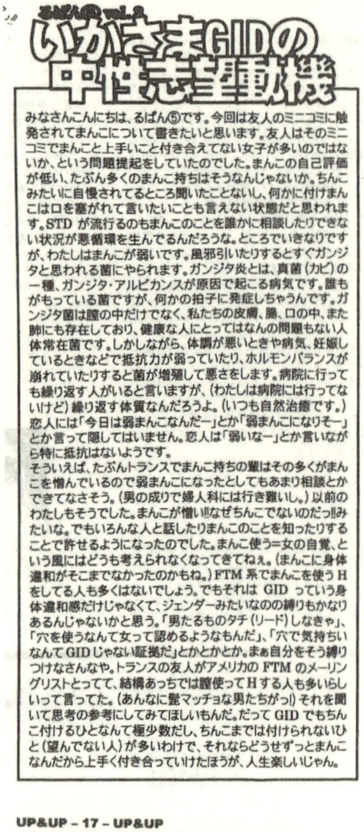

ぎもんのぺーじ
いかさまGIDの中性志望動機

みなさんこんにちは、るぱん⑤です。今回は友人のミニコミに触発されてまんこについて書きたいと思います。友人はそのミニコミでまんこと上手に付き合えてない女子が多いのではないか、という問題提起をしていたのでした。まんこの自己評価が低い、たぶん多くのまんこ持ちはそうなんじゃないか、ちんこみたいに自慢できるところ聞いたことないし、何かに付けまんこは口を塞がれて言いたいことも言えない状態だと思われます。STDが流行るのもまんこのことを誰かに相談できない状況が悪循環を生んでるんだろう。ところでいきなりですが、わたしはまんこが弱いです。風邪引いたりするとすぐカンジタと思われる菌にやられます。ガンジダ炎とは、真菌（カビ）の一種、ガンジダ・アルビカンスが原因で起こる病気です。誰もがもっている菌ですが、何かの拍子に発症しちゃうんです。ガンジダ菌は膣の中だけでなく、私たちの皮膚、腸、口の中、また肺にも存在します。健康な人にとってはなんの問題もない人体常在菌です。しかしながら、体調が悪いときや病気、妊娠しているときなどで抵抗力が弱っていたり、ホルモンバランスが崩れていたりすると菌が増殖して悪さをします。病院に行っても繰り返す人が多いと言いますが、（わたしは病院には行ってないけど）繰り返す体質なんだろう。（いつも自然治癒です。）恋人には「今日は弱まんこなんだよ〜」とか言って隠しています。恋人は「弱いな〜」と言いながら特に抵抗はないようです。

そういえば、たぶんトランスでまんこ持ちの輩はその多くがまんこを憎んでいるので弱まんこになったとしてもあまり相談とかできなさそう。（男の成りで婦人科には行き難いし。）以前のわたしもそうでした。まんこが憎いぜなんでちんこでないのだ!!みたいな。でもいろんな人と話したりまんこと上手に付き合えるようになったのでした。まんこ使う＝女の自覚、という風にはどうも考えられなくなってきてねぇ。（まんこに身体違和がそこまでなかったのかもね。）FTM系でまんこを使うHをしてる人も多いでしょう。でもそれは「GID」っていう身体違和感だけじゃなくて、ジェンダーみたいなのの縛りからくるあるんじゃないかなと思うの。「男たるものタチ（リード）しなきゃ」、「穴を使うなんて女って認めるようなもんだ」、「穴で気持ちいいなんてGIDじゃない証拠だ」とかとかか。まぁ自分をそう縛りつけなんてね。トランスの友人がアメリカのFTMのメーリングリストとって、結構あっちでは膣使ってHする人も多いらしいって言ってた。（あんなに髭マッチョな男たちが!?）聞いて思考の参考にしてみてほしいもんだ。だってGIDでもちんこ付けひとなんて極少数だし、ちんこまで付けてない（望んでない人）が多いわけで、それならどうせずっとまんこなんだから上手く付き合っていけたほうが、人生楽しいじゃん。

UP&UP – 17 – UP&UP

図6 『UP & UP』2004年5月124号：17

を位置づけており、2005年7月の投稿も「トランスリブの行方——トランスプライドは確立しうるか」と題され、「GID」に対して「トランスプライド」が模索されている。

ほかにも同時期の投稿において、障害者が脱障害の視点を手に入れた現在、障害者になりたいというのはどういうことか、という疑問も発せられている［UP & UP 2003年7月114号: 28-9］。ここには5.1.1で見たようなGID概念の導入へのとまどいと重なるところもある一方、トランスジェンダー概念のもとでの批判的意識が明確に現れており、障害をインペアメントではなく社会的に形成されるものとしてとらえるような、障害学における社会モデルの影響も読み取れる。ここでジェンダー非順応な人びとは、かれらが医療を用いるとしても、病理モデルをとらずに社会との関係を問いなおしながら「トランスプライド」を確立しうるかを問うているのである。加えて、「GID」が身体違和と結びつくことで、ジェンダー非順応な人びとは「FtM」であれば性行為で膣を使って快感を得ることはないといった、性器に関するジェンダー規範に縛られているのではないかという問題提起もなされている（図6）。

他方で山田（2020）も述べるように、GID認知の拡大が、二元的なジェンダー概念を受容する人びとにも葛藤をもたらしうる事態を見逃してはならないだろう。以下の語りからは、GID概念が可視化されたことに加え、雇用環境の変化も影響して、望む性別で働くうえで当事者に葛藤が生じていることが読み取れる。

　　数々の運動によって性同一性障害は知られるようになりましたが、それ
　　は「性同一性障害者」として理解されただけで、2002年の住民基本台帳
　　ネットワークシステム稼働後は社会システム的にクローズフルタイムがで
　　きなくなりました。それでも「普通の男」として働きたくて「雇用者側に
　　は知られずに希望の性で働ける」方法を若いFTMが求めていることも現
　　実なのです。[FTM日本 2007年 51号: 19-20]

　このように1990年代までは「GID」であることを隠したまま、シスジェン
ダー男性、すなわち「普通の男」として働くことが「サバイバルスキル」とな
っていた。GID概念の普及によって、GID当事者として周囲の人びとにカミ
ングアウトすることは容易になっていったが、それでも「埋没」したい人はい
る。しかし、マイナンバーカードの前身と言える住民基本台帳によって性別欄
に記載する必要が生じたほか、アルバイトや派遣社員でさえ、フルタイムで働
く場合、社会保険加入が義務となり、性別を完全に隠して働ける職がなくなっ
ていく。そこで、「性別を隠す」考えの投稿者のNさんですら、まず「職の安
定」を第一条件と考え、雇用者に出生時に割り当てられた性別を知られずに働
きたいとする「若いFTM」に戸籍上の性別と外見のジェンダーが合致しない
ことを雇用者に説明し、職を安定させるように勧めていたという。
　だがNさん自身においても、「FTMの活動家」として可視化されることと、
「男性」としての自己表現を望む「自分らしさ」とが矛盾してしまうという、
ジェンダー表現における困難が生じている[FTM日本 2008年 57号: 10-1]。N
さんはすでに人生の半分以上の期間を埋没して男性として生活しているため、
最近では「FTM」としての当事者性が「希薄になってる」という。他方、「普
通の男性としてものをいいたくても、普通の男性が経験しないはずの経験が背
景としてどうしても出て」しまうが[*7]、「スティグマが大きい」ために「自分は
FTMである」とは言えない。このようなジレンマがあるNさんは、世の中で

---

　*7　たとえば、テストステロンの低下が男性のメンタルヘルスに影響を与えることはよく知
　　られている。それについてNさんが「男性」として助言したくても、ホルモンコントロール
　　で苦労してきた「FTM」としての経験が出てしまうのではないかという懸念があるという。

「何者かをあえてそこを問わないっていうのが、もうちょっと広がってくれるとうれしいな」と語る（2021年4月、Nへのインタビュー、2回目）。

　加えて、身体を手術によって加工することがGID当事者において規範的なふるまいとされてもいた。たとえば、あるFtMの投稿者は、「なんでホルモンやらないの？なんで胸とらないの？なんでSRSしないの？」とほかの当事者から尋ねられてしまう。そこで投稿者は、自らの「FTM観」「GID観」は手術をめざす方向性とは異なると述べ、「女扱い」されることで生じる「社会的違和の負担を軽くするため」に「名の変更」を望み、「女体でも精一杯男として生きて」いくという生き方のモデルになりたいのだと主張している［FTM日本 2003年1月 35号: 32-3］。MtFにおいても、「一般的、社会傾向として、手術が終わらなければ性同一性障害とは認めないといった風潮が現れてきている」［FTM日本 2005年4月 44号: 27］と指摘されている。このように、手術規範が当事者間で強まっていくことが見てとれる。

　このように特例法以後、「GID」が世間で可視化されたことは、「GID」が肯定的な「アイデンティティ」ととらえられるようになったことへの賛否を呼ぶとともに、「普通の」男性／女性として生きようとするジェンダー非順応な人びとにカムアウトのジレンマや手術規範を生じさせていた。

6.2.2 "GIDブーム"期における「X」を名乗る困難

　ただし、前項で見てきた「GID」と「トランスジェンダー」というカテゴリーの多様な運用においても、非二元的な性自認に焦点が当たることはほとんどない。本項では、性別移行を望む人びとが多く集うグループや機関誌で、2002年頃から2007年頃までGID当事者における手術規範や「反対の性別」で生きる際の困難が顕在化され、「X」であると他者に自己呈示することには困難が生じていたことを論じる。

　2000年代になると1990年代と比べて、「男／女らしさ」を追求しないFtMやMtF当事者も観察されるようになったと指摘されてはいる。たとえば、1990年代末に「FTMTSであって、ホストまがいの格好のつけかたをする者、逆にMTFTSであって美容整形手術に没頭する人々」［FTM日本 1999年10月 22号: 25］の存在を指摘していた投稿者は、2007年になると、「現在のFTM・

MTF の人々は極めて自然体に近い人もいる」［FTM 日本 2007 年 10 月 54 号：14］
として「男／女らしさ」の変化を読み取っている。

　ただし、性別役割規範の薄れが、個々人の「自分らしさ」を認める動きや
（石井 2012）、当事者間で男女いずれでもない性自認をもつ人びとの存在を承認
することにつながるとは限らない。これは強いジェンダー規範を示さないこと
に、「性同一性障害者らしさ」を読み取られることもあるためである。K.
Phoenix（2009: 180）によれば、まさに 2000 年代前半、テレビドラマなどの影
響によって FtM が増加したという語りが増え、GID かどうか、治療すべきか
どうかわからずにカウンセリングに行く人も増えていくという。このような状
況で当事者間に生じたのは、GID であると“勘違い”している人を、暴力的な
行動や過度に男っぽい口調などから批判的に見出し、「真剣に性別の変更に取
り組んでいる FTM」（K. Phoenix 2009: 187）として相互にカテゴリー化する実
践であった。つまり、男らしさ・女らしさを表出しないことは、「自然体」の
GID 当事者としても理解されうるのである。

　このような状況で『FTM 日本』上では、非二元的な性自認をもつ人の存在
は知られるようにはなっているものの、当事者の投稿はほとんど見られない。
まず、TG の語句説明において 2004 年 10 月から、「異性の性役割を持ちたい人
（あるいは「男でも女でもない」「男でも女でもある」という意識を持つ人もいる）」
［FTM 日本 2004 年 10 月 42 号：1］として、非二元的な性自認をもつ人の存在が
指摘されるようになっている。ただし、わずかに見られる「中性的」な投稿者
の文章には、「どっちつかずの僕。中性的な人間はどこへ向かって生きていけ
ばいいの？」［FTM 日本 2007 年 10 月 54 号：29］とあり、かれらが不安定な状況
に置かれていることが窺える。

　第 5 章で取り上げた「G-FRONT 関西」でも、2003 年頃から GID 概念が普
及した影響は大きく、「X」を対面の場で名乗ることに困難が生じていたと語
られている。トランスサロンにおいて 2003 年から 2007 年頃まではいわば“GID
ブーム”となり、25 〜 30 人ほど、一部屋の事務所に入りきらないほどの人が
訪れ、3 時間以上話す集まりが、月 1 回から月 2 回へと増やされたという。

　　塩安：数としては、X ジェンダーというちょっと曖昧な立場よりかは、ど

っちかに突っ走りたいっていう人が多かったと思いますね。話す話題とか
もすごい偏ってきますしね、あんまりおもしろくなかったんじゃないかと
思いますね。一応ね、ファシリテーターとしてはいろんな立場の人に話を
振りますけども、15人以上とかになると時間切れになっちゃうので、ほ
とんどの人が医療の話とかしてたらつらいですよね。あんまりしゃべる気
にならないですよね。(2018年3月、塩安九十九へのインタビュー)

　トランスサロンのファシリテーターであり、「るぱん4性」を名乗っていた
塩安は、出生時に女性として割り当てられ、当時「中性」や、本人は記憶して
いないものの、塩安をよく知る他の調査協力者によれば「FTX」、もしくは
「性別がない」ことを表すために自ら考案した「堕天使[*8]」を自認しており、現
在はライフスタイルとしての「トランスジェンダー」を自認している。ここで
は、「ゲイ」と「トランスジェンダー」の区分も不明瞭に活動がなされていた
時期と異なり、GID概念が普及するなか、トランスサロンに集う人びとにお
いては、男女いずれかの性別として生活する仕方が主な話題となり、二元的な
性別移行をめざさない「曖昧な立場」の人にとっては居づらかったのではない
かと語られている。
　さらに「FtXトランスジェンダー」を自認する今将人の語りからは、具体的
な困難として、対面的なやり取りにおいて外見に基づく二元的な性別判断が優
位となり、「X」であることを表明しにくくなることが読み取れる。今将人は
20代の頃トランスサロンの常連であり、トランスサロン後に知り合った人と
ともにファミリーレストランに行き、夜10時頃まで話すという交流を続けて
きた。今将人はパスするための工夫や、ホルモンを打ったときの変化、戸籍の
まま就職するかどうかなど生活上のさまざまな課題について話し合ってきたが、
それでも「X」であることをその場で話すことは難しいと語る。

---

*8　塩安は「堕天使」概念によって、自らが無性であると同時に性的でもあり、「バイナ
リーな視線を払いのけながら」「セクシー」であることを表現しようとしていた（2018年
3月、塩安九十九へのインタビュー）。これについて今将人は、「Xだと、たとえば男でもあり
女でもあるっていうのも含まれるじゃないですか」として、「無性ということを強調したか
ったらしい」塩安が、自らの主張に合う表現として「堕天使」を考案したのだと解釈する
（2018年2月、今将人へのインタビュー、1回目）。

今：やっぱりどんなに理念を知っていても、実際に会うと、こいつは「男」か「女」かって二分したくなるっていう傾向があるってことは感じてましたね。

筆者：ああ、それは向こうがそういうふうに。

今：そうですね。私当時こんなんじゃなくて、もっとパス度高かったんです、男性寄りのパス度が。で、それは私の「女性ではない」っていう性自認を表現する手段がどうしても "男性寄り" になるっていうことだったんですけど。それを傍から見ると「FtM」って思われるのが、いや、違うんだけど。なんかこうそれを言うと、「だってそんな格好してるけど」みたいなことを言われても、みたいな悩みがあって。結局その辺は曖昧に「女性ではないんですけど」みたいなごまかし方をするしかなくて、「X」を主体的に名乗るっていうのは、私は文章のなかでしかできなかったんですよね。（2018 年 2 月、今将人へのインタビュー、1 回目）

　今将人が「理念」と表現しているのは、トランスサロンの「約束事」と呼ばれる、サロン参加者に配られる 7 か条の注意点である（トランスサロン 2004）。この「約束事」の 4 つ目には、「ノンプロセス派」の存在、すなわち、性別移行を男／女になるための単なる「プロセス」ととらえるのではなく、「"男でも女でもない状態"が、むしろその人本来の状態に近くて、それで安定した気持ちで生活を送れるという人たちもいる」ことが説明されている。この 7 か条がある時点で、「私は障害者なんだから助けてもらわないと、みたいな人は来にく」い雰囲気はあったという（2020 年 9 月、今将人へのインタビュー、2 回目）。

　それでも外見と性自認の一貫性を想定し、「男性寄り」の今将人の外見から「FtM」であると判断する人は多くいた。今将人は「女性ではない」という表現を用いることで、「男性」自認ではないことを伝えようとするが、対面で「X」と明確に表明することは難しいという。他方で、「文章のなか」、たとえば『UP ＆ UP』において、今将人は「FtX トランスジェンダー」であることを

---

*9　「パス度」はパッシングできている度合い、すなわち出生時に割り当てられた性別から移行していることを周囲の人ひとに見破られず、「男／女である」ことを達成できている度合いという意味で、当事者間で用いられている。

表明している。このように、同様のメンバーが参加する語りの場であっても、文章においては外見と性自認の結びつきを問われにくいため、対面では理解されにくいような自己呈示が可能になっていたと考えられる。

　加えて「X」の名乗りの困難は、語りの場で性的／恋愛的な惹かれについて語る仕方とも関わっている。前章でも見てきたように、性的／恋愛的な惹かれの経験は、「性自認」と関連づけて理解されることがある（Cuthbert 2019）。まず、男女への明確な性別移行をめざす人が増えていったトランスサロンにおいて恋愛や性愛の話題が避けられやすかったとされる。これは、ジェンダー非順応な人びとにおいて身体への嫌悪感によってホルモン療法やSRSといった性別移行を乗り切っていく部分があり、とくに性的惹かれに関する話題は後回しにされがちだったためだと語られている（2018年3月、塩安九十九へのインタビュー）。この時期においても依然として、FtM当事者間での異性愛規範の強さは見てとれる。FtM系のグループに所属していた調査協力者の多くが、彼女を連れている人／ほしがる人がFtM当事者にいかに多かったかを語っていた。たとえば、男性に対して同性愛的な惹かれを覚える今将人は、周囲の当事者から「元女性で男性寄りの外見をしている、きっと女性が好きなんだろう」という予期をされがちであり、男性を性的対象とすることも「女の子と付き合ったら変わる」として一時的なものとしか受け取られなかったという（2018年2月、今将人へのインタビュー、1回目）。

6.2.3　関西におけるセクシュアリティを語るグループでの活動

　このように二元的な性別移行や異性愛規範が自明視されやすかったなかで、「X」を名乗る人びとが属していたのは、セクシュアリティの揺らぎを肯定できるような交流グループであった。本項では、医療情報のやり取りではなく交流を目的としていた「ACDC Children」「ROS」などのグループで、「X」を名乗る人の居場所が形成されていた仕方を探る。

　まず、2000年6月に設立された「ACDC Children」という「セクシュアリティー／ジェンダー・フリー」［西日本セクシュアル・マイノリティ団体名鑑 2001年］なグループでは、カテゴリー化への疑いが表明され、脱アイデンティティの可能性が議論された。このグループにはHP経由で京都精華大学や京都大学

の学生を中心とした大学の垣根をこえた参加者があり、飲み会などのイベントが開かれたほか、フリーペーパーが発行されてカフェや大学構内に配布されていた。学生サークルゆえにメンバーが入れ替わりやすく、その時の代表の毛色が大きく影響していたところもあったが、「誰にはばかることなく、カップルの話が友達同士でできる」（2020 年 9 月、今将人へのインタビュー、2 回目）ことが人気だったという。2002 年から参加し、このグループで 2004 年～ 6 年頃に「X ジェンダー」が用いられているのを知った「X ジェンダー」の P さんによれば、初期は理論的な主張をしたい人も集っていた。

> P：まず基本的なノリが、ちょっと誤解があるけど軽い、その陽キャ、パリピ系の陽キャじゃないんですけど、なんか軽く楽しむ系みたいな。軽くっても変かな、真面目な意識がそこにないわけじゃないんだけど、でもまあ、ちょっと意識的にしてるとこもあると思うんだけど、まあ、枠とか気にせず楽しめるといいよねっていう感じだと思います。（2022 年 1 月、P へのインタビュー、1 回目）

　このように理論的な主張といっても、真剣な会議のような場ではなく、メンバーの遅刻が多いのも当たり前であり、「枠とか気にせず楽しめる」ための雰囲気がつくられていた。実際、フリーペーパーでは、性自認について「自分は中性、無性だという人もいる」と記載されているほか、「社会が、自分をカテゴライズしてくること、それに伴う偏見。そして、カテゴリーに縛られる自分。」を批判的に検討し、以下のように「僕らの言葉で性～セクシュアリティ～を語ってみ」ることを試みている。

> 　自分のセクシュアリティーを説明する上で、カテゴライズするのが最も簡単というだけで、僕にとってカテゴライズは大して重要ではない。むしろ無理矢理振り分けられたら窮屈じゃないか。自由に飛べ！！！［ACDC Children Free Paper 2001 年 11 月 3 号］

> 　カテゴリーを設けることによって窮屈になったという部分もある。例え

ば私はクイアーというカテゴリーはあまり好きでない。「ヘテロv.s.クイアー」っていうのは何だかなあと思ってしまう。カテゴリーに対してカテゴリーで勝負みたいな印象がぬぐえない感がある。でも、この段階を経ないと崩せないものがあるのも確かだと思う。段々とカテゴリーからグラデーションへと移行させていきたい。[ACDC Children Free Paper 2001年11月3号]

このように、カテゴリーは「窮屈」なものとしてとらえられ、カテゴリーからの離脱、あるいは「グラデーション」への移行がより望ましい方向性だとみなされている。こうした移行は、カテゴリーを用いた対抗的な主張によって徐々に達成されることもあるとも言及される。しかし、「ノンヘテロセクシュアル」であることを積極的に自称する概念としての「クイアー」も手放しに称揚されることはなく、「ヘテロ」への対抗的なカテゴリーであるがゆえの限界をもつことが主張されている。「ACDC Children」は、連絡をおこなっていたメーリングリストのサービスが終了し中心メンバーが卒業することによって、自然消滅してしまう（2020年9月、今将人へのインタビュー、2回目；2022年1月、Pへのインタビュー、1回目）。

加えて、2002年4月に設立された「ROS（Rockdom of Sexuality）」では「X」が名乗られ、これは「性自認」や「アイデンティティ」が問われない場を形成することにもつながっていたと言える。「ROS」は「トランスサロン」や「ACDC Children」のメンバーも多く所属していたグループであり、「ACDC Children」と比べると落ち着いた雰囲気をもち、そのグループ名の通り、セクシュアリティの揺らぎを肯定し、「X」を名乗る人や中性的なあり方を志向する人も多く集っていた。[*10]「ROS」は通信誌『ROS』を発行しており、小説やイラスト、エッセイ[*11]がメンバーによって寄稿されたほか、「友達」「今年の抱負」

---

*10　「ROS」とは雰囲気の異なる交流系グループも当時関西には存在していた。前章で言及した「玖伊屋」は現在に至るまで活動を続けている。「ROS」や「ACDC Children」にも参加していたメンバーが立ち上げた「K-FUN」は、コンセプトとしてはFt系のミックスのサークルであったが、「参加者の多くはFtM自認で、ヘテロセクシュアル」であり、そうでない人が参加しにくい男性性を強調した雰囲気があったという（2020年9月、今将人へのインタビュー、2回目）。

*11　「トランス」に関しては、声やムダ毛など身体のあり方と周囲からの期待[ROS 2002年4：3など]や、男であっても女であってもいいため改名はせず、トランスでも身体への肯定感を持つこと[ROS 2004年17：6など]日常的な性のあり方について多く語られている。性的マイノリティであることと直接は関わらない出来事に関する投稿も多い。

など特集を設けたアンケート企画がおこなわれることもあった。ほかにも、FtMやFtXの当事者を中心とする「T-junction」や、2003年4月からは交流会なども開くリソースセンターである「Queer and Women's Resource Center（QWRC: クォーク）」が設立されていた。

　Hさんの語りやROSの出版物からは、このような場においてなぜ「X」が名乗られやすかったのかが読み取れる。女性と中性を揺れ動く性自認をもつHさんは、「ROS」を含むいくつかのグループに参加するなかで、新たに形成された語りの場の雰囲気を「X」の名乗りと関連づけて以下のように語る。

> H：性自認の話をしなくていいからここは、って。好きな相手とか、恋愛のことだけを話せるからここは。結局は、アイデンティティを問われないんですね、で、問わないでね、っていう前提もあるんですよ。だからそこで醸成されてきてるのが「X」なんだろうなっていうのも思いますね。（2018年6月、Hへのインタビュー、1回目）

> 　ここでは自己紹介もなければ近況報告もなかった。頑張って自分を提示する必要がないから、ただのこんな人でいられた。私が何者か問われないということは、私がここにいてもいい理由を問われないということだ。私の過去を問われず、私の将来も問われず、私がどのような格好をしようと、どのような性別の人とどのように関係しようとも、そのことでここに居にくくなることはない。［トランスがわかりません‼ 2005年: 110］

　Hさんは、性別移行や性自認について議論されやすいトランスサロンでは、性的／恋愛的惹かれをこれまで抱いたことがないことが、出生時の身体で性的経験をしない典型的な「GID当事者」として解釈されやすいと感じ、別の語りの場を模索していた。対して「ROS」のような恋愛のことだけを話せるような場では、「X」を名乗る人も多く、互いの性自認を「問わないでね」という「前提」があったという。下段のMook本における投稿者の語りからも、自己紹介や近況報告もなされず、「何者か問われない」という「ROS」の特徴が見てとれる。すなわち「X」の名乗りは、明確な性自認の表明を強いることの

169

ない語りの場でなされ、これは同時に互いの性自認を問わないように語りの場を規定することにもつながっていたと考えられる[*12]。

　これらのグループやそのメンバーの活動は、関西だけでなく全国に発信され、これはジェンダー非順応な人びとの間での「X」認知の拡大につながった部分があると考えられる。ここで注意すべきは、当時関西においても、「X」は少数の人によって用いられており、「性同一性障害の中核群、周辺群っていう、あのほうがまだ通じた」（2022年1月、Pへのインタビュー、2回目）という状況ではあったことである。とはいえ、「ROS」のMook本はROS（2007, 2008）にまとめられ、そこには「FtX」や「MtX」を名乗る人が寄稿している。田中玲（2006）にも「MtX」「FtX」に関する説明があり、性別二元論に対する批判が明確に表明されている。加えて、GID研究会（GID学会）後に開催された全国交流会では、グループ間、個人間の交流がもたれ、参加者に配布される冊子にグループの紹介が載っていた[*13]。2005年に交流会が関西で開催された際には、「多様な性」を意識した「トランス全国交流会」という名称となり、塩安九十九や土肥いつきなど、関西のいくつかのグループのメンバーが集った実行委員会形式で開催されており、これは「X」を全国的に広めた一つの要因としてもとらえられている[*14]（2019年6月、真木柾鷹へのインタビュー）。さらに、東北を拠点としつつ全国各地で交流会をおこない、関西を含めさまざまな地域のメンバーが所属する「ESTO」の真木柾鷹は、2007年3月には「FTM＆FTX オフ会」を秋田県で開催している［ESTO 9　2006年度活動報告書 2009年：10］。

　このように、2002年頃からGID概念が社会的に知られるようになり、手術

---

* 12　ただしこのような場でも、誰もが居心地がよかったわけではない。ポリアモリーなど非規範的とされる恋愛の形態を語り合う一方、性的／恋愛的惹かれを覚えることやパートナーをほしいと思うことが自明視される傾向にあり、「アセクシュアル」であると表明すると、本当なのか疑われたり場違いのようにみなされたりすることもあったとHさんは語る（2020年3月、Hへのインタビュー、2回目）。

* 13　冊子からは、「ROS」や「G-FRONT関西」、「T-junction」、「QWRC」の他にも関西では「関西Queer Film Festival」、「京都★ヘンナニジイロ祭」、「支えあうTGの会」、「トランスジェンダー生徒交流会」、関西医科大学GIDクリニック受診者の会である「まんまるの会」などが活動していたことがわかる［トランスジェンダー自助・支援グループ全国交流誌2007 2007年；2008年　トランス全国交流誌 2008年；トランスジェンダー自助・支援グループ全国交流誌2009 2009年］。

* 14　全国交流会は当初、グループ間での活動報告という性格をもっていたが、2002年にパーティ形式となり、2004年には場所を公開した個人での交流という性格に変わる［全国交流会　2006年版 2006年：74］。

規範が強く現れた時期においても、セクシュアリティの揺らぎを肯定的に語り合うようなグループが形成され、性自認を問わない対面的な場や書籍で「X」が用いられていく。

6.3　インターネット上での交流を契機とした「X」が名乗られる場の拡大

　次に、これらのグループとメンバーやその場での規範的なふるまいを共有するところもあった、インターネット上でのやり取りやそれを機に生じた対面での交流に着目し、さらに関西のグループの文脈をこえて「X」などの非二元的な性のカテゴリーが用いられていく仕方を探っていく。具体的には、個人HPが数多くつくられた2002年頃から2004年頃（6.3.1）、2004年頃からのmixiや匿名掲示板におけるネットワークの形成（6.3.2、6.3.3）、2006年頃から2010年頃のSNSとそれを契機とする対面でのオフ会（6.3.4）に着目して論じる。

6.3.1　ホームページ（HP）における非二元的な性の諸概念

　特例法成立前後から『FTM日本』『ぽこあぽこ』などのミニコミ誌上にHPのURLが掲載されることが増え、アテンド業者サイトを介してタイで手術をおこなう体験記が載るなど、ジェンダー非順応な人びとが利用できるネットワークが多様化していく。これらのネットワークは、ミニコミ誌や自助グループに属していた人びとも利用するものではあったが、HPの掲示板等での匿名のやり取りは批判的になりやすい傾向があるとして忌避感をもつ活動家もいた。それゆえインターネットは、既存のグループに対して新たな活動を始め、これまでグループとの関わりをもたなかった人が参入し、特有の知識を形成する場でもあるだろう。本項では、非二元的な性のカテゴリーをネット上で見出した調査協力者の語りを手がかりに、個人HPに「X」が現れ始め、「中性」「無性」といったカテゴリーと関連づけられるようになった仕方を論じる。

　2000年代はじめ、MTF当事者が1980年代から継続的にパソコン通信や個人サイトを通じてさまざまな交流を続けてきた一方、「FT系の人が個人サイトを作ってみましたっていうのは、やっぱりレア」（2018年2月、今将人へのインタ

ビュー、1回目）であった。とはいえ、当事者間で「赤版」と呼ばれる自助サイトの「FTM相談室」や、「青版」と呼ばれる「性同一性障害・相談部屋」（2004）の掲示板では、多くの情報交換がなされていた。「FTM関西」を主宰した綺川一識が管理していた赤版では、「ごりごりに、ヤンキーまでいかないけど、いかにも青年誌に出てきそうなFTMたち」が情報交換しており、手術情報についてはチャットでやり取りしてすぐに消すという運用がなされていたという（2021年4月、Nへのインタビュー、2回目）。

　非二元的な性のカテゴリーに言及するサイトも、少数ながらHP上に現れ始める。第一に、「X」に直接言及しないものの、「中性とか無性とか、少しコミュニティのなかに出てきた感じ」（2018年2月、ともぞうへのインタビュー）、「Xジェンダーの代わり」（2018年2月、今将人へのインタビュー、1回目）として語られたのが「ダナーズ」である。「ダナーズ」は2001年頃、レズビアン系サイトの自己紹介で用いられた「だんなさん」「おくさん」をふまえ、「だんなさん」的雰囲気の人を包括的に表すカテゴリーとして考案された。

　　今ある言葉の多くは正しい形を持ちすぎ、その枠の主張が強くなっています。男っぽい女性同士が付き合うと言ってもいろんな形があります。当人同士だけの認識かもしれないし、そんなに男男した外見でない人同士かもしれません。つまり、ダナー系・ダナーズ系といったら、あっ男性的な要素があるんだぐらいしか判りません。その人が、体に違和感のある人か、男性的な外見の人か、SEXがタチがネコかなどは見えてきませんし固定観念で見ることも出来ません。不便そうですが、それがこの言葉の最も望む所でもあります。（DANA-communication 2009）

　これはまずレズビアンの文脈では、支配的な解釈枠組みとなっていた「タチ」「ネコ」の組み合わせに異議申し立てする試みである[15]。この時期まででは

＊15　同性愛者の性的関係において能動的な人は「タチ」、受動的な人は「ネコ」と呼ばれる。たとえば、出生時に割り当てられた性別は女性であり、現在「限りなく男寄り」と自認するLさんは、2001年頃までは自らを「レズビアン」だと思っていたものの、自らが「レズビアン」の「タチ」であり、同じような「タチ」の人を好んだことで、「タチ」と「ネコ」の組み合わせが多数派であるレズビアンのなかで孤独を感じ、「FtM」をインターネット上で見つけてから「男として生きる道」を望むようになる（2018年11月、Lへのインタビュー）。

「FtM」や「FtX」と「レズビアン」の境
界が曖昧であったこともあり、『DANAZ
JAPAN』（図7）というミニコミ誌を出し
ていた人を含む何人かのFtMやFtXの人が、
身体への違和や男性的な外見であるかどう
かといったアイデンティティの明確化に抗
する「ダナーズ」を、曖昧な性自認をもつ
ことを肯定しうる言葉として挙げていた。
　シュドソン＆ヴァンアンダース（2019:
360）によれば、Tumblrという SNS 上でバ
イセクシュアル、レズビアン、クィアの女
性が集う場に属していた人は、「クィア」
などの特定の概念を採用するよりも、場に

図7　『DANAZ JAPAN』表紙

集うメンバーのテイストに帰属感を得ていたという。ここでもともぞうや今将
人は明確に「中性」や「X」といった語を見つけたわけではなく、「ダナーズ」
のもとで自己同一性を得たわけでもないが、カテゴリーの曖昧化を肯定するテ
イストに共鳴していると考えられる。なお、「ダナーズ」が一定期間流行した
のち「FtM ゲイ」が知られるようになり、後者を名乗るようになる人もいた
という（2018年11月、Lへのインタビュー）。
　第二に、「中性」「両性」「無性」といった非二元的な性のカテゴリーが、そ
れぞれHP上で「X」が知られるようになる以前からジェンダー非順応な人び
との間で用いられていたことがわかる。[*16] HP「DANA-communication」におい
ても、用語集に「無性」「両性」「中性」がそれぞれ掲載されている。いくつか
のHPから読み取れるのは、これらの概念のもとで「トランスジェンダー」か
らの自己の差異化が試みられていることである。たとえば、「F-press!!」とい
うウェブマガジンでは、「男らしさや女らしさを越えた、自分らしさの表現」

---

*16　「中性」や「両性」という語がいかに用いられてきたかを遡ることは本書の射程を超え
　　るが、これらは大衆メディアで同性愛者や宝塚の男役などを表すためにも用いられてきた。
　　たとえばJ. ロバートソン（1998: 70-71）は、1920 年代には宝塚の男役や女性的な男性一般
　　を「中性」という語で表すことで、性的欲望の問題を後景化し、「異常な」セクシュアリテ
　　ィであるとの非難を避けることが可能になっていたと述べる。

をめざすライフスタイルやそれを実践している人が「Fusionity」と呼ばれており、HP上にはいくつかのエッセイが載せられ、「キモチイノススメ」という文章では、「わざわざ『T's の枠』に自分を押し込んで苦しむ必要もない」とされている（F-press!! 2008）。加えてHP「NOISE」においては、2002年頃以下のように「中性」と「無性」との違いが自らの経験から語られる。

　　自然とFTMコミュニティから外れていった私は「中性」と名乗るようになっていた。男女の中間、どちらでもあるしどちらでもない、そう自称するようになっていた。というよりも、この頃になると「男」「女」などという枠組み自体が、私にとってどうでもいい物になってきていた。「男」でも「女」でもない言葉なら、何でもよかった。そうして「男」からも「女」からもトランスした私は、わりと長い間「中性」を自称していた。本当に、つい最近までそうだったが、あるHPの一文を見て、あぁ、そういう事だったのか、と納得いった。
　「男女どちらでもあるという感覚と、どちらでもないという感覚は違うものです」
　　私はいつだって、「どちらでもない」だった。「〜ちゃん」と呼ばれれば嫌な気分になり、だからといって「〜君」と呼ばれれば「男に間違われた」と思った。男だと認識されることにも女だと認識されることにも、違和感があった。女らしくしなさいと言われるのも男らしくしなさいと言われるのも嫌だ。それは、男女の中間を意味する「中性」とは違う。言葉にするなら「無性」だ。女という制度にも男という制度にも、私は乗りたくないし、乗れない。「無性」とは、性的でないという意味ではない。「性別的でない」という意味だ。（AKIRA 2002）

　この執筆者は、FtM当事者が「自分は男だ」と確信している様子になじめず、「男らしさ」の輪に入っていけないと感じ、「FTMコミュニティ」から離れ、非二元的な性のカテゴリーとしての「中性」によって「FtM」から自己を差異化している。このような執筆者にとって、「無性」を知ることは、自らが男性として扱われても女性として扱われても「違和感」を覚えてきた経験を再解釈

させ、二元論に依拠しないと表明することを可能にしている。ここではさらに、「無性」であっても自らは性的な存在であり得るとして、あくまでも二元的に性を区分する「性別的」であることへの違和が表明されていると言える。この執筆者は、2003年頃の用語集において「性自認」の欄で「無性」「両性」「（時により変化する）不定性」を含めているほか、三橋が造語した「IG」（4.4.2参照）を、ジェンダー表現についての概念であるとしつつも、「性自認が男性にも女性にも属さない（どちらでもない・どちらでもある・場合によって変化する・わからないetc・・・）人々を総称する意味」、つまり男女に属さない「性自認」として捉えなおそうとしている。このように、非二元的な性のカテゴリーが細分化されたかたちでHP上において広まり始めていたことがわかる。

　次に、「X」という語に直接言及するサイトとしては、「G-FRONT関西」のトランスサロンがHPに用語集を掲載していたほか、2002年頃にはウェブリング[*17]の一つとして、「X-Gender FTX・MTX UNION」が現れる。「X-Gender FTX・MTX UNION」の趣旨文は以下の通りである。

　　　男でも女でもない気がする。どちらでもあるかも。どっちでもいいよ。どっちだかわからないよ〜。←こういう人、いてもいいと思うよ。。　・・・などなど、無性別・両性人に理解のある方々が参加しています。（とん　ことり。2018）

　このウェブリングの名称には、「FTX」や「MTX」だけでなく、「X-Gender」が先頭に独立したかたちで表記されている。今将人は、トランスサロンで「FtX」や「MtX」は使われていたが、「Xジェンダー」を聞いたことはないと語る。ここで「X-Gender」は、性別を男女から別のものへ移行させるという、性別移行の枠組みとは異なる意味を付与されていると考えられる。この違いは、趣旨文において「どっちだかわからないよ」などと性別認識が不明瞭である感

＊17　特定の主題を扱うサイトを登録してバナーを貼ることで、前後に登録したサイトのリンクが自分のサイトに用意されるシステムのこと。ウェブリングは同じ主題のサイト同士を結びつけ、「次にどんな人が登録してるのかなっていうのをたどると、FtMの（注：HPを）、ぐるーっと一周する」（2018年2月、今将人へのインタビュー、1回目）というかたちでつながりの形成を可能にしていた。

図8　X-Gender union
バナー

覚の部分に焦点が当てられ、「無性別・両性人に理解のある方々」として性別違和をもつ人や性別移行する人に対象を限定していない点に見出せる。

　実際、「X」ではなく「FTMゲイ」を自認し、東京の「TNJ」や「TSG」などのグループに参加してきたともぞうも、趣旨に賛同するとともに個人的な性のあり方として当てはまる感覚があったとして、このUNIONのバナー（図8）を個人サイトに貼り、「X」を名称に含んだ管見の限りはじめての対面のグループである「FT/MX」を2005年5月につくり、ネット上の相談を受ける場として「FTM相談所」を開設している。

　　ともぞう：その当時の自分はどっちかというと、考え方としてはX寄りというか、両性みたいな感じ？　男性だとも思うけれど、女性として生きてきた部分はあるから男性とも言い切れないし、でも女性でもないしっていったら、「両性」っていうのが「そうだね」ってしっくりきて。そうか、それを謎のXというか、「なんでも包み込むっていう意味で仮に名づけました」みたいな感じだったので、これはおもしろいっていうか、自分にしっくりきているっていうので、そこのサイトさんに登録をして自分のサイトにもXジェンダーっていうバナーをつけたんですね。（2018年2月、ともぞうへのインタビュー）

　このように「両性」は男性としての性自認と女性としての生活の履歴をもつことの表現をともぞうに可能にしている。この「両性」を包含するカテゴリーとして「X」があり、「両性」だけでないさまざまな性を包含しうることを期待させていると考えられる。

　加えて、ともぞうが「X」に着目して新たなグループを作るうえで意識していたのは、FtM当事者のなかにあるバリエーションであった。とくに「FTM相談所」では「ホルモン療法・オペをして男性として生きていく」ための相談が多く、ともぞうはジェンダークリニックへの通院を経ずにいきなりホルモン療法をおこなう10代の当事者に危機感を覚え、他の当事者とともに40代まで

の多様な FtM や FtX 当事者の語りを紹介する冊子を作成し、神奈川県や東京都の公立高校に送付している[18]。自助グループ「FT/MX」も、「女性として生まれてきた事に違和感を持つ人たちの緩やかな集まり」として紹介され［FT/MX 2007 年: 28］、「他人の話に対して否定的なことを言わない」こと、「話したことは外に出さない」ことの 2 点をルールとして設けており、「FtM はこうあるべきものっていう感じのがっちりした人」が来ることはなく、FtX 当事者も来ていたという。「女性の身体を持っているので、どうしてもその部分を話したりする部分はあって、どうしてもそこは話しづらかったり」することがあり、メンバーは出生時に割り当てられた性別が女性である人に限定しており、レズビアンの人が来ることもあるという（2018 年 2 月、ともぞうへのインタビュー）。

　主に FtM の恋愛やライフスタイルを扱う雑誌『LIKE』とその HP 上でも、「FTX」「XTF」[19]「X ジェンダー」が独立した項目として用語集に載せられ、「X ジェンダー」は「男性でも女性でもない中性・無性」として性自認の感覚に焦点化されているが、これらはほとんど用いられなかったとされる。『LIKE』上のこの定義には「UNION」の影響を見出せるが、『LIKE』ではさらに、男っぽい容姿のレズビアンを指す「ボーイッシュ」の影響のもとで、「中性ボーイッシュ」という「まだ性自認に迷いがあるが、どちらかというと男性気質を多く持った男装者のこと」［LIKE 2005 年 2 号: 21］を表すカテゴリーも考案された。ただし、『LIKE』を編集していた FtM の K さんによれば、「X ジェンダー」や「中性ボーイッシュ」は、『LIKE』を立ち上げた人物以外にはほとんど使われていない印象であったという[20]（2018 年 10 月、K へのインタビュー）。

＊18　2007 年に「FT/MX」の活動場所を提供している「かながわボランティアセンター」の補助金事業に合格し、「神奈川県内の公立高校の養護教諭に、トランスの生徒が来たときの対応及び、保健室に冊子を置いて貰うことによって、多様なトランス男性のロールモデルを知ってもらうこと」を目的に、補助金およびナベシャツ販売店からの広告費を使用して冊子を 1000 部作成し、在庫が残ったぶんは東京都の公立高校に送付したという（2022 年 7 月 3 日、ともぞうとのメールでのやり取りより）。

＊19　『LIKE』主宰者は、「XTF」を使っていた人のことを知らないと述べていたが（2018 年10 月、K へのインタビュー）、このカテゴリーの存在は、「G-FRONT 関西」とは異なる文脈で、少数ながら身体的な状態を指す語としても「X」が意味づけられていたことを示唆している。デール（2014）も、「XtX」という語を用いる当事者の存在を指摘している。

＊20　ただし K. Phoenix（2009: 236）は、「『中性ボーイッシュ』の雑誌による、FtM ／ FtXが集まるオフ会」が 100 名以上の参加者を集めたと述べている。その場に「FtX」を名乗る人びとも多く参加していた可能性はあるため、さらなる調査が必要だと思われる。なお、『LIKE』ののちに刊行された雑誌『Laph』上のカップルや仕事などの特集記事を分析した S.

加えて、2004年から開設されたFt系のHPで、のちに匿名掲示板でも参照されていたのが「Various Gender」であり、このHP上では「X」の下位カテゴリーとして「中性」「無性」等が位置づけられている。このHPは「戸籍は一応女性で男性として生きたい・生きているヒトで同性愛・両性愛などのヒト、男として生きたいけれど女として生きているヒト、またはどちらの性かわからないヒト、決めたくないヒトなどのための空間」とされ、「FTMゲイ・バイ、FTXなど、複合マイノリティといわれる性同一性障害（GID）、トランスジェンダーの交流」が目的に挙げられている（mag 2009a）。管理人のmagが書籍や他のサイトの定義、当事者との交流から作った「俺版用語集」においては、「FTX/MTX（Female To X/Male To X）」の定義として以下が載せられている。

　　　　性自認のはっきりしているFTM/MTFに対して、はっきりとした帰属意識を持たない人をさす。
　　　　FTXは「戸籍上の女性からXへ」、MTXは「戸籍上の男性からXへ」という意味。
　　　　中性（男女の中間）、両性（男女両方）、無性（男女どちらでもない）、不定性（TPOに応じて自認が変わる、帰属する性のはっきりしない）、などまさに極彩色ともいえる。（mag 2009b）

　ここでは「FTX」「MTX」が、性自認の明確な「FTM」「MTF」とは異なり帰属意識が不明確な存在とされつつ、「FTM」「MTF」というトランスジェンダーのカテゴリーとの関連で「X」が定義されている。どこまでがmagによる意味づけなのかは明確ではないが、管見の限りここにおいてはじめて、性自認の変化をとらえようとする「不定性」[*21]が「X」の下位カテゴリーとして用いられていることが確認できる。

　M. ユエン（2018）によれば、『Laph』ではジェンダーの中性性を表現する試みは後景化され、シスジェンダー中心の主流社会とFTMコミュニティにおける「本物のFTM」言説から外れる人びとが、長らく排除されてきた「普通」の男性の領域に自らを位置づけようとする試みがみられるという。

＊21　「不定性」については、どのHPか不明であるものの、2002年には「時により変化する（不定性）」という用語集の表記を見つけたとする投稿がミニコミ誌上でなされている［FTM日本2002年7月33号：26］。

　このようにレズビアンやFtM系の個人HPを機に名乗られた「X」は、GID
研究会後の全国交流会で配布されるグループ紹介誌を通じて全国の当事者が
「X」を知る契機ともなっていく。つまり個人HPで情報発信していた人びとと、
全国交流会に参加するようなグループで活動していた人びととの間には、一定
の連続性が見出せる。ともぞうは2005年から全国交流誌に「FT/MX」の情報
を載せており、このグループについて2006年には「FtM・FTX当事者及び
FtMかも？と思ってる人が集まる場所」［全国交流会2006 2006年：23］と説明し
ている。また、「Various Gender」主宰のmagが所属する「〜 Rainbow Space 東
海〜」というグループの紹介文においても、「Ftの当事者（FTM・FTXどちら
も、という意味)」［全国交流会2006 2006年：44］として「FTX」を含む表記が見
られる。

6.3.2　mixiにおける非二元的な性の「コミュニティ」

　加えて、2004年にサービスを開始したSNSであるmixiでは、「コミュニティ」
と呼ばれるグループに所属して同様の関心をもつメンバー同士で交流すること
ができ、前項で見てきたような「中性」や「無性」、「X-gender」といった語を
掲げた「コミュニティ」が多数形成され、活発ではないと評されるが当事者間
での交流がなされている。

　ここで先に確認しておきたいのは、「中性」や「X-gender」のコミュニティ
以外にも、ジェンダーにとらわれない服装表現を志向するようなコミュニティ
は形成され、そこにはジェンダー非順応な人びとが参加する場合もあったこと
である。たとえば、当時「はりす」名義で「エイセクシュアル（asexual）」と
して活動してきた坂口ユキエは、趣味としてmixiで2005年1月から「ジョー
ジアモード ♪オフ」[*22]というコミュニティをつくり、吉祥寺と豊橋でオフ会を
開いている（2019年10月、坂口ユキエへのインタビュー）。これは「既成の常識
（男性はメンズを、女性ならレディースを着るもの）にとらわれず、自分が着たい
と思ったものを着てみよう」というコンセプトをもつ集まりである。坂口は

　[*22]　この言葉は、缶コーヒーのジョージアのコマーシャルにおいて、米倉涼子、矢田亜希
　　子、佐藤江梨子がメンズスーツを着てネクタイを締めて出演していたことに着想を得て坂口
　　が造語したものである。

2003年から「ジョージアモードで行こう♪」というサイトを立ち上げていた
ほか、2004年から「はてなダイアリー」で日記を書き、トラックバックとコ
メントを通じた交流をおこない、同時期に「悟りムーブメント」[*23]の関係者と
の交流をもったことからも影響を受けた。坂口自身は、「女性らしい女性」で
はないと感じており、胸も邪魔だから取りたいと思うこともあるが、「性自認」
とは関係なく、純粋にファッションとしてさまざまな服を着たいという気持ち
から「ジョージアモード」のオフ会を開催していた。このオフ会には、mixiで
知り合った人のほか、「ちょっと性同一性障害かなっていう感じの人」や「悟
りを啓いた人」（メイド服を着て写真を撮っている人）も参加していたという。[*24]

　では、非二元的な性を生きる人を対象とする「コミュニティ」ではいかなる
交流がなされていたのか。2004年頃にはすでにmixiを利用していた今将人は、
「活発さで言ったらすごい低かったんですよ。もう入ってしまったら意思表明
終わり、みたいな」（2018年2月、今将人へのインタビュー、1回目）と振り返っ
ており、この不活発な印象は、他の調査協力者にも共通していた。実際に、
「コミュニティ」に入ったときの自己紹介を除くと、公開された「コミュニテ
ィ」においてコメントが30以上集まった「トピック」は、300「トピック」ほ
どあるうちの39「トピック」に過ぎない（資料編「3　mixiトピック」）。

　それでも「コミュニティ」（資料編「2　mixiコミュニティ」）には、とりわけ
2004年頃から2010年頃にかけて活発に形成され多くのメンバーが集っており、
それ以降も少数ながらパートナー関係など性自認にとどまらないテーマを掲げ
た「コミュニティ」が形成されていることがわかる。[*25]とくに2005年頃は「中

---

　*23　「悟りムーブメント」は、「男性がメイド服を着て首から下の画像を載せる」（2019年10
　　月、坂口ユキエへのインタビュー）ことが、同人を描いているような若い男性間で流行った
　　事態を指す。「悟り」に関する詳細は情報ブログ「悟り補完庫」に詳しく、「萌え服着用」
　　「ぺたん座り」「首下のみの写真」を特徴とし、異性装表現でありつつも「化粧」やインター
　　ネット上で顔を晒すリスクを回避する実践として位置づけられている（悟り補完庫2011）。

　*24　坂口は2000年代はじめにおいて、Aセクシュアルについては国内に「asexual.jp」（2002
　　年～）など少数のサイトはあったが、Aセクシュアル当事者間で交流がもたれるようになる
　　のはmixi以後ではないかと振り返る。他方、この時期にはGID系、とりわけMtF当事者の
　　HPの掲示板が活発であり、「戸籍の性別を変える法律を早く成立させるべきか、国民のコ
　　ンセンサス、性同一性障害に対して認識を高めてからの方がいいんじゃないか」といった議
　　論がなされていたという（2019年10月、坂口ユキエへのインタビュー）。

　*25　2010年頃からは、パンセクシュアルやパートナーといった性的指向との関連をもつ
　　「コミュニティ」、地域による結びつきに焦点化した「コミュニティ」も見られるが、いずれ
　　もメンバーは100名に満たない。

性」や「第三の性」、「男でも女でもない」といった語が「コミュニティ」のタイトルに用いられ、ウェブリングと似通った説明が記載された「X-Gender」という「コミュニティ」が登場している。加えて、「MTX」に特化した「コミュニティ」は一つしか見られないが（「MtX-「男性」ではない-」）、「FTX」に特化した「コミュニティ」はいくつも観察され（たとえば「【FtX】性別に捉われない。」「旅好きなFTM、FTX」）、これは「MTX」と比べて「FTX」が可視化されていたという、数多くの調査協力者が語る状況とも一致している。

　まず、「X」や「中性」「無性」といったカテゴリーを明示的に掲げる「コミュニティ」では、「不定性」には言及がないが、「X」の下位カテゴリーとして「中性」「無性」「両性」が位置づけられ、これらが多義的に用いられている。「コミュニティ」紹介文では、「性同一性障害の方にも理解される事が少なく、現在の医療ではどうにもならない、中性という意識」[【私は】第三の性別【中性】2005年2月〜]、「性別移行中の人」[まだ中性です2006年4月〜]など、GID医療において周縁的であることや性別移行の途中であることから意味づけられることがある。加えて、「FtXで中性のコミュはありましたが、無性と両性メインのコミュがなかったので、作らせてもらいました」[【FtX】性別に捉われない。2006年10月〜]のように、中性・無性・両性概念がすでに定着しており、「FtXの無性」などと自己紹介で用いられるようになっていることがわかる。

　次に、「X」や「中性」「無性」を明示的に掲げない「コミュニティ」では、「X」を紹介する投稿もあるが、こうした概念を用いること自体を問いなおすような実践が見られた。たとえば、5,600人以上のメンバーを有する「性別の無い世界」の紹介文は、以下の通りである。

　　　性別で判断されるのが嫌だったり、性欲の対象にされるのが嫌だったり、なんでも「男」「女」に分けられるのが嫌だったり、同性を好きになったらいけないという事に納得出来なかったり、異性も同性も好きなのは変じゃないと思っていたり、恋愛に性別は関係無いと思っていたり、一人称は

＊26　巻末の資料編「2　mixiコミュニティ」に載せたmixiの「コミュニティ」の内容を引用する際には、[「コミュニティ」名 年月]、「3　mixiトピック」に載せた「トピック」の内容を引用する際には、[「トピック」名 年月：コメント番号)]のように表記する。ただし、「トピック」を作成したトピック主によるはじめの投稿にはコメント番号をつけない。

好きなものを使いたかったり、男でも「私」と言いたかったり、女でも「僕」「俺」と言いたかったり、男も女もスカートを履いて良いと思っていたり男も女も格好良い服装をして良いと思っていたり、男にも女にもなりたくなかったり、男も女も嫌いだったり、中性になりたかったり、中性が好きだったり、この世界の決められた成り立ちに納得できなかったりして、いつも哀しい気持ちの私達。性別の無い世界に行きたいと、思いませんか？［性別の無い世界 2006年6月9日〜］

　ここでは、性自認が男女いずれかではないことのみならず、性的指向が異性愛ではないことや中性に向くこと、一人称の多様さ、非規範的なジェンダー表現といったさまざまな要素が、「性別の無い」ことに関連づけられている。調査したなかで30コメント以上を集めた「トピック」の主題は、他のグループや「コミュニティ」の宣伝、カミングアウト、服装、友人や恋人の募集、身体違和感など多岐にわたるが、とくにこの「性別の無い世界」と「セクシャリティ無所属」という「コミュニティ」における「トピック」が多い（資料編「3 mixi トピック」）。

　これらの「コミュニティ」で「X」に言及する「トピック」からは、性別移行するか否かを模索する当事者が存在しており、「無所属」概念のもとで「X」にもこだわらない立場が表明されていることが読み取れる。「セクシャリティ無所属」における「トピック」において、トピック主は「男にも女にも当てはまらない」という状態を何と呼べばいいかわからないという悩みをもち、「将来は本気でお金を貯めて胸をとる手術をしたい」として、身体的治療に関する情報提供を求めている［男でも女でもない 2007年7月〜11月］。これに対して、まず「FtX（エフトゥエックス）」［男でも女でもない 2007年7月〜11月：1］が紹介されるが、対して「自分らしくで良いのでは？」［男でも女でもない 2007年7月〜11月：3］との意見も寄せられる。さらに、男として生活していた時期もあったが「女として生きた方が生きやすいに決まってる」ため「ジェンダーは戻し」たという人からは、以下のように意見が述べられる。

　　自分が自分でさえあれば、社会的性別なんて何だっていい。だから生き

やすい方で往く。カテゴライズなんて難しく考えたら頭が疲れる。やっぱ「無所属」が楽。これが俺のやりかたです。やりたいことやってるだけですけど（汗）　そんなわけで俺は身体改造には興味がありません。まーこんな奴もいるってことで流して下さって良いです。［男でも女でもない 2007 年 7 月〜 11 月 : 4］

　ここでは既存の概念のもとで自己カテゴリー化しないことから、「無所属」が特徴づけられ、身体加工への無関心が表明される。次の投稿者も、「性同一性障害のガイドライン」は作られた理想像であり、「あまり当てはまらないからと心配しなくても大丈夫」だと述べており、これは GID をめぐる性別移行の規範から距離をとる実践だと言える。MtF であり、肉体的な事情から手術はしていないが女性として暮らしているというこの「コミュニティ」開設者も、以下のように「無所属」の曖昧さを擁護する。

　　「無所属」もこだわりすぎたら、それは「所属」です。だから、あくまで個人的な立ち位置として、曖昧に「無所属」でいればいいんじゃないかな、って思います。素の自分自身を見失わないために、なんとなく「無所属」でいつつ、自分自身の生きやすさを、皆さんが模索していただければ、とてもうれしく思います。［男でも女でもない 2007 年 7 月〜 11 月 : 7］

　ここで「無所属」は、自己定位にこだわりをもたないこと、「模索」の途上にあることから位置づけられる。この言葉には共感が寄せられた一方、関連して MtX/FtX コミュニティの存在にも言及され、「X」に自己定位している人と、そうでない人も可視化されていく。たとえば、「MtX」が近いという人においても、「Mt○の○の部分」が「X」や「M」、「F」と「非常に不安定」である場合、「X」と明言しにくいことが表明される［男でも女でもない 2007 年 7 月〜 11 月 : 14］。加えて、出生時に割り当てられた性別は女性であり、女性としての生殖能力をもたない可能性があることで「女性」という自認が揺らいだ投稿者は、「無所属」にも当てはまらず、「中性・両性・無性とも違う、X-gender ともニュアンスが違う、『男でも女でもない』という存在があってもいいのではな

いか」と述べている［男でも女でもない 2007年7月～11月：16］。この投稿にも
同意する投稿者が現れるが、カテゴリーがあると「サイトやコミュも探しやす
い」が、「『どっちでもない』って、、、どうしたらいいのやら」として、「どっ
ちでもない自分」であることを他者に伝え、共同性を立ち上げることへの困難
もまた指摘されている［男でも女でもない 2007年7月～11月：28］。ここからは、
「X」を含むがそれにとどまらない非二元的な性のカテゴリーがmixi利用者間
で定着しつつあり、脱アイデンティティ化を試みたり共同性を立ち上げたりす
ることを可能にしていることも読み取れる。

　このようにmixiで活発な「トピック」において、グループの告知や服装表
現の自己表明、治療しなくてもよいことなどさまざまな主張がなされたほか、
「X」が「無所属」といった他のカテゴリーとの境界を問われつつ、「中性」
「無性」「両性」という下位カテゴリーとともに定着しつつあることが見出され
た。

6.3.3　匿名掲示板における「X」を掲げた「スレッド」

　匿名掲示板である2chにおいても、2004年頃から「X」に関する「スレッド」
が立ち始める。3.1.2で述べたように、2chにおいても関心を同じくする「板」
では情報や経験の共有がおこなわれることもあり、こうした「板」と非当事者
を前提とする批判的な議論を主とする「板」とが、明確に分離されている傾向
が読み取れた。とくに2009年頃までは、「X」が世間に可視化されていないた
めか批判的なコメントは少なく、「X」に関する明確なテンプレートも作られ
ていない。基本的には「同性愛板」（のちに「人生相談板」にも移る）で、当事
者間を想定したやり取りが主となっている。

　「同性愛板」[*27]において「無性」や「X」などを掲げたいくつかのスレッドで
は、「トランス」「インタージェンダー」といった先行する諸概念が引用されつ
つ、非二元的な性を生きる人びとの語りの場が形成されている。はじめて男女
いずれでもない性別について明確に記載したスレッドは、「【中性 無性 両性】
曖昧な性別【ノンケ？ GID ？】」であると思われる。

＊27　この時期同性愛板では、同性愛者に限定せず、「セクシュアリティを中心とする事象や
　　　話題について語る板」と明記されるようになっていた。

　1：禁断の名無しさん：04/08/02 01:19 ID:794nijIJ

「自分が男（女）なのは嫌だけど女（男）になりたいわけでもない」

「そもそも心の性別っていう意味がわからない」

「中の人が男のときも女のときもある」

「ノンケ以上トランス未満」

「インタージェンダー」

「目指すのは中性」

etc・・・

あいまいな性別・セクシュアリティーなどを語るスレ、

どこにもぴったりくる居場所のない人たちのためのスレです。[【中性　無性　両性】曖昧な性別【ノンケ？ GID ？】2004年8月][*28]

　このスレッドでは「X」という語は用いられていないが、GID概念の普及以後知られるようになった「心の性別」の不明確さや、その男女での揺らぎ、「中性」であること、そして4.4.2で取り上げたようなジェンダー表現の不明確さを指す「IG」が並べられ、「あいまいな性別・セクシュアリティー」を包括的に扱うことが示されている。2005年以降、「【MtX】心が男でも女でもない人【FtX】」（2005年12月～2006年1月）といった、「X」を掲げた「スレッド」もいくつか立ち、雑談系のスレッドだけでなく、この時期にはオフ会の開催を企画する「スレッド」が形成されている（資料編「5　匿名掲示板スレッド」）。

　「同性愛板」におけるいくつかのスレッドでは、「X」が定義される際に既存のHPやWikipediaなどから情報が載せられており、個人HPやSNS上の議論とこの時期の匿名掲示板での議論が結びついてもいたことがわかる。たとえば2006年には、前項で取り上げたHP「Various Gender」における「X」の定義が引用されており、「Various Gender」管理人の友人で、用語集の原案を作成

＊28　巻末の資料編「5　匿名掲示板スレッド」にリストとして載せた「スレッド」の内容を引用する際には、引用部分でコメント番号やIDを記すため、[「スレッド」名　年月]とだけ表記する。

したという人物も2008年頃の掲示板に参加している［FTX 2008年5月～2010年2月］。また次項で詳しく見ていく「FTMやFTXなどのためのSNSコミュニティー FTM FTX etc」の紹介もなされている。

こうした説明を受け、掲示板はジェンダー非順応な人びとが新たな非二元的な性のカテゴリーとして「X」を知り、「FTX」や「MTX」としてのそれぞれの経験を語り合って共有する場となっていたことが読み取れる。

> 59：禁断の名無しさん：2008/06/25（水）23:15:27 ID:Tw15/Pu5
> 自分もFTX。幼い頃は男の体に成長すると思ってた。年を重ねる事(ママ)に胸を見るのが辛くなって、はじめはFTMだと思った。でも、性自認がはっきり男って訳でもないしFTMの人とは明らかに違う。体は女なんだから女の格好をして女みたいに振る舞おうと自暴自棄になったこともあった。でも、やっぱり苦しくて今度は逆に男の格好をして男みたいに振る舞おうとした。けど、結局どっちも自分ではなかった。世の中、男女別に選択するものばかりで辛い。病院のピンクと青のスリッパ。明らかに男女を意識したもので自分はどっちを履けばいいのかわからず、普通なら何でもないことなのに、ただ残酷に感じた。（中略）男でも女でもないなんて今の社会じゃ通用しないだろうし、理解してもらうのだって困難だと思う。自分でも自分が何者なのかわからないし、このままずっとアイデンティティが確立出来ないのかと不安になる。誰にもカム（注：カムアウト）出来なく、男女のどちらでもない孤独感。でも、間接的だとしても自分と同じ様な人が居るとわかると仲間みたいな気がして少し安心する。［FTX 2008年5月～2010年2月］

この投稿者は、「FTX」を名乗ることで、「FTM」との自己の差異化をおこなうとともに、女性的・男性的なジェンダー表現を試みたがどちらも困難であったこと、男女別の選択が当然視されていることへの違和を表明している。そして「FTX」であることは、「今の社会じゃ通用しない」うえに、「孤独感」を覚えるが、掲示板においてX当事者の存在を確認することが安心感につながっているとされる。同様に「FTXは自己満足概念でしかないのだと、最近割

り切ることにした[*29]」といった投稿は散見され、いまだ「X」の存在が可視化されていない社会において、他者から理解されることへの諦念が表明されていると考えられる。

　加えて、「X」が当事者による造語であるということは了解されている一方で、「性別違和症候群」といった、医学的概念のもとで自己を位置づけようとする実践もみられる。

　　320：禁断の名無しさん：2009/01/29（木）02:45:08 ID:vPsOiNgC
　　ちょっと質問なんだけど、FtX って造語みたいなもんなんだよね？
　　じゃあちゃんとした病名（そもそも病気なのか？）ないの？
　　性同一性障害にもあてはまらないって聞いたんだけど。
　　私達は本当に一体なんなんだ？いやマジで。
　　321：禁断の名無しさん：2009/01/29（木）06:41:32 ID:TTEG4+QE
　　>>320
　　性別違和症候群だよ。
　　以前はひと括りにTG（トランスジェンダー）と呼ばれてたけどね。［FTX
　　2008 年 5 月～ 2010 年 2 月］

　ここからは、そもそも「X」であることが病気なのかどうかを疑いつつも、「ちゃんとした病名」を得ることが、自らが何者かを知るために重要であるとみなされており、「GID」との関連性に注意が向けられていることがわかる。ここでは「X」は、「GID」からは差異化され、「性別違和症候群」と関連づけられている。加えて、ジェンダークリニックを受診し、「性成熟障害」であるとみなされたという報告もなされている[*30]。

　とりわけ「メンヘルサロン」板の「GID」に関する「スレッド」から派生的に作られた「スレッド」では、GID 概念のもとで「X」が位置づけられている。これが当てはまるのは、2009 年 9 月の vol.5 まで続く「【相談】IS/GID/X

　＊ 29　649：禁断の名無しさん：2009/09/19（土）21:42:04 ID:o/ecrO7M［FTX 2008 年 5 月～
　　　　2010 年 2 月］
　＊ 30　662：禁断の名無しさん：2009/09/23（水）11:30:51 ID:zmrMYDBj［FTX 2008 年 5 月～
　　　　2010 年 2 月］

雑談本スレ Vol.2【情報交換】」（2008年6月～2009年1月）などであり、冒頭のテンプレートにもガイドラインや病院の情報が多く載せられている。ここにおいて「X」は、「MtX（男性型）FtX（女性型）があり、GID周辺群の一つで性自認が中性状態のことを示します[*31]」と説明されている。これは、「X」をGID概念における「中核群」に当てはまらない「周辺群」として理解しようとするものだと言える[*32]。

このように、匿名掲示板においても、「X」を掲げた「スレッド」が形成され、「スレッド」に集った人びとが経験を共有し、時に医学的概念のもとで自己を位置づけようとしていた。

6.3.4 「SNSコミュニティ」での未治療「FtX」

オンラインでの語りの場において、とくに6.2.2で論じたような医学的な治療を経て性別移行すべきとする規範が強く見られたのが、「FTMやFTXなどのためのSNSコミュニティー FTM FTX etc」（以下、「SNSコミュニティ」）である。本項ではこのネットワークにおいて「FtX」が、ホルモン投与や手術まではおこなわない人びとを指すカテゴリーとして用いられていたことを論じる。非公開のSNSであった「SNSコミュニティ」の手がかりは少ないため、本項の記述は参加者として「SNSコミュニティ」に関わった、50代前半のトランス男性の壱と、30代後半のFtXのYuiToの語りに基づく。

はじめに、「SNSコミュニティ」がどのようなSNSであったのかを概観したい。このコミュニティは2006年7月に管理人のリュウがfc2のレンタルSNSを用いて開設したものであり、2011年頃には利用されなくなったとされる。2009年時点で283名のメンバーを有し、会員制をとっていたため、外部の人に見られることなくメンバー間でオフ会の開催や日記の投稿をおこなうことが可能になっていた（FTMやFTXなどのためのSNSコミュニティー FTM FTX etc 2009）。リュウが指揮をとるというよりも、会員がメンバーを募ってオフ会を

---

* 31　6：1 ◆8Lq22KlaeI：2008/06/25（水）00:48:13 ID:8betxT4v【相談】IS/GID/X　雑談本スレ Vol.2【情報交換】2008年6月～ 2009年1月]

* 32　しかし、一連のスレッドにおいて「X」自認を表明する人の語りはほとんどなく、ジェンダークリニックに通院した経験やホルモン療法の経験、MtF当事者による外見に関する悩みなどが主な話題となっている。

開くような自由さがあり、YuiToもナベシャツ購入ツアーを企画したことがあるという。メンバーにはFtMとFtXの当事者だけではなく、MtX当事者も一人いたとされるほか、FtMの恋人やシス男性、アライも参加していた。リュウは基本的にはやり取りを傍観しており、問題が起きたときには対応していた。

　壱は、性別違和感を抱きつつも情報がないなかで、男性と結婚し「周りからのプレッシャー」によって子どもを産んだが、当時悪化していた離人症が治ると男性としての性自認が明確になっていき、2004年から性別移行を始めていた。壱は2004年に始めたブログにおいて、生育環境で培われた女性的表現や子どもを産んだことなどを「男らしくねえ」、「主婦FtM」などとFtM当事者から批判され、FtMのステレオタイプに嫌気がさして2年ほどでブログをやめていたが、自分とは異なる「FTX」という性自認に興味を抱き、「SNSコミュニティ」を見つけ、その閉鎖性ゆえにブログを再開している。ここでFtX概念は壱にとって、「男らしさ」を判断し「当事者間カーストの上位に君臨したがる」ようなFtM当事者を避けることを期待させている。

　とはいえ、閉鎖的な場が必ずしも多くのメンバーの安心感につながるとは限らない。壱自身とYuiToが共通して語るのは、この「SNSコミュニティ」において、すでに男性として埋没して生活していた壱の発言力の大きさである。

　　壱：最初、そこは皆さん、どちらかっていうと、FtXなんですよ。
　　筆者：あ、そうなんですね。
　　壱：でも、FtXの人が徐々に自分はFtMかもしれないっていうふうにちょっと心理状況が移っていくんですよね。で、それがけっこう、それは僕の影響なのかもしれないし、本人たちのもちろん心境の変化なのかもしれないんですけど、そのコミュニティのなかで男性ホルモンをやっていて、で、日常生活で一切カミングアウトしないで男性として働いてるっていうのが僕だけだったんですよ。（中略）僕とそのシスジェンダーの男性っていうのが、わりと男性寄りっていうか、もう男性側の視点とか、意見とか、そういうものは僕かその人っていう感じになっていて、残りの子たちはみんな、年も20代だったり、いってても30前後だったりするので、みんなそれでFtXの子たちがまだ治療もしていなくて、もともとFtXなんで治療し

ないんですけど、まあ、あの、そういうふうに、後にFtMだって言い出
す子も、最初はみんなFtXとしてそういうふうに入ってたんですよね。で、
そこでやり取りして話をしてるうちに、いや、自分ももしかしたらFtM
かもしれないっていう子が3人も4人も出てきて、で、みんな男性ホルモ
ン始めちゃうんですよ。（2022年5月、壱へのインタビュー）

　このように、はじめはFtX当事者が多く集っていたが、徐々にFtMとして
ホルモン投与を始めるという傾向を壱は読み取っている。このコミュニティで
ほぼ毎日記事を投稿していた壱は、他の人のブログ記事やSNS上の日記に対
して、「こういうふうに自分は思うよみたいな感じの」「思想」を書くことが多
かったという。YuiToは、FtM当事者の間でも「壱が出てくると何も言えなく
なるみたいな感じ」があったと振り返る。これには壱が男性として埋没して生
活していることだけでなく、当時40代であり、他の参加者と比べて年齢が高
かったことも影響していた。この発言力の大きさは、シス男性の参加者が壱を
男性として持ちあげつつ、他のFtM当事者の投稿に対して「女性的な発想」
ではないかと指摘し、あるべき男性像を場で共有しようとしたことによっても
支えられていた。
　こうした文脈のもと、「SNSコミュニティ」には性別二元論に依拠するFtM
当事者が多くおり、FtX当事者に対する理解できなさが表明されることもあっ
た。

　　YuiTo：「え、何がしたいの？」みたいな、うん。何か「こういうのは男
　　でこういうのは女だけど、じゃあXって何？」みたいなことを普通に書
　　いてた人もいて。男女二分論の人がけっこう多かったかなっていう感じで
　　すね。（2022年5月、YuiToへのインタビュー）

　このようにFtM当事者は「性は男と女しかない」という考えをもっており、
対してFtXの人は「性はいっぱいある」という「性多分論」に依拠していると
して両者は相いれない傾向があったという。加えて、FtM当事者の投稿が多く、
FtX当事者はジェンダーに関する議論ではなく、「日常的なこと」を投稿する

傾向があったとYuiToは述べる。

　加えて、「日常的なこと」の投稿においてYuiToが恋愛の話題を避けるよう気をつけていたことからは、FtMにおける異性愛規範の強さと、治療を進める方針との結びつきが読み取れる。YuiToは男性と付き合ってきた経験が多かったため、オフ会などでFtMの人が「彼女の話」ばかりすることについていけなさを覚えていた。YuiToが「性指向とまた性自認で違うっていうのを後から知った」と述べるほど、「SNSコミュニティ」やAmebaブログなどのネット上のコミュニティでは、FtMであることと、女性への性的／恋愛的惹かれを抱くことは密接に結びついており、「最初FtXって言ってたんですけど、彼女できたらFtMに乗り換える、名乗り換える人もけっこうい」たという。

　　YuiTo：悩んでたけど彼女ができたことで、あの、意思が固まりましたみ
　　たいな。
　　筆者：意思が固まる？
　　YuiTo：え、と思って。
　　筆者：えー、そうなんですね。
　　YuiTo：うん。
　　筆者：そういうこともあるんだ。
　　YuiTo：だから何ていうんですかね、あの、何ですか、その、手術する、
　　あの、性別適合手術する前がFtXみたいな感覚の人がいたんですよ。あの、
　　男か女か分からんけど、でも何か男に、何かなったからFtMだみたいな、
　　そういう人もいたから。だからその決定権がなくて、決定権ができるのが
　　彼女みたいな、っていう傾向もけっこうあって。
　　筆者：それはやっぱ、手術して戸籍の性別も変更してみたいなのがあるん
　　ですかね。
　　YuiTo：そう、何か。
　　筆者：その人と結婚するじゃないですけど。
　　YuiTo：そうですね。あの、何ていうんですかね、当時は何か、あの、当
　　時の傾向としては、あの、まあホルモン注射なり胸オペだったりした人は
　　勝者みたいな感じの、何か傾向があって、みんな、何か、そういう、とく

に何かこう、オペ始め、ホルモン始めましたとか、胸オペ行ってきますとかっていうとこがあると、すごい何かみんなしておめでとう、みたいな感じのが多かったんですよ。

筆者：ああ、そういう感じだったんですね。

YuiTo：だからそうなると、何か、自分みたいに、あの、何ていうんですかね、そうやって何か、別に胸オペとかホルモンとかしたいってわけじゃないっていう人が発言しにくい場だったというか、うん。何かそっちのほうが何か、え、で、結局いつやんの？みたいな、ホルモンしないの？みたいな、何かそんな感じの傾向だったんで。あれ、何か自分も何か違う、あれ、何か自分もXジェンダー、もしかしたらないのかなみたいな、そうなるとじゃあ女性なのかな、みたいな感じの傾向があったんで、うん。何かそこにもすごい違和感があったんですよね。（2022年5月、YuiToへのインタビュー）

　ここでは「FtM」であることの「決定権」が、「彼女」の存在と結びつけて語られている。ここからは女性との関係性が「男性」としての認識を強化しており、性別適合手術を終えて戸籍上の性別を男性に変更すれば女性パートナーと結婚できることも、「男性」としての「意思が固ま」ることに影響していると言える。

　さらに、ホルモン投与や性別適合手術を進めることが望ましいとされる規範のもと、それ以前の「未治療」の状態が「FtX」であると認識されやすく、「未治療」であることを肯定しにくく発言しにくいような場が形成されていたことがわかる。当時は「手術して男性として生きる人もいれば、どうしようかって悩んでる人もけっこうい」たというが（2022年5月、YuiToへのインタビュー）、先の壱の語りにも「もともとFtXなんで治療しない」とあったように、「男性ホルモンやるなら男で生きる覚悟をして、FtXを言い訳にせず、男としてFtMを名乗るべき」（2022年5月、壱へのインタビュー）という規範が存在していた。

　このような場において、YuiToにとっても「FtX」ならば未治療であるという認識を共有していたが、これから治療して「FtM」になるような「男性」への延長としての「FtX」でも「女性」でもなく、未治療である状態を「X」と

して認めていくようになっていく。その過程でYuiToは、「FtM」か「FtX」か迷って精神科のカウンセリングを受診し「X」なのかどうか確認しようとしたり、ホルモン投与や手術へと進むか迷ったりしたという。このような逡巡から抜け出す契機となったのは、当事者グループから離れた場での交流や、壱とのやり取りだった。

　まず、舞台やイベントで「男性」として出演する経験を経て、YuiToは当事者間で「男だ女だとかって言ってる」のに対して、周囲の人びとがYuiToの性別にそれほどこだわっていないことを知る。そこで壱が「安易に手術だったり、ホルモン打つみたいなこと、みんなに散々言ってた」ことにも影響され、「リスク冒してまで手術して、別に男として生きなくても今のままでいいかなって思い始め」ていく。加えて、「なぜ自分が男だと思うのか」と問うたときの壱の回答が、思いがけずYuiToの「X」としての自己定位を可能にしていた。

> YuiTo：男か女か分かんない、どうやって生きたらいいか分かんない、そういう感じでいろいろやり取りしたんですよね。ここに何かちょっと一言、すごい、何か壱さんから言われた一言が。あの、がつんときたんですけど、「性別は頭で考えるものじゃない」って、「本能だ」って。そういうふうに何か、みんな何かこう、「性別を性格や性質とごっちゃにしてる」って、「だから余計に考えてる」って、「性別というものは本能なんだ」って言われて、はってなって、「本能、じゃあ私はXです」みたいな、っていう一言が、そのやり取りのなかで、その、朝の4時までやり取りし合ってたので、そこから何か、壱さんと何か急激に、何か仲良くなってたみたいな。
> （2022年5月、YuiToへのインタビュー）

　壱にとって性別が「本能」であるという主張は、これまでのFtM当事者とのやり取りを背景とするものだと言える。子を産んだ経験をもつことで「なんちゃってFtM」ではないかとFtM当事者から批判されてきた壱は、それでは誰が「本物のFtM」なのか知るために多くのFtM当事者と会ってきたが、多くの当事者が「男の子とばっかり遊んでたとか、ちっちゃい頃はペニスが生えてくると思ってたとか、戦隊ごっこしたりとか」（2022年5月、壱へのインタビ

ュー）といった、男性役割や身体的感覚に関する典型的な"FTMエピソード"を語り、それは「自然体」の男性とは思えず、自らの経験との差異を感じさせるものでもあった。こうした性質に基づいて性別が決まるわけではないという主張は、YuiToにおいても、性別役割や身体の治療、診断といった手がかりの判断に基づいて「X」を名乗る必要はなく、説明しようもない「本能」から「X」であってよいという気づきをもたらしたと考えられる。

このように、2006年頃には「FtX」はインターネット上で知られるようになり、「SNSコミュニティ」が作られた。しかし、治療して「男性」として生活することをめざすFtM当事者を中心とする場において、「X」は身体の性的特徴と結びつくかたちで、未治療であり「女性」から「男性」への性別移行の途上にある人として位置づけられやすく、「X」を肯定的に名乗ることには困難が生じていた。

小括

本章では、2001年頃から2010年頃にかけて非二元的な性のカテゴリーが用いられる仕方を、この時期にGID概念が世間に普及するとともに、GID医療にとどまらない関心をもつ当事者グループが成立し、インターネット上のネットワークが発達していく仕方との関連から描き出した。

前章ではTS・TG・TVといった概念が用いられたグループで、「X」が曖昧な立場や性別二元論への対抗的視座として名乗られていたことを論じてきたが、本章で読み取れたのはまず、GID概念が普及していくことが「X」の名乗りを困難にしたことである（6.1）。戸籍上の性別変更をめざす運動の過程においては、性別二元論が自明視されやすく、ジェンダーフリーの主張や人びとの中性性は否定されやすいことが示された。これは同時に、GID概念を肯定的なアイデンティティとする動きもそれに対する批判も生じるような両義的な反応（山田 2020）を、時期による違いに着目して描き出した点でも意義をもつ。他方、特例法成立後、男女共同参画やGID当事者への配慮という論理のもとで性別欄削除がなされたことが、非二元的な性を生きる人びとの社会的な困難を減じる帰結を生んだ側面も見逃してはならないだろう。

　加えて、2002年頃から医療について話題となるグループで二元的な性別移行の規範が強まった一方、関西の「ACDC Children」や「ROS」といったグループでは脱アイデンティティ化の試みが見られ、「X」概念のもとで、性自認を問わないように語りの場が規定されていたことも明らかになった（6.2）。さらに、関西にとどまらず、GID研究会（学会）後の全国交流会や書籍の出版などを通じて、全国的な情報流通も徐々に可能になっていった。

　これらの対面的なグループのメンバーと一部場を共有し、新たなメンバーの参入と知識の形成を促したのが、インターネット上の交流であった（6.3）。2000年代には個人HPが盛んに形成され、個人HPを結びつける「X-gender UNION」といったウェブリングが「X」やその下位カテゴリーとしての「中性」や「無性」の広まりに寄与した。加えて、匿名掲示板やmixiでは、非二元的な性のカテゴリーのもとで経験を共有し、対面での交流の契機となったほか、医療言説との関係が問われ、治療しなくてもよいことが表明された。その背景には「X」を「性成熟障害」と診断するような、医療の方針の定まらなさも存在したと考えられる。他方で、FtM当事者のメンバーが集った「SNSコミュニティ」では、未治療であるという身体の性的特徴と結びついた「X」の理解が前景化しており、「X」は「FtM」に至る前段階として理解され、そうではない仕方で「X」を意味づけることには困難が伴っていた。

　このように、「X」などの非二元的な性のカテゴリーの広がりは、インターネット上の普及（Dale 2014）という説明ではとらえきれない、二元的で手術規範を伴うGID概念との関連のもと展開された、それぞれの特色をもつグループでの活動やインターネット上でのテクスト上の活動によって支えられていたことが示された。次章では、ジェンダー非順応な人びとの間や大衆メディアにおいてさらに「Xジェンダー」「ノンバイナリー」の認知が拡大し、当事者間でのカテゴリー化が活発化していく過程とその帰結を見ていきたい。

第 7 章

「Xジェンダー」「ノンバイナリー」の 普及と当事者間でのカテゴリー化
──2010年代における当事者活動から

前章で論じた、2010年頃までにはインターネット上で「中性」「無性」「FtX」「MtX」「Xジェンダー」といった語が用いられ、定着しつつあった。では、「Xジェンダー」や「ノンバイナリー」は2010年代にいかにして世間に知られるようになったのか。そして、対面で集うグループやSNS、インターネット記事において、これらの非二元的な性のカテゴリーをめぐるいかなる議論がなされ、ジェンダー非順応な人びとにいかなる実践を可能にしたのか。

　手がかりとなるのは、まず2010年代にジェンダー非順応な人びとの団体に関わってきた人へのインタビュー・データである。加えて、2010年代に出版された「Xジェンダー」に関する一般書籍やインターネット記事、SNS上の記述を分析した。SNS上の膨大な記述については、とくにTwitter上で「Xジェンダー」に関する議論が活発であったとの調査協力者の語りをふまえ、Togetterおよび調査協力者の語りにおける、Twitter上での「Xジェンダー」に関する議論に焦点を当てる。

　まずは「MaX.」というグループの活動を中心に、2010年代はじめの非二元的な性を生きる人びとの活動の状況と、FtXの当事者の変質が語られている仕方を論じる（7.1）。次に、匿名掲示板やTwitter上の議論から、ジェンダー非順応な人びとの間で「Xジェンダー」をめぐる相互のカテゴリー化がおこなわれる仕方を示す（7.2）。さらに2015年頃以降の当事者による書籍やインターネット記事で「Xジェンダー」「ノンバイナリー」等の語がいかにして用いられているのかを論じる（7.3）。最後に、2010年代後半の当事者活動から、非二元的な性のカテゴリーのもとで非二元的な性をめぐるニーズが可視化され、同時に脱ジェンダー化の実践が進められていることを示す（7.4）。

7.1　FtX当事者像の変質——「MaX.」における活動を中心に

　本節では、2010年代前半における「X」当事者を含むグループでの活動に注目する。「FtMとFtXのための当事者組織MaX.[*1]」（以下、「MaX.」）の活動から

＊1　「MaX.」という名称は、「(Ft)M and (Ft)X」という文字と、最大限・最高を表す「maximum」の略記を組み合わせたものであり、「FtMとFtXが共に集まり、皆で最高に楽しい時間を一緒に過ごそうぜ！」をコンセプトとしている（FtMとFtXのためのセルフヘルプとエンターテイメントを兼ね備えたジャパンFtM＆FtXジェンダーアソシエーション「MaX.」2012a）。

は、性別移行の規範もあるなかで、2010年代はじめにFtX当事者がどのような相互サポートをおこなっていたか、そして「X」の名乗りの変化が語られる仕方が読み取れる。加えて、MtX当事者も属していた「Xラウンジ」が、交流を中心としつつも「X」を社会的に可視化しようとしていたことも論じる。

　まず、「MaX.」は、この時期から水野瑛太を名乗っていたトランス男性の壱（6.3.4参照）が2011年4月に立ち上げ、2012年5月まで続いたFtMとFtXのグループであり、FtXのYuiToも2011年6月からスタッフになっていた。壱はすでに下火になっていた「SNSコミュニティ」（6.3.4参照）での交流の記憶から、出生時に割り当てられた性別が同じ「女性」である当事者同士のほうが「何となくこう一致団結するじゃないですけど、仲間意識も生まれる」と考えていた（2022年5月、YuiToへのインタビュー）。加えて、壱は「SNSコミュニティ」で「がちがちの男の性自認の人」が歓迎されていない雰囲気を感じ取っていたほか、同時期他にも参加していた「gid.jp」などのグループで経験した内部分裂に疲弊したため、自らコミュニティを形成することにする[*2]（2022年5月、壱へのインタビュー）。

　会員制をとらなかった「MaX.」は、さまざまな活動を企画し、不特定多数に対してブログやmixi、メールマガジン、Twitterなどで告知をおこなっていた。たとえば、2011年4月のDJイベントでは東京で場所を借りて、音楽を流し、ダンスして酒を飲みかわすような場がもたれ、7月には浴衣祭りイベント、8月には富士登山イベント、10月にはハロウィンパーティが開催された。2012年1月には「MaX.カフェ」をオープンし、2012年3月から始めたウェブラジオでは、写真集『TOKYO BOIS』を制作した戸崎美和といった当時よく知られていた支援者や当事者にインタビューがおこなわれ、当時まだ知名度が高くなかったYouTubeに投稿されていた。イベントには20人から30人ほどの参加

---

*2　このとき壱が参考にしたのが、2009年頃に参加し、100人、200人ほど集う大規模な女装・ニューハーフ系クラブイベント「プロパガンダ」である。「プロパガンダ」は、2007年8月から新宿で開催され、参加したことがあるMtXの藤原和希によれば、音楽が流れてお酒が売られており、交流したり歌やダンスを観たり、深夜にはDJタイムを楽しんだりするような場であったという（2021年10月、藤原和希へのインタビュー）。このようなDJイベントのFtM、FtX版の企画として、「MaX.」は構想された。しかし、実際にはDJをできる人がおらず、「FtXの人たちのなかに、うるさいのが苦手っていう人が多かった」（2022年5月、壱へのインタビュー）ために、音楽が常にかかっているオフ会のようなカフェイベントを開いたという。

者があったという。

　このように娯楽の側面を打ち出していた「MaX.」でも、当事者間での相互サポートの取り組みはなされていた。一つは、Amebaブログのサービスであった「ピグ交流会」であり、これは東京に行きにくいメンバーの交流を可能にしていた。とはいえ、表情が見えず深い話ができないため、対面で少人数が集って悩みを話すような「FtXフリートーク」も開かれていた。壱は、「ごりごりのもう男性性前面に押し出してっていう子よりは、ちょっと物腰柔らかな優しい丸い感じの男の子っていう感じの子たちが増えてきた」というジェンダー規範の変化を感じ取っていたが、YuiToによれば壱は「FtX」だけが集まり「FtM」がいるとしにくい話をする企画をやるべきだと考えており（2022年5月、YuiToへのインタビュー）、これは定期的に開催されていた。

　では「MaX.」において、「X」はメンバーにいかなる実践を可能にしてきたのか。まず「X」のもとで、戸籍上の性別移行をおこなったのちに覚えた男性社会へのついていけなさが表明されていると言える。壱やYuiToが「SNSコミュニティ」の時期には可視化されていなかった存在として挙げるのは、戸籍上の性別変更までおこなってから「X」を名乗る人である。これは壱にとっては、「周りから男を押しつけられたくないからXって言うっていう感じ」（2022年5月、壱へのインタビュー）だととらえられていたほか、とくにFtX当事者間における相談の場での傾向を、YuiToは以下のように語る。

　　YuiTo：胸オペまでして、で、なかには戸籍変更までやったって人もいたんですけど、何か当時の傾向としてあったのが、それがゴールになっちゃってんですよね。あの、何か、悩みをどうにか解消したいってなって、で、目に見える変化、ホルモン打ったら男っぽくなってくるし、胸オペもして、何かその時はすごく生き生きしてたけど、で、戸籍変更までしましたってなったら、燃え尽き症候群じゃないですけど、あの、結局何がしたかったんだろうっていう。で、そういう人が多くて、FtMだと思って治療したのに、結局男の社会になじめないって人とかがけっこういたんですよね。（2022年5月、YuiToへのインタビュー）

　「MaX.」の時期に可視化されていたのは、「FtM」を自認しており、ホルモン投与、胸オペ、時には戸籍変更まで終えたのちに目標を見失ってしまい、男性のなかでもうまくなじむことができず、「X」、あるいは、「心はMtX」と名乗る人の存在だという。これは「男の社会」におけるジェンダー規範の強さと表裏一体でもあるだろう。

　加えて、「X」は、身体の性的特徴を性自認から切り離して理解することを可能にしている。当時壱が驚いていた存在としてYuiToが記憶していたのが、「Ft」をつけずに「Xジェンダー」を名乗り、なおかつ性別が「妖精」であると述べていた人である。壱によれば、「X」の人には性器のない「人形」のような身体観を見出せるという。

> 壱：見た目とかは男性だったり女性とかだったりするんだけど、実際は何もないっていう。その、性器もないし、そういう性的なものを思わせる体の特徴が何もないっていう。だから、たぶん「妖精」っていう発想が出てくるんだろうなって思うんですよ。だから、その本人が言ってることは、そのイメージなので、あくまで本人のなかの理想の性別として「妖精」というものがあるのであって、まあ、それを、相手に発言するかどうかはまた別の話じゃないですか。「妖精です」って言われたらやっぱり周りとまどいますよね。だから、そこの認識の違いとは思うんですけど、やっぱりそれをこう何も考えずに性別を聞かれて「妖精です」って言える人は、うーん、やっぱりちょっと社会性という意味ではちょっと欠落してんのかなっていう感じですね。（2022年5月、壱へのインタビュー）

　壱が述べるように、性別が「妖精」であるという発想の前提には、男女いずれかとして把握されやすい外見や性器などの身体の性的特徴には依拠しない性別理解があると言える。このような「妖精」という性別を壱は、社会的に流通している性別概念とは異なる、「本人のなかの理想の性別」とみなしている。ここで壱において、「妖精」は本来、性別を尋ねられたときの回答としては適

＊3　ここで「心はMtX」という表現は、「FtM」ではあるが、治療後に「M」であることに違和感を覚え、かといって明示的に「X」とも名乗れないと感じることを意味する。

切ではなく、それを回答に選択している思考が社会生活において他者とのコミュニケーション上の障害になると感じられており、「妖精」と名乗ることは「社会性」の「欠落」として理解されている。しかし、「妖精」と名乗ることは、性器や外見に基づき二元的に判断されるという性別をめぐる規範に沿わない性のあり方をもつことを表明し、それによって他者をとまどわせうるとしても、他者による二元的なジェンダー化を退けようとする実践だと言えるだろう。とりわけ外見の男性性を気にしない当事者が可視化されつつあったことは、以下の語りからも読み取れる。

> YuiTo：その時はほんとに何か、「FtX」っていったら、どっちかっていったら、男装的な、メンズの服着てて、恋愛対象女性ですみたいな人がけっこう多かったんですけど。だからそうやって、「Xジェンダー」の人、「FtX」の人が、何か、ザ、何て言ったらいいのかな、「性別αくんです」みたいな人ってあんまりいなかったんで。（中略）顔合わせの時に来たら、もう何かビジュアル系な人がぽって来たから、みんなして「おう」みたいな、「あ、『Xジェンダー』だね」みたいな人が来たので。その辺りからですよね。何かちょっとずつ、何ていうんですかね、女性性を隠すのが「FtX」っていうんじゃねえんだなみたいな感じにはなってきたんですけど。
> （2022年5月、YuiToへのインタビュー）

ここでYuiToは、「FtX」を名乗る人において「女性性」を隠して男性的な外見を志向し、性的指向も女性に向く場合が多かったが、それが変容していく傾向を感じ取っている。とくに「MaX.」のスタッフを務め、その後「label X」で代表を務めるαさんは、その象徴的な存在として語られている。このような「ビジュアル系」で「性別αくん」としか言えないような当事者を、YuiToは「FtX」というよりも「Xジェンダー」という語で言い表すことで、「Ft」、すなわち「女性」から「X」へという性別移行の論理の成り立たなさを表そうとしていると考えられる。

とはいえ、「FtX」の場合には身体的な治療をおこなわないという認識は、少なくとも運営側にとって「SNSコミュニティ」の頃からの共通認識となっ

ており、「MaX.」が1年ほどで活動方針を変更する際、対象者を「未治療」の「Ft」の当事者に限定することが発表される。一つの契機となったのは、FtMのスタッフが就職活動などで辞めていったことである。「MaX.」は会員制のグループではないため、運営スタッフがいなくなると継続させることが難しかった。そこで、「未治療」のFtX主体の団体にし[*4]、より人が定着しやすい会員制をとるという活動方針の変更がHPやAmebaブログ、Twitterなどで告知された。これは「SNSコミュニティ」の頃のような会員同士の批判的な議論が減り、「Xの人がだんだん増えていった」(2022年5月、YuiToへのインタビュー)なかで、治療するFtMと比べてサポートが足りないFtXや治療を望まないFtMにサポートの対象を限定しようとする提案だった。壱自身は、サポートの対象となる当事者ではなくなるため、アドバイザーとしてグループに関わると位置づけられている。

　この方針には、出生時に割り当てられた性別を身体の性的特徴と関連づけて二元的に把握し、それが「女性」であることで生じる困難によって会員同士が結びつくという前提も読み取れる。

　　YuiTo：そもそも根本がFtXとMtXの悩みって違うから、元の体が男か元の体が女かって違いは、やっぱその当事者にしか分からんから、だったらもうFtXに限定したほうが、たぶん、より濃い団体になれるって思って、FtXの団体にしますってツイートしたら、もう大炎上して。(2022年5月、YuiToへのインタビュー)

ここには、すでにFtM系のグループは多くあったが「FtX」に限定されたグループはこれまでになく、多くの会員を集めるとともに、FtMとFtX間、FtXとMtX間での理解できなさが生じることなく、親密な関係を築くことができるのではないかという期待があったという。加えてYuiToは、「治療前のFtM

---

*4　「FtX当事者を主体としたXジェンダーおよびGD、クエスチョニング、そして一部の未治療FtMを対象とした当事者団体としての活動に重きを置」くこと、「治療を施さない当事者（胸オペのみ外見上判らない為除く）が、如何に性別の違和感と折り合いをつけて生きるか」をテーマとするため、「FtXを主張されていてもホルモン療法（胸オペは除く）をされている方」は参加を遠慮してもらうことなどが告知された（FtMとFtXのためのセルフヘルプとエンターテイメントを兼ね備えたジャパンFtM＆FtXジェンダーアソシエーション「MaX.」2012b）

はどちらかというとFtX寄りみたいな感じの考え」が「SNSコミュニティ」の名残としてあったのではないかと述べる（2022年5月、YuiToへのインタビュー）。

　他方で、MtX当事者を含むXの交流の場が同時期に存在していなかったわけではない。第一に、2011年4月、当時Xジェンダーに関する学位論文を執筆していたS.P.F.デールが、中野の「LOUD」のスペースを主に利用して始めたグループが挙げられる。これは、はじめは「ディスカッショングループ」と呼ばれ、その後「Xジェンダーサロン」ともされる。このグループには「Xジェンダー」であると自認している人や「Xジェンダー」に関心をもつ人が参加しており、mixiやブログ「ジェンダー？セックス？性別？」（デール 2014）等で告知された[5]。2011年6月には、より学問的にジェンダーやセクシュアリティについて議論する「Xジェンダー研究会」も開催されている。

　第二に、MtXの「無性」を自認している濱川敦材が、2011年夏に「レインボー・アクション[6]」当時の代表者ともう一人のメンバーに、「自分と同じような人（MtXの人）に会ったことがない」と話したことを契機として、2012年1月に「レインボー・アクション」内部に形成したグループである「Xラウンジ」がある。濱川は2012年4月29日の東京レインボープライドにも参加し、「自分は自分　男でも女でもない」というプラカードを掲げている。東京の「パフスペース」などで2013年6月まで計8回開催された交流会はブログ上で告知され、「"自分の性別は男でも女でもないと思っている人、自分の体が女の体か男の体かはっきりしない人"たち」を中心としつつ、性自認や性的指向を問わず参加することができた[7]。

　加えて、2013年当時のレインボー・アクション代表が尾辻かな子参議院議

＊5　デールはファシリテーターとして2011年にはほぼ毎月、その後は頻度が減るが2013年頃までは、「Xジェンダーという概念」、一人称などの「言葉」、恋愛関係、カミングアウトなど研究テーマにも関わるテーマを設定し、交流をおこなっていた（Dale 2014: 37-8）。

＊6　このグループは、2010年12月の石原慎太郎東京都知事（当時）による同性愛者への差別発言を問題視する勉強会開催を機に、抗議活動をおこなうために成立した、「石原都知事の同性愛者差別発言に抗議する有志の会」が改称されたものであり、その後法人化されている。

＊7　レインボー・アクションでは、性的マイノリティかもしれない人の集まりである「かもカフェ」や、性的マイノリティをテーマにゆるく話し合う「ゆるカフェ」も2012年頃から開催されており、「Xラウンジ」の交流会はこれらの後に開催され、共通する参加者が集うこともあった。なお濱川は「Xラウンジ」の交流会でFtXの人と会うことはあったが、他のMtXの人と会うことはほとんどなかったという（2023年3月、濱川敦材へのインタビュー、2回目）。

員と知り合いであったことから、濱川は2013年5月27日に尾辻議員との面会の機会を得て、急遽作成した「日本でXジェンダーにまとめられる男でも女でない性自認についての要望書」を提出している。この「要望書」において濱川は、「中性」「両性」「無性」「不定性」などの「Xジェンダーにまとめられる性自認」を説明し、以下のような「要望」を伝えている。

　男でも女でもない性自認について議会やメディアなどの取材の際に取り上げていただきたいです。
　情報がないということは、自分が男でも女でもない性自認であることに気が付いても情報がないということで「そんなことを思う人は自分だけ」と孤独になります。それに、男でも女でもない性自認であるのに社会生活を行う上で男扱いされてしまうことや女扱いされてしまうことへの対処法を見出だす（ママ）こともできません。

　取り上げていただけるのであれば以下のことを取り上げていただきたいです。
・日本でXジェンダーにまとめられる性自認に当てはまる人がいること
・Xジェンダーにまとめられる性自認に当てはまる人の中には、男と女とは違う性自認を社会的に認めてほしい人がいるということ
・行政上の書類の性別欄を無くす
・戸籍上の性別を無くす（無くすことができないのであれば、中性・両性・無性・不定性・不明なども表記できるようにしてほしい）（特定非営利活動法人レインボー・アクション 2013）

　このように「Xラウンジ」では交流会をメインの活動としていたが、「男と女とは違う性自認を社会的に認めてほしい人がいる」として、尾辻がGID当事者のために取り組んでいた性別欄削除の活動ともそのニーズを関連づけ、「Xジェンダー」の社会的認知を広げようと試みていた[*8]。これは2010年代はじ

─────────────────────

＊8　濱川は2017年春に「レインボー・アクション」のメンバーをやめ、「Xラウンジ」を独立させたが、メンバー不足もあり「開店休業中」の状態となり、2023年に活動を終了させ

めにおいて、「Xジェンダー」のもとで非二元的な性の承認を社会に求めようとする萌芽的な実践であったと言えるだろう。

このように、「MaX.」「Xラウンジ」などの交流主体のグループの活動が展開され、「MaX.」ではスタッフの側で、性別移行後に「X」を名乗る人や、出生時の性別割り当てを「X」に関連づけない当事者が可視化されていく変化が感じ取られていたことを示してきた。YuiToの語りにあったように「未治療」の「FtX」に対象者を限定するというグループの方針がTwitter上で「大炎上」したことには、インターネット上での「X」にかかわる知識の醸成が関係していると考えられる。そこで次節では、掲示板やSNSでいかなる議論が展開されたのかを見ていこう。

7.2 「Xジェンダー」をめぐる当事者間でのカテゴリー化 ──2010年〜2015年頃の匿名掲示板とTwitterにおける 議論から

「MaX.」や「Xラウンジ」の活動と同時期の2010年代前半、インターネット上、とりわけTwitter上では「Xジェンダー」をめぐる議論が活発になされていた。本節ではこれらの議論がどのような特徴をもち、「Xジェンダー」をめぐるカテゴリー化が当事者に何を可能にしたのかを、二元的ジェンダーからの「逃げ」としての「X」(7.2.1)、GID医療の利用と「X」(7.2.2)、「X」の定義づけへの批判（7.2.3）という、典型的に見られた議論に焦点を当てて論じる。

7.2.1 二元的ジェンダーからの「逃げ」としての「X」

本項では、匿名掲示板やTwitterの特徴を確認したのちに、「X」を二元的ジェンダーからの「逃げ」として位置づける他のジェンダー非順応な人びとからの批判への応答として、他の概念から「X」を差異化し、その意味を厳密化しようとする試みが見られたことを論じる。

前章で見てきたように、匿名掲示板上でも「板」によっては当事者であるこ

ている（2022年8月、濱川敦材へのインタビュー、1回目；2024年9月、濱川とのメールでのやり取り）。

とを前提とした交流がなされ、この時期にも同様の特徴がある。さらに2010年頃にかけて、スレッド冒頭に付記される注意事項であるテンプレートの必要性が「X」について論じられ、2010年から2012年までテンプレートが用いられ、「X」をめぐる当事者間でのカテゴリー化がなされていることがわかる。具体的には「X」は、「当事者が名乗ったセクシャルマイノリティー用語」であり、「Aセク」「バイ」「FTXゲイ」が多くいること、「厨二病ではない」こと、10代〜20代が多いことなどの複数の要素から特徴づけられている[*9]。本節では、テンプレートの内容や、関連する主張、繰り返し見られた議論の内容を取り上[*10]げていきたい。

　加えて、Twitter上の議論については、2009年にサービスを開始したTogetterと調査協力者の語りを参照する。3.1.2でも述べたように、Togetterによるツイートのまとめは、Twitterの主な議論を記録として残そうとする試みである。2010年から13年にかけて、「Xジェンダー」に関するまとめ記事が数多く作成されており、これはこの時期に「Xジェンダー」をめぐる意味付与の実践が活発化したことを示している[*11]。たとえば2012年のTogetterのまとめでは、2010年頃までと比べ、Xジェンダー当事者のオフ会や研究会が開かれており[*12]、「Xジェンダーって言葉の使われ方が変わってきてるんだな、カテゴリーとして機能してきてるんだなって感じる」と評される［Xジェンダー関連の最近の動きへの個人的疑問 2012年3月26日 17:24:49〜17:31:21][*13]。

　このようなカテゴリーの確立につながる一側面として、Twitterや匿名掲示板で、

---

* 9　「厨二病」（「中二病」とも表記される）は、中学2年生頃の思春期に見られるとされる背伸びしがちな言動を表す言葉であり、自意識の過剰さを揶揄するネットスラングとして流通している。

*10　14：テンプレ3：2010/11/22（月）01:28:59 ID:wODSHurG［【FtX】Xジェンダー2　中性・両性・無性【MtX】2010年10月〜2012年2月］

*11　このようにTwitter上で「Xジェンダー」についてやり取りが活発化する一つの契機は、大衆メディアでも「Xジェンダー」が取り上げられるようになったことだろう。各年のツイートからは、2011年1月1日【ボーダー　その線を越える時　プロローグ（1）】「命」「性」…消えた境界」（MSN産経ニュース）がはじめて「Xジェンダー」について明確に言及し、Twitter上で話題となった連載記事だと思われる。

*12　前節で説明した、デールが始めた研究会のことだと思われる。

*13　資料編「4　Togetter」のTogetterでまとめられたツイートの引用に際しては、［Togetterまとめタイトル 年月 ツイート時間（ツイートが連投されている場合には範囲を記してまとめる）］として表記する。議論の内容に焦点を当てるため、アカウント名については表記していない。Togetter上で展開されたコメントである場合にはその旨も明記する。

いかに「X」を名乗るようになったのかについて他の人のツイートを「RT」以下で引用しつつ自らのツイートで意見を表明する引用リツイートや、「Xgender」等のハッシュタグを用いて経験を共有する場となっていることが読み取れる。

> 私だとMTFヘテロ→ゲイ→MTFヘテロ→X男性愛よー！けっこう揺らいだ（笑）。己の男性性と女性性を積極的に認めたくて。 RT: あ、みなさん、どういう経緯でXという自認に至ったのか。tMやtFとの揺らぎの時期って誰に…#Xgender」[Xジェンダーの声を聴こう 2012年6月6日 21:56:10][*14]

　このツイートで投稿者は、「Xジェンダー」を名乗り始めた経緯を問うツイートを引用リツイートしつつ、自らの性に関する自己定位の変化を説明している。ハッシュタグは、同じハッシュタグを用いているツイートを検索でき、それを通じて他者の経験を知り、似た関心をもつ人びととのつながりを可能にする仕組みである。ハッシュタグはオフ会を開催する際にも使われており、藤原和希は2016年に「＃X関東」というハッシュタグを使ってオフ会を開いていたXジェンダー当事者を見かけ、それを真似して自らも「＃X関東」を掲げてオフ会を開催するようになったという（2021年10月、藤原へのインタビュー）。
　ただし、こうして「X」が可視化されたことは、ほかのジェンダー非順応な人びとからの「X」に関する批判的なコメントを招き、「X」当事者間でのカテゴリー化につながることにもなった。Twitter上では立ち位置がどっちつかずな「X」への違和感が表明され、匿名掲示板でも「MtFとか性自認ハッキリしてる人はXバカにしてるみたいで見ててつらい」など、Twitter上での議論について言及し、「X」の理解されにくさや認知されにくさが話題になっている。[*15]

> 「謎」なのは「非男かつ非女」だからです。私はそれを目指すのはアリだと思いますが、あらゆるジェンダーから逃れるためにその状態で生きようとするのは色々大変だろうと推測します。[「男も女も目指さない」Xジェ

---

*14　字数の関係で省略されているが、元ツイートでは「誰にでもあるものなのかなあと。」と続く。

*15　607：禁断の名無しさん：2011/08/09（火）13:00:46.38 ID:uyc2oQWz［【FtX】Xジェンダー2　中性・両性・無性【MtX】2010年10月〜2012年2月］

ンダーは否認の表明？ 2010 年 8 月 9 日 19:57:35]

　「女」もしくは「男」ってジェンダーから逃げなきゃ行けないよーに感
じる社会のほーがヤバイってあたしは感じますね＾＾：[「男も女も目指さ
ない」X ジェンダーは否認の表明？ 2010 年 8 月 9 日 22:55:59]

　上記のツイートはいずれも、「X ジェンダー」を「女」「男」という二元的な
ジェンダーからの「逃げ」として位置づけている。上段のツイートでは「非
男」や「非女」であることが「謎」であり、困難をもたらす生き方であるとし
て、「X ジェンダー」への理解できなさが表明される。加えて下段のツイート
では、二元的なジェンダーから逃れねばならないと強いる社会の側に問題があ
るとして、「X ジェンダー」を名乗る人びとの主体的な自己定位の過程は後景
化されている。ここでは「X」の名乗りは非「X」である人から、二元的なジェ
ンダー規範からの「逃げ」として解釈され、その性自認は正当なものとして
認められていない。
　他方で「X」のもとで自己を位置づけている人びとの間でも、2010 年頃とり
わけ匿名掲示板上のテンプレートで、「女性」の性役割の放棄、コンプレック
ス、憧れから「X」を名乗ることは「X」とは異なる可能性があるとされてい
る。

　　12：テンプレ 2：2010/02/10（水）03:23:56 ID:cnLfDaGi
　　【−以下は X とは違う可能性が−】
　　《コンプレックス》
　　・フェミ的な動機（男と対等になりたいなど）
　　ただのダイアナコンプレックスです。
　　・女として（容姿や性格において）の自信のなさから
　　ただのコンプレックスです。（中略）
　　《便利さで名乗る》
　　・ただのタチビアンやバイにしか見えない人。
　　男と女のおいしい部分だけは取っといて、性役割

自分にとって面倒臭いものや都合の悪いものだけは放棄したい人。

自由は欲しいけど責任からは逃れたい人。

甘えや逃げ・わがままにしか見えません。

《憧れ》

・Xというより、

「Xになりたがってる」あるいはただ「中性に見られたがってる」ような人。

Xを過大・偶像・崇高視してる人。

Xも"ただの人"に過ぎない。・漫画の影響でなりたい人。[【FtX】Xジェンダー 中性・両性・無性【MtX】2010年2月〜7月]

　ここでは、「X」と「コンプレックス」や「責任からは逃れたい人」などのさまざまな要素が結びつけられるなかで誰が「X」なのかを定義し、当事者間で「X」か否かを相互に判断しようとするカテゴリーの自己執行（Sacks 1979=[1987]2004）が生じていると言える。「X」が診断概念とは異なる未規定な概念であるからこそ、「女性としての自信のなさ」や性役割の放棄といった、二元的なジェンダーからの「逃げ」として用いられているわけではないとし、「X」の意味を厳密化しようとする実践がなされていると考えられる。実際、2011年に「Xジェンダー」の線引きが難しいと述べるある投稿者は、「明確な判断材料」がないため、「自分ではXなんだと思っていても、『もしかしてただの願望なんじゃ』という不安が常に付きまとう」と述べている[16]。こうした不安を背景として、「X」を「漫画の影響」[17]や「憧れ」、「崇高視」から名乗ることが「X」とは異なるあり方として差異化されている。テンプレートに漫画の影響とあるように、ここで意識されているものの一つは、創作物における「男でも女でもない」「中性」であるような表象だと思われる。この掲示板では、

---

*16　845：禁断の名無しさん：2011/11/26（土）21:07:32.12 ID:9J0HOZst［【FtX】Xジェンダー 2　中性・両性・無性【MtX】2010年10月〜2012年2月］

*17　ここで想定されている漫画がどのようなものか明確ではないが、少女漫画やBLにも中性的な表象は現れていた。たとえば男性寄りのXジェンダーであり、FtMの人を好きになる真木は、「やおい全盛期」に育ち、「男子同士」の恋愛の世界を「まさに自分の物語として読んでいた」（2019年6月、真木柾鷹へのインタビュー）という。

創作物への惹かれを覚えることは「おたく」とも結びつくものとして理解され、「X」はそうした憧れの対象や「好み」とは異なる性自認としてカテゴリー化されている。

　このようにX ジェンダー当事者間で、非当事者によってジェンダーからの「逃げ」ではないかという疑念が表明されるなか、「逃げ」でも中性的表象への「憧れ」でもない確固とした性自認として、「X ジェンダー」が自己執行されていたと言える。

7.2.2　GID 医療の利用と「X」

　加えて、「X」と GID 医療との関係が問われ、治療することが性別二元論の受容として批判され、他方で治療しない「X」当事者が多いとの特徴づけが、「X」の不適切な定義づけにつながるとして「X」当事者間で批判されたことについて論じる。

　まず、匿名掲示板のテンプレートでは、病院に関わらない「X」当事者も多いなどとして、「X」と GID 医療との関係が示されている［【FtX】X ジェンダー中性・両性・無性【MtX】2010 年 2 月〜 7 月］。そこでは、「X」は「病気」ではないが、「確信」を得るために専門医の診断が必要なこともあると述べられる。ただし、必ずしも「X」が医療者によって判定されるべき概念だとみなされているわけではない。むしろ、「X 自体に未解明な部分が多く、当事者にも医師にも分からないのが現状」として、医師であっても「X」であることを判断する資格をもたないと位置づけられている。とはいえ 2011 年 11 月には、DSM-5 に「X」も加わることが議論されている。すでに 2010 年 2 月には、ジェンダー非順応な人びとの間でよく知られた専門家のブログによって DSM-5 の翻訳が紹介され、アイデンティティについて「『第 3 の性』でも『男でも女でもない性』でも、何でもあり」（annojo 2010）と解釈され、その記事が掲示板でも参照された。このように、DSM-5 のもとでは「X」も包摂されうることが知られていく。

　他方で、GID 医療の利用について、非「X ジェンダー」であるジェンダー非順応な人びとが、非二元的な性を表す「X ジェンダー」を名乗る当事者が「GID」という二元的かつ医学的な概念に依拠した診断を求めることの矛盾を指摘しようとし、対してX ジェンダー当事者が反論を加えている。以下は、

Twitter上でXジェンダー当事者が、「GID」と診断してもらうのは大変そうだと述べたツイートへの引用リツイートである。

　　GIDは二文法[ママ]なので反対側の性別になろうとするのがGIDだものね。Xは二文法[ママ]に乗れないからXだものね。GIDみたいな病気としてのIDが欲しいかな? RT: Xジェンダーの方がGIDと診断してもらうのが大変そうです(^_^;)[Xジェンダーはお医者さんに何を求めているの? 2011年5月10日08:52:21]

　ここでは、「X」の人であっても、GID医療を用いることがあり、しかし診断に困難が生じることがまず読み取れる。これはGIDのガイドラインが、二元的なジェンダー観のもとで"反対の"性別に移行する当事者を想定しているためである。そしてこのツイートを引用するかたちで、「X」が二元的かつ病理的な概念である「GID」に依拠することが揶揄されている。対してX当事者の側では、これを非当事者からの「外部語り」だと批判し、Xジェンダー当事者にも性別違和があり、その解消が求められていると反論される。

　　「Xと言っているんだから筋を通せ」っていうのも違うかなと思っています。DSM5案を見ると「反対の性別（または、指定された性別とは違う何らかの代わりの性別）」とあり、日本でもその流れは非現実的ではないかもしれませんし、矛盾していようが自分の利益になるようであればそれで良いのではないかと。[Xジェンダーはお医者さんに何を求めているの？（コメント欄）2011年5月14日]

　このツイートにおいて「X」を名乗る人の医療の利用が、DSM-5に基づき正当なものとして位置づけられていることがわかる。そして日本においてDSM-5に基づく診療がまだ実現していないなかで、自らの困難解消のためにGID医療を用いることはやむを得ないとして、非二元的な性自認と、二元的な医療との一貫性を求めようとする主張に異議申し立てがなされている。これはXジェンダー当事者が性別移行のための医療から排除されないように抵抗す

る実践だと言える。

　加えてこのコメントは、「X」であっても性別移行のために医療を利用する場合があることを明確に示してもいる。同様の認識のもとで、前節で見てきた団体「MaX.」が医療を利用していない「FtX」にサポートの対象を絞ったことについて、「MtX」や「未治療」の「FtX」を排除しているといった批判が多く寄せられることになった。

　　　　Xには少なからず「FtMを名乗る方でもホルモン療法を行っていない当事者の方は女としての性別に帰属しているものとしてナンチャッテだと判断しますよ」と言われてきた人がいるだろうに、なんで…。[FtXの定義？ 2012年4月27日01:29:30]

　　　　人の性自認や名乗りに対し何らかの「判断」を下そうとしているように読めてしまうからそういった意図がないのなら書き直したほうがいいと思う［FtXの定義？ 2012年4月27日01:36:54]

　上段のツイートは、これまで「FtM」であればホルモン療法をすべきであり、そうでない人を「なんちゃって」のGID当事者であり「女性」とみなすという当事者間の排除がなされていたことを挙げ、「FtX」において同様の事態が生じているのではないかと疑念を表明している。すなわち、下段のツイートで記述されているように、「FtX」を未治療であると特徴づける点が、「FtX」がどのような人であるか「判断」を下すふるまいとしてみなされているのである。対して「MaX.」公式アカウントは、そもそも「FtXの定義自体が何なのかハッキリしない」[FtXの定義？ 2012年4月27日15:30:02]ため「判断」することはできないとし、会としては「ホルモン投与＝男性と見られてもいいと思って治療してる方」とみなし、「FtXは本来、Xである以上、男性に見られること自体も不本意なのではないか？」という認識があったと説明している[FtXの定義？ 2012年4月27日15:48:21]。しかしここでは、他者から特定の性別として判断される仕方が「X」という性自認と結びつけて理解されている。

　このようにTwitter上には、「MaX.」を含めてさまざまな文脈に根差した

「X」への認識をもつ人びとが集っており、とくにはじめて「X」に限定された当事者団体として可視化された「MaX.」に対して、このグループが「X」を身体的治療という点から定義づけることへの警戒も生じていたと言える。当事者間でのやり取りを経て、「MaX.」は未治療の「FtX」のみを対象とすることをやめ、準備期間を経て2013年1月には、「MtX」も含む「Xジェンダー」当事者団体である「label X」が設立される。これは「Xジェンダー」は医療の利用の有無によって規定されるわけではないと明確化されたことを意味している。

7.2.3 「Xジェンダー」の定義づけへの批判

こうしたジェンダー役割やGID医療をめぐる議論は、「Xジェンダー」の定義をめぐる当事者間でのカテゴリー化の過程でもある。本項では、さらに「Xジェンダー」の定義が議論され、その厳密化を求める主張とそれに対する批判が生じる仕方を論じる。

まず、2013年におけるTwitter上でのハッシュタグ「#あなたのXジェンダーとは」を付記したツイートからは、個々人が「X」を定義することが前提とされており、とりわけ「FtX」や「MtX」ではなく「Xジェンダー」と名乗ることが、出生時に割り当てられた性別を後景化させていることが読み取れる。

> 前はFtXとしていたけど、F自認もないし、身体がどちらかも示したくないのにわざわざFと名乗るのも違和感あるのでXだけにした感じ。#あなたのXジェンダーとは ［あなたのXジェンダーとは 2013年3月20日 01:36:02］

> ①アタシがXを名乗る時にFtやMtを前につけない理由。まったり呟いたり、のんびり話したりするのに、まず体の性別を説明する必要はないかなって思うようになったから。つけるの止めたの。
> ②あと「MtXだからこの人元は男か（体は男か）」みたいな事を、プロフを見ただけの段階で思われたくないから、というのもある。中身と体の話が混ざるけど、アタシに『元の性別』は無いのです。
> ③頭の中の性別も、こうした文章の一人称とかも揺らぎまくるし波がある。

でもそれは元が男（女）だからじゃないのね。常に揺らいでるのがアタシ
なのですよ。ゆらゆらが基本。アタシのXは、ゆらゆらなXです。#あな
たのXジェンダーとは［あなたのXジェンダーとは 2013年3月19日 22:42:27
〜 22:44:20］[18]

　ここからは、「MaX.」の時期から見られたという、身体のあり方から「X」
を切り離す傾向が見てとれる。上段のツイートでは、「X」とだけ記載するこ
とで、「女性」としての性自認をもたない投稿者が身体を二元的に「F」と提
示しないことが可能になっている。下段の連続するツイートでも、①では同様
に「X」のもとで、身体の性的特徴を他者に説明することなく後景化すること
が可能になっている。加えて②では、Twitter上で身体の性的特徴を示す不必
要さが強調されるほか、そもそも「元の性別」がないのだと表明され、出生時
に割り当てられる二元的な性別への異議申し立てがなされる。③の「ゆらゆら
なX」という自己規定においても、「元」（の性別）は「男（女）」と不明瞭な仕
方で提示され、「頭の中の性別」や「文章の一人称」が、出生時の二元的な性
別の割り当てとは無関係に揺れ動いていると説明される。
　さらに匿名掲示板での議論からは、このような個々人による「Xジェン
ダー」の定義づけをめぐり、いかなる人が「Xジェンダー」と言えるのかが自
己執行されていく仕方が見出せる。まず、「X」は男女の枠に入らない人を表
すだけであるという認識が示され、以下の語りにみられるように、出生時に割
り当てられた性別への嫌悪感の有無や、性的指向のあり方といった要素は「性
自認」とは切り分けて論じるべきであるとされる。

933：禁断の名無しさん：2015/03/24（火）22:02:14.48 ID:A3Ov3Zk/
性別嫌悪してなきゃいけない訳でも無いのに
自分の考えたXの枠に居ないからなんちゃって
みたいな思考の方がなんちゃって臭いぞー［【FtX】Xジェンダー4　中性・
両性・無性【MtX】2014年2月〜2015年3月］

────────────

＊18　ここでは、3ツイートに分けられて投稿されていたものをまとめて表記している。

ここでは、自分の意味づけた「X」と他者の認識する「X」が異なるからといって、それによって他者が「X」か否かを判断してはならないと主張されている。「X」を自己執行するとき「なんちゃって」として当事者間でとらえられているのは、性別嫌悪の有無や治療の有無、服装のあり方、社会的にどのような性別の人だとみなされるかといった性にかかわる要素を性別判断の手がかりとしてとらえ、それらを性自認から切り離して理解しないふるまいであると考えられる。

　ただし、性自認が実際には二元論から外れているわけではないのに「X」を名乗ることは、不適切なふるまいだとされることもある。この点について議論は収束しないが、「X」を定義づけてはならないという意見が多く表明されている。

　280：禁断の名無しさん：2015/06/16（火）05:19:20.64 ID:ZYVeFoWL
　Xジェンダーとは　なんて定義しようとすることがナンセンス
　そもそも普通の二元論からすれば概念を理解することさえ困難なんだもの
　「男女どっちでもない」ならXで良いんだよ
　どっちでもない「方が都合がいい」とか、どっちでもない「ということにしておきたい」とか
　どっちでもない「っていう特別に酔ってる」とかじゃなければ誰でもウェルカムだよ

　305：禁断の名無しさん：2015/06/26（金）07:06:59.64 ID:ZugZfoAw
　まあXの定義が曖昧だから、嫌悪感からくるものでも現状の自分の立ち位置が男でも女でもなければXと考えてもいいのかなって思った
　自分に対するカテゴリがないと思うのは不安だから［【FtX】Xジェンダー6中性・両性・無性【MtX】2015年4月～9月］

　上段のコメントにおいて、「Xジェンダー」を定義すべきではなく、「男女どっちでもない」という非二元的な性自認をもつのであれば誰でも「Xジェン

ダー」を名乗ることができるとされる一方で、一時的な願望によって「Xジェンダー」を名乗ることには否定的な態度が示されている。下段のコメントでは、「Xジェンダー」の定義は明確に非二元的な性自認をもつことだけに限られず、性別への嫌悪感による名乗りである場合にも、不安の解消を可能にする概念として用いて構わないというスタンスが表明されていると考えられる。同様の意見は多く表明されており、「X」を「駆け込み寺」のように使っても構わない、「Xを定義しよう！」という人こそ「X」を理解できていないといった意見が出されている。[*19]

　これらの議論をふまえ、非二元的な性を生きる人びとのやり取りを前提とした「板」では、2015年から冒頭のテンプレートが変更され、これは相互のカテゴリー化を戒める内容となっている。具体的には、荒らしを無視するように述べる①と、「性自認」と「性的指向」の違いを把握するように述べる②に続き、以下の点が注意点として記載されている。

　3：マジレスさん：2015/09/15（火）03:01:37.35 ID:eeW59jj4
③Xジェンダーは現状、性自認が『男でも女でもない性』、つまり男・女以外という認識が一般です。主な例として、中性、両性、無性、などが挙げられます。
④Xジェンダーは非常に多様です。他人の例が自分または自分の理想と違っていたり、気に入らないからといって、我を通そうと意地を張ったり、他者を不必要に攻撃することはやめましょう。
⑤Xジェンダーの自覚には、思春期による性自認の揺れや、性嫌悪がもとになっている場合もあります。そのため時間が経つと性自認が変化することもありますが、それは当然のことであり、恥ずかしいことではありません。したがって、すぐに答えを出す（自分の性を決定する）必要もありません。悩んでいる方は、焦らず時間をかけて自分の性を理解していきましょう。[【FtX】Xジェンダー7　中性・両性・無性【MtX】2015年9月〜2016年2月]

---

*19　893：禁断の名無しさん：2015/09/02（水）02:33:20.96 ID:6T7F+153[【FtX】Xジェンダー6　中性・両性・無性【MtX】2015年4月〜9月]

ここでは、「Xジェンダー」は「男・女以外」とされており、中性・両性・無性などの多様な意味をもっているとされる。これは、他者の「Xジェンダー」観と自らのそれが異なっていても、他者に対して自らの正当性を主張するようなふるまいは慎むべきだとして相互のカテゴリー化をけん制するテクスト上の実践であると考えられる。加えて⑤においては、これまで議論されていたような「性嫌悪」から「Xジェンダー」を名乗る場合をふまえ、「性嫌悪」も「Xジェンダー」の自覚につながっていることを認め、時間が経って「性自認」が変化することもあるとし、すぐに答えを出さずに自分の性を理解していくことを勧めている。

　このように、2010年代前半のTwitterや匿名掲示板上では「Xジェンダー」が可視化され、非当事者からの無理解に反論するなかで、当事者間での「Xジェンダー」の自己執行が生じた。その帰結として、「Xジェンダー」という非二元的な「性自認」と、身体の性的特徴や性役割といった他の要素を切り離して理解し、個々人がそれぞれの「Xジェンダー」の定義を尊重することが規範的なふるまいとなっていく。

7.3　非二元的な性を表すカテゴリーの社会的認知の拡大

　前節で見たジェンダー非順応な人びとの間でのカテゴリー化に加え、2010年代後半からは「Xジェンダー」や「ノンバイナリー」などの非二元的な性のカテゴリーが社会的にひろく認知され、意味づけられるようになる。本節ではまず、はじめて一般書籍として「Xジェンダー」をまとまったかたちで紹介したLabel X編（2016）の記述を取りあげる（7.3.1）。次に、インターネット上の記事でいかに非二元的な性のカテゴリーが用いられているのかを論じる（7.3.2）。

7.3.1　Xジェンダー当事者団体による情報発信
　2010年代後半に見られるのは、Xジェンダー当事者団体や個々人によるXジェンダー当事者の声が、性的マジョリティに対しても可視化される傾向である。このとき、まだ「ノンバイナリー」を積極的に用いる当事者はほとんどおらず、

とくに「X ジェンダー」が知られていることが読み取れる。本項では、イン
ターネット記事とは異なる「X ジェンダー」に関する情報発信の試みとして、
2016 年に出版された「label X」の書籍『X ジェンダーって何？——日本におけ
る多様な性のあり方』（緑風出版）を取り上げる。

　まず、「MaX.」(7.1) を母体として 2013 年 1 月に設立され、多くの調査協力
者から「X ジェンダー」の人びとが主なメンバーである数少ないグループとし
て知られる「label X」の体制や活動について確認しておきたい。「label X」は
「SNS コミュニティ」と同様に、会員制であり、ブログを投稿し相互にコメン
トできる SNS を備えている。体制としては、ある FtX 当事者が代表を、YuiTo
が副代表を務めていたが、壱も運営アドバイザーとして、HP やメールマガジ
ンの管理や、会員への告知文の検討などには関わっていた。壱は自らが X ジェ
ンダー当事者ではないために、「自分とは価値観も考え方も全部違う人たちだ
から、そこは踏み込むべきじゃないみたいなので、そこに何か物申すみたいな
ことをせずに済んでる」という[20]（2022 年 5 月、壱へのインタビュー）。

　活動内容としては、ブログを通じて会員同士で交流がもたれ、時折オフ会や
講演会が開催されていた。たとえば、2013 年 9 月の講演会では、GID 学会で
はじめて「X ジェンダー」について詳細に報告したことで知られていた佐々木
掌子が招かれたほか、「X ラウンジ」(7.1) で活動していた濱川は、2013 年 4 月
に「label X」にも入会しており、「自分みたいな人（MtX）がいることを知っ
てほしいと気持ちが強かった」ことから自らの経験を報告している（2022 年 8
月、濱川へのインタビュー）。YuiTo と代表者が退任したのちには、X ジェンダー
当事者のスタッフを募集しつつ壱が主宰を務めることになる[21]。

　「label X」の編著はトランス男性の壱の主導で執筆・出版されており、ウェ
ブ・アンケート調査やインタビューを通じて X ジェンダー当事者の会員の声を
豊富に取り入れつつ、壱の思想も反映されたものとして位置づけられる。第一

　＊20　他方で壱は、当事者として活動するために 2013 年 2 月に「gid.jp」に復帰し、副代表に
　　　もなるが、1 年ほどで「gid.jp」を抜けることになる。

　＊21　YuiTo は自身がはじめて企画した講演会で一部の当事者から論争的なコメントが寄せら
　　　れ「重い雰囲気で終わっちゃった」ことに疲弊し、父親の逝去を機に地元・新潟に戻ること
　　　にもなり、2014 年 1 月に退任する。このとき YuiTo は、「ジェンダー関係の人たちのほうが、
　　　男・女で考え過ぎてる」と気づき、「関わってないほうが、何か楽に生きられんじゃねえ？」
　　　と感じてもいたという（2022 年 5 月、YuiTo へのインタビュー）。

に特徴的なのは、「Xジェンダー」が日本独自の呼称であることを強調する文化的説明がされている点である。これはデール（2016）による寄稿において、「G-FRONT関西」の森田真一によって「X」が名乗られていたことが指摘されることや、戸口太功耶（2016）において日本の「Xジェンダー」とは異なる海外の「ジェンダークィア」や「ヒジュラ」等が紹介されることで、説得力を付与されている。

　第二に、医学的・心理学的な専門知に依拠することで、「Xジェンダー」を確固とした「性自認」として客観化しようとする実践が特徴的である。まず、針間克己などの医学・性科学の専門家の著作を引きつつ、「性自認の本質」が「思考」ではなく「感覚として捉える」ことだと解釈されたうえで、「自分の意思で変えることもできない」（Label X編 2016: 22）としてその不変性が強調されている。さらに、「Xジェンダー」を"アイデンティティ拡散"ではなく、確固としたジェンダー・アイデンティティだと言いうる類型を導いた佐々木（2010）の研究が肯定的に紹介されている。関連して、「Xジェンダー」は「明確な反対の性別の自覚があったり、決めかねて迷っていたりするものではない」と述べることで、「クエスチョニング」から「Xジェンダー」を差異化しようとする試みも見られる。[*22]

　第三に、「Xジェンダー」の定義を曖昧にしつつも、インターネット上で浸透していた下位カテゴリーによって一定の特徴づけをおこなっている。ここでは、「中性」「両性」「無性」「不定性」に加えて「その他」が設けられており、これらのカテゴリーについても、Xジェンダーの人びとを、無理やり規定の枠に当てはめようという意図はない（Label X編 2016: 33）として、定義づけの意図がないことが強調される。加えてこの書籍に特徴的なのは、「中性」「両性」が、「男」「女」に依拠しないかたちで定義されていることである。すなわち「中性」は「男女」の中間ではなく、「一つの人格の中に何かの性とそれ以外のもうひとつの別の何かの性の両方がゆるやかに混ざり合った状態で存在してい

　＊22　佐々木の報告要旨が参照され、「モラトリアムとしてXジェンダーを名乗っている人々が、クエスチョニングを名乗ること」で「積極型」のXジェンダー当事者が筋の通った説明をしやすくなり、「『過渡型』や『揺洩型』で自分の性自認を決めかねている人々」が「自己の性自認が定まらないことへの不安や焦りを軽減できます」と提案されている（Label X編 2016: 205）。

る」（Label X編 2016: 37）、「両性」は「一人の人格の中に何かの性とそれ以外のもうひとつの別の何かの性の両方が混ざり合わない状態で常に同時に存在している」（Label X編 2016: 39）として特徴づけられている。これらの定義は、二元的な性の観念をもたない人びとが柔軟に自己を位置づけることを可能にしていると考えられる。

　第四に、社会に発信するうえで、「Xジェンダー」を二元的な性別観をもつ人にとっても受容しやすい存在として提示しようとする実践も見てとれる。たとえば「Xジェンダーと社会共生」という章で、「ジェンダーフリー」との関係について、以下のように位置づけられている。

　　　現実的に男女という生物学的な区別が存在する以上、なんでも性差を無視することがXジェンダーのために必要という考え方は、いくらXジェンダー当事者であっても少々乱暴であるということは理解ができると思います。
　　　当然ながら、ジェンダーの垣根をなくすということには限界がありますし、ジェンダーフリー教育が広まることによって、Xジェンダーには男女の性差を意識せずに済む場面が増えることは明らかですが、平等を無理やり強制する行為もまた逆差別であるとの考えが存在することも、無視できません。（Label X編 2016: 144）

　この記述において、ジェンダーフリーはXジェンダー当事者を資するものとされている。しかし、「男女という生物学的な性別」が存在し、その「性差を無視すること」はXジェンダー当事者であっても他者に押しつけるべきではないとし、当事者の主張を、身体の二元論を侵犯しない穏当なものとして提示している。ここに潜在しているのは再び、「SNSコミュニティ」や「MaX.」でも前提とされていた、二元的な「生物学的な性別」「身体的性別」があり、それを尊重すべきだという認識だと言える。章末における当事者座談会の内容として取り上げられる語りのなかにも、「マイノリティの側も、マジョリティ社会を脅迫しちゃいけない」という語りに続き、以下のような会員の語りがある。

　　　我々Xジェンダーは肩身の狭い思いをしているわけなんですけれども、

そこを『なんとか居場所をちょっとでもください』っていうのが我々Xジェンダー共通の想いなのかなって感じています（Label X編 2016: 155）

　この語りをする背景には、「シスジェンダー」と「Xジェンダー」の間に、「お互い理解できないところっていうのは、どうしてもあるんじゃないかな」（Label X編 2016: 156）という状況認識があり、さらに「社会が何処まで要望を受け入れてくれるのか、その判断の境界線まではっきり分からな」いと述べられている（Label X編 2016: 161）。「ゴールがバラバラ」なXジェンダー当事者は、とりわけ二元的な性を生きる当事者にとっては理解しがたく、互いに共通点も見つけにくいが、それでも社会に対してまとまって主張しなければならないという困難が語られている（Label X編 2016: 163）。

　このように、Label X編（2016）においては、まだXジェンダーに関する情報が世間に普及していない時期に、当事者の多様性を提示しつつ、客観的に「Xジェンダー」をアイデンティティ化し、性的マジョリティにとって安全な存在として提示するテクスト上の実践が編まれていたと考えられる。

7.3.2　「Xジェンダー」「ノンバイナリー」等の複数の意味づけ
——インターネット記事と匿名掲示板から

　前項で見たようにXジェンダー当事者や他の性的マイノリティの主張が可視化されたほか、2012年以降「LGBT」が『週刊ダイヤモンド』と『東洋経済』の特集を機に世間にひろく知られ（宮田 2018: 32）、2015年には渋谷区と世田谷区において同性パートナーを承認するパートナーシップ制度が導入されたことで（風間 2022: 116）、インターネット上で性的マイノリティに関する記事が増加し[*23]、非二元的な性のカテゴリーも紹介されるようになる。

　ただし、ここまで見てきた当事者団体による定義や議論の内容が、支配的な解釈枠組みとしてインターネット上にも流通するとは限らない。むしろイン

＊23　この時期には教育支援の文脈で制度的な変化も生じたが、非二元的な性を生きる人への関心は見られない。たとえば、2015年、2016年には、性的マイノリティの児童・生徒への支援策を文部科学省が打ち出し、とりわけGID当事者への配慮について記載されたが、それらは二元論に依拠した区分をなくす包括的な対応ではなく、性別違和を抱える児童・生徒への個別的支援をおこなうことを志向していた（島袋 2020: 174）。

ターネット上では独自の知識が成立していた部分もあり、前項のLabel X編
（2016）は、以下で論じる「Xジェンダー」の意味づけに影響することもあり
つつ、それに対する反応でもあったと言える。2015年頃以降、「ノンバイナ
リー」も「Xジェンダー」と時に同様のカテゴリーとして、しかし異なる文脈
のもとで紹介されていく。その特徴的なテクスト上の実践を、非二元的な性の
カテゴリーのもとでの当事者の声の可視化、「LGBT」に当てはまらない多様
性、非二元的ジェンダーとしての制度的承認の3点を中心に論じていく。

　第一に、非二元的な性のカテゴリーのもとで、非二元的な性を生きる新たな
主体として当事者の声が可視化されていく。まず、「Xジェンダー」の解説記
事や個人史の回顧的な語りをまとめた記事が2015年から複数現れ、そこでは
「Xジェンダー」が非二元的な「性自認」であり、日本に特有の概念であると
いう文化的な説明も見られる[24]。とくに「Letibee Life」というサイトにおいて、
細貝玲奈というライターが2015年に立て続けに記事を執筆しており、「社会的
に通用する自分なりの説明方法を手に入れることが重要」であるとして、同性
愛、性同一性障害と段階をふんで説明する工夫が論じられている[25]。これらの
記事はLabel X編（2016）と同様に、すでによく知られているカテゴリーとの
関係で世間に"わかりやすく"理解してもらうこと、「Xジェンダー」を日本固
有のものとしてその位置づけを確固としたものにすることを可能にしていると
言える。

　日本において「ノンバイナリー」は、後に述べるように2015年頃から用い
られ始めていたが、とりわけノンバイナリー当事者の声が可視化されるのは、
主に2019年頃から国外の著名人のカミングアウトを報じる記事においてであ
り、同時期に「ジェンダークィア」も紹介され始める。たとえば、2019年3月
19日にはサム・スミスが「ジェンダー・アイデンティティー（性自認）が男性
でも女性でもないノンバイナリー[26]」としてカミングアウトしたことが複数の

---

*24　「"Xジェンダー"は日本人にしか通じない!? 外国人に"X Gender"を言ってみた結果」
　　2015年10月22日。以後、資料編「6　インターネット記事」に載せたインターネット記事
　　を参照する際は、タイトルおよび年月を記載する。

*25　「"Xジェンダー"を人に説明するには、まず◯◯◯から話せ」2015年7月31日

*26　「歌手サム・スミスさん、自分は男性でも女性でもない『ノンバイナリー』と公言」
　　2019年3月19日

記事で紹介されている。「ジェンダークィア」も、海外でカミングアウトするハリウッドスターとの関連で、「ジェンダーアイデンティティが男女どちらも定まっていない、もしくはどちらとも定めていない人が自分を表現するために使う用語」や、「男と女というはっきりと性別で決められた社会のルールや規則に息苦しさを感じる人」などと紹介される。[27]その説明の仕方は、「第三の性別」や「性自認」、「社会の規則」などの観点から多義的になされ、それぞれの語に対応する確固たる意味づけがなされるよりも、非二元的な性のカテゴリーを用いる文脈や論者に依存していると思われる。

　ここで、2010年代半ばからカナダに留学し、帰国したばかりの塩安の語りをふまえ、これらの記事における「ノンバイナリー」のもとで性別二元論への異議申し立てがなされる可能性もあったが、それは可視化されていないことを付記しておきたい。5.4および6.2.1で取り上げたように「G-FRONT関西」のトランスサロンで「るぱん4性」の名でファシリテーターを務め、「ROS」にも関わった塩安は、北米での「ノンバイナリー」の使用について、日本の「X」との差異を読み取っている。[28]塩安は、「G-FRONT関西」での「X」と、それを「今若い人がどういう経緯で使うかっていうのはちょっと違うのかな」と述べ、以下のように説明する。

　　塩安：私のなかのXジェンダー像っていうのは、自分にわりとフォーカスしてるというか、自分の性別がどちらでもない、自分に向かっている、自分を基準にしている感じがするんですけど。私がしばらくカナダにいた関係もありますけど、「ノンバイナリー」ってどういうふうに使われてるかっていうと、バイナリーである世界が問題だっていうほうに向かってるんですよね。自分をどう定義するかっていうよりかは、社会がバイナリーであることに異議を申し立てる、もうちょっと政治的な立場っていうか、もうちょっと、二元論に対するアンチって感じですね。アメリカ手話で「ノンバイナリー」ってどう言うかっていうと、"ファック、二元論"なんで

＊27　「ジェンダークィアとは？ノンバイナリー（Xジェンダー）とどう違うの？」2019年6月19日

＊28　塩安は2018年3月にカナダから日本に帰国し、関西を中心に活動を続けている。

すよ。そういう、もうちょっとアイデンティティの持ち方がどれだけ社会
に規定されてるかってことに、もうちょっと自覚的というか。（中略）わ
りとトランスジェンダーの友達でもだんだん「トランス」っていう言い方
から、「ノンバイナリー」に移行してる人たちも何人か見かけて。（2018年
3月、塩安九十九へのインタビュー）

　少なくともカナダで塩安がやり取りした複数のグループの人びとにおいて、
「ノンバイナリー」は「トランス」よりも肯定的なカテゴリーとして広まって
いるという。これは「ノンバイナリー」が、「自分を基準にしている」のでは
なく、社会における性別二元論に対して異議申し立てをするという政治的なス
タンスの表明を可能にしているためであるという。北米の一部で「ノンバイナ
リー」にこうした性別二元論への批判が結びつけられる状況が見出せる一方で、
英語圏のノンバイナリー当事者を取り上げたインターネット記事では、むしろ
当事者を「第三の性」などと表記し、性別二元論を維持しつつ個人的な性自認
として「ノンバイナリー」を扱い、性別二元論への異議申し立てという意味づけ
けは見られないことがわかる。
　第二に、これらの概念は「『LGBT』に当てはまらない多様性」として意味
づけられている。これは、「LGBT」や「LGBTQ」の紹介のされ方とも関わ
っており、「X」や「ノンバイナリー」、「ジェンダー・フルイディティー」は
企業によって「性の多様性」を体現し、男女の規範に沿わない新たな「消費
者」として提示されることがある。2015年9月の電通による、LGBT当事者の
消費に焦点を当てた特集では、以下のように非二元的な性にも言及される。

　　「心の性別」が男女どちらかに規定できない「Xジェンダー」など、多
　様なセクシュアリティーが存在しており、LGBTの4つでもくくりきれま
　せん。［今、企業がLGBTに注目する理由とレインボー消費 2015年9月7日］

　　「ジェンダー・フルイディティー」「ジェンダー・レス」「ノンバイナ
　リー」といった言葉を聞いたことがあるだろうか。性別に関して「男性」
　か「女性」という選択をしない、つまりどちらにも属さない、または意識

しないことを指す言葉だ。今、欧米を中心にミレニアル・Z世代の間で増えており、メディアや大企業が注目する層となっている。[「男性」か「女性」の二択は時代遅れ、性別の流動化「ジェンダー・フルイディティー」の台頭 2018年1月11日]

　ここで見られるのが、大衆メディアで「GID」が説明されたときから用いられた「心の性別[*29]」という概念である。ここで、「自分の心の性を定義しかねている『Xジェンダー』」のような説明や、下段の引用における「どちらにも属さない、または意識しない[*30]」など、説明の仕方は一定ではなく、「性自認」という概念は用いられていない。下段の引用からは、非二元的な性を表す「ジェンダー・レス」や「ノンバイナリー」などの概念を引き受ける主体が、「メディアや大企業が注目する層」、すなわち「欧米」に特徴的に見られる新たな市場の可能性として期待されていることがわかる。
　さらに、「Xジェンダー」や「ノンバイナリージェンダー」が非「LGBT」とされるとき、これらは出生時に割り当てられた性別への違和や二元的な性自認をもつかどうかという点で、「トランスジェンダー」とは異なるカテゴリーとして提示されることがある。VOGUE GIRLの記事は、「ノンバイナリージェンダー」を、「自身のジェンダーを男性、女性のどちらかに限定しない」、「第3の性」として、「Xジェンダー」「ジェンダー・エクスパンシブ」などの他の語と併記し、以下のように述べる。

　　ノンバイナリージェンダーと間違いやすいのが、トランスジェンダー。でもこのふたつ、似ているようで実は全く違う。「トランスジェンダーっていう言葉は多様な意味をもち、多くの人に当てはまるから、みんなが入れる大きな傘みたいなもの」と説明するのは、トランスジェンダーのパフォーマンスアーティストで教育者であるレベッカ・クリング氏。「トラン

＊29　「こころの性」と「からだの性」の不一致というGID概念の説明の仕方は、法務省や文部科学省におけるGID当事者支援の論理にも用いられており、これは当事者の抱える問題を、個人の内在的要因に還元するものである（宮田 2017: 307）。
＊30　「ダイバーシティが生むイノベーション～企業のLGBTへの取り組み最新事例から学ぶ」2016年3月18日

スジェンダーは普通、生まれた時とは別の性別を望むことを表します。対してノンバイナリージェンダーの人は、"身体と心が必ずしも別の性別というわけではなく、男性でも女性でもない"のです。だから、トランスジェンダーに含まれるとは限らない」［ジェンダーとは女性と男性の二択ではない！　「ノンバイナリージェンダー」について知っておこう。2016年5月26日］

　ここで英語圏の研究者でもあるトランスジェンダー当事者の解説では、「トランスジェンダー」はアンブレラタームだが、とりわけ「ノンバイナリージェンダー」は「身体と心」が「別の性別」とは限らず、「男性でも女性でもない」として「トランスジェンダー」に含まれないこともあると位置づけられる。この語りは、「トランスジェンダー」の下位カテゴリーとしての「ノンバイナリージェンダー」の可能性を消去してはいない。しかし記事の執筆者によって、「トランスジェンダー」とは「全く違う」として「ノンバイナリージェンダー」の固有性を強調するものに読み替えられていると言える。
　そして、2016年頃から「LGBTs」「LGBTQ」「SOGI（Sexual Orientation and Gender Identity）」が紹介されると、非二元的な性を含む非「LGBT」である性のあり方が、これらのカテゴリーのもとで包括して表されるようにもなる。

Qとは自分がよくわからないQuestioning（クエスチョニング）な人に、個性的な人を意味するQueer（クィア）も合わさった概念だとか。その場その場で性が変わるXジェンダーの人もそうだし、倒錯的な性的嗜好をもった人たちも含まれると言うのです。［日本人はなぜ「男脳・女脳」に固執するのか　「LGBTQ」の時代がやってきた！　Qって何？　2017年8月27日］

　「Q」は、「クエスチョニング」もしくは「クィア」を表すカテゴリーとされることが多いが、この記事のように「Xジェンダー」を「Q」に含めて理解する記事もあり、「Q」の理解はそれ自体多義的である。とりわけLGBT関連の専門的記事においては、「クィア」を「『男』『女』『異性愛』以外のセクシュアルマイノリティ」とみなし、「変態」という意味づけを肯定的に捉えなおすカテゴリーとして、「クエスチョニング」を「自分の性のあり方をハッキリと

決められなかったり、迷ったりしている人、または決めたくない、決めないとしている人」として区別する傾向がある。ここで「Xジェンダー」は、「クエスチョニング」と類似したカテゴリーとして理解されている。

　加えて「SOGI」も、非「LGBT」としての「Xジェンダー」などの性を包括するカテゴリーとして理解されることがある。その背景として、2020年の東京オリンピック・パラリンピック大会開催に際し、「この機会を"成長エンジン"にしたい経済界として、諸外国に対する政治的なスタンスを整える必要に迫られた」ことが挙げられている［LGBTに代わる性的マイノリティの新概念"SOGI（ソジ）"って何？ 2017年5月25日］。

　　　LGBTには、Xジェンダー（男性でも女性でもない"第三の性"に属す人々。
　　　男女どちらにも決められない、決めたくない人々もいる）などが含まれていな
　　　いという問題もある。そこで、3月9日に有力団体のLGBT法連合会など
　　　の活動家が連携した「レインボー国会」（差別禁止法の制定を目指す院内集
　　　会）では、あらゆる性的マイノリティを包括する新しい概念として
　　　"SOGI"が打ち出された。［LGBTに代わる性的マイノリティの新概念"SOGI
　　　（ソジ）"って何？ 2017年5月25日］

　そもそも「SOGI」は、人びとが多様な性的指向と性自認の組み合わせをもつことを意味し、性的マジョリティをも包括的に表現しうる（Chase 2016）。しかしここでは、「SOGI」導入時の意味づけは後景化され、「あらゆる性的マイノリティを包括する新しい概念」として「SOGI」が理解されていると言える。執筆者は、「SOGI」を性的マジョリティとは関わらない概念として他者化しているのである。

　このような非「LGBT」としての非二元的な性のカテゴリーの運用に加え、第三に、「Xジェンダー」「ノンバイナリー」等を用いて非二元的な性の制度的承認が必要だと主張されている。主に国外の英語圏における代名詞や出生証明書といった制度的な改正が海外情報発信系のニュースサイトにおいて紹介され

＊31　「【LGBT用語解説】LGBTQとは？『Q』って何？」2017年9月26日

228

る際、とりわけ「ノンバイナリー」が用いられていることが読み取れる。たとえば、2015年には代名詞のtheyが「ノンバイナリー・ジェンダー」の人を指すものとして紹介され、[32] 2016年には「男でも女でもない三人称『ze』」も説明される。[33] その後2019年には、『メリアム・ウェブスター辞典』において、単数形の「they」が「ノンバイナリー（Xジェンダー）の方など、性自認が典型的な男性／女性に当てはまらない方を指す」概念として「Word of the Year」に選ばれたとされる。[34] 出生証明書においても、カナダのオンタリオ州で「ノン・バイナリー」表示の出生証明書が2018年に発行可能となる見込みと報道され、[35] アメリカのニューヨーク州において2019年には出生証明書に「X」を選択可能となったと紹介されている。[36] これらの紹介で「ノンバイナリー」は、「Xジェンダー」と同様のカテゴリーとして位置づけられ、「Xジェンダー」と、英語圏における制度的な第三ジェンダーとしての「X」との関係は示されないままに用いられている。

　ただしこれは、国家による非二元的な性の承認を無批判に受容し、「性の多様性」の承認としてのみ提示するテクスト上の実践でもある。ある記事では冒頭において、「インド、ネパール、パキスタン」などの「伝統的な価値観が根強く残る保守的な社会」で「中立」の身分証明書が発行されていることに驚きを示しつつ、以下のように論じる。

　　究極的には、Xの公的書類は国として「性の多様性」を受け入れるかという点に帰着する。もちろん運用面での実現可能性やコストといった問題はあるが、不可能ではないはずだ。
　ジェンダーニュートラルなパスポートは、大半が第3の性別の表記とし

*32　「今年の言葉は『絵文字』、うれし泣き顔を選出──オックスフォード辞典」2015年11月18日。なお、実際にはtheyは性別を指定しない代名詞だが、ノンバイナリーの人だけが用いているわけではないし、ノンバイナリーの人がsheやheを用いることもある。

*33　「男でも女でもない三人称『ze』を使おう　オックスフォード大学が推奨」2016年12月12日

*34　「今年の『Word of the Year』に性別を問わない代名詞『they』が選ばれました」2019年12月12日

*35　「カナダで性別を定義しない出生証明書実現の見込み」2017年5月22日

*36　「NY市 出生証明書にノンバイナリー「X」の選択肢 新法施行」2019年1月2日

て「X」を採用するが、ネパールでは「other」の頭文字を取って「O」が使われている。背景は何であれ、違いを認識し、国家としてそれを受け入れる決断をすることは、社会の変化を促すための一歩になりうるのではないだろうか。[「男」でも「女」でもない、性の多様性を受け入れたパスポートが浮き彫りにしたこと 2018年11月20日]

　たしかにこのような法的承認は、軽視されやすい非二元的な人びとに法的地位と保護を与え、かれらの抱える課題やニーズを把握しやすくなるという利点をもつとされる（Clarke 2019）。他方でこの記事は、法的な性別カテゴリーの選択肢が増えるだけでは対象となる人びとの承認につながらない場合もあることを後景化してもいる。たとえばネパールでは、多様なアイデンティティが「O」というカテゴリーにまとめられているため、それに抵抗をもつ人や「女」「男」という概念そのものを崩そうとしている人、両性的であったり揺れ動きがあったりする人を十分に承認しない可能性があるという（Kapali 2019）。

　以上3点から見てきたように、インターネット記事ではその多くが非二元的な性を「性の多様性」と結びつけ肯定的なものとして提示していたが、匿名掲示板では2016年頃からとりわけ「Xジェンダー」「ノンバイナリー」の当事者の声を紹介する記事に対し、否定的なコメントが大半を占めるスレッドが多く現れる。そのコメントからは、非二元的な性を生きる人びとへの嫌悪がどのようなかたちで表明されるのかも読み取れる。具体的には当事者に対する非難は、以下に挙げたように、性別へのこだわりが強いこと、性別役割を果たさず未成熟であること、「厨二病」として表現され、これらの状態は「精神病」として位置づけられることがある。

31名無しさん＠1周年 2017/06/08（木）08:55:08.48ID:waFb+wPB0
精神疾患では？こういう人達こそ画一的な「男像」「女像」にとらわれている。
気にしすぎ。[【LGBTQ】男でも女でもないと感じる「Xジェンダー」都内で交流会「存在知って欲しい」（NHK）★2 [無断転載禁止]c2ch.net 2017年6月8日]

15名無しさん@1周年 2018/07/04（水）20:02:17.74ID:I0VsE6mBO
ようするに　成人男性としての義務も　成人女性としての義務も背負いた
くない　永遠に子供でいたいってことだろ　馬鹿馬鹿しい［【LGBTQ+】
男か女か"決めたくない""わからない"「Xジェンダー」理解を　自覚なく結婚し
女装癖告白し差別され離婚も 2018年7月4日］

11名無しさん@1周年 2019/09/15（日）19:59:08.65ID:/frUMBgM0
第三の性？　ただの性癖だろ　それか自分は特別だと思いたい厨二病を卒
業出来てないだけ［【第3の性】彼でも、彼女でもなく。サム・スミスが自分
の「代名詞」を『They』や『Them』に変えた理由「ノンバイナリー」とは？
2019年9月］

　上段の指摘は、「男でも女でもない」と認識する当事者に対し、二元的な性
を広い意味をもつ概念としてとらえていないと批判している。他方、中段のテ
クストでは、「成人男性」や「成人女性」には、ある種画一的な、結婚などの
ジェンダー役割行動が結びつくとされ、それらから逃れようとする「子供」の
ような存在として当事者が非難されている。この論理は、Twitter上における
非「Xジェンダー」のジェンダー非順応な人びとによる「Xジェンダー」への
批判的言動のなかでも見られたものである。そして下段のテクストにおいては、
インターネット記事で非二元的な性を生きる人を表すために典型的に用いられ
てきた「第三の性」が、「特別」な存在として扱われたいという欲求として解
釈され、性的マイノリティというよりも、自意識の過剰さなどを揶揄する「厨
二病」に当てはまるとされ、「ノンバイナリー」という性自認は否定的に扱わ
れている。
　このように本節では、当事者団体や個々人が「Xジェンダー」を可視化させ
たなかで、インターネット記事が「性の多様性」を称揚する文脈で、非
「LGBT」や非二元的な性の制度的承認など複数の仕方で「Xジェンダー」「ノ
ンバイナリー」を特徴づけてきたこと、対して匿名掲示板上でこれらの概念が、
二元的な性別観や「厨二病」概念のもとで否定的に扱われていたことを示して
きた。

7.4 当事者活動における「Xジェンダー」「ノンバイナリー」の承認と脱ジェンダー

　前節で見てきたような、非二元的な性を生きる人びとへのさまざまな社会的理解がなされるなかで当事者の活動も展開される。本節では、2010年代における非二元的な性を生きる個々人が参加できるグループを確認したのちに、個々人による制度的な働きかけを、非二元的な性の承認と、脱ジェンダー化の実践に焦点を当てて論じる。

7.4.1　非二元的な性を生きる人びとが参加するグループの状況

　本項では、次項での制度的な働きかけを見ていく前に、非二元的な性を生きる人びとが集うグループが、2010年代後半において都市部を中心に全国的な広がりをもつことを確認したい。なぜならこれらの場の形成は、当事者の活動の基盤となりうるためである。大学を基盤とした性的マイノリティのサークルなどでも交流がなされているが、本項では数多くのグループのうち、調査協力者が言及していたグループについての説明が主となる。

　まず、セクシュアリティにかかわらず誰でも参加できる、セクシュアリティミックスのさまざまな交流グループが2010年代までに形成されている。Pさんは東京で「LOUD」[*37]の月1回のオープンデイや、2012年から活動を始めた「Queer & Ally」、ICUのジェンダー研究センターが主催している「ふわカフェ」、2016年11月から始められ「渋谷区LGBTコミュニティスペース」として月1回開催される「#渋谷にかける虹」などに参加してきたという。ほかにも、早稲田大学公認の学生団体である「Re:Bit」（2012年発足）が2014年に開催し、その後各地で開催されるようになった「LGBT成人式」には、さまざまな性自認や性的／恋愛的惹かれをもつ人びとが参加してきた。

　加えて、ジェンダー非順応な人びとが参加するグループも、より多様な当事

　＊37　「LOUD」は1995年6月に、レズビアンやバイセクシュアル女性などの性的マイノリティとその支援者が利用できるスペースとして設立されたが、新型コロナウイルス感染症の影響で2021年4月末に閉鎖されている（LOUD 2022）。

232

図9 左：lagのロゴ、右：活動の様子（まさよしによる提供）

者を包摂しようとするものになっている。GID学会後の全国交流会における2012年の交流誌には、2012年には35グループ、2019年には31グループが掲載され、2010年までの交流誌と比べ、非二元的な性に関する記載があるグループが多く載っていることが確認できる［GIDトランス全国交流誌2012］。非二元的な性を生きる人びとを中心とする自助・交流グループも、少数ながら活動してきた。「点に丸の会」は2017年から関西で活動をはじめ、「Xジェンダーの居場所・自助会・交流会」をコンセプトとし、自助会や交流会などを開催している（点に丸の会 2019）。

　ほかにも、2016年9月から東京でまさよしが主宰している、性的マイノリティやアライの居場所づくりをおこなう「lag（ラグ）」（図9）は、Xジェンダー交流会（計4回）や、カミングアウトや服装、パートナーシップなどさまざまなテーマに基づく交流会、絵本カフェ、映画上映会、トークイベントなどを開催し、トランスジェンダーやXジェンダー、ノンバイナリーの人びとが多く参加してきた。しばらくは参加申込者だけに会場を伝えていたほか、地元での交

＊38　具体的には、2012年には、本書で取り上げた「G-FRONT関西」（大阪）、「T-junction」（大阪）、「MaX.」（東京）、「FT/MX」（神奈川）のほか、「関西クィア映画祭」、「スクランブルエッグ」（青森）、「岩手レインボー・ネットワーク」（岩手）、「ARUKO -Trans Gender Self Help Group-」（東京）、「"レインボーぎふ"の会」（岐阜）、2019年にはなくなっているグループもあるが、さらに「ex-T's Kitchen」（東京）、精神疾患や依存症を抱える人の自助グループ「カラフル@はーと」（東京）、「SHIP」（神奈川）、「レインボー金沢」（石川）、「くまにじ」（熊本）に非二元的な性に関する言及がある。

流会には参加しづらいとの声から、少し遠方の会場で開催するような工夫もおこなってきたという。以下のまさよしの語りからは、「lag」の参加者が変わりつつも、新たにやってくる非二元的な性を生きる人びとや、ひろくマイノリティ性をもつ人びとの居場所となってきたことがわかる。

　　　まさよし：当初はXジェンダーやノンバイナリーの人が集まれるような対面の交流会がほとんどなかったため、自身にとっても分かち合いのなかで自分自身を取り戻すような、"お互いに生き延びる力を得る"ためのピアサポートの場、というような感じだった。男女二元論の外で、「生きていること」「自分たちが存在していること」を感じられる瞬間をみんなで一緒に作ってきたので、男か、女か、ふたつに分かれた性別の外にいる人も、自分らしく居られるセーフスペースをめざしているという点では今も昔もそれは変わっていない。ただ、交流会を8年続けているなかで、徐々にXジェンダー／ノンバイナリー当事者だけでなくさまざまな性的マイノリティ当事者が参加してくれるようになってきた。そんななかでも自身が活動を始めた当初と同じように、自分以外の人に性自認のあり方を初めて打ち明けるという人も少なくなく、参加してよかったと言ってもらえると今でもとても嬉しい気持ちになる。最近は性のあり方だけでなくさまざまな生きづらさについて語られる機会が増え、広い意味でのマイノリティ性での共感や繋がりが会を支える原動力にもなっているように感じている。
　　（2024年9月、まさよしとの補足的なメールでのやり取り）

　本書で取り上げてきた「label X」も、2017年4月から新体制となり2025年現在に至るまで活動を続けている。「Xジェンダー」の藤原和希は、もともとボランティア活動に興味をもっていたこともあって2015年頃に「label X」に入会し、講演会や交流会に参加していたが、代表やスタッフの募集を機に、壱に代わって代表に就任する。藤原によれば、「label X」の会員数は2016年頃に100人を超え、そこから一気に増えて、2021年には300人を超えている（2021年10月、藤原へのインタビュー）。藤原は年に2、3回のみ交流会を開いていたが、定期的に交流会を開くことにし、2018年頃から月1回ほど、スタッフらと新宿

の「足湯cafe & bar どん浴」とのコラボとして開催されている「Xジェンダーのたまり場」と言われる交流会を開催するようになる。加えて、掲示板、電話、対面における、性別違和の悩み相談室が開設されている。

　新型コロナウイルス感染症が拡大して以降、「label X」の活動もオンライン開催を併用するようになっており、これは地方からのオフ会参加を可能にしてもいる。2014年まで「label X」で副代表を務めていたYuiTo（7.1、7.3.1参照）は、新潟では「異性愛者が当たり前」という状況があり、「関わらなければ普通に生きれるけど、何か物足りないというか、ほんとの意味で自分を出せてない」と感じ、新潟の状況を変えていくことをめざして、2021年4月に「label X」に再入会し、「label X」が交流中心の「緩い」雰囲気になっているとして、初期の「label X」からの変化を見出している。[*39]

　これらの自助や交流に焦点を当てたグループとは異なり、制度的側面を変えていくべくロビー活動をおこなってきたのが、「共生社会をつくるセクシュアル・マイノリティ支援全国ネットワーク」（以後、共生ネットと表記する）や「LGBT法連合会」である。レズビアンコミュニティに関わってきたミナ汰（4.1参照）は、はじめは「メインストリーム嫌悪」があり、「正当性を演出する」必要性を受け入れることにも葛藤を覚えていたが、40代になってロビー活動を始めることを決心する（2021年12月、ミナ汰へのインタビュー、6回目）。その背景には、これまでのレズビアンのグループでの活動において、資力や宣伝力も不足するなかで活動が長続きしないことがあり、「先行く人が全然やってこなかったことで困った経験」を解消し、性的マイノリティの存在を社会的なシステムに組み込んでいきたいという想いがあった（2021年12月、ミナ汰へのインタビュー、6回目）。そしてミナ汰は、2008年1月に「パフスクール」の講座のメンバーとともに「共生ネット」を設立し、代表に就任する。[*40]

　「共生ネット」は、具体的にはインターネットの情報フィルタリングにおいて、同性愛などセクシュアリティの話が対象となっていたことについて陳情し、

＊39　新潟において非二元的な性を生きる人の活動はこれまで可視化されていなかったが、YuiToは2022年7月、柏崎の市民活動センター「まちから」において「スクランブルエッグ」というイベントでミニ講演会をおこない、「Xジェンダー」や個人史の説明をおこなっている。

＊40　「共生ネット」は2012年にNPO法人化されている。

2012年からは「よりそいホットライン」という電話相談をおこなうなど多岐にわたって活動していた。国勢調査で同性カップルを表明するとエラー処理されるという問題についてロビー活動をおこない始めると、他団体とも合同で一つの窓口をつくることになり、2015年に「LGBT法連合会」が結成される。その後、ロビー活動については「LGBT法連合会」、生活上の困りごとについては「共生ネット」中心に取り組むようになる。

7.4.2 「Xジェンダー」「ノンバイナリー」としての承認と脱ジェンダー化

　以上のようなグループを基盤として、あるいは個々人によって、「Xジェンダー」「ノンバイナリー」等の非二元的な性が社会で承認されることをめざしたさまざまな活動がおこなわれてきた。モンロー（2005: 90）は、言語や公的書類に追加のジェンダー・カテゴリーを形成することをジェンダー多元主義、不必要なジェンダー・マーカーの除去や二元的な差異の強調を最小限にしていくような実践を脱ジェンダー化のアプローチとして位置づけている。本項では、調査協力者による活動において、「X」や「ノンバイナリー」というカテゴリーの社会的承認へ向かう多元主義的な方向性と、むしろ脱ジェンダー化をめざす方向性とが、どちらも展開される仕方を論じる。

　まず、「LGBT法連合会」における性別欄をめぐる活動は、非二元的な性の制度的承認をめざす、ジェンダー多元主義として位置づけられる。ミナ汰によれば、「共生ネット」の時期にはまだ「性自認」をめぐる問題には焦点が当てられておらず、これに取り組むのは「LGBT法連合会」ができた2015年以降であるという。性別欄をめぐって男女以外の選択肢が必要であり、その方針については目的に応じたかたちをとることが望ましいとミナ汰は説明してきた。ミナ汰は、2019年頃から「性自認」によって性別欄を回答することが認められているようだとの認識を有しており、内閣府の男女共同参画の統計や、厚生労働省の労働現場における多様性の担保について相談される際、まずは「男女2択にするっていうのは、やっぱり非常に問題があ」り、性別欄が必要となる理由や、どの性別を記入してほしいのかを説明すべきだと伝えているという。

　　ミナ汰：最低でも1、2、3ですね。3択。番号をつけるとしたら、1、2、3、

あるいは4択の非該当を含めた4択。それで、基本的には、まあ、他の海外のいろんな選択肢を見ると、大体「N/A」っていう、「not applicable」っていうのがあって。どちらにも該当しないっていう意味なんだけれども。あの、それがね、やっぱり入っている。それを日本語でどういうふうに表現するかみたいな、そんな話をしたんですよね。できれば、その、女性比率、男性比率だけじゃなくて、多様性の比率っていうのは、その、ダイバーシティ比率みたいなのがね、出てくればもっといいんじゃないかっていう話ね。(中略)

筆者：「その他」で、たとえば括弧で自由回答みたいなのが今は多いんですかね。3つ目をつくるとしたら。

ミナ汰：うん。「その他」に関しては、その、けっこう役所も気にしてて。「その他」でいいのかどうか、ちょっと「その他」っていうのは乱暴なんじゃないかみたいなっていうけっこう話を、あの、よくされてますね。だから。うんうん。

筆者：どういうふうに答えたりしてるんですか。そういう相談をされたら。

ミナ汰：うーん。どういうふうに表記したいかによって。たとえば「M」「F」でいくんだったら「X」でいいかもしれないし。それはパスポートコードに合わせるってことでね、うん、いいかもしれないし。言葉で言うんだったら、「どちらでもない」、「どちらでもある」とか。そうでもいいかもしれないし。まあ、「該当せず」とか。そうだね、そういう感じでもいいし。あるいは、全部「性自認」で聞いてるっていう前提にするんだったら、「その他」に「性自認」で書けばいいことで。だから、何を聞きたいかっていうのがそもそもはっきりしてないっていうのが一番の難しいとこかなって思いますよね。書類って書くんだったら、法律上の性とかいうふうにちゃんと書いたほうがいいって。でももう法律上の性も、外国から入ってきて、また「X」性の人がいるわけだから、そういうのも含めると、日本ではまだ法律上は二つしかなくて、もうやっぱりもうすでに3つの、最低でも3つの性は存在してるので、もうそれはもう入れないと駄目でしょっていう話はしてるんですけどね。(2021年12月、ミナ汰へのインタビュー、6回目)

「LGBT法連合会」において、ミナ汰は日本国外での性別欄をめぐる状況を参照しつつ、「何を聞きたいか」が「はっきりしてない」という困難があるが、基本的には目的に応じた方針をとるべきだと述べる。まず、非二元的な性のカテゴリーは、男女の比率にとどまらない「ダイバーシティ比率」を把握することを可能にする。加えて、「その他」という表記は「乱暴」との認識を一部の省庁の役人も示している。これは「その他」が、「男」「女」をより正当なジェンダーであると認め、非二元的な性を生きる人びとを他者化する概念であるためだと考えられる。

　そして、すでに国外では「X」を選択している人も存在するパスポートコードに合わせて「X」を用いることの必要性も語られている。国外ですでにパスポートのジェンダー表記が「X」である人が、二元的なジェンダーに基づく航空券購入システムや航空会社のチェックインプロセスに困難を覚えていることは、先行研究でも問題視されてきた（Quinan & Hunt 2021）[41]。他方、このような国際民間航空機関（ICAO）の方針に沿う動きからは、性別欄を撤廃することの困難さも示唆される。ICAOは、多くの人の情報を保持するシステムでの処理速度を向上させることができるとして、書類の性別欄が必要であると明記している（ICAO 2012: 7）。この方針ゆえに、「X」という選択肢があるとしても、パスポートに性別表記を残すことは義務づけられるという限界も指摘されているのである（Holzer 2020）。

　このような性別欄をめぐる方針については、非二元的な性を生きる人びとの間で見解が一致しているわけではない。「label X」の代表である藤原和希は、性別欄をめぐり、「X」として自らの性自認が社会的に承認されることを望んでいる。

　藤原：性別欄は何だろうな、何かしら「X」なり何なりがあってほしいなと思いますね。何か、交流会の場で聞いたら意外と望んでる人って実は多くなかったんですけど、「あれ？」って思ったんですけど、でも何か、あ

＊41　根本的な解決にはならないが、このような困難は当事者がパスポートを複数所持することで対処されることもある。たとえばマルタでは、ノンバイナリーのパスポートと、自己申告で決定されるMもしくはFの二つのパスポートを所持するという選択肢が設けられている（Holzer 2018）。

ったら自分なら「X」なり何なり絶対つけるから欲しいなと思いますし、何かそれがあることで、知ってもらう機会にはなると思うんですよね。だから、そういう意味でもあってほしいなと思うんですね。

筆者：それは何かやっぱり「X」という性別が、性別欄があってほしいのか、たとえば「その他」とかで自由に記入する感じでもいいのかとか、そういうのってありますか。

藤原：「その他」は「その他」で、何か理解してくれてる感があるので、それはそれであってよくて、ちょっと贅沢すぎるかもしれないですけども、「その他」とは別に何か「X」ってあってくれるとうれしいなという気はしますね。（2021年10月、藤原へのインタビュー）

　藤原は、「Xジェンダー」と「ノンバイナリー」を同様のカテゴリーとしてとらえ、とくに区別していない。「何かしら『X』なり何なりがあってほしい」として、藤原は性別欄に「X」などの非二元的な性のカテゴリーが必要だという立場をとるが、これは「label X」の他のメンバーからの賛同が多いわけではない。しかし藤原は、非二元的な性を生きる人びとの存在を認知させること、そして「X」として人格を承認されることへの期待から、「X」の記載を望んでいることが読み取れる。

　すでに藤原は、地元である横須賀市において「Xジェンダー」「ジェンダークィア」という表現をパートナーシップ制度に組み込み、非二元的な性を生きる人にとってのニーズがあることを示そうとしてきた。横須賀市には、性的マイノリティ向けの施策を数多く実施してきた市議会議員がいたが、当事者の声が少ないとされていた。そこで藤原は、「よこすかにじいろかれー」という団体を2018年に立ち上げ、人権男女共同参画課の市民委員として活動してきた。パートナーシップ制度はもともと「同性パートナーシップ」というかたちで始まっており、男性同士、女性同士の二元的な性を想定していたと言える。そこで藤原は以下のように、非二元的な性を生きる人もこの制度を使用できることを明示しようとしたのである。

　　同性カップルの方々に限らず、事実婚、トランスジェンダー、Xジェン

ダー、ジェンダークィア、アセクシュアルの方々なども宣誓できます。な
お、セクシュアリティなどについては、新たな用語や定義が生まれる可能
性があり、記載されていない方々を排除するものではありません。(横須
賀市 2019: 4)

　藤原はここでも、「書いてることが大事」だと考え、「Xジェンダー」や「ジ
ェンダークィア」、事実婚の人、「アセクシュアル」の人などの文言を組み込ん
だという。これは、とりわけパートナーシップ制度において、同性愛者が使用
するという理解が広まっているなかで、ジェンダーの認識が非二元的で「同
性」概念が成り立たない場合や、性的／恋愛的惹かれを覚えない場合にも制度
を使用できると人びとに認識させることを可能にしている。加えて、「新たな
用語や定義が生まれる可能性」を指摘し、「トランスジェンダー」「Xジェン
ダー」などの記載された概念を暫定的なものと位置づけ、これらの代表性を排
除しようとしている。このように、「X」や「ノンバイナリー」が普及していっ
た2010年代後半には、非二元的な性のカテゴリーを制度に組み込もうとす
る動きがなされている[42]。
　他方で、藤原や他の調査協力者の活動からは、積極的に「X」「ノンバイナ
リー」としての権利を主張するのではない方途を探り、ジェンダー記載そのも
のを批判するような脱ジェンダー化の実践も模索されていることがわかる。藤
原は、横須賀市議会議員や、「label X」参加者の一人であるβさんの影響もあ
り、「Xジェンダー」であるといったカミングアウトをせず、他者との関係を
ゆるやかに築くことにも「社会への訴えかけ」としての可能性を見出している。

　　藤原：活動家の方って、必要なことだと思うんですけど、ある種、闘う姿
　　勢っていうのがあると思うんですよね。制度とか自治体とか権力と。何か
　　βさんは、あとはある種のカミングアウトしたうえでですね、自分はこう
　　いう当事者だから、こう困ってるからこうしてほしいというある種の闘う

---

*42　本書が対象とする時期からは外れるが、2021年には「ikenfell」というゲームが発売さ
　　れるに際して、「label X」の藤原が協力し、日本語訳として「彼の人(かのひと)」や「彼人
　　(かのと)」という非二元的な代名詞の提案もなされている。

姿勢があると思うんですけど、βさんはカミングアウトすることなく、何かいい感じに接するという、シンプルに接するという、こういう社会への訴えかけ方もあるんだなっていうのを僕、学ばせてもらった人ですね。（2021 年 10 月、藤原へのインタビュー）

「いい感じに接する」ことは、「X ジェンダー」の当事者としてのニーズを明示するような「闘う姿勢」を見せるのではなく、非当事者ともうまくやり取りしていく実践として位置づけられている。より具体的には、別の語りにおいて藤原は、「制度っていうのはあってもなくても」よく、「みんなの認識に入ってもらうためには制度が先にあったほうがよかったりする」に過ぎないと述べる。藤原がより重視するのは、「普通に会話してて、男女どちらかに決めつけないみたいな空気」である。「いい感じに接する」、つまり二元的な性の区分が意味をなさなくなり、困難を覚えない他者との雰囲気をつくることだと言える。

とはいえ、対人関係とは異なり、すでに存在している制度的な二元的な区分への違和を覚える人にとっては、「闘う姿勢」のもと脱ジェンダー化をおこなうことも必要とされる。以下の「FtX トランスジェンダー」の今将人の語りからは、会社における二元的な性に基づく異別処遇を問題視する実践が読み取れる。

今：あの、5 桁の社員番号の男性が真ん中の数字が 0、女性は 5 って決まってるんですよ。これもうあかんと思って。（中略）一応提言として、今時男女混合名簿もあるんだから、社員番号も男女で分かれてるのはおかしいと思います、今後直していったほうがいいと思いますっていうようなことを言ったら、じゃあちょっと検討しようかって。検討っていっても、口だけですけどね、一応、まずは女性が働ける育児休暇だったり、時短だったりを充実させたいダイバーシティ推進室と、そもそも男女の枠をつくるのがおかしいって言ってる私とでは、すっごい乖離があるので。まあああなたの言い分は突拍子もないけど、いずれ未来の目標として受け取りますっていう。（2018 年 2 月、今将人へのインタビュー、1 回目）

この語りからは、ダイバーシティ推進室が設置されている会社であっても、

男女共同参画のもと育児休暇など仕組みが優先され、これは「女性」を対象とする施策として二元的な性については自明視されていることがわかる。実際には育児休暇などの施策は、性自認のあり方にかかわらず子を産み育てる人すべてに関わるものだが「女性」への支援として理解されやすく、社員番号の性差をなくすという脱ジェンダー化の取り組みについては、いずれ達成されるべきものとして後景化されてしまうことが読み取れる。

　それでも今将人は、別の会社に転職してからLGBT施策に関わっており、社内講師としてとりわけ「SOGIE」を用いた用語解説や生活上の困りごとを自らの経験も含めて話すような、数多くの勉強会・講演会を開催している。

　今：LGBTという特殊な人を理解しましょうじゃなくて、みんながSOGI、しかもうちの会社はSOGIじゃなくて、SOGIEのほうを使ったんですけど、CSRの人間尊重ポリシーを受けて。SOGIEの当事者として、あなたはどういうふうに行動することで、自分の生きやすさ、周りの生きやすさ、会社の社会貢献、あとはSOGIハラに関するリスクマネジメントとかをやっていくか考えましょうみたいな話をしまくったんですね。（2020年9月、今将人へのインタビュー、2回目）

　このように今将人は、「LGBT」を用いて「性的マジョリティ」と「特殊な」「性的マイノリティ」をカテゴリー化するのではなく、セクシュアル・オリエンテーション、ジェンダー・アイデンティティ、ジェンダー・エクスプレッションの頭文字をとった「SOGIE」のもと、誰もが女性、男性、男女に当てはまらない性の3つのベクトルにおいてゼロから無限大までのあいだで自己をマッピングしうることを伝えている。この学びは、「SOGIハラ」のリスクマネジメントを挙げ、「性の多様性」を尊重する企業のブランドイメージ戦略を用いることで動機づけられている。そのうえで続く語りで今将人は、「シスジェンダー」と「ヘテロセクシュアル」について用語解説に含め、「自分にも名前があるんですね」と社員に気づかせたという。これらは、特定の人びとをカテゴリー化しない「SOGIE」という概念を伝え、他方で多数派とされる性を有徴化させることで、非二元的な性を生きる人びとを含む性的マイノリティを特

殊な存在とするのではなく、すべての人に当事者としての行動を求めていく実践であると言える。

小括

　本章では、インターネット上のテクストや調査協力者の語りから、2010 年代において「X ジェンダー」「ノンバイナリー」等の非二元的な性のカテゴリーがいかにして人びとに用いられ、世間にひろく知られるようになるのか、これらのカテゴリー化が非二元的な性を生きる人びとにいかなる実践を可能にしたのかを探ってきた。

　まず、2010 年代には、「X」の当事者同士での交流が「X ラウンジ」や「MaX.」などのグループで可視化されていく。とくに「MaX.」の活動からは、「X」が戸籍上の性別を移行したのちに「反対の」性別として生きていくことが困難であった当事者の自己定位を可能にしていたこと、二元的な身体の性的特徴と「X」との結びつきが自明視されなくなっていくことが示された（7.1）。

　こうした活動や Twitter での幅広い当事者ネットワークの形成によって、「X ジェンダー」がジェンダー非順応な人びとにひろく知られるようになる。ただし Twitter や匿名掲示板上での議論からは、非 X ジェンダー当事者から「X ジェンダー」に対して疑問が呈され、対して当事者が「X ジェンダー」を自己執行していくことが読み取れた（7.2）。すなわち「X ジェンダー」は、社会における二元的なジェンダー役割からの「逃げ」であるとして、あるいは二元的な GID 概念のもとで治療すべきではないとして批判され、X ジェンダー当事者間においても「逃げ」に対する批判や、DSM-5 に依拠した医療の利用の肯定などの主張を生じさせた。この自己執行に特徴的なのは、「X ジェンダー」を非二元的な「性自認」以外に定義づけること自体が当事者間で批判され、「X ジェンダー」を個々人が意味づけうる"オープンな"カテゴリー（Dale 2014: 17）ととらえることが規範的となることだと言える。

　さらに「X ジェンダー」がひろく社会に知られていくのは、2015 年以降である（7.3）。まず、Label X 編（2016）による「X ジェンダー」の意味づけは、「X ジェンダー」を確固とした「性自認」として客観化し、性的マジョリティ

に受容されやすいかたちで自己呈示する試みであった。インターネット記事では、非二元的な性のカテゴリーのもとで当事者の声が顕在化されただけでなく、「LGBT」の普及とともに、非「LGBT」、非「トランスジェンダー」として「Xジェンダー」や「ノンバイナリージェンダー」が提示され、匿名掲示板では非二元的な性に対する排除的なコメントが書き込まれていた。加えて、英語圏の記事の翻訳により紹介された「ノンバイナリー」は、2010年代後半には欧米における非二元的な性の制度的承認を「性の多様性」の受容として提示する文脈で用いられていた。

　2015年以降のXジェンダー／ノンバイナリー当事者による活動は、メディアでも紹介されたパスポートの「X」などの非二元的な性の国際的な制度的承認を参照しつつも、交流や相談を継続し、各領域でジェンダーの多元化や脱ジェンダー化（Monro 2005）を進めるものとして位置づけられる（7.4）。非二元的な性の制度的な承認をめぐる活動からは、「X」の承認が国際的な規定や可視化の戦略から必要とされる一方、脱ジェンダー化の実践として、カテゴリーに依拠せず、カミングアウトせずに他者とうまく接してゆく実践や、すでにある制度的区分を解消するための活動がおこなわれていることが示された。

第 8 章

未規定な性のカテゴリーによる
自己定位

──社会的文脈による語りの差異に着目して

ここまでの章では、「性同一性障害」などジェンダー非順応な人びとの間で
ひろく知られていくカテゴリーに対して、さまざまなグループやオンラインの
ネットワークにおいて「X」や「ノンバイナリー」といった非二元的な性のカ
テゴリーが用いられてきた仕方を明らかにしてきた。その際、個々人の語りは
主に、グループやテクスト上の実践を説明するために用いられ、個人史的な文
脈には焦点化しなかった。しかし、個々人はそれぞれの社会的文脈との関係で
過去の経験を解釈しながら、統合的に自己を把握している（Hammack 2008;
Cohler & Hammack 2009: 454-6）。そして第3章で確認したように、先行研究に
おいても日本で非二元的な性を表すさまざまなカテゴリーのもとで自己を位置
づける仕方は看過されてきた。

　そこで本章では、個々人がおこなってきた自己定位の実践を、周囲の人びと
との関係やグループで得られた知識などの社会的文脈に注目して論じていく。
そのために、非二元的な性のカテゴリーのもとで自己を位置づけ、その実践を
社会的文脈とともに詳細に語っていた調査協力者のインタビュー・データを分
析する。具体的には、非二元的な性のカテゴリーのもとで自己がどのように位
置づけられてきたのかを探り、そこで特徴的にみられた実践に、特定のグルー
プでのやり取りやメディアを通じて得られた知識がどのように関わっているの
かをまとめる。

　まず、調査協力者が非二元的な性のカテゴリーのもと、二元的な性別のもと
で十分に説明できなかった経験に新たな解釈の可能性を得ていく仕方を説明す
る（8.1）。次に、先行する性のカテゴリーの社会的意味づけを自己から切り離そ
うとする実践を、「トランスジェンダー」を用いる仕方の差異に着目しつつ論じ
る（8.2）。さらに非二元的な性のカテゴリーを、あくまでも便宜的に自己を指し
示すものとして用いる仕方を示し（8.3）、最後にこれらのカテゴリーを社会的制
度への異議申し立てをおこなう根拠として用いる実践について説明する（8.4）。

8.1　経験の再解釈──非二元的な性解釈の可能性

　はじめに、非二元的な性を表すカテゴリーを知ることが、二元的な性のカテ
ゴリーのもとでは十分に説明できなかった経験を新たに解釈する可能性をもた

らすことを指摘する。まずさまざまなグループに属しながら「Xジェンダー」や「ノンバイナリー」とは異なる非二元的な性のカテゴリーのもとで自己を探索的に位置づけていく実践（8.1.1）をまとめたのちに、「Xジェンダー」やその下位カテゴリーのもとで新たな経験解釈が可能になる仕方（8.1.2）を示す。

8.1.1　さまざまな所属を経た非二元的な自己の表現

　自らの自己像や経験を解釈する仕方は、すぐに定まるわけではない。その時期に知られているカテゴリーが限定されていることや、グループの少なさなどによって、さまざまな概念の解釈や所属の変更を経て、自己を解釈していくこともある。

　自己を把握する過程の一つとして、「同性愛者」であることを前提としたグループに属しつつ、自己の位置づけを模索する経験が挙げられる。たとえば第5章で取り上げた森田真一は、はじめは「ゲイ」を自認していたが、のちに性別違和を言語化していった。以下のミナ汰およびIさんの語りからも、さまざまな活動の経験を経て、性別二元論に当てはまらない自己を、「Xジェンダー」や「ノンバイナリー」にとどまらない概念のもとで位置づけてきたことが読み取れる。

　まず、出生時に女性として割り当てられた60代のミナ汰の語りからは、非二元的な性のカテゴリーが不在である困難と、それでも性を位置づけようと模索する仕方が読み取れた。ミナ汰は、小学校の頃には女子トイレに入ることへの抵抗感を抱いていたことを記憶している。ミナ汰はアメリカ生活を経て、神話や宗教的物語のなかに男女の境界の非自明性に関する気づきを得たり、性の区別が外見から明確でない馬などの動物をめぐる想像をはたらかせて自分の世界をつくり上げたりすることで、性別のことを気にしないようにしていた。しかし日本帰国後、ミナ汰は「女の子」の自覚がないのに「女の子」として扱われ、「女の子」の集団にはなじめず、「男の子」の文化になじんでいたが恋愛関係を揶揄されるようになると友人関係を失っていき、このような周囲の人との関係の変化に強い違和感を覚えていく（2021年10月、ミナ汰へのインタビュー、2・3回目）。

　ミナ汰にとって自己定位の転機となったのは、その後さらにフィリピンやス

ペインに留学したのち、出産を経て日本に帰国し、東京のレズビアンのグループに関わり、さまざまな書籍の翻訳にも携わったことである。ミナ汰たちは、1980年代に独自に訳していたラドクリフ・ホール『孤独の井戸』（Well of Loneliness）に関する論文において gender dysphoria 概念を知り、「性別異和」と訳したという。その頃からミナ汰はジェンダーをめぐる違和について考え始め、レズビアンの人のなかでジェンダーについて話す機会に「宇宙人」という表現のもとで自らを説明しようとしていた。

> ミナ汰：私の場合は、自分が、「女性」という自認がないっていうのも、どう表現しようかと思って。その、「宇宙人」っていう話をしたんですね。で、その「宇宙人」で、まあ、地球も宇宙の一部だから、別に「宇宙人」っていうのは、別にもう不思議なことではなくて、まあ、「宇宙人」みたいな感じで。だけど、よくサイエンスフィクションなんかを見ると、けっこうジェンダーがね、わからなかったりとかするものが多いので、なるほどなと思って。まあ、そんな「宇宙人」みたいな感じかな、とか思って話したんですね。（2021年11月、ミナ汰へのインタビュー、5回目）

　ここでミナ汰は、自らのジェンダーに関する適切な語彙がないなかで、SF作品でジェンダーの不明瞭さについて言及されることに示唆を得た「宇宙人」という概念を用いている。同様に20代のFtXであるAさんも「エイリアン」という言葉を用いていたと語っていた（2017年9月、Aへのインタビュー、2回目）。ここからは、出生時に割り当てられる二元的な性別が人間のアイデンティティの基底的な部分を構成するものとしてとらえられており、ジェンダーがわからないことは「非人間」的なこととして認識されていることがわかる。他方で「宇宙人」という概念は、ミナ汰が「女性」ではないことを表現し、しかもそれを「地球も宇宙の一部」として「地球」人と類縁的な存在であるとして、「不思議なことではな」いと非排他的なかたちで表現しようとしたものだと言える。しかしミナ汰のこの表明は、レズビアンの人にとって意外なものとして受け止められていた。これはミナ汰によれば、非二元的な性の概念がないために「レズビアンって、こんな感じだよね」というイメージが形成されており、

そうでない仕方で集まることが難しいという問題によるものだという（4.1参照）。

　ミナ汰はその後、「FtMTS」を名乗っていた虎井まさ衛の活動を通じ、手術をおこなって性別移行することを望む「TS」の主張を知ったほか、蔦森樹の非二元論を志向する思想（4.2参照）に触れ、とりわけ後者に共感を覚える。

　　ミナ汰：蔦森さんがよく言ってたのが、性は1個だって、一つだっていうふうに、よく言っていて。うん。で、自分も、ああたしかに、その性別っていうふうにいうけど、結局、性って、全部、全体で、こう、総体で、たぶんいろんなところにマッピングされて、人はね、いるんだろうっていうか、そういう気持ちがあったので、うーん本当にそうだなあと思って。やっぱり二つに分けるっていうのは、これは便宜的なもので。あくまでも、便宜上やってるだけだから。（2021年11月、ミナ汰へのインタビュー、5回目）

　虎井の活動は、医学的なニーズを強調する点などミナ汰とは異なる側面をもっていたが、それでも他者の性のあり方との関係で性を位置づける、すなわち「極端な一つのケースが全体の謎を解く鍵になる」という点で、「自分のマッピング」をすることを可能にした。とりわけ雑誌連載を通じて知った蔦森の思想は、カテゴリカルに区分される「性別」があるとされるが、実際には個々人の性は測りきれないさまざまなところに属しており、それらをあわせて一つの全体として把握できることを認識させ、二元論は便宜的なものに過ぎないという可能性をミナ汰にもたらしたと考えられる。

　このように多様な性の概念との接点をもってきたミナ汰は、2010年代になって「X」をパスポートの選択肢としてまず知り、「ノンバイナリー」が用いられ始めたことを知ったが、これらの概念はミナ汰にとってそれほど大きな意味をもっていない。ミナ汰はこれらの概念を主にその語感から解釈している。すなわち、「X」は数式に現れるために馴染みがあり、かたちが「クロスしていて」二元制ではなく4つに分けるところなどにおいて、「Mとか、Fよりも、全然いい」が、ジェンダーに特化した言い方で「バイナリーのスピンオフみたいな感じ」でもある。対して「ノンバイナリー」は「バイナリー」の対であり、

「ある意味つかみどころがないし、スペクトラム」で、「ジェンダーに限らず二項対立でとらえがちなすべての事象について多面的に考えるというメッセージを含んだ、より幅広く深いとらえ方なので気に入っている」という。ミナ汰はこれらを使い分けることもあるが、「どんぴしゃりっていうのはない」と感じている（2021年12月、ミナ汰へのインタビュー、6回目）。これは、ミナ汰が焦点を当てたいのは他者がミナ汰を「女の子」や「レズビアン」などとみなす仕方が揺れていることであり、自らが「X」や「ノンバイナリー」と名乗ることでは、自らの問題としてしか表現することができない点で不十分であるためだという。

　また、出生時に女性と割り当てられた50代のIさんの語りからは、「X」よりも「クィア」が自らの経験をより説明しうるとされる仕方が読み取れる。Iさんは1980年代頃に創作における「インターセックス」を知り、その後さまざまなセクシュアリティ横断的なグループの活動に関わるなかで自己を位置づけていく。Iさんは、Iさん個人が性別違和感を抱えていたのではないと強調し、むしろ社会における性別二元論の存在に違和感を抱いてきたと語る。

> I：3歳のときに、性別二元制がどうも受け入れられなかった。男と女しかないのが不思議でしょうがなかった、なんか。幼稚園上がるまでは自分は、私のことを僕って呼んでた、なぜか。お兄ちゃんもいいひんのに。なんか不思議なんですよね。私は女じゃないと思ってた。ほんで、3歳に上がって、幼稚園で男女にトイレが分かれてるじゃないですか、制服も分かれてるじゃないですか。グレーのミニスカートに白いタイツ、黒いエナメルシューズ（笑）。すごいコスプレでしょ（笑）。ほんで、なんか不思議やなあ、こっちに分けられてんねやと思って。僕って使えなくなって。それからずっとそんな感じやって、小学校3、4年生の時に、女性、女の子用の漫画読むんですよ、インターセックスについて。その主人公は中学か高校ぐらいに、違う性別に変わって、体が。それで、そっちに変わり始めて。（中略）で、インターセックス、そんときはじめて知って。絶対これやと思ったんです（笑）。（中略）小学校中学年のときその情報入ってたんですよ。私これに違いないと思って。全然月経も来なかったんで。これやと思って

たんですよ、安心してて。16のとき初潮が来て、遅い。げえーって、反抗されたような感じ（笑）。（2018年9月、Iへのインタビュー）

　周囲にある二元的なジェンダーによって特徴づけられた服装や代名詞、トイレといったさまざまな要素により、Iさんはすでに男女しかないことへの違和感と、「女じゃない」という気づきを得ていた。「女」の側に分けられていると感じていたIさんにとって、漫画における身体の性的特徴が変化していくという意味での「インターセックス」は、非二元的な性のあり方を可視化することになる。しかし初潮という経験は、身体的な性的特徴が二元的なかたち、すなわち「女性」とされる特徴に変化することをIさんに感じ取らせた点で、非二元的な性別移行に対する「反抗」として違和感を生じさせている。

　Iさんは、1980年代末頃から複数のグループに関わりつつ、それぞれの場の性規範からは距離をとってきた。まずIさんは雑誌『月光』の文通欄などで存在を知った京都市内のお茶会を機にレズビアンの人たちと知り合い始め、その後レズビアンのグループ「OLP」の立ち上げに関わるなど、活動に積極的に参加し始める。とはいえ、男性をも好きになることや自らを女性ととらえていないことから、Iさん自身は「レズビアン」を自認してはいなかった。「OLP」は「G-FRONT関西」と交流することがあり、IさんはTGブランチに参加し、森田真一（5.3参照）が24時間男装の「MTFTX」を名乗っていたことにも大きな影響を受ける。他方でIさんは、グループにおいてMtF当事者が大きな発言力をもっていたことに違和感を覚え、FtMとFtXのためのグループを立ち上げてもいる。

筆者：Iさん自身の性自認の位置づけってどういう変化があるとかありますか、2年前くらいは「X」っていうのも名乗ってらっしゃった気がするんですけど。
I：「ジェンダークィア」って感じ、今。「クィア」が一番落ち着く、アイデンティティで。LGBTずっと横断してきたから、「クィア」しか言えへんやん。
筆者：その「クィア」のニュアンスは、「X」だと、性自認だけに関わる

ってことですよね。

I：うん。だから「ジェンダークィア」。性自認。全体で言うたら「クィア」。

筆者：「クィア」っていうくくりっていうのはコミュニティのなかではどういうふうに使われてきたんですか。

I：英語のなかでは。クィア映画とかあったよ、昔から。なんやったっけ。ゲイのあれや。

J：『モーリス』。

I：それから、「クィア」っていう言葉あるんやって気がついて。

筆者：その時から名乗ってるんですか。

I：その時には名乗ってへんけど、後からじわじわ来た。「クィア」やな。何でもありや、何でもありのほうがええよな、自分を限定せずに。性別からはみ出すことを考えてきて、やっと性別をはみ出したのに、自分を縛りつけるのはおもしろくない。（2018年9月、Iへのインタビュー）

　筆者は一時期Iさんが「X」を名乗っていたと考えていたが、すでにIさんの性自認のあり方は、「ジェンダークィア」や「クィア」のもとで表現されるようになっている。Iさんは、すでにいわゆるクィア映画が数多く紹介された"ゲイ・ブーム"と呼ばれる1990年代にはクィア概念との接点をもっており、この概念はのちに「LGBT」を横断してきた、すなわち、レズビアンコミュニティに関わり、「バイセクシュアル」でもあり、ゲイコミュニティやトランスジェンダーコミュニティでも活動してきたIさんにおいて、これらの経験を総体的に表すことを可能にしている。これは同時に「X」や「ジェンダークィア」が、あくまでも「性自認」に焦点化しており、これは時に窮屈さをもたらすことをも示している。

　このように、とくにさまざまな所属を経てきた当事者は、非二元的な性の概念やさまざまなグループで非二元的な性を体現する人物の思想に共鳴しつつ、他者との関係性から、あるいは「X」よりも広い含意をもつ概念のもとで自らの多様な経歴を表そうとしてきた。

8.1.2　「Xジェンダー」による経験の解釈

　前項ではさまざまなグループに関わってきた中高年の調査協力者の語りを取り上げたが、20代から30代で、非二元的な性のカテゴリーのなかでも第6章で見てきたように2010年代にインターネット上の記事やSNSを通じてひろく普及した「Xジェンダー」について知った調査協力者は、とりわけこの語のもとで自己肯定感を得ることもあった。

　出生時に割り当てられた性別は女性で、「異性とか同性とかいうのがわかってな」いまま「女の子の真似」をしていた30代のまさよしの語りからは、こうした当事者において、非二元的な性の概念との出会いが自己の性の肯定において重要な局面となっていることが読み取れる。いくつかの職場で働くなかで、まさよしは性暴力の経験や女性役割の押しつけに対して苦痛を感じ、妊娠を経て性別の話に敏感になっていた。

> まさよし：トランスジェンダーの先生の記事を読んだときに、そう、それまでは性的指向と性自認って区分けして考えてなかったんです。性的指向はそれまで男性だと思いこんでて、性自認のほうを、自分これまで考えたことなかったわって思って、なんでこんなに性別の話で苦しいんだろうっていうので心の性別っていうのを意識し始めて、「心の性別　ない」とかで検索したんです。それで、「Xジェンダー」っていう言葉に出会って、これかーって思って、今までの全部がこう一気に腑に落ちたというか。（中略）「X」って言葉を知ったときに、生きててよかったっていうレベルの、救われた感がすごくって。「Xジェンダー」って言葉にしがみつきながら生きていたような感じで。（中略）ていうのも、わりと人によって全然違うじゃないですか。中性だとか、性的指向もみんなバラバラだったりとか。それでも「X」でいることを許されるみたいな、広さ？カテゴリーの広さみたいなのに惚れこんで、完全に、なんだろ、言葉にありがとう、みたいな（笑）。（2016年10月、まさよしへのインタビュー、1回目）

　「性自認」を考えたことがなく、周囲の女性のふるまいを真似ていたまさよしにとって、まず「トランスジェンダー」を説明する記事を見て「心の性別」

253

を意識するようになったことは、出生時の性別割り当てを自明視せず、自分が
どの性なのかを考えるようになった点で大きな認識上の変化をもたらしている。
加えて、まさよしはとくに「Xジェンダー」を知ることで「今までの全部がこ
う一気に腑に落ち」る感覚を覚えたとしている。「虐待」に関するカテゴリー
生成の影響を論じたハッキング（1999=2006: 283-5）によれば、新たなカテゴ
リーは人びとの過去の経験を分類し直し、自分自身が何者であり、どのように
自分自身になってきたのかに関する人びとの認識を変化させうる。まさよしに
よる「なんでこんなに性別の話で苦しいんだろう」という語りからは、性自認
が男女のいずれかであることが自明のものとされるなかで問題そのものが自分
に把握されていないという困難が読み取れる。このような困難に対して一つの
理解の仕方が示されるからこそ、まさよしに「腑に落ちた」「救われた」感覚
をもたらすものとして「Xジェンダー」が機能していると言える。

　さらにまさよしは「救われた」感覚の理由を、「中性」という性自認でも性
的指向が「みんなバラバラ」でも、各々のあり方を排除されずに「それでもX
でいることを許される」という「カテゴリーの広さ」から説明している。この
ように当事者自身も把握している「Xジェンダー」の特徴として、第6章で論
じたように、とくに2010年代における「Xジェンダー」の定義が個々人に開
かれていることが重視されている点が挙げられる。すなわち「Xジェンダー」
は、非二元的な性自認を表す限り、特定の身体の性的特徴や性別違和のあり方
に結びつけられずに、個々人によって異なる意味内容をもつカテゴリーとして
用いられている。

　ここで「Xジェンダー」は、医学的根拠をもつ「TS」や「GID」とは異な
り明確な判断基準をもたないために自己カテゴリー化されているが、その自認
は他者から二元的な性別のカテゴリー化がなされるなかで絶えず問いなおされ
るものでもある。その過程は、まさよしに対する2回目のインタビュー（2017
年10月）から読み取れる。まずまさよしは、性的マイノリティ以外の人と話す
ときに「Xジェンダー」であるという説明が通じないため、性別に違和感をも
つことや男性としての自己認識があることを優先的に話すようになる。加えて、
すでに治療を終えたトランス男性に会うとまさよしは羨ましさを覚え、「より
男性として見られたいみたいな気持ちが強くなって」いく（2017年10月、まさ

よしへのインタビュー、2回目)。これらの出来事を経るうちに、「Xジェンダー」はまさよしにとって重要性を失い、男性への性別移行の過渡的な段階として位置づけられるようになる。ここからは、「Xジェンダー」を名乗る人にとって、「Xジェンダー」が社会的認知を得ておらず、男女の二元的性別が日常生活で自明視されるなかで、荘島(2008)がGID概念について指摘するような、周囲の人びととの関係で「Xジェンダー」の自認が問いなおされる事態が生じやすいことが読み取れる。

　対して、「Xジェンダー」の自認が現状では維持されている仕方の一つとして、「Xジェンダー」の下位カテゴリーとして2010年頃には定着していった「不定性」が理解可能にした経験が挙げられる。出生時に男性と割り当てられた40代の「Xジェンダー」のFさんは、人格が女性的な部分と男性的な部分に割れていることを困難として感じていた。

　　　F：そもそも人格が自分のなかで割れてるっていうのがすごく問題だったので、僕とか俺っていう言葉で表現してたり、アメリカンバイクに乗って通学してたりして、男っぽいところもあるけど、なんだこの私、小さな幼い子がなんかいるっていうので。で、こいつをなんとかしたいし殺したいっていうのを本気で思ってたんですね、こんな女の子がいたら生きていけないって。(2018年4月、Fへのインタビュー、1回目)

　このようにFさんははじめ、一人称で「俺」「僕」を用いたりやバイクに乗ったりすることで性役割において「男っぽいところ」を強調し、「女の子」の部分を抹消しようと努めていた。というのも、Fさんのいう「女系化」が生じると、「体感覚」にも変化が生じ、行動が意識的に制御しにくくなり、無防備で幼い特徴が現れて「相手との関係に対してすごく敏感になりすぎてしま」うことがあるためである。

　加えて、こうした「女系」の部分を有しているFさんの状態を肯定的に言語化するような語彙は、当時存在していなかった。「(注：男・女の)中間がオカマとか差別用語で済まされてきた」という当時の知識の状況や、「頑張って男らしく」という「1970年代の親の感覚」は、Fさんに男性らしくいることを強

いるものだったと考えられる。また、Fさんは1990年代末頃に「解離性人格障害」を疑って大学のカウンセリングルームに行ったことがあるが、「女系」への切り替わりに自我が伴われていないことや虐待などの経験がないことから当てはまらないとされる。「性同一性障害」の報道も二元的な性別移行を強調するものであり、Fさんの経験を表すものとは感じられなかったという。

　このように「ゲイでもないし、同性愛者でもないし、トランスジェンダーでもない」なかで、"男らしく"あろうとして女性的人格をなくそうとしていたFさんにとって重要であったのは、FtXのパートナーとの出会いと、2010年代後半にAmebaブログ等を検索して見つけた「Xジェンダー」だった。Fさんは、これらによって自分の経験を納得し、パートナーと別れる際、自らの女性的人格に名前をつけて折り合いをつけて生きていく想いを抱くことになったと語る。ここでFさんはまさよしとは異なり、男女いずれかに時間的に一貫していない性自認という意味で「Xジェンダー」を用いており、とりわけ下位カテゴリーである「不定性」は、性別が動かないことが自明視され、「Xジェンダー内でも数が少ない」なかで、経験を語り合うような場の形成を可能にしている。

> F：同じ切り替わりをもってる方と、「不定性」っぽい人の集まりっていうのを1年ぐらい前にやったのかな。やったら、あるFtXの方かな、「この半年で絶対に動かないと思ってた性別が動き出した」っていう、何か、決定的なキーワードが出てきて。（中略）何か、切り替わりとは別の話で、絶対に動かないだろうと思ってた、体型が変化するんじゃないかっていうぐらいおっきなことがこの人にも起こったんだろうなっていうのが。
> （2020年、Fへのインタビュー2回目）

　このように、「不定性」を掲げた音声のみのオフ会を開いたFさんは、切り替わりそれ自体というよりも、性別の感覚が身体とともに動き出していくという他の参加者の経験に共感的な思いを抱いている。「不定性」のような「Xジェンダー」の下位カテゴリーは、それを掲げた場において一定の共通する性質の理解を前提としたうえで、さらに他者との間で経験解釈を深めていくことを可能にしていると言えるだろう。

このように、2010年代において「Xジェンダー」を知り、それ以前グループ等に関わっていなかった当事者において、「Xジェンダー」やその下位カテゴリーは、非二元的な「性自認」の存在に気づかせ、過去の経験を解釈し直し、共通する性質をもつ当事者グループにおいて経験を共有することを可能にしていた。

8.2　認識上の切断——他のカテゴリーからの差異化

次に、非二元的な性のカテゴリーを用いて他の性のカテゴリーの社会的意味づけを自己から切り離そうとする実践を論じる。ここで特徴的だったのは「トランスジェンダー」の解釈の仕方である。一般的に「トランスジェンダー」は、出生時に割り当てられた性別とは異なる性自認をもつ人びとを包括的に表すカテゴリーとされるが（Darwin 2020）、調査協力者には「Xジェンダー」などの非二元的な性のカテゴリーを「トランスジェンダー」の下位カテゴリーとして位置づける人とそうでない人がいずれも含まれていた。

そこで本項では、かれらが得ていた知識において、「トランスジェンダー」の下位カテゴリーとして「X」をとらえる仕方（8.2.1）と、むしろ「トランスジェンダー」や「FTM」などのカテゴリーから「Xジェンダー」を差異化しようとする実践（8.2.2）を論じていく。

8.2.1　「トランスジェンダー」の下位カテゴリーとしての「FtX」

まず、「トランスジェンダー」としての自認をもったうえで非二元的な性のカテゴリーのもとで自己定位する仕方を論じる。「FtXトランスジェンダー」を名乗る40代の今将人は、女性的な格好を拒否するものの、男性が好きであったことで、異性愛規範のなかで異質な存在とみなされてきた。今将人は「Xという定義を自認として引き受けた」ものの、「Xという言葉に新しい意味をつけて名乗るっていうことをする人とは、たぶん私の使い方も定義も、おそらく言葉に対する距離感も全然違う」と述べ、近年「Xジェンダー」を名乗る人から自己を差異化しようとしている（2018年2月、今将人へのインタビュー、1回目）。

ここで念頭に置かれている2000年代はじめの「G-FRONT関西」（第5章参照）での「X」の意味は、「いわば『その他』扱いなので、『FtM』じゃないです、『MtF』じゃないです、『男』でもないです、『女』でもないです、以上、で終わらせること」と説明されている。今将人は佐倉智美による『性同一性障害はオモシロイ』（1997）を読み、これは著者の女性自認が明確であったためにピンとこなかったが、著者のHPから見つけた「G-FRONT関西」トランスサロンHPにおける7か条の「約束事」（5.4参照）に惹かれ、グループに参加し始めた。この理念は森田真一がつくり上げたものであり、「X」という言葉も森田が発明したものだと今将人は考えている。ここで強調されるのが、「X」が「トランスジェンダー」の下位カテゴリーであることである。

> 今：私はですけど、トランスジェンダーのなかで、トランス自認のある人、シス自認じゃなくてトランス自認のある人って、ある意味客観的に自分を見てると思うんですよ。生まれは女性だけど、今後自分は男として生きたいみたいな。あの、シス自認の強い人っていうのは、自分は性器を間違えて生まれてきただけの男だって言っちゃったりするので。そういう意味でこう、客観性という意味では乏しいと思っているんですね。で、その意味でなら、私は生まれは女性だった、でも自分の性自認は女性ではないっていうことを表現するために、「FtXトランスジェンダー」を名乗るのが、一番しっくりくるんだと思います。（2018年2月、今将人へのインタビュー、1回目）

　今将人は「私はですけど」と述べ、「トランスジェンダー」のとらえ方は人によって異なることを示唆している。ここで「トランスジェンダー」には、出生時に割り当てられた性別とは異なる性を生きようとしている「トランス自認」をもつ人と、そうではなく「シス自認のある人」、たとえば女性として生まれたが男性として生きるというように、出生時の性別割り当てとは異なる性を生きているとは考えず、性器を間違えただけでもともと男性であると考える人が含まれている。そして「FtXトランスジェンダー」という名乗りは、「FtX」でありかつ「トランス自認」をもつ「トランスジェンダー」であることを明確にすることで、「シス自認」の人から自らを切り離し、出生時に割り

当てられた性別を明示する点で「客観性」を主張することを可能にしている。

　このとき、現在「FtXトランスジェンダー」を名乗る原点となっているのは、今将人が所属していた「G-FRONT関西」のトランスサロンにおいて、この概念のもとで「女性ではない」という性自認を表現した経験である。しかしこの名乗りは対面では難しく、主に文章上でなされていたという。

　　今：Xである、「である」ではなくて、「ではない」っていう表現が私にとっては一番しっくりくるので。そういう意味で、「Xジェンダーです」って名乗るのは、ちょっと照れがあったんですよね。
　　筆者：でも、なんだろう、違和感でもなくて、気恥ずかしさ。
　　今：気恥ずかしいんですよね。あと、「第三の性」っていう言い方も変だしなあって、そうでもないし、そういう意味でもないしって思ったり。
　　筆者：「第三の性」っていうイメージだったんですか、当時の「X」。
　　今：いえいえ、全然そういうことはなかったんですけど、ただ、どうしても、男女二元論を否定するために、持ち出すのが文化人類的な「第三の性」の存在っていうのが、定型っていうか、お約束だったので。どうしても、「第三の性なの？」みたいなニュアンスでとられがちではあったから。それを言葉を駆使して、違うんです、女性じゃないんです、じゃあ男性なんでしょ、とか言われるのをなんとか、なんとか否定しようとして。
　　筆者：でも、G-FRONTって、ちゃんとXジェンダーっていうのは用語としては知られてたわけじゃないですか。そのなかでも実際女じゃない男じゃないとか言ったときに、じゃあXなのかもなって、面と向かって配慮があったというわけではないんですね。
　　今：ああ、意外となかったです（笑）。時代的な限界はあるとは思うんですけど、とくにシス自認の強いMtF、FtMにとっては、「X」なんて許せないんですよ。
　　筆者：許せないんですかね。
　　今：許せない人もいるので。いや、そんなことはない、絶対ないっていう気持ちを、でも口には出せないってなると、どうしても、「男っぽい格好してる、よしFtMだ」っていうふうにもっていきがちなんですよね。（2018

　「G-FRONT関西」では「X」であることが受け入れられていたと考えていた筆者に対して、今将人は「Xジェンダーである」と名乗ることは、「第三の性」として受け取られる可能性がある点で望ましくなく、そのイメージを自己から切り離しつつ「女性ではない」ことを表現しようとしたのだと説明している。加えて今将人は、対面のグループにおいて外見に基づいて「男性」であると決めつけられることを避けようとも試みていた。今将人の語りからは、「シス自認」を強くもつMtFやFtMとのやり取りのなかで、「7か条」のもとグループで他者を否定しないようなルールづくりがされていたとしても、今将人を「FtM」であると位置づけようとする規範は存在しており、「X」について十分知られていたわけでもなかったことが読み取れる。今将人にとって「その他」としての「X」は、これらの文脈を織り込んだものであり、自らを「女性」や「FtM」から切り離し、「第三の性」ではなく「トランスジェンダー」の一部として表現することを可能にしていた。

　このようなトランスジェンダー概念のもとでの「FtX」の名乗りは、出生時に割り当てられた性別を「F」として二元的なかたちで提示しようとする試みでもあると言える。対して、2010年頃から単に「Xジェンダー」と自己を表現する人が現れるようになったとYuiToは観察しており、今将人もまた「トランス自認」をもたない「Xジェンダー」の存在に言及している。

　では、「FtX」のように出生時に割り当てられた性別を明示することは、当事者に何を可能にしているのだろうか。30代のFtXであるYuiToは、2008年に放送されたTVドラマ『ラスト・フレンズ』によって男女どちらでもない性について悩んでいるキャラクターを見てから性別違和について明確に意識するようになり、バイト先で出会ったFtM当事者から「FtX」という語を教わったという。とくにYuiToが2008〜2010年頃に参加した「SNSコミュニティ」（6.3.4参照）では、「FtX」が「FtM」とは異なり、治療を望むがまだおこなっていない状態としてみなされがちであり、「F」から「M」への性別移行の過程に位置づけられていたと言える。

筆者：単に「X」だっていうのか、やっぱり「FtX」みたいな感じなんですか。

YuiTo：そうですね。最初その、言ったみたいに、「Ft」を一切つけたがらない人もいたんですけど、でも、いや、この体は女性だよねっていうのは、ちゃんとそこは表現したいというか、そこはやっぱり。あ、そう、きっかけが「IS」の人と会った時ですね。あの、「IS」のようになりたいって「Xジェンダー」の人が、何ていうのかな、「IS」に憧れてる「Xジェンダー」がブログでちょいちょい、出始めてきたんですよね。（中略）会った人は、日によっては、女性っぽいときもあるし、あるけど、何か日によっては何か男っぽくなったりとかもするし。でもやっぱりそれ、ホルモンの影響とかにもよるから。

筆者：たしかに。

YuiTo：それが何かこう、何ていうんですかね、いいってわけでもなく、まあやっぱ体もだるいしみたいな。で、あの、自分としてはほんとどっちで生きたらいいのか分からないって、やっぱ日々、日々変わるから、あの、どっちで生きたらいいのか分からんみたいな感じになってるのに、「Xジェンダー」はなんでそれを望んでんのみたいな。なかには何か、「IS」になりたいって人、すごいいて、すげえ嫌だみたいなことを言ってたから、そういう意見も聞いたから、何かこの体は女性じゃないって言うのも今度逆に「IS」の人に失礼なのかなと思って。「IS」の人はほんとどっちかの体を望んでるわけですよね。だから、何かもう、そこからちょっと「FtX」って名乗り始めたのもありますね。（2022年5月、YuiToへのインタビュー）

　YuiToは、六花チヨによる漫画『IS～男でも女でもない性～』（2003-2009）がドラマ化された2011年頃、AmebaブログトでXジェンダー当事者と、現在「性分化疾患」や「DSDs（Differences of Sex Development）」としても位置づけられる「IS（インターセックス）」の人との意見の食い違いを目にしたという。Amebaブログのつながりで、「IS」の人と個人的に話したYuiToは、ホルモンなど身体的な条件によって性別の感覚が変化し、それによる困難を解消したいという「IS」のニーズを知る。そしてYuiToは、Xジェンダー当事者がそうし

た困難を不可視化するかたちで、「IS」の身体に自らの理想を投影し憧れを示したことに対して「IS」の人が抱いた嫌悪感を尊重したいと思うようになった。

　ここにおいてYuiToにおける「Ft」の認識は、医学的な知によって規定された二元的な「身体的性別」でもある。YuiToは当時自らが「FtM」なのか「X」なのかを悩み、メンタルクリニックのカウンセリングに通っていた。その際、染色体の検査をすると言われ、「体が女性って判明」することに対して抵抗感をもったが、治療が必要になってくるために調べる必要があるとの精神科医の説明に納得し、「安易に『この体は女性じゃない』とか『人間です』とかって、ちょっとおかしいなのかなって思った」という。このようにYuiToにおいて、二元的な「身体的性別」を明示する「FtX」の名乗りは、「身体的性別」が男女に明確に区分されない状態を表す「IS」との違いを提示し、同時に「IS」への願望をもち「身体的性別」を無化しようと「Xジェンダー」を名乗っていた人びとから自己を差異化することを可能にしていると考えられる。

　このようにトランスジェンダー概念のもとでの「X」は、それぞれのグループでのやり取りに影響されつつ、出生時に割り当てられた二元的な性別から自己を差異化するかたちで名乗られ、これは「Xジェンダー」の名乗りのもとで性別の割り当てを曖昧化することとは異なる実践として位置づけられていた。

8.2.2　「トランスジェンダー」からの自己の差異化

　前項では「トランスジェンダー」の下位カテゴリーとして「X」が意味づけられている仕方を示したが、他方で「トランスジェンダー」や「FtM」、「MtF」であることをどのようにとらえているかを筆者が尋ねたときの語りからは、調査協力者が「トランスジェンダー」や「FtM」「MtF」を、ジェンダー非順応な人びとと交流する経験から特定の活動と結びつけて理解し、自己から差異化しようとしていることも読み取れる。たとえば、20代の「Xジェンダー」の「両性」であるCさんは、以下のように語る。

　　C：最初はトランスだと思っていて、トランスのオフ会というか集まりに
　　　　行ってたんですけど、そことはなんか違うなと思っていて。で、言葉を探
　　　　していたらXジェンダーにたどりついて、それから、それがしっくりくる

なあと思ってそれにしてます。

筆者：ああ、それっていつ頃ですか、Xジェンダーっていう、

Ｃ：2009年かな。の、NHKの放送です。

筆者：ああ、そうなんですか。トランスとはちょっと違うっていうのは、どういうところで感じたんですか。

Ｃ：考え方、感じ方とかなんか違うし、別に治療をそこまで望んではいないかなっていう。

筆者：じゃあその行ったところは、けっこう治療を望むっていう感じが強かった、

Ｃ：そうですね、そう、当時は強かった。最近そうでもないですね。

（2016年6月、Ｃへのインタビュー、1回目）

ここでＣさんが「最初はトランスだと思ってい」たと述べるとき、現在はその後「しっくり」きた「Xジェンダー」を名乗っているということが含意されている。このときＣさんにおいて「トランスジェンダー」は、出生時に割り当てられた性別と性自認の不一致を表すカテゴリーではなく、「Xジェンダー」と同じ水準にある性自認のカテゴリーのように用いられている。そのうえで「トランスジェンダー」は、当事者団体の集まりの雰囲気から、性別移行のための治療を強く望む者という理解と結びつき、自己から差異化されている。

加えて、女装系のグループのなかで覚えた違和感を契機として、自己を「X」として位置づける場合もある。出生時に男性として割り当てられた30代の藤原和希（7.4.1参照）は、女性に対する憧れを抱いており、睾丸摘出と陰茎切除を経た現在振り返ると、違和感の源泉として「男性身体」への違和感もあったという。藤原は「性自認」について深く考えることはなかったが、20代後半頃から女性装をしたいと思い始め、mixiなどSNSを通じて人と知り合い、女装系のグループの人とも会い始める。しかし藤原は、自らの状態が「性同一性障害的なもの」ではないと感じつつ、「女装コミュニティ」もまた合わなかったと述べる。

藤原：キャラクターというか、やっぱ、そういう女性的であろうとする、

何か感覚が強い感じがあったんですよね。そういう感じかな。そう、その辺かな。そうそうそう。女性ジェンダーみたいなところが強めであろうという感じがたぶんして、そこに何となく合わなかったような気がします。（中略）何だろう、服装とか体の話の話題が多かったりとか、何だろうな、何か下、エロいもの、話とか、下ネタとか別に嫌いなわけではないんですけど、何かそういう話ばっかりだったと思うんです。（2021年10月、藤原和希へのインタビュー）

　藤原が所属した場においては、女性的であろうとする規範が強くあり、服装や身体の話が中心的であったほか、体を触るような「下ネタ」をはばからない雰囲気もあったという。藤原はこうした経験から、「女装者」と異なる存在として自己を位置づけようとしている。

　こうしたジェンダー規範は、FtM当事者が多く参加するグループにおいても生じている。とくに2000年代以降のFtMのグループに参加した人には、ホルモン投与や手術といった治療を進めていくことや、女性への性的指向をもつことを自明視するような規範が強く感じ取られていた。まさよしも、「Xジェンダー」を自認していた時期において、以下のように語っている。

　　まさよし：FtMの人と話してるなかで、わりとジェンダー規範が強い人が周りには多かったのがあって、ちょっと苦しくなっちゃったんですよね。ノリとかテンポとか。なんかけっこうオラオラしてるというか。（2016年10月、まさよしへのインタビュー、1回目）

　まさよしは、「FtMの人」との会話のなかで「ノリ」や「テンポ」が「オラオラ」しているような、男性性を強調するジェンダー規範を読み取って「苦しく」なってしまったために、「FtM」ではないとここでは考えている。ここでまさよしにおいて「FtM」は、男性へと性別移行し"男らしさ"を達成しようとする者として理解されていると言える。これらの語りは、ギャリソン（2018）が「トランスジェンダー」として十分ではないのではないかと懸念する当事者の存在を指摘するように、「Xジェンダー」を名乗る人がトランスジ

ェンダー概念に付随する性別移行の規範やジェンダー規範へのついていけなさを表明していることを示している。

　さらに、「Xジェンダー」の名乗りは、大衆メディアにおいて「GID」や「トランスジェンダー」がステレオタイプ的に言及される仕方から距離をとることも可能にしている。たとえば出生時に割り当てられた性別が女性で、「男性寄りXジェンダー」を名乗る20代のAさんは以下のように語る。

> A：「トランス」って言葉が重すぎたんですよ。イコール、「性同一性障害」っていうのがすごかったから。で、そんな人あんまなかなかいないってやっぱそのときも思っちゃってたんで。
> 筆者：じゃあ自分はまあ「トランス」ではなくて、でも男でも女でもない「その他[*1]」みたいな、
> A：でもすごく男性になりたいから、「トランス」なんだろうなとかってちょっと思いつつ、でもそれにもなりきれないから、
> 筆者：それちょっと抵抗あるんですね。
> A：抵抗がそのときあったんですよ。マイノリティって名乗るのがすごく怖くて。まあ、社会的弱者です、みたいな感じで。（2016年5月、Aへのインタビュー、1回目）

　ここでAさんは「トランスジェンダー」と「GID」を区別せずに、当事者が少なく「社会的弱者」と結びつくような「マイノリティ」としてとらえ、それゆえに「トランス」を名乗ることをためらっている。これはK. Phoenix（2016）が指摘したような“病気”としての「GID」と“生き方”としての「トランスジェンダー」という対立的区分が当事者間で解消されていく傾向とは、独立した実践として位置づけられる。「男性になりたい」と言うAさんは、「その他」という男女に当てはまらない性自認のカテゴリーに同一化するわけではないが、「その他」はAさんに、「社会的弱者」としての「マイノリティ」とは異なる存在として自己を位置づけることを可能にしている。

---

*1　Aさんは、海外に留学したときに知った「others」が自己解放感につながったとし、日本帰国後に知った「Xジェンダー」を「others」と同様のカテゴリーとして位置づけていた。

そして、「その他」と同様のカテゴリーである「Xジェンダー」も、Aさんにとって自己を表すには十分ではない。別の語りにおいてAさんは、「Xジェンダー」を名乗る他者のふるまいを「すごくXっぽいX」と表現し、「男性になりたい」ために「自分はそれに当てはまらない」と述べていた。この語りからは、「Xジェンダー」として十分でないと自ら感じ取り、「Xジェンダー」を用いながらも「男性寄りXジェンダー」として、「Xジェンダー」からも自己を差異化しようとする実践が見出せる。

　これらをふまえると、「トランスジェンダー」の下位カテゴリーとしての「X」は、「FtM」や「IS」、そして他の「Xジェンダー」からの差異化を可能にしており、他方で2000年代におけるGID概念の広まりの影響のもと、「Xジェンダー」によって「トランスジェンダー」や「GID」といったカテゴリーと結びつく医学や性別規範から認識上距離をとろうとする実践も可能になっていることが示された。

8.3　便宜的な名乗り──カテゴリーの曖昧さの重視

　本節では、非二元的な性のカテゴリーが自己や他者との関係において便宜的に用いられる実践を、「Xジェンダー」の名乗りに着目して論じる。この実践は、前項で論じたような、先行するカテゴリーに付随する社会的意味づけに対する反応の仕方よりも、「Xジェンダー」を明確な意味をもたない曖昧なカテゴリーとしてとらえたり（8.3.1）、自己との関係で仮のものとして説明したりする仕方（8.3.2）によって特徴づけられる。

8.3.1　曖昧なカテゴリーとしての「Xジェンダー」

　はじめに取り上げたいのは、カテゴリー化に不信感を抱き、明確な意味をもたない曖昧なカテゴリーとして「Xジェンダー」を用いる実践である。大学のゼミにおいて、「ほんとにここまで一致することあるんだってくらい同じような人と会って、話が通じてた」という、40代のPさんにとって、「Xジェンダー」を知ることはそれほど重要な経験だと感じられなかった。これは、そもそもPさんには、「日本人」「子ども」など、人のカテゴリーは信用ならないという実

感があるためでもある。また、Pさんは、自らキャラクターを設定して遊ぶことができ、性別記述の自由度も高いテーブルトーク・ロールプレイング・ゲーム（TRPG）の作品に中学時代から親しみ、性的マイノリティに関する、あるいは男女のステレオタイプ的な表象をなぞらずに繊細な人間関係を描いている小説や漫画を好んで読んできた。

　このようなPさんは、大学時代から「トランスコミュニティ」というよりも、メンバーを特定のセクシュアリティに限定しない、「ミックスのコミュニティ」に参加してきた。たとえば、Pさんは2002年頃から関西において「ACDC Children」「ROS」「玖伊屋」に参加してきたほか（6.2.3参照）、2013年に関東に移ってからは、「Queer & Ally」、「label X」と「足湯 cafe & bar どん浴」の共催である「Xジェンダーのたまり場」、「にじいろ学校」のオフ会など、ミックスの語りの場に参加してきた。Pさんが参加した範囲のトランスコミュニティでは、「性自認」が明確であることが前提とされた会話が多かったが、「性自認っていう感覚がそもそもわかってない」Pさんには、「共感できない人がたくさんいるのが前提になってる」ミックスのコミュニティの方が居心地がよいと感じられている（2022年1月、Pへのインタビュー、2回目）。

　このような語りの場では、「X」に特定の意味づけが付与され、否定されてしまう人が生じてしまうことに対して、ゆるやかにけん制しているところがあるという。「MtF」の当事者間での外見における"パス度"、すなわち見られたい性別として他者の視線を通過できるかどうかが話題になり、筆者が「MtX」の場合について尋ねたとき、Pさんは以下のように述べる。

　P：「X」としてパスするとかいうことを、すごく言いたい人も、まあ、いることはいるのは知ってますけど、数として多いかっていうと、そうでもないと思うし。あと私は、そういう雰囲気が見えると、積極的にたぶん、何だろう、普通に自然に積極的にけん制してると思います。
　筆者：なんか、どういうかたちでですか。
　P：何だろう、たとえば、その何ていうの、「X」っていうからには、それ

＊2　Pさんによれば、「TRPG」では、自分の使うキャラクターを既存の枠組みには当てはまらない性別に設定することも、プレイ中に性別が変わるといったこともありうるという。

なりに性別に違和感をもってるってことだからっていう話があったら、違和感っていうのが前面に出る人もいるし、あと、別にどっちでもいいって思ってるのが前面に出る人もいるけれどって言って話を継ぐとか。そういうことを、そういう今みたいな言葉があったら、そういうことを私は言って、話をちょっと修正するので。別にこれ「X」の当事者が言うとは限らないけど、どの道そういうことはしてる。これはその交流会のところとかでも、ってか、そういうときにとくに大事なので、その否定しないっていうルール。（2022年1月、Pへのインタビュー、1回目）

　このように、交流の場において重要とされるのは、他者を否定しないというルールである。何が「X」なのかが規定されていないために、「X」として"パス"するという概念はそもそも成り立ちにくく、パスについて語りたがる人は少ない。それでも、「X」であることの条件について、「性別違和感」の有無などによって判断するような発言があった場合には、「性別違和感」が前面に出ない人もいるといった修正を会話のなかで自然なかたちでおこなうよう努めるのだという。これは、「X」の意味が曖昧で極めて幅広いことを語りの場で示し、他者が否定されないようにする実践だと言える。
　カテゴリー化に懐疑的であるPさんにとって、「Xジェンダー」は非常に幅広い性のあり方を意味し「何も説明してない」ために、便宜的に用いられているに過ぎない。

　　筆者：「Xジェンダー」、今のところ、ジェンダー・アイデンティティって、じゃあどういうふうにとらえてるんですか。
　　P：いや、感覚としてはわからないんですよ、私。
　　筆者：わかんないっていう感じで。
　　P：わからないので、便宜的に、すごい便宜的に使っている。えっと、何だろう、竜を見たことない人がなんか、「竜のような何とか」って言うとき、まあ、竜はいろんな人が絵を描いてるけど、あの、東洋型の竜なのか西洋型の竜なのかとかも違うけど、それでも何となく。まあ、何だろう、あだ名で竜とかいうのをつける人とかも、なんかどういう意味で使ってるか、

全くわかんないし。

筆者：わかんないですね。

Ｐ：まあ、意味がなかったりもするし。（中略）

筆者：あんまりわからないというか、意味がないような言葉というか、「Ｘジェンダー」はそういうふうな認識？

Ｐ：そうです、自分にとっては。なんかジェンダー・アイデンティティとかがあるっていう人は、ジェンダー・アイデンティティが、まあ、その人にとっては何かあるから、まあ、そうなんだろうけど。自分からは見えないけど。「Ｘジェンダー」も、まあ、あまり説明してないけど、とりあえずカテゴリーを言っとくと、話の流れ的に楽だからとか。なんかそっち関係の何かかなくらいの認識だけでもあると、少し違うっていう場合とかもあるので、便宜的に使う。（2022年1月、Ｐへのインタビュー、2回目）

　このように、Ｐさんは「ジェンダー・アイデンティティ」が感覚としてわからず、便宜的に「Ｘジェンダー」と表明しているだけだと述べる。Ｐさんは実在しないとされる竜について例をあげている。竜のことは誰も見たことがないが、竜について各々が意味づけているのと同様に、その存在が主張され「女」や「男」などと表明されることはあるが見ることができない「ジェンダー・アイデンティティ」について、その各々の意味づけはわからないままである。こうしたわからない、曖昧なカテゴリーである「Ｘジェンダー」は、他者に自らの性を具体的に説明することなく、それでも「そっち関係の何か」――たとえばジェンダー・マイノリティであることなど――と認識され、コミュニケーションを滞りなく進めることを当事者に可能にしていると言える。

8.3.2　暫定的な居場所

　加えて、同じく「Ｘジェンダー」を用いて暫定的に自己定位しているが、前項のＰさんの実践ほどカテゴリーを用いることへの不信感をもたず、自己追求を避けて居場所を確保しようとする実践もおこなわれている。

　まず出生時に女性と割り当てられた20代のＤさんは、「Ｘジェンダー」の自認を一時的なものとしてとらえている。Ｄさんは女性に性的／恋愛的惹かれを

覚えるが、大学に入るまでは「性自認」と「性的指向」の区別、「FTM」と「レズビアン」の区別がついておらず、「Xジェンダー」も知らなかったと述べる。Dさんは大学でグループなどを通じて性的マイノリティと関わり始め、「Xジェンダー」についても知り、「じゃあそれにするわ」と引き受ける。Dさんも前項のPさんと似た認識として、「心の性が存在するのかって言われると、ない」のではないかと考えているが、男性度のX軸と女性度のY軸があるとして、その平面上とは離れた地点に位置づく「中性から無性寄り」として自己を位置づけている。

　　D：仕事だと、否応なく自分が女性だって意識させられることがあり、それは辛いなーって思いつつも、これは自分が女性であるから辛いのではなく、社会の強要する女性性が辛いのでは？と思っている。だから今のところは「Xジェンダー」だとは自認しているんだけど、男女同権が完全に成立したら自分は女性でも良いのではという気持ちになっている。
　　筆者：社会的にジェンダー差別とかが全部なくなれば、気にしなくなる。
　　D：そうそう、だから身体的な違和感も別に全然ないので。（2017年10月、Dへのインタビュー）

　Dさんは「社会の強要する女性性が辛いのでは」として女性性の強要を社会的問題として自覚している。たとえば、Dさんは会社でも自身が「女性枠」としては扱われていないと感じており、これは「逆説的に『女性枠』が存在することを目の当たりにさせられ」、「その枠があること自体性差別じゃないのか」という問題意識をもつ。とはいえ、Dさん自身は「女性」として扱われておらず、その枠に入りたくもないと言い、当事者性をもって「女性」に付与される性別規範を問いなおすのではなく、自己を女性ではない何者かに位置づける実践をおこなっている。ここで「女性」や「Xジェンダー」の名乗りは、身体的な違和感のなさも影響して、いずれも本質的な自己規定であるとは考えられておらず、「男女同権」の成立といった社会状況によって選択しうる可変的なものとして位置づけられている。Dさんにとって「Xジェンダー」は、女性という社会的意味づけから認識上距離をとることを可能にするだけではなく、一時

的な居場所のようなものとして用いられていると考えられる。

　このように自己が「Xジェンダー」という未規定な性のカテゴリーに位置づけられるのは、自分にとっても自己を説明しきれないことが自覚されているためでもある。出生時に割り当てられた性別が男性であり「Xジェンダー」を自認する20代のBさんは、「Xジェンダー」の自認を「ずっと仮置き」の状態だと語る。Bさんは、男性が女性的なジェンダー表現をすることへの反発が強くあるなかで、女性的な衣服を身につけることを望むが、一貫して社会的に女性として生きることを選択するほどの強い性別違和を感じているわけではない。それでもBさんはジェンダー表現をめぐる規範と自らの欲求との間に摩擦を認識するときに、自らの「性自認」が何なのかを問いなおすことになる。

　　筆者：Xジェンダーっていうカテゴリー見つけたときは、どう思いました？
　　B：うーん、なんか、もしかしたらこれかなって思いました。でもなんか、決めてかかっちゃうのもどうかなって思ってるので、今も。
　　筆者：それはどういう意味ですか、決めてかかるっていうのは。
　　B：なんつったらいいんでしょう、なんか、もう、「Xジェンダー」だとか、「アセクシュアル」だとか決めちゃうと、思いこんじゃって、実はそうじゃないかもしれないのに、なんかそっちの方向に進んじゃってる可能性もあるかなって思って。なんかこう、煮え切らないというか。なんか、「Xジェンダー」自体もそんなにはっきりしてないじゃないですか。
　　筆者：うん、ないですね。
　　B：そう、だから一応そういうことで決めてるけど、まあずっと仮置きかなって感じですね。（2016年5月、Bへのインタビュー）

　上記の語りにおいてBさんは、「Xジェンダー」であることを「決めてかかっちゃう」ことを、「そっちの方向に進んじゃってる可能性」として否定的に語っている。ここでBさんの本質的な部分は、そういったものがあるとして「Xジェンダー」のもとですべて説明されるわけではなく、追求すべきものでもないとされていることが読み取れる。このように「Xジェンダー」への同一化から距離をとることは、「Xジェンダー」がそれ自体「煮え切らない」「はっ

きりしない」定義しか与えられていないために可能になるとBさんは考えている。「性自認」は完全な言語化が難しく不確定なものとして、続く語りで「あんまり悩んでるとわかんなくなっちゃうんで。（中略）考えないようにして」いると語られ、「Xジェンダー」は「一応そういうことで決めてる」として暫定的に名乗られている。このような名乗りは、「Xジェンダー」の自己カテゴリー化をおこなっている点で、「性のタームで自己同一性を得ることから脱出」（赤川 1996: 132）しているとは言い切れないが、脱アイデンティティの実践も一枚岩ではないと考えられる。Bさんの実践は、たとえば第4章で論じた蔦森樹による性のカテゴリーを全く用いないようにする試みと同じではないが、未規定の性のカテゴリーをあくまでも暫定的に用いて自分が何者かを突き詰めて考えることを回避しようとしている点で、脱アイデンティティの実践の一つとして位置づけられる。

　ただし、このような「Xジェンダー」の暫定的な名乗りが、Bさんの言うようにその未規定性によるものだとしても、他者がXジェンダーを用いる実践によって「Xジェンダー」の意味内容は揺るがされうる。8.1.2でも取り上げたまさよしは、ニュース記事やテレビ番組でXジェンダー当事者として発言していたが、「フリフリの洋服が嫌だった、だからXジェンダーみたいな」「わかりやすい部分が取り上げられ」たことで、他の「Xジェンダー」を名乗る人から「性役割や性表現で違和感があるからXジェンダーみたいに見られる」として批判されたと語る（2017年10月、まさよしへのインタビュー、2回目）。まさよしの発言への反応からは、「Xジェンダー」を名乗る人が、特定の活動が「Xジェンダー」に代表的なものとして意味づけられることへの警戒を示していることが読み取れる。このような警戒からは、「Xジェンダー」を名乗る人びとの間には、「Xジェンダー」の社会的意味づけを単純化されたかたちで明示せず、それぞれの「Xジェンダー」の意味づけを尊重するという規範も存在していることが窺える。

8.4　政治的主張の根拠——カテゴリーの意味の厳密化

　他方で、先の未規定性を維持する実践とは異なり、「Xジェンダー」や「ノ

272

ンバイナリー」を特定のニーズをもつ存在を表すカテゴリーとしてとらえ、これらを社会的制度への異議申し立てをおこなう根拠として用いる実践を論じる。

　まず、性別二元論に対する批判的視座を表明する手段として、「Xジェンダー」が用いられることがある。この運用は調査協力者には見られなかったが、今将人が指摘したほか、EさんはTwitter上では2010年代はじめ頃にXジェンダーを用いていた人の傾向を、「デモやイベントや学会の開催者や関係者である人」が「Xの他にクィアや反差別をプロフィールに明記していて、社会構築主義の立場…ですかね、そこから既存の性規範を批判するというスタイルを取りやすかった」と語る。

　ここで「Xジェンダー」は、Eさんが一つの「スタイル」として表現しているように、自己認識のあり方にかかわらず、性規範の批判という政治的目的のための言説的資源として用いられていると言える。これまで性別違和の社会的処遇をめぐる主張は、"方便"としての障害という医学的身体加工を正当化するレトリックか（K. Phoenix 2009: 228-9）、社会的性別の移行かという差異はあれども、男女の二値を自明視する性別秩序への同化戦略によって説得的なものとされやすかった。他方で「Xジェンダー」に特徴的であるのは、主張が男女の二値を自明視する性別秩序に対して異化の志向をもつために、批判の対象である二元論の外部としての「Xジェンダー」に当事者性を設定し、主張に正当性を付与しようとする点であると考えられる。

　さらに「Xジェンダー」や「ノンバイナリー」は、公的なケアを必要とするマイノリティという理解と結びついて用いられている。非二元的な性のカテゴリーによって可視化されたのは、「不定性」、すなわち性自認の切り替わり（Fさん）といった、既存の制度では前提とされてこなかった性自認や身体のあり方でもある。たとえば現状では、非二元的な性自認をもつ人も利用するGID医療は、男女に当てはまらない性自認をめぐる困難に対して適切な方針をもっていない（針間 2016）。医療の基準において二元的な性別観が前提とされているとき、患者は二元的なジェンダーに同調させられたり、医療者の理解不足にストレスや不安感を覚えたりしやすい（Young 2019=2021: 222-84）。また、学校や職場などの空間設計やそこに居合わせる人びととの認識において二元的なジェンダーが規範的とされていることで、Xジェンダー当事者が居場所のなさを感

じていると指摘されている（Dale 2014: 260-4）。こうした困難な状況を背景として、あるはずであるペニスが存在しない喪失感や、ないはずの胸が存在するという身体感覚をもつEさんは、自らを「非典型的な性自認に沿った扱いを受けたい人、自身の非典型的な性自認に合わせて体を変えたい人」であるとし、以下のように語る。

> E：私みたいな「X」にとっては今の「X」の実態はあまりにも多様すぎて、かえって身動きが取れなくなってしまっています。「X」があまりに多様で「Xはこういった事で困っているのだ」という具体的な説明が実質困難になってしまっているために、非典型的な性自認に沿った扱いを求めたい事や必要な医療を受けたいということが、「X」というカテゴリを介して社会に説明することが難しくなっているのです。（2017年11月、Eへのインタビュー）

このようにEさんは、「Xジェンダー」のもとで非典型的な性自認に沿った社会的処遇を求めることが難しい現状に不満をもつ。これを「今の『X』の実態」としていることは、第6章で記述したように、2010年代において「Xジェンダー」の定義が規定されていないことやそれぞれの名乗りが尊重されるべきことが当事者間で議論され、2015年頃から「Xジェンダー」がインターネット記事において「トランスジェンダー」の下位カテゴリやそうでないもの、まだ性自認がわからないというクエスチョニング概念と同義とする立場、「ジェンダーレス」との関連など、多義的に意味づけられていったこととも無縁ではないだろう。その困難は、「Xジェンダー」が「あまりにも多様」であるために「こういった事で困っている」という「具体的な説明」ができないことから説明されており、Eさんにおいて「Xジェンダー」の意味を厳密化することが望ましいと考えられていることも読み取れる。

続く語りでEさんは、欧米でよく用いられているとインターネット上で知った「ノンバイナリー」を、自らの主張を託すかたちで用いることにしたと言う。ここで「ノンバイナリー」が用いられたことには、2017年頃には「ノンバイナリー」を名乗る国内の当事者の語りやこの概念をめぐる論争は可視化されて

いなかったこととも関係していると考えられる。むしろ「ノンバイナリー」はこの時期、日本に起源をもつという文化的説明が典型的に見られる「Xジェンダー」とは異なり、主に英語圏の著名人のカミングアウトが紹介されたほか、何よりも英語圏で三人称単数代名詞theyを用いたり、パスポートの性別欄「X」の対象となったりする当事者として、非二元的な性を生きる人びとへの新たな配慮の必要性を可視化させてきたと言える（7.3.2参照）。

このときEさんにとって「Xジェンダー」と「ノンバイナリー」は、同じく「非典型な性自認を包括したカテゴリ」として用いられており、Eさんは「Xジェンダー」を名乗ることをやめたわけではない。だがEさんは、「Xジェンダー」が「性別なんて無くなれば良い」といった「ジェンダーフリーやフェミニズムと区別がつかず」「セクマイという切り口で問題提起をすることが必ずしも妥当であるのか疑問」に思うような主張と結びつくことがあるために、「ノンバイナリー」を「非典型な性自認の尊重、および医療へのアクセスの改善」をめざす立場として「Xジェンダー」から差異化しようとする。ここからは、「Xジェンダー」を用いた政治的主張の内実には対立も含まれていることが読み取れる。

加えてEさんの主張は、ジェンダー非順応な人びとに対する社会的処遇が、二元的な性別移行に重点を置き、非二元的な性自認や身体の処遇の問題をこれまで軽視してきたことを示唆している。Eさんは、可視化されていない異別処遇を要求するために「ノンバイナリー」を用いているが、「ノンバイナリー」も「Xジェンダー」と同様に個々人によって自己カテゴリー化されることで、多様な意味づけがなされてもいる[*3]。「ノンバイナリー」の使用を通じて医学や制度上の特定の処遇の必要性を可視化しようとするとき、他者からのカテゴリー化による意味の単純化が伴うために、自己カテゴリー化による意味づけが否定される可能性がある。しかし、自己カテゴリー化するだけでは制度的な解決に結びつかず、性別違和などの困難が自己責任のもとで対処を迫られるというジレンマ的状況が生じている。

＊3　2010年代までのテクストを分析した本書の対象からは外れているが、2020年6月における宇多田ヒカルによる「ノンバイナリー」カミングアウト以降、数多くのインターネット記事で「ノンバイナリー」が説明されているほか、「国際ノンバイナリーデー」とされる2022年7月14日にはTwitter上で数多くのメッセージが寄せられた。

小括

　本章では、個々人が周囲の人びととのふるまいや、グループやメディアで得られた知識といった社会的文脈のもと、どのように非二元的な性のカテゴリーのもとで自己を位置づけてきたのかを、それぞれの個人史にも焦点を当てつつ論じてきた。

　それぞれの節で論じてきた諸実践は、個々人がどれか一つを固定的に用いたり一貫したストーリーを形成したりするとは限らず、複数の実践を同時におこないうるものとして見出せる。8.1では、非二元的な性のカテゴリーが、二元的な性別では把握できなかった経験を解釈する可能性を当事者にもたらした仕方を記述した。これは活動時期によっては、「Xジェンダー」「ノンバイナリー」に限らず、蔦森樹の思想や創作物に登場する「インターセックス」などが可能にしてもいた。このような経験の再解釈は、8.2で論じたような他の性のカテゴリーの社会的意味づけを避ける実践とは、性別違和のあり方を特定の非二元的な性のカテゴリーへと帰納して説明し、再解釈した自己認識を維持する点で、相補的な関係にあると考えられる。加えて、8.3で見てきた非二元的な性のカテゴリーを便宜的に用いる実践は、カテゴリー化への不信感や、一時的な居場所の確保のために、非二元的な性のカテゴリーを仮のものとして用いようとするものであり、これは非二元的な性のカテゴリーの社会的意味づけが規定されていないことで成り立っていた。ただしこの実践は、8.4で論じてきたような、「Xジェンダー」や「ノンバイナリー」の意味づけを厳密化し、既存の社会制度への異議申し立てをおこなおうとする実践との矛盾をはらんでいた。

　本章の分析ではまず、特定のグループにおける知識を前提として、「トランスジェンダー」の下位概念として「FtX」や「MtX」を名乗り、医学的な客観性のもとで出生時に割り当てられた性別を二元的に提示し、2010年代に普及した「Xジェンダー」から差異化しようとする試みが示された。加えて本章は、非二元的な性のカテゴリーの未規定な性質がどのような実践を当事者に可能にしたのかを示した。非二元的な性のカテゴリーによる自己定位は、人びとに特

定の経験解釈の方向づけをもたらすわけではなく、男女の二値を自明視する他者との相互行為において非二元的な性自認は揺るがされやすい（8.1）。それでも当事者が非二元的な性のカテゴリーのもとで自己定位するのは、一方では「性自認」の存在を疑いつつ、自らの存在をめぐる不安を一時的に解消できるためであった（8.3）。この実践において、人びとは未規定なカテゴリーを自己の本質とはせずに暫定的に用いようとしていた。他方で、「Xジェンダー」や、2010年代後半には英語圏で代名詞などにおいて特定のニーズをもつ人物として表象されやすかった「ノンバイナリー」は、いまだ社会で可視化されていない非二元的な性自認や身体をめぐる社会的処遇を主張するための言説的資源として、より明確な社会的意味づけを当該カテゴリーに付与しようとする実践を生じさせることも読み取れた。

　これらのカテゴリー運用は、2010年代においてとりわけ普及している「Xジェンダー」を名乗る者の間に、「Xジェンダー」がメディアで取り上げられる仕方の問題視や、「Xジェンダー」が多様なかたちで名乗られることへの批判といった、「Xジェンダー」の社会的意味づけをめぐる摩擦を生じさせていた。ここからは、特定の規範と結びつきにくい未規定な性のカテゴリーの運用には、「GID」や「トランスジェンダー」に付随するとされたような性別移行の規範（K. Phoenix 2009; Garrison 2018）は見られないが、他者によるカテゴリーの意味づけを意識し合うような息苦しさが伴われており、結果として「Xジェンダー」を用いて非典型的な性自認をめぐる社会的処遇を主張することが困難になっている現状が示唆された。

第9章

結論
──非二元的な性のカテゴリーが可能にした
実践の変遷

本章では、これまでに本書で論じた各章の内容をまとめ（9.1）、先行研究に対する貢献を示し（9.2）、最後に課題や今後の展望を述べる（9.3）。

9.1　本書で論じたこと

本書は、非二元的な性のカテゴリーがジェンダー非順応な人びとにいかなる自己の位置づけや性の理解を可能にしてきたのか、1990年代から2010年代までの約30年のカテゴリー運用の歴史を論じてきた。本節では、各章で論じてきたことをまとめていく。

第1章では、ジェンダー非順応な人びとをめぐる社会的処遇の方針が定まっておらず、当事者間でも相互にカテゴリー化して排除しあうようなコンフリクトが存在することを確認した。このような論争的な性格ゆえのとらえ難さに対し、本書はジェンダー非順応をめぐる諸カテゴリーが日本の当事者においてどのように用いられ、自らの経験や人びとの集団を指示するものとして観念されてきたのかをめぐる歴史的変遷を明らかにするという方針を示した。このようなアプローチからは、人びとが性的マイノリティ、とりわけジェンダー非順応な人びとをめぐるカテゴリーを用いる仕方から、現在自明のものとして用いられている諸カテゴリーがいかなる性の理解や自己知を可能にしてきたのか、そして社会のなかでいかなる限界を抱え込んでいるのかを見出すことができる。

第2章では、英語圏および日本におけるジェンダー非順応な人びとを対象とする先行研究を検討した。まず、性をめぐるカテゴリーの使用は、政治的な可能性や限界として規範的にも重要視されてきたが、それらの前提となる当事者がカテゴリーを用いてきた仕方の経験的な検討も必要であることを確認した。そこで「男」「女」「GID」などの性のカテゴリーが用いられる仕方を検討した K. Phoenix（2009）らの研究を整理し、非二元的な性のカテゴリーが可能にする性の理解や自己知をさらに検討することが必要となると述べた。非二元的な性自認をもつ人びとを対象とした調査研究では、周囲の人びととの関係において自己や身体観が変容していく様子が主に描かれてきたが、カテゴリーがいかなる経験を可能にしてきたのか、その歴史的変遷は看過されてきた。他方、日本の歴史的研究でも、女装コミュニティ史（三橋 2008）や「同性愛者」と

「トランスジェンダー」のカテゴリー集団の分離（村上・石田 2006; 杉浦 2006）が主に描かれており、非二元的な性のカテゴリーには焦点が当てられてこなかったことが示された。これらの先行研究の限界を乗り越えるために、本書では新たな概念の導入が人びとにいかなる実践を可能にするのかを探るというハッキングの視座に依拠し、グループにおける活動のあり方（Plummer 1995=1998; 有薗 2004; 石井 2018）や性規範（K. Phoenix 2008; Garrison 2018; 吉野 2020）、カテゴリーが身体や性自認などの性の諸要素と結びつく仕方に注目し、非二元的な性をめぐるさまざまなカテゴリーの運用を探ることを方針として定めた。

　第3章では、主に1990年代から2010年代に出版された、性的マイノリティ専門誌やインターネット上のテクスト、29名におこなった半構造化インタビューのデータを分析対象とすることを説明した。これらの多様な資料を用いることで、断片的なかたちでしか残されていない、非二元的な性のカテゴリーが用いられた社会的文脈や関連するグループの活動について詳細に探ることが可能になる。分析では、人びとが非二元的な性のカテゴリーをその他のカテゴリーと関連づけながらどのように用い、それによって何をおこなっているのかを、多様な文献資料や口述資料に基づき観察していくことを述べた。

　第4章から第8章にかけて、分析の結果を示してきた。第4章では、1990年代から性をめぐる「ジェンダー」「性自認」「TG」などが二元的な性のカテゴリーとして定着していき、非二元的な性を表現しようとする脱二元化の試みは、女装コミュニティのごく一部にとどまっていたことを論じてきた。当時「同性愛者」とされた人びとのなかにも、性別違和を抱えた人びとは含まれていたが、これらの活動において性別違和については顕在化されておらず、二元的な性の概念も前提とされていたことが示された。

　他方、女装雑誌や関連する男性学の文献上では、男女のジェンダー表現の切り替えを規範とする「女装者」「TV」からの差異化の試みとして、蔦森樹は性別二元論が便宜的なものに過ぎないとし、嶋田啓子は「オーバージェンダー」として自己カテゴリー化していた。その背景の一つに、新宿女装コミュニティで男女の切り替えの規範の揺らぎが可視化されていたことがあり、三橋順子はそうした人びとを「インタージェンダー」としてカテゴリー化していた。しかし、この時期当事者によって自己カテゴリー化されていたわけではない「イン

タージェンダー」はむしろ、それまで曖昧な定義のもとで用いられていた「TS」「TG」を二元的な性のカテゴリーとして厳密化する帰結をもたらした。

　第5章では、1990年代末頃GIDのガイドラインが制定された時期において、性別移行の二元化が進んだが、「G-FRONT関西」では、非二元的な「性自認」として「X」が名乗られ、脱二元化の試みや性別移行の規範へのついていけなさが一部の当事者によって表現されていたことを論じた。「G-FRONT関西」では、「FtX」「MtX」が当事者によって自己カテゴリー化されており、まずバイセクシュアル概念のもとで二元論への異議申し立てがなされた文脈で、自らの性別の曖昧さを表現することを可能にしていた。加えて、このグループの代表者である森田真一も「X」を名乗っており（吉永2000; Dale 2014）、森田にとって「X」は、他のMtF当事者から自己を差異化し、性別違和感を抱えつつも性的／恋愛的惹かれを重視する選択を肯定する概念だったが、その後森田は「X」としての主張をやめ、「ゲイ」としてのライフスタイルをもつことを強調していく。しかし森田が去ったのちも、その影響を受けたグループのメンバーによる「約束事」の浸透やガイドラインの柔軟な解釈などの活動のもと、「X」は「MtF」「FtM」に明確に位置づけられず、二元的な性別移行への不安を抱える自己の表現を可能にしていたことが示された。

　第6章では、2001年頃から2010年頃、特例法をめぐる運動を経て、戸籍上の性別とも結びつくかたちでGID概念が普及し、さらなる二元化が生じたなかで、「X」が関西のグループの文脈をこえていかにして名乗られていたのかを明らかにした。GID概念の普及は、ジェンダー非順応な人びとのうち二元的な性自認をもつ人びとにおいて、GID概念を肯定的にアイデンティティ化する実践を生んだ一方、手術をめざさなければ「FtM」「MtF」ではないとする手術規範を生じさせた。こうした状況でなお「X」が名乗られたことには、「ACDC Children」や「ROS」といった関西のいくつかのグループでのメンバーの活動のほか、インターネット上のネットワークの成立が寄与していた。すなわち「中性」や「X」などの非二元的な性の概念を掲げたHPやmixiコミュニティが形成され、これらは「中性」「両性」といったより細分化された非二元的な立場のもと、個々人が性を表現することを可能にしていた。他方、とりわけFtM当事者を主なメンバーとしていた「SNSコミュニティ」では、手

術規範のもと、「X」は未治療であることを表明するカテゴリーとして用いられる傾向があった。

　第7章では、「Xジェンダー」や「ノンバイナリー」がインターネットを通じて社会に広まっていく2010年代に、当事者間でとりわけ「Xジェンダー」が自己執行され、カテゴリーの定義をめぐる厳密化が生じた仕方を論じた。2010年代前半には、Twitterや匿名掲示板上で概念定義をめぐる論争を経て、「Xジェンダー」の個々人の定義を尊重すべきだとの主張が現れ、身体の性的特徴から自己を切り離して、「FtX」や「MtX」ではなく、「Xジェンダー」として自己定位する実践も当事者間に可視化されていくことが示された。2010年代後半には、当事者団体「label X」による書籍出版や、インターネット上の記事を通じて、「Xジェンダー」や英語圏から流入された「ノンバイナリー」「クィア」等の概念が複数の仕方で意味づけられつつ、社会に普及していく。当事者活動においては、非二元的な性を性別欄やパートナーシップ制度に組み込むジェンダー多元化と、社員番号などすでに二元的な性別が組み込まれている制度を脱ジェンダー化（Monro 2005: 89-90）する試みがいずれもおこなわれていることが示された。

　第8章では、第4章から第7章にかけて論じたような、活動を通じて得られたカテゴリーの知識との関係で、個々人がいかにして非二元的な性のカテゴリーのもとで自己定位してきたのかをさらに論じた。ここで読み取れたのは、「トランスジェンダー」が知られていなかった時期での自己の模索や非二元的な性のカテゴリーを「トランスジェンダー」の下位カテゴリーとしてとらえるかどうかなど、個々人が異なる時期や場に属していたことで得られたカテゴリーに関する知識が、自己定位の実践に織り込まれていく仕方である。そして「Xジェンダー」や「ノンバイナリー」が未規定なカテゴリーとして知られていったことは、同一カテゴリーのもとでも、カテゴリーの意味を曖昧化しようとする実践と、非二元的な性自認や身体をめぐる医療化を求めるべく、そうしたニーズを抱える存在として「Xジェンダー」「ノンバイナリー」の意味を厳密化しようとする実践が生じるといった、協働や矛盾をはらむ複数の実践につながっていた。

9.2 先行研究に対する貢献

このような分析結果は、先行研究に対していかなる意義をもつのか。本節では先行研究への貢献を、非二元的な性のカテゴリー運用の30年史（9.2.1）、非二元的な性のカテゴリーに関連する諸カテゴリーの定着とその帰結（9.2.2）、未規定な性のカテゴリーが可能にした自己定位の実践（9.2.3）に大別して説明する。

9.2.1 非二元的な性のカテゴリー運用の30年史

本書は、非二元的な性をめぐる諸カテゴリーが人びとに可能にした実践を探る歴史社会学的研究として位置づけられる。まず本書は、性的マイノリティの運動において規範的な関心事となってきたジェンダー非順応な人びとをめぐるカテゴリー化の経験的位相を明らかにした点で意義をもつ。同性愛者解放運動において、カテゴリーを用いたカミングアウトには、抵抗の可能性（風間 2002）や、共同性の立ち上げ（飯野 2008; 堀江 2015）が期待されてきた。しかし山田（2020）もGID概念について述べるように、カテゴリーの運用には両義的な側面が存在する。これをふまえ藤高（2022）は概念使用の「正しさ」を断じるのではなく、当事者によって書かれたテクストから、GID概念やトランスジェンダー概念が、いかにして個々人によって差異を孕む運用をされているのかを描き、異性愛規範や性別二元論に沿わない語りを掬い上げる必要性を見出した。本書はこうした関心を引き継ぎつつ、さらに非二元的な性のカテゴリーがそれぞれの時期や場で用いられる仕方を記述することで、経験的な水準からこれに応答するものである。つまり、本書の語りからは現在に連なる抵抗の可能性を読み取ろうとすることもできるが、むしろある語りが、ある時ある場所で何に向けられ、何をおこなってきたのかを記述し、語りが置かれた文脈を抹消しないことに重点を置いてきた。

本書の方法上の特色は第一に、カテゴリー集団を自明視するのではなく、人びとがそれぞれのカテゴリーのもとでいかなる活動をおこなってきたのかを記述し、性をめぐる新たな理解や自己知を得たり、語りの場を立ち上げたりする諸実践を、さまざまな資料から探ったところにある。これは、新たな概念が人び

との経験に影響し、人びとの側の反応によって時に別の概念も生じる仕方に着目するハッキング（1995＝1998）に依拠し、分析においてサックス（1979＝[1987]2004）や團（2013）をふまえ、カテゴリーのもとでの人びとの活動を記述していくことで可能になった。それによって、トランスジェンダーという集合的アイデンティティを自明視することで見落とされるような、ジェンダー非順応な人びとがカテゴリーを用いることで可能になる経験を明らかにした。

　第二に本書は、断片的なかたちでしか残されていない非二元的な性のカテゴリーの手がかりを得るために、性的マイノリティの専門誌やインターネット上のテクスト、インタビュー・データなど多岐にわたる資料を用い、どのように諸概念が用いられ、それが人びとに何を可能にしたのかを、それぞれの資料を突き合わせて検討していった。それによって、都市部を中心とするそれぞれのグループの活動史やグループ同士の関係、インターネット上における知識のネットワークを描き出した点でも本書は意義をもつ。なぜなら、性的マイノリティが語りうる条件をなすのは語りを可能にするコミュニティであり（Plummer 1995＝1998）、とりわけ非規範的な性のあり方を表明するような「歓迎されないストーリー」を可視化させたのはインターネットだとされるためである（Ekins & King 2010）。

　ジェンダー非順応な人びとはこれまで多数のグループを形成してきたが、現代日本のグループにおける活動の歴史は一部の女装コミュニティ（三橋 2008; 宮田・石井 2020）および「TNJ」の成立や活動内容（野宮 2004）しか明らかではなかった。対して本書ではインタビュー・データから資料の存在を探りつつ、非二元的な性のカテゴリーがそれぞれのグループでいかにして用いられたのかを示し、先行研究でほとんど検討されてこなかったインターネット上におけるHPやそれを結びつけるウェブリング、mixi、Twitter等における非二元的な性のカテゴリーの運用のあり方を描き出した。多様な形式のデータに着目するという本書の方法的な強みによってこそ、こうしたメディアに応じた多様なグループでのカテゴリーの運用の仕方を解明できたのである[*1]。

＊1　とはいえ、mixiやTwitter等のそれぞれのメディアに特有の機能が人びとのカテゴリー運用を規定する仕方については、メディア論的な視座から今後さらに詳細に検討する必要があるだろう。たとえば英語圏では、Tumblrでの新たなトランス・アイデンティティ・カテゴリーの形成について、匿名性やタグの使用などプラットフォームの特徴と結びつけて論じられている（Jacobsen et al. 2018）。

このような方法のもと導かれた分析結果は、戦後日本における女装者のコミュニティ形成や実践（三橋 2008, 2017）、1990 年代以降においては GID 概念の受容やそれが当事者にもたらした規範に関する歴史記述（三橋 2003c, 2010; 吉野 2020）に対して、看過されてきた非二元的な性のカテゴリーが用いられた仕方を明らかにした。先行研究でも非二元的な性に言及がないわけではなかったが、「性の多様性」が受容されていく変遷のなかに、非二元的な性が可視化される傾向を位置づけてきた。たとえば石井（2018: 143-90）は、「TS」などの社会的カテゴリーに沿わない独自の自己像を当事者が重視していく傾向を指摘したが、「X ジェンダー」がこの自己像に位置づくのかどうかは明確ではなかった。これらの研究に比して「X ジェンダー」の使用に着目しているデール（2012, 2014）は、関西のグループからインターネットを通じて「X ジェンダー」という言葉が広まったのではないかと指摘している。本書においても、非二元的なアイデンティティがより表明されるようになり、関西で名乗られた「X ジェンダー」が全国的に拡散していくという変遷自体を否定するわけではない。

しかし本書はさらに、明確な根拠なく想定されていたこの変遷に含まれる詳細な知識をめぐる経路と、「X ジェンダー」だけではない非二元的な性のカテゴリーの運用、それによって生じる異なる帰結を、グループでどのようなやり取りがなされてきたかに着目して数多くのテクストから示してきた。それによって、非二元的な性のカテゴリーは「X ジェンダー」だけではなく、同じ「X ジェンダー」という語を用いていたとしても時期や場によって異なる実践が可能になっていたことが明らかになった。

第一に、本書は「X ジェンダー」が名乗られる以前に、その後忘れられていったものの、「OG」や「IG」という非二元的な性のカテゴリーが異なる仕方で女装コミュニティにおいて用いられてきたことを示した。「OG」「IG」の忘却には、非二元的な性への排除的な傾向に加え、個人史の要素を含む理由が見出された。「IG」は三橋が現象を名指すために考案した概念であり、ほとんど自己カテゴリー化されたわけではなかったほか、GID 医療の整備がめざされた段階では否定的にとらえられていた。「OG」が用いられなくなることには、嶋田が女性として生活することを望み、言論活動からも離れていった個人史的な理由が影響していたと考えられる。

　第二に、本書は「Xジェンダー」や「中性」「無性」などの下位カテゴリーが可能にした実践の変遷を、その名乗りを支える場のあり方（Plummer 1995=1998）や性別移行の規範との関係で示してきた。デール（2012, 2014）は関西のグループで「Xジェンダー」の使用が確認でき、森田真一が早い段階で「Xジェンダー」を名乗っていたことを指摘していたが、その具体的な文脈やその後の概念の広まりについては明らかではなかった。対して本書はまず、「G-FRONT関西」において「バイセクシュアル」のもとでなされた性別二元論への批判の文脈、2000年頃における森田真一の生き方がメンバーに与えた影響、その後のメンバーによるルールづくりによって「X」がGIDガイドライン影響下での性別移行への不安や明確な立場表明を避けることを可能にしていたことを示した（第5章）。また、「G-FRONT関西」と共通するメンバーを含みつつ、性的／恋愛的惹かれを積極的に語る志向性をもつ「ROS」などの交流を目的としたグループでは、GID医療における性別移行の論理から離れ、「X」のもとで個々人のアイデンティティを問わないように、語りの場を規定することも可能になっていた（6.2.3）。

　加えて、ウェブサイトやSNS上の人びとの活動は、「Xジェンダー」の下位カテゴリーとして「中性」「両性」「無性」「不定性」を広めたほか、「Xジェンダー」を「トランスジェンダー」とは異なる概念とする認識枠組みを形成していったと言える。6.3で論じたように、2000年代はじめに確認されたネットワークは一枚岩ではない。非二元的な性を生きる者としての経験を共有するmixiのような場があった一方で、FtM当事者間で「正当な」GID当事者を相互に判断する規範（K. Phoenix 2008）が作動していた「SNSコミュニティ」では、「X」が治療前の段階であることを意味し、身体の性的特徴と「X」であることの結びつきが見てとれた。こうしたインターネット上での非二元的な性のカテゴリーの広まりは、2010年代においてこれらのカテゴリーが必ずしも出生時に割り当てられた性別からの移行、つまり「トランスジェンダー」の下位カテゴリーであることを前提としなくなっていくことも意味する。とくに「MaX.」やTwitter上の活動からは、「FtX」「MtX」を用いずに、「Xジェンダー」のもとで出生時に割り当てられた性別を後景化する実践が見られたのである。インターネット記事で「LGBT」に当てはまらない多様性の象徴として「Xジェン

ダー」「ノンバイナリー」が提示されたことも、「トランスジェンダー」を二元的な性のカテゴリーとして提示し、これを「Xジェンダー」「ノンバイナリー」から切り離す帰結をもたらしたと考えられる。

さらに、2010年代のTwitterや匿名掲示板での議論（7.2）から見出されたのは、Xジェンダー当事者間において「Xジェンダー」の定義づけが議論され、この概念が身体の性的特徴や、性役割等の他の要素との結びつきとは無関係に個々人の定義で名乗られるべきだとして自己執行（Sacks 1979=[1987]2004）されたことである。このとき当事者間で「Xジェンダーらしくない」と批判されたのは、それぞれの「Xジェンダー」理解を認めず、非二元的な性を、性役割行動などと関連づけて判断しようとする行為だと言える。これは、「Xジェンダー」が個々人に意味づけられる“オープン”なカテゴリーである（Dale 2014: 17）という主張をこえて、“オープン”なカテゴリーであるべきことも規範として、特定の時期における当事者間でのカテゴリー化の過程で生じた仕方を析出したものと言える。他方、こうした未規定性に反発する試みとして、2015年頃からインターネット上でより制度的な変化と結びついて理解された「ノンバイナリー」は、一時的かつ少数による実践ではあっても、非二元的な性自認や身体をもち、それらに関する適切な社会的処遇を求める人びととして意味づけられていた（8.4）。これは、「Xジェンダー」の自己執行の一つの帰結としてとらえられる。

このように本書は、非二元的な性のカテゴリーを一枚岩にとらえずに、時期やグループ、その社会的な文脈の差異に着目しつつ、多様な主体が非二元的な諸カテゴリーの運用に関わり、それによって何を達成してきたのかを明らかにした点に意義がある。

9.2.2 非二元的な性のカテゴリーに関連する諸カテゴリーの定着とその帰結

さらに本書は、非二元的な性のカテゴリーに関連する「GID」や「トランスジェンダー」の使用が人びとに可能にしてきた実践をも明らかにしてきた。ハッキング（1995=1998; 1999=2006）は、先行するカテゴリーが人びとに影響し、それに対して人びとが新たなカテゴリーを生み出すというループ効果を指摘している。ジェンダー非順応な人びとのカテゴリーの運用においても、先行する

「GID」などのカテゴリーが特定の経験を可能にするとともに、そのもとで残余的な経験をも可視化させて違和を生み出すという両義的な側面が繰り返し生じる過程で、「Xジェンダー」「ノンバイナリー」が生じていった側面が見出された。このような視座によって、カテゴリーへの同一化から個別性へという一貫した自己像の変遷の記述（石井 2018: 143-90）がとらえ損ねてきた、カテゴリーへの同一化と脱カテゴリー化のせめぎ合いが繰り返し生じていく非二元的な性のカテゴリー運用の歴史を描き出したのである。

　ここでは、とりわけ「GID」や「トランスジェンダー」がひろく普及したことが、いかに非二元的な性のカテゴリーの運用と関わっていたのかを本書の内容からまとめたい。それにより、「GID」の当事者による受容を「手段」から「病気」へ、「病気」から「生き方」へという変遷（K. Phoenix 2016）として描くときに見落とされていた、それぞれのテクストやグループにおける「GID」や「トランスジェンダー」の多義的な運用を描き出すこともできる。本書は、「主流の」GID史から何が零れ落ちたのかという吉野（2020）の関心を引き継ぎ、これをカテゴリーの運用から記述しようとする試みとしても位置づけられる。

　「GID」の残余として非二元的な性のカテゴリーが用いられる傾向は、とくに2010年頃までに見られた。まず5.1で示したように、「GID」が用いられる仕方もまた単純ではない。GID医療化以前にも、「普通」の女／男であることが希求され、これは「性転換」を経て生きることが特殊化され、社会的選択肢が制限されることへの抵抗の試みでもあった。さらに「GID」が導入された1996年から2000年頃においては、この概念が医療を用いるための「手段」としてただちに割り切られていたわけではなく、「精神病」と結びつけられることへの反発やとまどいが、差別への反対など複数の論理から主張されていた。同時に「TSとTGの亜種」という表現など、性別移行の規範に沿わない主張をもすでに可視化されていたことも示された。

　このような「GID」の普及は、関西のグループで「X」が名乗られた仕方とも関わっていたと考えられる。すなわち「X」は、「FtM」「MtF」「TS」「TG」といった先行するカテゴリーが限られた選択肢を選び取らせていたことへの異議申し立てとして、「FtX」や「MtX」のかたちで、性別移行の明確な活動と

結びつくことなく名乗られた (5.4)。ただし、2000年頃の「G-FRONT関西」のTGブランチやトランスサロンにおいて「X」は、ハッキングが論じるように新たな自己知と行動に結びつくかたちで人びとの行為を規定するよりも、先行するカテゴリーの規範や明確な立場表明から離れ、性別移行への不安を回避することを可能にするカテゴリーとして用いられていたと考えられる。加えてこれらの実践は、「TS」「TG」などのカテゴリーが自明視されていたグループであったからこそ生じていたのであり、「玖伊屋」のように自己紹介もなされない「宴会」では、非二元的な性のカテゴリー化をおこなう実践は可視化されていなかったと言える。

さらに2001年から2010年頃には、手術規範や二元的な性別移行後の社会生活にグループの議論の焦点が移り、これは「X」を名乗る人びとが性別移行を前提としない交流を主眼としたグループを模索することにつながったことが明らかになった (第6章)。たとえば「GID」であれば手術までおこなうべきという当事者間での規範が強まったことは、「SNSコミュニティ」における「未治療」としての「FtX」の運用の前提を形づくったと言えるだろう。

加えて、「GID」がもたらす規範に対して「トランスジェンダー」のもとで批判を加える言論活動やその非二元的な性のカテゴリーとの関係には、媒体によって異なる傾向があったことも示された。「GID」と「トランスジェンダー」を二項対立的にとらえる解釈枠組み (高橋 2008; 山田 2020) は、「G-FRONT関西」などいくつかのグループでは見られたが、二元論への抵抗がかすかなかたちでしか見られない『FTM日本』や、これらの言論活動と接点をもたない非二元的な性に関するmixiや匿名掲示板では成立していなかったと言える。むしろ「Xジェンダー」を名乗る当事者において、とくに2010年代以降、大衆メディアの影響によって「トランスジェンダー」を「GID」と似通った二元的な概念とする認識 (東 2017) と、アンブレラタームとしてジェンダー非順応な人びとを包括的に表す概念とする認識 (Darwin 2020) がいずれも見られ、前者の認識のもとでは、「Xジェンダー」を「トランスジェンダー」から差異化する実践もなされていた。「トランスジェンダー」もまた、論者や媒体によって異なる意味づけが付与されているのである。

このような概念をめぐる複数の認識は、グループやメンバーの入れ替わりや

多様化によっても生じていると考えられる。非二元的な性のカテゴリーに着目した本書において、2010年代以降に非二元的な性のカテゴリーが用いられた場として取り上げたのは、「GID」や「トランスジェンダー」を掲げるグループではなく、主に「Xジェンダー」のもとで編まれたインターネット上のテクストや、非二元的な性を生きる当事者が集うグループだった。前者のグループに関するさらなる調査が必要だが、この傾向について部分的には、当事者活動やネットワーク形成のスタンスの違いから説明しうる。すなわち、GIDの制度化に関わる活動に従事してきた「埋没」志向の当事者は、「男」「女」として生活できる環境が整えば当事者グループに関わり続ける必要がなくなり、新たな用語の形成や、問題含みなカテゴリー運用への異議申し立ての活動にも影響を及ぼさなくなると考えられる。他方、さまざまな社会制度の性をめぐる非二元化を世間に訴え、当事者間で経験を共有するニーズの大きい非二元的な性を生きる人びとは、より安心できる居場所を探し、他の当事者と関わり続けることを望む可能性がある。[*2]

　このように本書は、非二元的な性のカテゴリーの運用を、社会にひろく普及していく「GID」や「トランスジェンダー」の受容との関連から描き出すことで、「GID」「トランスジェンダー」の運用それ自体の多義性や、これらのカテゴリーがどのような人びとを包摂／排除することになったのかをも明らかにした点で意義をもつ。

9.2.3　未規定な性のカテゴリーが可能にした自己定位の実践

　これらのカテゴリーの運用をめぐる歴史は、特定の時期やグループにおける実践であると同時に、調査協力者が現在において自己を位置づける仕方にも織り込まれている。それゆえに本書は、ジェンダー非順応な人びとを表すカテゴリーの歴史的研究としての重要性をもつだけではなく、「男」「女」に当てはまらないという、定義や社会的意味づけが明確ではない、いわば未規定なカテゴ

---

*2　これは、「埋没」した当事者が、その後「GID」に関わる困難に直面しても孤立しやすいことを示唆してもいる。この点について男性として「埋没」しているNさんは、当事者グループに参加するつもりはないが、これまで活動をともにおこなってきた「戦友」とは「同窓会」的な交流を続けており、その際に医療をめぐるトラブルなどを相談し合っていると述べる（2022年8月、Nさんとのインタビュー内容に関する補足的なオンラインでのやり取り）。

リーによっていかにジェンダー非順応な人びとが自己定位してきたのかを明らかにした点で、既存の自己定位に関する経験的研究に対しても貢献するものとして位置づけられる。

　まず本書は、グループでの実践と個々人の自己定位の関係性について、先行研究を引き継ぎつつ、これをグループや個々人の知識の違いを織り込んだカテゴリー化に着目してさらに探究してきた。個々人はそれぞれの社会的文脈との関係において、過去の経験を解釈しながら、統合的に自己を把握しているとされる（Cohler & Hammack 2009）。エイキンス＆キング（2010）によれば、1980年代末頃からジェンダーの多様性や流動性に焦点が当てられ、「トランス」や「ジェンダークィア」という包括的なカテゴリーで十分だと当事者が考えるようになっていく。日本でも、「GID」の影響力が大きかった時代から多様化の時代への変遷が記述されてきたと言える（石井 2018）。

　本書の視座からすれば、これらはトランスジェンダーというカテゴリー集団において支配的な言説の変遷としてではなく、個々人が利用しうる語彙や知識が複層化していった仕方として理解する必要があるだろう。本書では、トランスジェンダー等のカテゴリー集団における支配的な解釈枠組みの転換を描くだけでは取りこぼしてしまう、グループで周縁化されやすく、社会的にも可視化されにくい非二元的な性を生きる人びとの実践に着目してきた。それゆえ、プラマー（2010）が述べるように、単純に同じ世代であれば共通の経験をするということではなく、一定の知識や語彙の蓄積が複層的に生じ、絶えず変化していく様相をとらえる必要がある。

　これらをふまえ、さらに本書はカテゴリー集団ごとの知識を自明視せず、多様な自認をもつ人びとが集うそれぞれのグループやオンライン上のネットワークにおいて、個々人がさまざまなカテゴリーを用い、自己を位置づけていく活動に着目した。それによって、「G-FRONT関西」を知る調査協力者が「X」を森田真一の思想と関連づけ、これを「トランスジェンダー」の下位カテゴリーとみなす実践や、「SNSコミュニティ」や「MaX.」に属した調査協力者が「X」を、治療を経ていない身体のあり方と結びつけて理解したことなどが見出された。こうしたカテゴリーに関する知識は、1990年代から活動していた人における、2010年代以降の「Xジェンダー」「ノンバイナリー」への理解し

がたさの表明につながっていた。つまり、未規定なカテゴリーへの新たな意味付与の実践が生じても、それぞれのグループやインターネット上での活動に支えられた知識に基づく自己定位は必ずしも揺るがされず、カテゴリー運用の仕方が多層化されていくのである。

　それでは、2010年代後半に定着してゆく、とりわけ個々人による定義づけを重視するカテゴリーとしての「Xジェンダー」「ノンバイナリー」は、人びとにいかなる自己定位を可能にしたのだろうか。先行研究が主に論じてきたのは、先行する社会的な意味づけや定義が明確なカテゴリーから自己を差異化するという実践であった（石井 2018; Darwin 2020）。たとえば、石井（2018）に依拠するならば、非二元的な性カテゴリーのもとで可能になるのは、社会的カテゴリーとのずれに「アクチュアル・アイデンティティ」（石井 2018: 78）を積極的に見出し、同時に「自分らしい」身体をアレンジしようとすることである。たしかに、「GID」や「トランスジェンダー」を、まさにインターネット記事が2010年代後半から流布させたような二元的な性の概念としてとらえ、それらから自己を差異化する実践は本書でも観察された（8.2）。

　他方で本書が示したのは、むしろこうした明確な自己追求とは異なり、カテゴリーの未規定性を重視する実践でもあった。これは草柳千早（2004: 107-8）がレズビアンの自己定位について示したような、カテゴリーへの同一化が便宜的なものや仮構などさまざまなニュアンスを伴うものとなるだろうという推測を、非二元的な性のカテゴリーについて具体的に探究したものとしても意義をもつ。第一に、「Xジェンダー」を曖昧なカテゴリーであるがゆえに便宜的に用い、他者に自らの性を明確には伝えないものの、ジェンダー・マイノリティに関連する主体であることだけを示そうとする実践がなされていた（8.3.1）。第二に、「Xジェンダー」のもとで、性自認をめぐる自己追求の試みを停止しようとする実践も観察された（8.3.2）。これらは未規定なカテゴリーを自己の本質とはせずに暫定的に用いようとする実践であり、「Xジェンダー」というカテゴリーを用いつつも、「性自認」「ジェンダー・アイデンティティ」の存在への疑義を表明する脱アイデンティティの実践として位置づけられる。

　しかし同時に見出されたのは、このような非二元的な性のカテゴリーの曖昧さを維持しつつ運用することとは矛盾しうる、カテゴリーの意味を厳密化しよ

うとする傾向であり、これは当事者間での摩擦も生じさせていた（8.4）。「Xジェンダー」「ノンバイナリー」は、いまだ社会において可視化されていない男女の二値に当てはまらない性自認や身体をめぐる社会的処遇を主張するための言説的資源として、より明確な社会的意味づけをこれらのカテゴリーに付与しようとする実践を生じさせることもある。これは、2010年代のTwitterや匿名掲示板上の議論から見られた傾向である。このような主張には、GID医療が主流であるなかで非二元的な性自認をもつ人びとへの治療方針が不明瞭なままであること（針間 2016）や、社会において二元的な性が自明視されやすいことも関わっているだろう。GIDをめぐる運動において、制限のあるガイドラインや特例法であってもその成立が優先されたが、少なくとも日本の非二元的な性を生きる人びとの間では、「Xジェンダー」「ノンバイナリー」の定義づけへの批判、これらのカテゴリーを未規定な状態にしておくことが規範的となり、特定のニーズをもつ人を表すものとしてカテゴリーの意味を限定することは、むしろ批判されやすいことが示唆された。

　このように、本書は非二元的な性のカテゴリーの運用の歴史を探り、これらのカテゴリーが性の理解や自己知をめぐる実践を人びとに可能にしてきたのかを、多岐にわたる資料から示してきた。それにより、現在自明視される性の諸カテゴリーが時期やグループによって異なるかたちでいかに運用され、いかなる性の理解や自己定位における可能性や限界を人びとにもたらしたのかが明らかになった。非二元的な性のカテゴリーのもと、当事者は周囲からの無理解や排除的なコメントにさらされつつも、自己を暫定的に定位したり、肯定的に過去を再解釈したりしてきたほか、カテゴリーを異なる仕方で用いる当事者間での認識の違いや、社会的な定義づけをめぐる摩擦を経験してきた。本書は、それぞれのカテゴリーのもとで人びとが何をおこなっているかを徹底して記述することによって、非二元的な性のカテゴリーが先行するカテゴリーへの抵抗や脱アイデンティティの実践だけでなく、新たな定義づけをめぐる桎梏などの、観察者が非二元的な性のカテゴリーに抱く先入観とは異なる現実を帰結するような両義性を有していることを描き出したのである。

9.3　今後の課題と展望

　最後に、本書の課題と今後の展望について述べておきたい。本書は非二元的な性のカテゴリーが、関連する「GID」や「トランスジェンダー」などのさまざまなカテゴリーのもとでいかなる実践を人びとに可能にしたのかを、文献調査やインタビュー調査からひろく描き出してきた。それゆえに、さらに検討が必要な領域も残っている。

　本書の課題として挙げられるのは第一に、「インターセックス」「性分化疾患」などと呼ばれるような身体的な水準における非二元的な性の様相について詳細に検討できなかった点である。1990年代に橋本秀雄らによって「半陰陽者」のグループが成立した時期、「インターセックス」は当事者だけでなく、性自認が非二元的である人びとにおいても、性別二元論を疑わせた点で自己の位置づけに関わってきた。他方、2010年代には、「Xジェンダー」を名乗る人びとが「インターセックス」当事者の身体に憧れを示す言動と、それに対する批判も生じてきた（8.2.1）。ただしこれらは、「インターセックス」や「性分化疾患」をめぐる意味づけの歴史の一部でしかない。2010年代における身体の非定型性をめぐる制度化の動きや当事者団体における非二元的な性をめぐる言説の変化について、さらに検討する必要があるだろう。

　第二に、「ゲイ」や「レズビアン」を自認し、グループに参加してきた人びとからの聞き取りもさらに必要となる。本書が描き出したのは、「ゲイ」や「レズビアン」といったカテゴリーにかつては包含されていたが、その後性自認やジェンダー表現における自らの非二元性に気づき、これらのカテゴリーから自己を差異化していく過程でもあった（4.1）。本書ではこれらの側面について、ゲイ男性の語りについてはミニコミ誌、レズビアンに関する語りは少数のインタビュー・データに主に依拠して部分的に示してきた。しかし、それぞれのグループやインターネット上のネットワークにおいて、同性愛者間における性自認の揺らぎの表明や、カテゴリー化のあり方は明らかではないため、さらなる調査研究が必要となる。こうした性自認と性的／恋愛的惹かれとの関わりを歴史的に描き出していく試みは、その関わりを周囲の人びとやパートナー関係に焦点化して示して

きた先行研究（Cuthbert 2019）をさらに歴史的検討にひらくものとなるだろう。

そのうえで、本書の分析結果は、今後の性をめぐるカテゴリー化に関する新たな分析の可能性を切り拓くものでもある。第一に、個々人が特定のカテゴリーのもとに自己を位置づける仕方に、それぞれの個人史がどのように関わっているのかをさらに検討する研究の方向性が考えられる。本書が各章において断片的なかたちではあるが示したのは、個々人が「トランスジェンダー」や「Xジェンダー」の当事者として活動を継続するか否かには、それぞれの当事者性が薄れていくことや、家庭の事情、グループ活動において生じた出来事への疲弊など、さまざまな要素が関わっていることだった。これらの個人史のなかで、性のカテゴリーがどのような意味をもつかは、本書で主に論じてきたようなそれぞれの時期のグループやインターネット上でのカテゴリー化の実践のみならず、それぞれの人が通時的に人生を語る仕方をさらに検討することから明らかにしうる。「トランスジェンダー」や「ノンバイナリー」などのカテゴリーに規定されない、さまざまな自己定位の過程を含みこんだ語りのアーカイブの作成も必要となるだろう。

第二に、本書は、非二元的な性のカテゴリーが今後どのように用いられ、いかなる帰結をもつかに関する国内外での検討に資するものであると考えられる。まず、8.4においても言及したように、2020年以降の「ノンバイナリー」の普及が、ジェンダー非順応な人びとにおける自己定位、大衆メディアにおける意味付与、研究者などの専門知識にどのような影響をもたらすのかを注視していく必要があるだろう。筆者が観察する限り、イベント告知などで「トランスジェンダー／ノンバイナリーの人」などと、「ノンバイナリー」が「トランスジェンダー」と併記される傾向があり、2010年代と比べると「Xジェンダー」よりも「ノンバイナリー」が非二元的な性のアンブレラタームとして定着している。このような変化がいかなる帰結を生じさせるのかについて、さらなるテクストの分析をおこなうことが重要だと思われる。

このように、非二元的なカテゴリーの運用をめぐる状況は、新たな用語の形成と制度的な変動にひらかれている。そうであれば、こうした諸カテゴリーを人びとが先行するカテゴリーとの重層的な関係のもとでいかにして運用し、それによっていかなる帰結が生じるのかを今後も注視することが求められている。

おわりに

　本書は、博士論文「『男』『女』に当てはまらない性のカテゴリーが可能にした実践——1990年代から2010年代の性的少数者によるカテゴリー運用から」（2023年2月）に加筆修正を加えたものである。

　本書の構想は、そもそもは先行研究やインターネットでは情報の少なかった"Xジェンダーのルーツ"をたどりたい、曖昧な定義をもつ「Xジェンダー」をめぐるカテゴリー化が私たちにどんな経験をもたらしてきたかを知りたいという想いに突き動かされて始まった。しかし、さまざまな方にお話を伺い、多くの資料から人びとの足跡をたどるうちに、確固たる"ルーツ"があるわけでもそれが必ずしも重要なわけでもないことに気づいていき、「Xジェンダー」だけではないさまざまなカテゴリーの運用や、それにかかわる性的マイノリティの人びとの活動を描き出すことになった。

　手がかりが少ないなか調査は難航し、数多くの偶然と協力者の方々の尽力に助けられながら細い糸をたどっていくような作業だったが、過去の非二元的な性を生きる人びととの思わぬ出会いは、私にとってエンパワリングな経験でもあった。本書を通じて、よく知られたGIDやトランスジェンダーのカテゴリー集団を前提とする傾向によって埋もれてきた、非二元的な性のカテゴリーを用いる人びとの実践の歴史が多くの人に知られていくことを願っている。

　この場を借りて、本書や、もととなる博士論文にご協力いただいた方々に感謝を申し上げたい。まずは、インタビューに協力してくださった方々、資料収集に協力してくださった方々、資料提供に快く応じてくださったG-FRONT関西様、QWRC様にお礼申し上げる。今以上に性的マイノリティの権利が認められていない時期から活動を継続され、居場所をつくり、語りを蓄積し、資

料として保存されてきた皆さまの努力なしには、本書の完成はあり得なかった。

　そしてインタビューに応じてくださった方には、文字起こしの確認作業で多くの時間を費やしていただいたうえ、私は2010年代半ば以降の一部のXジェンダー／ノンバイナリー・コミュニティにしか関わったことがなく、当たり前のようなことを知らない場面も多くあったが、辛抱強く細かい質問に答えてくださって本当に助けられた。本書では私の力不足や非二元的な性のカテゴリーの運用に焦点を当てるという問いの設定によって、多岐にわたるお話の内容を十分に盛り込めなかったところも残っているかと思う。とはいえ、今後も皆さまの人生や活動、さまざまな実践を記録し、オーラルヒストリーのアーカイブもつくっていきたいと思っているので、これからもどうぞよろしくお願いいたします。

　東京大学大学院人文社会系研究科社会学研究室の皆さま、学内外のさまざまな研究会の皆さまにも、たいへんお世話になり、支えていただいた。院生室の仲間たちとは、研究の話だけでなく日常の何気ないことを語り合い、和気藹々とした雰囲気に元気をもらってきた。そして自由に研究させていただき、いつも温かく見守っていただいた指導教員の赤川学先生をはじめとして、佐藤健二先生、井口高志先生、杉浦郁子先生からは、著作から多くを学びとり、博士論文の構想や審査の過程では本研究の社会学的な意義を位置づけるうえで多くの重要なご助言をいただいた。加えて、赤川先生が開催してくださり、学部時代から参加していた「夜の赤川ゼミ」も、ふり返るとゼミの先輩方とつながって研究や大学院生活などさまざまなことを相談できる貴重な居場所だった。

　研究会においても、一人ひとりのお名前を挙げていくときりがないので控えるが、性の多様性研究会（主宰：志田哲之さん）、本郷概念分析研究会（主宰：宮﨑悠二さん）、歴史社会学研究互助会（主宰：坂井晃介さん）、ふわ研（主宰：服部恵典さん）、Xジェンダー研究会（主宰：ソンヤ・デールさん）、東京大学大学院博士課程教育リーディングプログラム「多文化共生・統合人間学プログラム」（IHS）のメンバーと続けていたライティング部では、多くの報告機会をいただき、参加者の皆さまのコメントにたいへん助けられた。博論書籍化互助会（馬渡玲欧さん、宮部峻さん）も、互いに就職して慌ただしいなかで進捗報告をおこない、執筆の意欲を維持するうえで大切な場であった。加えて、博士論

文の校正作業を手伝ってくださった呉先珍さん、宮部峻さん、坂井晃介さん、鈴木亜湖さん、さいとう・まのさんにも感謝申し上げたい。

　そして本書は、東京大学学術成果刊行助成制度の助成を受けて出版に至ったものである。博士論文を高く評価していただき、早くに出版の機会をいただけたことを光栄に思う。本書のテーマにぴったりの素敵な画を表紙に使用することをご快諾いただいた画家の玉本奈々さん、校正作業など出版まで支えていただいた明石書店の辛島悠さんにも謝意を表したい。

　非二元的な性のカテゴリーをめぐる人びとの実践を記述する試みは端緒についたばかりで、本書ではまだ焦点を当てられていないグループや人びとの活動もあるだろう。Xジェンダー／ノンバイナリーが可視化されてきた現在においてこそ、社会における強固な性別二元論のなかでも活動を継続し、非二元的な性を生き抜いてきた人びとの経験を描き出して排除に抗い、学問や日常の場での知識を増やしていく必要があると思われる。本書を機に、そうした研究や活動がさらに積み重ねられ、非二元的な性を生きる人びとの力になることを何よりも願っている。

2025年2月11日

武内今日子

本書のもとになった論文は、以下の通りである。それぞれ本文に収めるうえで適宜修正をおこなったほか、書き下ろしの分析を加え再構成している。

第1章・第2章・第3章

書き下ろし

第4章

武内今日子，2022，「『性的指向』をめぐるカテゴリー化と個別的な性――1990年代における性的少数者のミニコミ誌の分析を中心に」『ソシオロジ』66(3): 21-39.

武内今日子，2023，「女装コミュニティにおける非二元的な性概念史――『オーバージェンダー』『インタージェンダー』をめぐる語りから」『新社会学研究』8: 109-128.

第5章・第6章・第7章

武内今日子，2020，「Xジェンダーはなぜ名乗られたのか――カテゴリーの力能を規定する社会的文脈に着目して」『年報社会学論集』33: 133-144.

武内今日子，2022，「GID（性同一性障害）をめぐる制度化がもたらす『性別移行』の多義的解釈――『FTM日本』誌上におけるトランスジェンダーの実践から」『相関社会科学』30/31: 19-35.

武内今日子，2024，「2000年代日本におけるXジェンダー・グループ史――『labelX』立ち上げメンバーの語りから」『ジェンダー研究』26: 77-99.

第8章

武内今日子，2022，「未規定な性のカテゴリーによる自己定位――Xジェンダーをめぐる語りから」『社会学評論』72(4): 504-520.

第9章

書き下ろし

＊本研究はJSPS科研費23K18827およびJSPS科研費22H00902の助成を受けたものである。

資料編

資料 1　性的マイノリティ専門誌

発行年	発行者・グループ名	タイトル	概要	分析対象とした範囲・備考
1990年代以前				
1971.7-2004.9, 2005.4-11	第二書房	『薔薇族』	伊藤文学らが編集した日本初の商業的男性同性愛雑誌。ホルモン注射をしている当事者についても記載あり。	37号分(1990-1998: 毎月)。国会図書館所蔵。
1974.11-2002.2	サン出版	『さぶ』	ブリーフやふんどし、SM、筋肉隆々、短髪などによる男性美の表象を特徴とする商業的男性同性愛雑誌。	156号分(1974-1999: 毎月)。国会図書館所蔵。
1977.7-1982	砦出版	『MLMW = My life my way』	南定四郎が編集・発行し、同性愛の要素が多いがひろくエロチックな話題を集めた独身者のためのビジュアルマガジンとして位置づけられた商業誌。	全35号。国会図書館所蔵。
1978-1981?	雑民の会	『The Ken』	東郷健が創刊。グラビア写真や小説、バーの紹介、投稿欄などで構成され、女装を好む人の投書もある。	1978年3月号, 5・6月号。国会図書館所蔵。
1980-2003	アント商事	『くいーん』	編集部による特集記事のほか、女装コンテスト、インタビュー記事、書籍等の紹介、読者投稿欄からなる女装交際誌。	44号(1987.10)から最終号まで。国会図書館所蔵。
1981-?	ジャパン・ゲイ・センター(JGC)	『THE CHANGE』	ゲイに対する偏見を排し、人権を求めることを目的とするJGCのニュースペーパー。	第1号(1981)。共生社会研究センター所蔵。
1983-2005	雄美社	『ひまわり』	キャンディ・ミルキィを編集長とし、野外での女装やピンクハウス系、制服系の女装姿の掲載が多い女装同人誌。	30号(1997冬), 32号(1998春), 36号(1999新年), 42号(2000新年), 47号(2000秋), 48号(2001新年)。古書店にて入手。
1985-?	IGA日本	『JOIN』	南定四郎が編集していたIGA日本の機関誌。	1-4号(1985), 共生社会研究センター所蔵。
1987-?	ILGA日本	『Win』	ILGA日本の機関誌。	1988年4・6・8・10月号, 1989年1・4・10月号, 1990年4・7月号。共生社会研究センター所蔵。
1990年代				
1990年代前半頃	OGC	『OGCにゅうす』	OGCの機関誌。平野広朗による毎号の記事を中心に、時事的な出来事を批評する記事が多く、ゲイやフェミニストなどさまざまな人が投稿している。	36号分(1991.4-1995.2: 毎月もしくは2, 3か月に一度発行)。協力者より提供。
1990年代前半頃	OGC	『結びっ子』	OGCの機関誌。平野やさまざまな投稿者によるエッセイを掲載。	通巻9号(1991.2), 10号(1992.4), 11号(1992.10), 12号(1993.3), 13号(1993.11)。共生社会研究センター所蔵。

1990-1996	CHOISIR	『CHOISIR』	フェミニズム系の学者や活動家などが、優生保護法、やおい、バイセクシュアル、トランスジェンダーなど性に関するさまざまなトピックを取り上げて議論したミニコミ誌。	32号分(1990-1982: 隔月)。WANによるミニコミ図書館所蔵。
1991.12-1992.4	光彩書房	『CROSS DRESSING』	女装系初の商業誌。女装での生活やセクシュアリティに関するインタビュー、学者によるエッセイ、小説、ショップ情報、読者投稿欄など多岐にわたる内容。	2号。古書店で入手。
1992.10-2010.1	光彩書房	『シーメール白書』	ニューハーフ系初の商業誌。グラビア写真、AVの紹介、ニューハーフへのインタビュー、相談欄、読者投稿欄などを掲載している。	全101号のうち14(1995.8), 15(1995.10), 19(1996.6), 23(1997.2), 28(1997.12), 30(1998.4), 31(1998.6), 44-46(2000.8-2001.2), 54-58(2002.4-12), 63(2003.10), 72-74(2005.5-9), 77-91(2006.3-2008.7), 94(2009.1), 97-101(2009.7-2010.1)号を除いた号(3か月に一度～隔月)。古書店で入手。
1993-2019	テラ出版	『Badi』	商業的男性同性愛雑誌。ポルノグラフィや、文通欄、特集記事などからなる。	42号分(1994-2000: 毎月)。古書店等で入手。
1993.1-	G-FRONT関西	『ぽこあぽこ』	G-FRONT関西の機関誌。毎号特集が組まれるほか、対談、インタビュー記事、専門家による記事、投稿記事、小説などを掲載している。	1号から22号。G-FRONT関西より提供。
1993.4-2007.8	Life AIDS Project（LAP）	『LAP NEWS LETTER』	1993年に発足したHIV感染者・エイズ患者のためのサポートグループであるLAPが発行したニュースレター。	6号(1994.10), 7号(1995.1), 8号(1995.5), 9号(1995.8), 10号(1995.10), 11号(1995.12), 12号(1996.2), 13号(1996.4), 15号(1996.9), 16号(1996.12)。協力者より提供。
1994.2-	G-FRONT関西	『UP&UP』	G-FRONT関西の毎月発行の通信紙。各ブランチによる報告や、時事的な出来事を取り上げた記事、バーなどの情報記事、書籍の紹介、メンバーの紹介などからなる。	1-4(1994.2-5), 6-9(1994.7-10), 11-12(1994.12-95.1), 15(1995.4), 17-21(1995.6-10), 23(1995.12), 25-26(1996.2-3), 44-46(1997.9-11), 84(2001.1), 89(2001.6), 91(2001.8), 94(2001.11), 116-123(2003.9-2004 4), 126(2004.7), 140(2005.9), 145-6(2006.2-3), 156-8(2007.1-3), 164-6(2007.9-11), 169-170(2008.2-3), 175(2008.8), 179(2008.12), 181-4(2009.2-5)号を除いた192号(2010.1)まで。G-FRONT関西・QWRCより提供。

1994-2008.1	FTM日本	『FTM日本』	虎井まさ衛が発行したミニコミ誌。虎井によるGID／トランスジェンダーに関するエッセイ、読者による寄稿などからなる。	全60号。協力者より提供。
1995	三和出版	『フリーネ』	レズビアン向けの商業誌。バーの紹介やインタビュー、漫画などのほか、トランスジェンダーによる記事も掲載。	全2号。協力者より提供。
1995-2000	"人間と性"教育研究協議会	『性と生の教育 Human Sexuality』	性教育雑誌。性的マイノリティのゲストを呼び、対談記事を多く掲載。	28号分(1995-2000: 隔月)。国会図書館所蔵。
1995.3-	三和出版	『ニューハーフ倶楽部』	ニューハーフ・女装系の商業誌。グラビアのほか、三橋順子や嶋田啓子などによる連載も掲載された。	4号 (1995.11), 11号 (1996.12), 15号 (1997.9), 16号 (1997.11), 17号 (1997.12), 19号 (1998.5), 29号 (2000.8), 31号 (2001.1), 38号 (2002.11), 49号 (2005.8), 55号 (2007.2)。古書店で入手。
1996.6-2003	テラ出版	『アニース』	「レズビアン&バイセクシュアル、セクシュアルマイノリティのための雑誌」。トランスジェンダーによる寄稿もなされていた。	1997夏, 2002冬号を除く全号。国会図書館所蔵。
1996-1997	動くゲイとレズビアンの会(アカー)	『季刊アカー会報』	裁判やHIV/AIDSの問題に関する記事、家族に対するカミングアウトの経験談の記事などを掲載。	第1巻0号から4号。共生社会研究センター所蔵。
1996	アカー	『府中青年の家裁判第1審判決資料』	裁判の経過や判決を掲載した資料。	東京ウィメンズプラザ図書資料室所蔵。
1997	アカー	『第12期年間総会議決集』	アカーにおける会議の内容や用語集を載せた資料。	東京ウィメンズプラザ図書資料室所蔵。
1997-2002	「胡散無産」編集部	『胡散無産』	胡散臭い無産者が創り出す雑誌という意味のタイトルがつけられた、大阪発の商業雑誌。芸術家や性的マイノリティへのインタビュー記事を中心につくられた情報誌であり、トランスジェンダーも時折取り上げられている。	8号 (2000), 12号 (2001), 13号 (2002)。協力者より提供。
1998	アカー	『同性愛者と人権教育のための国連10年』	「性的指向」という表現や辞書の記述改訂に関する説明を載せた資料。	東京ウィメンズプラザ図書資料室所蔵。
1998-	ESTO	『えすてぃーむ・れたー』	東北において性的マイノリティをサポートするコミュニティESTOの機関紙。インターセックスやトランスジェンダーなどを含むさまざまな性を自認する人びとが報道や書籍の紹介、意見交換、活動記録をおこなっている。	13号分(1998-2005: 不定期)。協力者より提供。

1998-2002	玖伊屋	『玖伊屋瓦版』	性現象の理解を深め、性の違いにとらわれず話し合うような宴会を京都でおこなう、1997年12月に始められた「玖伊屋」の情報誌。	44号分(1998-2002)。協力者より提供。
[1998.3] 1999.3 (改訂第2版)	TSとTGを支える人々の会	『「性同一性障害者も生きやすい社会を!」資料集』	1998年3月におけるTSとTGを支える人々の会・公開シンポジウムのために作成された資料。	ドーンセンター図書室所蔵。
1999.3	TSとTGを支える人々の会	『トランスジェンダーの自助支援グループ全国交流誌』	TSとTGを支える人々の会資料作成グループによってつくられた、日本全国の自助グループの紹介誌。	ドーンセンター図書室所蔵。
1999	node	『♀?♂?⚥?』	「インターセックスのハッシー、FTMTSのアキラ、MTFTX24時間男装のKENN」を取材した20分のドキュメンタリー映像作品。	「映像発信てれれ」より入手。
1999-2001	伏見憲明編	『Queer Japan』	性的マイノリティによる対談記事や活動史の記録などの企画記事を掲載した商業誌。	全5号分(1999-2001)。国会図書館所蔵。
2000年代				
2000.3	TSとTGを支える人々の会資料作成グループ	『トランスジェンダーの自助支援グループ全国交流誌2000年版』	トランスジェンダー自助支援グループの紹介誌。	協力者より提供。
2001.4-	ACDC Children	『ACDC Children Free Paper』	京都のセクシュアリティ・ミックスの団体ACDC Childrenのフリーペーパー。	1号(2001.4)、3号(2001.11)。協力者より提供。
2001.9	ゲイ・フロント関西アクションブランチ	『西日本セクシュアル・マイノリティ団体名鑑』	レズビアン・ゲイ・トランスジェンダーといったセクシュアリティと、出版・人権・学生といった活動内容のアイコンがつけられ、31の団体による紹介文が載せられている。	協力者より提供。
2002.3	GQBUS	『トランスジェンダーの自助支援グループ全国交流誌2002年版』	トランスジェンダー自助支援グループの紹介誌。	協力者より提供。
2002-	ROS	『ROS』	ROS（Rockdom of Sexuality）の通信誌。さまざまなセクシュアリティのメンバーが小説やイラスト、エッセイを掲載していた。	1号(2002)〜20号(2005)。協力者より提供。

2003.3	ESTO	『トランスジェンダーの自助支援グループ全国交流誌2003年版』	トランスジェンダー自助支援グループの紹介誌。	協力者より提供。
2003.3	gid.jp	『活動報告書2003年（改訂版）』	gid.jp活動報告書	協力者より提供。
2003-?	津田徹哉	『DANAZ JAPAN』	ダナーズ当事者の原稿をつのり、文章やイラストを掲載していた同人誌。当時FTM業界にはヘテロセクシュアルの人が大多数で、ダナーズに対する偏見もあったなかで制作された。	全5号のうち2号。協力者より提供。
2004.3	gid.jp	『GID・TG全国交流誌2004年版』	トランスジェンダー自助支援グループの紹介誌。	協力者より提供。
2005.2	メンズセンター	『男たちの「私さがし」』	シンポジウム「メンズセンター10周年に向けて～進捗と課題」の記録。	協力者より提供。
2005.3	トランス全国交流会実行委員会	『トランス全国交流誌2005』	トランスジェンダー自助支援グループの紹介誌。	協力者より提供。
2005.3	ROS	『トランスがわかりません!!』	ROSの通信誌を中心とするメンバーの寄稿からなるムック本（2007年に一般書籍化）。典型的とされる性別移行に当てはまらない身体や欲望を肯定しようとする記事が多い点が特徴。	協力者より提供。
2005.4-2007.10	LIKE編集部	『LIKE』	FTM・中性ボーイッシュ総合雑誌。編集長が海外のFTM写真集を読み、日本に同様のものがないことに思い至ったことが制作の契機となり創刊。FTMや性自覚に迷う人の自然な姿を写真に収めることを目的としている。	全7号。協力者より提供。
2006.3	FTM関門・北九州	『全国交流会2006年版』	トランスジェンダー自助支援グループの紹介誌。	協力者より提供。
2006.3	GID特例法『現に子がいないこと』要件削除全国連絡会	『GID特例法『現に子がいないこと』要件削除全国連絡会』	GID特例法『現に子がいないこと』要件削除全国連絡会の4頁ある案内チラシ。全国交流会2006年に付属していた。	協力者より提供。

2007.2	FT/MX	『～性同一性障害・それぞれの生き方～思春期の若者と、それを取り巻く大人達の為に』	FT/MXが、「神奈川県内の公立高校の養護教諭に、トランスの生徒が来たときの対応及び保健室に冊子を置いて貰うことによって、多様なトランス男性のロールモデルを知ってもらうこと」を目的に1000部作成し、神奈川県内の高校などに送付したもの。精神科医による寄稿のほか、数名のFTMやFTX当事者のライフヒストリーが掲載されている。	協力者より提供。
2007.2	GID media	『性同一性障害って何だろう？』	「性同一性障害を抱えて生きる人々が暮らしやすい環境づくり」をめざすGID mediaによる、GIDの説明や推薦図書、医療機関リスト、ガイドライン等の紹介誌。	協力者より提供。
2007.3	Trans-Net Japan	『トランスジェンダー自助・支援グループ全国交流誌 2007』	トランスジェンダー自助支援グループの紹介誌。	協力者より提供。
2008.3	トランス交流会実行委員会	『2008年 トランス全国交流誌』	トランスジェンダー自助支援グループの紹介誌。	協力者より提供。
2008.5-2009.5	LIKE編集部	『LIKE-Boy-』	『LIKE』がカラーになった続編。	全3号。協力者より提供。
2009.2	GIDふくおか	『トランスジェンダー自助・支援グループ全国交流誌 2009』	トランスジェンダー自助支援グループの紹介誌。	協力者より提供。
2009-2010	ロシナンテ社	『月刊むすぶ』	ROSによる連載記事を掲載。	459, 461, 469号(ROSによる連載記事)。協力者より提供。
2010.1-	Pe=Po（ペポ）	『PE⇄PO こじんてきなことはせいじてきなこと』	性的マイノリティに関するアンケート企画やエッセイ、小説などを載せたミニコミ誌。	1-2号。協力者より提供。
2010.2-	FTMマガジン Laph	『Laph』	FTMの日常を写真で綴った雑誌。LIKE編集部がこれまでの路線と漫画路線の『ストライク』に分かれたことで創刊される。	創刊号から14号。ミニコミ系書店で入手。
2011.8	LIKE編集部	『FTMストリート漫画誌ストライク』	FTMによる恋愛や生き方などを題材とした漫画を掲載した雑誌。	創刊号。協力者より提供。

2012.3	岡山大学病院ジェンダークリニック受診者と家族の会	『GID/トランス全国交流誌2012』	トランスジェンダー自助支援グループの紹介誌。	PDFを2022年7月15日取得，http://gender.cocoabrown.net/files/Trans2012.pdf
2019.3	GID/トランス当事者全国交流会2019有志実行委員会	『GID/トランス全国交流誌2019』	トランスジェンダー自助支援グループの紹介誌。	PDFを2022年7月15日取得，https://gids.or.jp/_WEBdata/zenkokukouryushi_2019.pdf

資料2　mixi コミュニティ

※網掛け部分は非公開コミュニティを表す。メンバー数・URL は 2022 年 3 月時点。

期間	タイトル	メンバー数	URL
2004 年 5 月 31 日〜	基本的に性別欄には無回答です.	449	https://mixi.jp/view_community.pl?id=8090
2004 年 11 月 21 日〜	Unisex- 中性的な人	5485	https://mixi.jp/view_community.pl?id=61742
2005 年 2 月 23 日〜	【私は】第三の性別【中性】	952	https://mixi.jp/view_community.pl?id=115813
2005 年 3 月 24 日〜	X-Gender*	424	https://mixi.jp/view_community.pl?id=137322
2005 年 7 月 14 日〜	男でも女でもない性	4573	https://mixi.jp/view_community.pl?id=237846
2005 年 8 月 28 日〜	中性＆無性別	2521	https://mixi.jp/view_community.pl?id=289027
2005 年 10 月 12 日〜	セクシャリティ無所属	3701	https://mixi.jp/view_community.pl?id=355223
2006 年 4 月 17 日〜	まだ中性です	207	https://mixi.jp/view_community.pl?id=815509
2006 年 6 月 9 日〜	性別の無い世界	5619	https://mixi.jp/view_community.pl?id=990248
2006 年 6 月 25 日〜	両性類	61	https://mixi.jp/view_community.pl?id=1045287
2006 年 10 月 9 日〜	【FtX】性別に捉われない。	1204	https://mixi.jp/view_community.pl?id=1415053
2006 年 11 月 16 日〜	男でも女でもない。	6	https://mixi.jp/view_community.pl?id=1553326
2007 年 2 月 25 日〜	FTM・FTX との出会いの場 ♀？＆♀	685	https://mixi.jp/view_community.pl?id=1896109
2007 年 6 月 6 日〜	【FtX】僕らの生き方	71	https://mixi.jp/view_community.pl?id=2258471
2008 年 1 月 18 日〜	子どもがいる FTM・FTX	14	https://mixi.jp/view_community.pl?id=2985543
2009 年 1 月 3 日〜	旅好きな FTM、FTX	11	https://mixi.jp/view_community.pl?id=3948721
2009 年 3 月 4 日〜	X ジェンダー	567	https://mixi.jp/view_community.pl?id=4099613
2009 年 8 月 29 日〜	「性別」の廃止を推進しよう!!	30	https://mixi.jp/view_community.pl?id=4511312
2010 年 5 月 7 日〜	ニュータード（中性・無性）	8	https://mixi.jp/view_community.pl?id=5008606
2010 年 5 月 18 日〜	X-Gender で Pansexual	55	https://mixi.jp/view_community.pl?id=5032905

2010年6月17日～	゜★［ＦＴＸ×パートナー］★゜	22	https://mixi.jp/view_community.pl?id=5093852
2010年9月7日～	パンジェンダー/Pangender	30	https://mixi.jp/view_community.pl?id=5231690
2010年11月9日～	FTMゲイ・FTXで性指向が♂	375	https://mixi.jp/view_community.pl?id=5334362
2011年1月29日～	Xとストレートのカップル	4	https://mixi.jp/view_community.pl?id=5454668
2011年8月3日～	性別＝中性(FTX)	26	https://mixi.jp/view_community.pl?id=5736605
2012年7月11日～	山梨県FTM FTX あつまれーい	10	https://mixi.jp/view_community.pl?id=6026143
2012年10月4日～	†中性さん†	18	https://mixi.jp/view_community.pl?id=6067290
2012年11月29日～	MtX -「男性」ではない-	61	https://mixi.jp/view_community.pl?id=6088849
2013年2月1日～	FTM,FTX,理解者＠千葉	17	https://mixi.jp/view_community.pl?id=6108626
2013年2月3日～	北陸×FTM・FTX・GID	3	https://mixi.jp/view_community.pl?id=6109175
2013年10月18日～	FTM・FTX筋トレ同盟	102	https://mixi.jp/view_community.pl?id=6168060
2015年4月13日～	アラフィフFTM・FTX	14	https://mixi.jp/view_community.pl?id=6238215
2019年3月23日～	FTMさんMTFさんFTXさん達の∞	5	https://mixi.jp/view_community.pl?id=6343343

資料3　mixiトピック

※コメント数・URLは2022年4月時点。

期間	タイトル	種別（コミュニティ）	コメント数	URL
2004年6月19日〜 2011年4月1日	性別欄のあがき方	基本的に性別欄には 無回答です.	42	https://mixi.jp/view_bbs. pl?id=35107&comm_ id=8090
2005年4月12日〜 2012年1月14日	ファッションスタイル	X-Gender*	51	https://mixi.jp/view_bbs. pl?comm_id=137322& id=807604
2005年10月27日〜 2006年5月9日	「無所属」に「所属する」こと	セクシャリティ無所属	42	https://mixi.jp/view_bbs. pl?comm_id=355223& id=2634919
2005年12月23日〜 2017年7月30日	宣伝	セクシャリティ無所属	159	https://mixi.jp/view_bbs. pl?id=3561577&comm_ id=355223
2006年10月24日〜 2007年10月2日	ずっと人には言えなかった・・・	セクシャリティ無所属	96	https://mixi.jp/view_bbs. pl?id=11715556&comm_ id=355223
2006年11月27日〜 2010年6月29日	質問がございます。	【FtX】性別に捉われない。	64	https://mixi.jp/view_bbs. pl?comm_id=1415053& id=12846663
2006年11月30日	「女性専用車両」ってどう思っていますか?	性別の無い世界	115	https://mixi.jp/view_bbs. pl?id=12948403&comm_ id=990248
2007年1月24日〜 2022年1月22日	FtXの普段着	【FtX】性別に捉われない。	151	https://mixi.jp/view_bbs. pl?comm_id=1415053& id=14592671
2007年3月14日〜 2010年5月2日	極論だけど、女装とか男装とかって、存在しなくね?	性別の無い世界	39	https://mixi.jp/view_bbs. pl?comm_id=990248& id=16228452
2007年6月11日〜 2007年6月23日	【統一】雑談トピ	【FtX】僕らの生き方	33	https://mixi.jp/view_bbs. pl?comm_id=2258471& id=19472115
2007年7月14日〜 2007年11月14日	男でも女でもない	セクシャリティ無所属	80	https://mixi.jp/view_bbs. pl?id=20699927&comm_ id=355223
2007年9月25日〜 2008年3月11日	親へのカムアウト	セクシャリティ無所属	46	https://mixi.jp/view_bbs. pl?comm_id=355223& id=23286898
2007年9月27日〜 2018年12月15日	同性への恋愛感情	性別の無い世界	223	https://mixi.jp/view_bbs. pl?comm_id=990248& id=23347027
2007年10月23日〜 2021年1月1日	雑談トピ	セクシャリティ無所属	121	https://mixi.jp/view_bbs. pl?comm_id=355223& id=24294554

2008年4月14日〜 2010年4月27日	女っぽくしないと男と恋愛できないんでしょうか？	セクシャリティ無所属	75	https://mixi.jp/view_bbs.pl?comm_id=355223&id=30052862
2008年5月31日〜 2010年12月6日	雑談トピ	性別の無い世界	74	https://mixi.jp/view_bbs.pl?id=31596874&comm_id=990248
2008年6月12日〜 2017年2月9日	服装について悩んでいますか？	性別の無い世界	179	https://mixi.jp/view_bbs.pl?comm_id=990248&id=31997462
2008年8月30日〜 2015年1月16日	宣伝板。	【FtX】性別に捉われない。	36	https://mixi.jp/view_bbs.pl?comm_id=1415053&id=34525939
2008年9月14日〜 2010年7月11日	社会への疑問*不満*etc	性別の無い世界	55	https://mixi.jp/view_bbs.pl?id=35028895&comm_id=990248
2009年1月2日〜 2009年1月15日	ご意見募集	セクシャリティ無所属	38	https://mixi.jp/view_bbs.pl?comm_id=355223&id=38467652
2009年3月3日〜 2010年3月27日	体や見た目のありようについて	性別の無い世界	88	https://mixi.jp/view_bbs.pl?id=40353650&comm_id=990248
2009年3月27日〜 2018年7月5日	こういう人と付き合いたい！	FTM・FTXとの出会いの場♀？&♀	49	https://mixi.jp/view_bbs.pl?comm_id=1896109&id=41106750
2009年7月4日〜 2019年6月29日	カミングアウトって	【FtX】性別に捉われない。	33	https://mixi.jp/view_bbs.pl?comm_id=1415053&id=44193707
2010年3月14日〜 2014年1月20日	気楽に独りごと♪	性別の無い世界	1000	https://mixi.jp/view_bbs.pl?id=51299755&comm_id=990248
2010年6月14日〜 2020年12月30日	雑談トピック	Xジェンダー	60	https://mixi.jp/view_bbs.pl?id=53934022&comm_id=4099613
2010年11月9日〜 2012年3月31日	ありのままを語る場	FTMゲイ・FTXで性指向が♂	108	https://mixi.jp/view_bbs.pl?id=57809398&comm_id=5334362
2011年1月16日〜 2013年3月5日	これまでの恋愛経歴・FtMの難しいところ	FTMゲイ・FTXで性指向が♂	64	https://mixi.jp/view_bbs.pl?comm_id=5334362&id=59388547
2011年1月16日〜 2020年11月25日	なんでも雑談場所誹謗中傷以外ならなんでもOK！	FTMゲイ・FTXで性指向が♂	216	https://mixi.jp/view_bbs.pl?id=59392749&comm_id=5334362
2011年1月16日〜 2021年8月17日	あったらいいな♪出会い募集☆	FTMゲイ・FTXで性指向が♂	222	https://mixi.jp/view_bbs.pl?id=59388636&comm_id=5334362
2011年2月16日〜 2017年6月26日	好みの男大会〜！	FTMゲイ・FTXで性指向が♂	59	https://mixi.jp/view_bbs.pl?comm_id=5334362&id=60159960

2011年5月8日～ 2011年6月7日	飲みしませんか？	【FtX】性別に捉われない。	41	https://mixi.jp/view_bbs.pl?comm_id=1415053&id=62154662
2012年1月16日～ 2012年3月2日	生まれつき身体が男性ゲイ／バイの方に質問させて下さい！	FTMゲイ・FTXで性向が♂	46	https://mixi.jp/view_bbs.pl?id=67344155&comm_id=5334362
2012年3月24日～ 2021年2月19日	友達募集してもいいですか？ Part2	セクシャリティ無所属	360	https://mixi.jp/view_bbs.pl?id=68625716&comm_id=355223
2012年8月8日～ 2021年9月6日	健全なお付き合いをしてくれる友達が欲しい！	性別の無い世界	339	https://mixi.jp/view_bbs.pl?id=70922167&comm_id=990248
2014年2月8日～ 2018年9月23日	気楽に独りごと♪2	性別の無い世界	1000	https://mixi.jp/view_bbs.pl?id=75749307&comm_id=990248
2015年4月18日～ 2017年9月17日	大人の雑談♪	アラフィフFTM・FTX	86	https://mixi.jp/view_bbs.pl?id=78073838&comm_id=6238215
2015年9月27日～ 2020年6月4日	ボーイッシュ＆FTXの彼氏募集中の女性からのメッセージ♪	FTM・FTXとの出会いの場♀？&♀	106	https://mixi.jp/view_bbs.pl?id=48272566&comm_id=1896109
2017年5月26日～ 2017年6月13日	セクマイグルチャ	性別の無い世界	41	https://mixi.jp/view_bbs.pl?comm_id=990248&id=82812341
2018年10月17日～ 2022年2月2日	気楽に独り言♪3	性別の無い世界	278	https://mixi.jp/view_bbs.pl?comm_id=990248&id=87457672

資料4 Togetter

※コメント数・URLは2022年5月19日時点。

ツイート期間	タイトル	閲覧者数	コメント数	URL
2010年7月7日〜 2011年6月5日	Xジェンダー談義	8609	2	https://togetter.com/li/34088
2010年8月9日	「男も女も目指さない」Xジェンダーは否認の表明？	30421	4	https://togetter.com/li/40999
2010年10月5日〜 2010年10月8日	「セクシャリティ」の定義と「Xジェンダー」の立ち位置をめぐって	23421	12	https://togetter.com/li/57505
2011年5月10日	Xジェンダーはお医者さんに何を求めているの？	28428	31	https://togetter.com/li/134766
2011年5月13日	Xジェンダーの集い〜当事者を置いて行かないで！！〜	15786	9	https://togetter.com/li/135130
2011年6月6日〜 2011年6月19日	Xジェンダーの声を聴こう	23990	2	https://togetter.com/li/145231
2012年4月26日〜 2012年4月27日	FtXの定義？	12054	1	https://togetter.com/li/294279
2012年3月15日	2012.03.15 今日のXジェンダー論議	1768	0	https://togetter.com/li/273067
2012年3月26日	Xジェンダー関連の最近の動きへの個人的疑問	1768	0	https://togetter.com/li/278812
2013年3月19日〜 2013年3月20日	あなたのXジェンダーとは	6501	0	https://togetter.com/li/474625
2013年10月17日〜 2013年11月14日	少年ブレンダと朝海コウの話し合い	2535	0	https://togetter.com/li/679621
2018年8月27日〜 2018年8月28日	ガンダムジェンダーという新しい性を思いつく #ハートネットtv #nhk_heart	2279	31	https://togetter.com/li/1260925
2019年12月7日〜 2019年12月10日	NHK総合で放送されたストーリーズ性別ゼロを観た人々の呟き	22272	2	https://togetter.com/li/1440955

資料5　匿名掲示板スレッド

※網掛け部分は当事者間でのやり取りがほとんど見られないスレッドを表す。投稿数・URLは2022年3月時点。

期間	タイトル	板	投稿数	URL
2004年8月2日〜 2004年8月5日	【中性 無性 両性】曖昧な性別【ノンケ？ GID？】	同性愛	23	https://love3.5ch.net/test/read.cgi/gay/1091377182/
2005年12月19日〜 2006年1月3日	【MtX】心が男でも女でもない人【FtX】（33）	同性愛	33	https://love3.5ch.net/test/read.cgi/gay/1134984913/
2007年11月13日〜 2008年12月20日	自分は男でも女でもなく『中性』だと思う人	メンヘルサロン	993	https://changi.5ch.net/test/read.cgi/mental/1194936951/
2008年6月25日〜 2009年1月30日	【相談】IS/GID/X　雑談本スレ Vol.2【情報交換】	メンヘルサロン	1000	https://changi.5ch.net/test/read.cgi/mental/1214322308/
2008年5月3日〜 2010年2月10日	FTX	同性愛	996	https://love6.5ch.net/test/read.cgi/gay/1209753297/
2009年1月27日〜 2009年5月26日	【相談】IS/GID/X 雑談本スレ Vol.3【雑談】	メンヘルサロン	1000	https://hideyoshi.5ch.net/test/read.cgi/mental/1233052196/
2009年8月5日〜 2009年9月10日	【相談】IS/GID/X 雑談本スレ Vol.5【情報交換】	メンヘルサロン	17	https://hideyoshi.5ch.net/test/read.cgi/mental/1249469932/
2009年3月10日〜 2015年2月14日	【相談】IS/GID/X 雑談オフスレ Vol.1【雑談】	定期OFF	312	https://hayabusa6.5ch.net/test/read.cgi/offreg/1236684736/
2010年2月9日〜 2010年7月30日	【FtX】Xジェンダー　中性・両性・無性【MtX】	同性愛	252	https://love6.5ch.net/test/read.cgi/gay/1265724719/
2010年10月26日〜 2012年2月5日	【FtX】Xジェンダー2　中性・両性・無性【MtX】	同性愛	1000	https://peace.5ch.net/test/read.cgi/gay/1288093232/
2011年10月12日〜 2013年5月21日	無性・中性・Xジェンダーが集まって男女論	男性論女性論	56	https://peace.5ch.net/test/read.cgi/gender/1318362337/
2012年2月5日〜 2013年1月28日	【FtX】Xジェンダー3　中性・両性・無性【MtX】	同性愛	1000	https://toro.5ch.net/test/read.cgi/gay/1328407329/
2012年3月11日〜 2012年3月12日	FtXだけど質問ある？	ニュース速報VIP+	62	https://hayabusa3.5ch.net/test/read.cgi/news4viptasu/1331394554/
2012年10月24日〜 2013年8月5日	【体は女性】FtXの独り言【心は両性】	夢・独り言	58	https://kohada.5ch.net/test/read.cgi/yume/1351030247/
2013年1月29日〜 2014年2月19日	【FtX】Xジェンダー4　中性・両性・無性【MtX】	同性愛	994	https://peace.5ch.net/test/read.cgi/gay/1359433699/
2013年5月29日	男でも女でもない、男でも女でもある性別になりたい	ニュー速VIP	73	https://hayabusa.5ch.net/test/read.cgi/news4vip/1369829178/
2013年9月22日	Xジェンダーかもしれない俺が適当に質問に答えるスレ	ニュー速VIP	24	https://hayabusa.5ch.net/test/read.cgi/news4vip/1379779485/
2013年11月3日	出生届に男でも女でもない『第3の性』が新設されるドイツ	ニュー速（嫌儲）	44	https://engawa.5ch.net/test/read.cgi/poverty/1383452234/
2014年1月8日〜 2014年1月10日	FtXが適当に恋愛相談を聞く	ニュース速報VIP+	61	https://hayabusa3.5ch.net/test/read.cgi/news4viptasu/1389185119/

2014年2月18日～	【FtX】Xジェンダー4 中性・両性・無性【MtX】	同性愛	983	https://peace.5ch.net/test/read.cgi/gay/1392734230/
2014年4月2日	【画像あり】オーストラリアにて、男でも女でもない、「第三の性別」が確認される	ニュー速（嫌儲）	134	https://maguro.5ch.net/test/read.cgi/poverty/1396425610/
2014年7月31日	性同一性障害なんだけど（MtX）	ニュー速VIP+	54	https://hayabusa3.5ch.net/test/read.cgi/news4viptasu/1406773406/
2014年11月16日	【社会】自分は男でも女でもない 多様な性、否定や強制しないで 「らしさ」とは©2ch.net	ニュース速報+	1000	https://daily.5ch.net/test/read.cgi/newsplus/1416065844/
2014年12月23日～2024年12月24日	男女＝いわゆるFTXだけど話を聞いてくれ	ニュー速VIP	50	https://viper.5ch.net/test/read.cgi/news4vip/1419343966/
2015年1月29日	女ホルやってるメンヘラMtXだけど質問ある？[転載禁止]©2ch.net	ニュース速報VIP+	177	https://hayabusa3.5ch.net/test/read.cgi/news4viptasu/1422535906/
2015年4月8日	Xジェンダーだけど暇だから構って[転載禁止]©2ch.net	ニュー速VIP+	37	https://hayabusa3.5ch.net/test/read.cgi/news4viptasu/1428474904/
2015年4月11日～2015年9月20日	【FtX】Xジェンダー6 中性・両性・無性【MtX】	同性愛	996	https://peace.5ch.net/test/read.cgi/gay/1428730685/
2015年9月15日～2016年2月17日	【FtX】Xジェンダー7 中性・両性・無性【MtX】	人生相談	1000	https://wc2014.5ch.net/test/read.cgi/jinsei/1442253612/
2016年2月6日～2016年7月7日	【FtX】Xジェンダー8 中性・両性・無性【MtX】	人生相談	1000	https://wc2014.5ch.net/test/read.cgi/jinsei/1454751064/
2016年2月27日	MTF、MTX、男の娘と結婚したい[無断転載禁止]©2ch.net	ニュー速VIP+	29	https://hayabusa8.5ch.net/test/read.cgi/news4viptasu/1456559665/
2016年5月5日	【社会】男でも女でもない性的少数者「Xジェンダー」に理解を©2ch.net	ニュース速報+	1000	https://daily.5ch.net/test/read.cgi/newsplus/1462424979/
2016年5月5日～2016年5月6日	【社会】男でも女でもない性的少数者「Xジェンダー」に理解を★2©2ch.net	ニュース速報+	1000	https://daily.5ch.net/test/read.cgi/newsplus/1462437064/
2016年5月6日～2016年5月8日	【社会】男でも女でもない性的少数者「Xジェンダー」に理解を★3 ©2ch.net	ニュース速報+	331	https://daily.5ch.net/test/read.cgi/newsplus/1462522159/
2016年5月6日	性自認が男でも女でもないんだがただの中2病かな？[無断転載禁止]©2ch.net	ニュー速VIP	12	https://vipper.5ch.net/test/read.cgi/news4vip/1462533683/
2016年5月21日～2017年5月8日	自分はftmゲイ？それともftx？	同性愛	30	https://mevius.5ch.net/test/read.cgi/gay/1463779989/
2016年7月7日～2017年7月19日	【FtX】Xジェンダー9 中性・両性・無性【MtX】	人生相談	1000	https://rio2016.5ch.net/test/read.cgi/jinsei/1467826421/?v=pc

2016年8月18日～ 2016年8月19日	発達障害（ASD、ADHD）でMtX（多分）だけど質問ある?［無断転載禁止］©2ch.net	ニュー速 VIP+	58	https://hayabusa8.5ch.net/test/read.cgi/news4viptasu/1471450639/
2016年12月11日	[VIP931]:「私は男でも女でもある」「私は男でも女でもない」…男女の概念にとらわれないXジェンダーとは?［無断転載禁止］©2ch.net [979264442]	ニュー速 （嫌儲）	16	https://hitomi.5ch.net/test/read.cgi/poverty/1481430563/
2016年12月13日	男でも女でもない三人称「ze」を使おう　オックスフォード大学が推奨［無断転載禁止］©2ch.net [979264442]	ニュー速 （嫌儲）	233	https://hitomi.5ch.net/test/read.cgi/poverty/1481566152/
2016年12月25日～ 2016年12月29日	元珍走のmtx？なんだけど質問ある?［無断転載禁止］©2ch.net	ニュー速 VIP	23	https://hayabusa8.5ch.net/test/read.cgi/news4viptasu/1482664182/
2016年12月27日	元珍走のMtXだけど［無断転載禁止］©2ch.net	ニュー速 VIP	67	https://vipper.5ch.net/test/read.cgi/news4vip/1482847859/
2016年12月30日	元珍走のMtXだけど質問ある?［無断転載禁止］©2ch.net	ニュー速 VIP+	46	https://hayabusa8.5ch.net/test/read.cgi/news4viptasu/1483094936/
2017年1月20日～ 2017年1月22日	不定性だけど質問ある?［無断転載禁止］©2ch.net	ニュー速 VIP+	84	https://hayabusa8.5ch.net/test/read.cgi/news4viptasu/1484919888/
2017年4月3日～ 2017年4月4日	Xジェンダーノンセクシャルの診断受けたけど質問ある?［無断転載禁止］©2ch.net	ニュー速 VIP+	42	https://hayabusa8.5ch.net/test/read.cgi/news4viptasu/1491191731/
2017年4月15日～ 2017年4月16日	【LGBT】ジェンダーフルイド（性別が日々変わる）、バイジェンダー（男でもあり女でもある）、アジェンダー（男でも女でもない）［無断転載禁止］©2ch.net	ニュー速 （嫌儲）	22	https://hitomi.5ch.net/test/read.cgi/poverty/1492261583/
2017年4月17日～ 2017年4月18日	「酷い! わたしは男でも女でもない、Xジェンダーなのに!」←NEW!［無断転載禁止］©2ch.net [793337701]	ニュー速 （嫌儲）	314	https://hitomi.5ch.net/test/read.cgi/poverty/1492414376/
2017年4月17日～ 2017年4月18日	Xジェンダー「よっしゃ、LGBTは社会に認知されたな。次はあたいらを認めてもらう番や!」［無断転載禁止］©2ch.net	ニュー速 （嫌儲）	29	https://hitomi.5ch.net/test/read.cgi/poverty/1492430489/
2017年5月6日～ 2017年5月10日	【半陰陽】公文書の性別欄に「中性」認めず　法改正膨大なため　仏最高裁　インターセックスは世界人口の0.05～1.7% ©2ch.net	ニュース 速報+	84	https://asahi.5ch.net/test/read.cgi/newsplus/1494017681/

2017年5月6日～ 2017年5月13日	【フランス】公文書の性別欄に「中性」認めず、仏最高裁［05/05］©2ch.net	ニュース 国際＋	84	https://egg.5ch.net/test/read.cgi/news5plus/1494001580/
2017年6月5日	男でも女でもないけど質問ある？ [無断転載禁止]©2ch.net	ニュー速 VIP	174	https://vipper.5ch.net/test/read.cgi/news4vip/1496655501/
2017年6月8日	【LGBTQ】男でも女でもないと感じる「Xジェンダー」都内で交流会（NHK）[無断転載禁止]©2ch.net	ニュース 速報＋	1000	https://asahi.5ch.net/test/read.cgi/newsplus/1496850180/
2017年6月8日	【LGBTQ】男でも女でもないと感じる「Xジェンダー」都内で交流会「存在知って欲しい」（NHK）★2 [無断転載禁止]©2ch.net	ニュース 速報＋	1000	https://asahi.5ch.net/test/read.cgi/newsplus/1496879138/
2017年6月8日～ 2017年6月13日	【LGBTQ】男でも女でもないと感じる「Xジェンダー」都内で交流会「存在知って欲しい」（NHK）★3 [無断転載禁止]©2ch.net	ニュース 速報＋	585	https://asahi.5ch.net/test/read.cgi/newsplus/1496926300/
2017年7月19日～ 2017年12月19日	【FtX】Xジェンダー10 中性・両性・無性【MtX】[無断転載禁止]©2ch.net	人生相談	1000	https://rio2016.5ch.net/test/read.cgi/jinsei/1500475101/
2017年8月20日～ 2017年8月21日	暦さん（15）、中学2年の時に自分の「心の性」が男でも女でもない「Xジェンダー」だと気づく 「何者にもあてはまらない」存在だと認識 [無断転載禁止]©2ch.net [621794405]	ニュー速 （嫌儲）	295	https://leia.5ch.net/test/read.cgi/poverty/1503231312/
2017年11月10日	男でも女でもない「第3の性」ドイツで認められる	なんでも 実況J	20	https://hawk.5ch.net/test/read.cgi/livejupiter/1510273758/
2017年11月13日～ 2017年11月14日	Xジェンダーさん「私は男じゃないし女でもない！だから性器摘出する！」→「親になりたかった。自分の家族が欲しい」	ニュー速 （嫌儲）	22	https://leia.5ch.net/test/read.cgi/poverty/1510576421/
2017年12月3日	GIDで再適合手術したMtXだけど質問ある？	ニュー速 VIP	23	https://hebi.5ch.net/test/read.cgi/news4vip/1512237997/
2017年12月19日～ 2018年12月28日	【FtX】Xジェンダー11 中性・両性・無性【MtX】	人生相談	1000	https://rio2016.5ch.net/test/read.cgi/jinsei/1513689984/
2018年2月7日～ 2018年2月8日	【アメリカ】自分の性別を「男でも女でもない」と認識する中高生が増加	ニュース 速報＋	432	https://asahi.5ch.net/test/read.cgi/newsplus/1517978003/
2018年5月16日～ 2018年5月17日	男女どちらでもないXジェンダー、「つらい。死にたい。」なるほど、つまりカタツムリなんだな。[792523236]	ニュー速 （嫌儲）	13	https://leia.5ch.net/test/read.cgi/poverty/1526475216/

2018年5月18日	【LGBTQ】「男女どちらでもない」Xジェンダーとは？いじめ、死のうと思った…「諦めないで」（動画あり/日テレ）	ニュース速報+	1000	https://asahi.5ch.net/test/read.cgi/newsplus/1526635261/
2018年5月18日～2018年5月22日	【LGBTQ】「男女どちらでもない」Xジェンダーとは？いじめ、死のうと思った…「諦めないで」（動画あり/日テレ）★2	ニュース速報+	940	https://asahi.5ch.net/test/read.cgi/newsplus/1526654775/
2018年5月22日	LGBT業界、自分が男なのか女なのか分からない「Xジェンダー」なる新たな利権を生み出す（15）	ニュー速VIP	15	https://hebi.5ch.net/test/read.cgi/news4vip/1526968220/
2018年5月24日	最近自分がXジェンダーなことに気付いた	ニュー速VIP	24	https://hebi.5ch.net/test/read.cgi/news4vip/1527090368/
2018年5月27日	【LGBT】「Xジェンダー」を名乗る人が増加「私達は男女どちらでもない」[748768864]	ニュー速（嫌儲）	104	https://leia.5ch.net/test/read.cgi/poverty/1527414367/
2018年6月12日	最近Xジェンダーのユーチューバー多くね？	ニュー速VIP	19	https://hebi.5ch.net/test/read.cgi/news4vip/1528800018/
2018年6月21日～2018年6月22日	子供を男でも女でもないジェンダーレス「ゼイビー」として育てる親が増加	ニュー速（嫌儲）	19	https://leia.5ch.net/test/read.cgi/poverty/1529592281/
2018年7月4日	LGBTとは違う　Xジェンダーとかいう性www	なんでも実況J	14	https://swallow.5ch.net/test/read.cgi/livejupiter/1530693656/
2018年7月4日	【LGBTQ+】男か女か"決めたくない""わからない"「Xジェンダー」理解を自覚なく結婚し女装癖告白し差別され離婚も	ニュース速報+	1000	https://asahi.5ch.net/test/read.cgi/newsplus/1530701823/
2018年7月4日	「Xジェンダー」自分を男とも女とも思えない人たち。言い寄ってきた女と26歳で結婚し子供もでき、だけどXジェンダーと自覚し離婚[711847287]	ニュー速（嫌儲）	22	https://leia.5ch.net/test/read.cgi/poverty/1530702159/
2018年8月3日	Xジェンダーなんだが	ニュー速VIP	171	https://hebi.5ch.net/test/read.cgi/news4vip/1533298883/
2018年8月4日	Xジェンダーと話そうか	ニュー速VIP	48	https://hebi.5ch.net/test/read.cgi/news4vip/1533349522/
2018年8月4日～2018年8月21日	Xジェンダーと話そう	ニュー速VIP+	1000	https://hayabusa9.5ch.net/test/read.cgi/news4viptasu/1533383954/
2018年8月16日	mtfなのに逃げ口上でmtx名乗ってる奴www	ニュー速VIP	32	https://hebi.5ch.net/test/read.cgi/news4vip/1534387937/

2018年8月21日〜 2018年8月29日	部屋とYシャツとXジェンダー	ニュー速 VIP+	54	https://hayabusa9.5ch.net/test/read.cgi/news4viptasu/1534852748/
2018年8月27日	男性フェミニストの勝部元気先生「僕はXジェンダーなので男性としての責任を押し付けられても困るんだが」	ニュー速 （嫌儲）	42	https://leia.5ch.net/test/read.cgi/poverty/1535313456/
2018年9月3日	白人「ジャップさあ、XジェンダーのXってなんだい？性別不定のことなら「Q（クエスチョニング）」なんだが？」	ニュー速 （嫌儲）	53	https://leia.5ch.net/test/read.cgi/poverty/1535931167/
2018年9月4日〜 2018年9月5日	【LGBT】立憲民主党町田市議会議員の東友美さん、Xジェンダーとアセクシャルをカミングアウト[372215213]	ニュー速 （嫌儲）	59	https://leia.5ch.net/test/read.cgi/poverty/1536063990/
2018年9月6日	【嫌儲ファッション部】トレンドはジェンダーフリー（男女にこだわらない）の時代からノンバイナリー（男女どちらでもない）の時代へ[372215213]	ニュー速 （嫌儲）	11	https://leia.5ch.net/test/read.cgi/poverty/1536168801/
2018年9月26日	てかMtXで女性ホルモン飲んでるやつ怖くないのか？	ニュー速 VIP+	18	https://hebi.5ch.net/test/read.cgi/news4vip/1537937842/
2018年10月29日	【動画】レズビアン、ゲイ、トランスジェンダー、アセクシュアル、Xジェンダーの5人が語るYouTubeチャンネルが10代に人気[294583125]	ニュー速 （嫌儲）	10	https://leia.5ch.net/test/read.cgi/poverty/1540740688/
2018年12月28日〜 2019年7月31日	【FtX】Xジェンダー12中性・両性・無性【MtX】	人生相談	1000	https://rio2016.5ch.net/test/read.cgi/jinsei/1546002112/
2019年1月4日〜 2019年1月5日	アメリカ・NYの出生証明書に第3の性ノンバイナリー「X」の選択肢　新生児も選択可能に（125）	ニュース 速報	125	https://hayabusa9.5ch.net/test/read.cgi/news/1546559063/?v=pc
2019年1月7日	自分を男でも女でもないと認識している人たちに対し、第三の性が公式に認められる	ニュー速 （嫌儲）	12	https://leia.5ch.net/test/read.cgi/poverty/1546789978/
2019年1月21日	限定的で差別的な「LGBT」に代わり、ストレートからXジェンダーまで多様な性を包括した「SOGI」が主流に　体の性×心の性×好きになる性[621794405]	ニュー速 （嫌儲）	11	https://leia.5ch.net/test/read.cgi/poverty/1548065877/
2019年2月19日	ワイ22歳男、性別の無いXジェンダーに憧れる	なんでも 実況J	46	https://swallow.5ch.net/test/read.cgi/livejupiter/1550502888/

2019年3月12日	【ノンバイナリー】ヒッキーさん（42）「MrでもMsでもなく『Mx（メックス）』を使ってください」【Xジェンダー】	ニュー速（嫌儲）	11	https://nordot.app/475920674100446305
2019年3月12日～2019年3月13日	【カナダ】パスポートの性別欄は「X」…男でも女でもない「ノンバイナリー」の人権活動家ヒッキーさん（42）「自分自身でありたい」	ニュース速報＋	42	https://asahi.5ch.net/test/read.cgi/newsplus/1552358942/
2019年3月20日	英歌手サム・スミス「私は男でも女でもないノンバイナリです」「ちんこかまんこかなんて情報、私とセックスする時以外必要ないでしょ」[377482965]	ニュー速（嫌儲）	19	https://leia.5ch.net/test/read.cgi/poverty/1553008832/
2019年3月21日	歌手サム・スミスが、自身を「ノンバイナリー」だとカミングアウト LGBT [242629156]	ニュー速（嫌儲）	28	https://leia.5ch.net/test/read.cgi/poverty/1553161860/
2019年3月21日	【音楽】＜サム・スミス＞男でも女でもない「ノンバイナリー」と明かす！「僕は男性でも女性でもない。その間を漂っている感じ」	芸スポ速報＋	112	https://hayabusa9.5ch.net/test/read.cgi/mnewsplus/1553172447/
2019年5月12日～2019年5月13日	【画像】まんさん「私は男でも女でもない。FtXだ」は？ [593285311]	ニュー速（嫌儲）	69	https://leia.5ch.net/test/read.cgi/poverty/1557666077/
2019年5月14日～2019年5月15日	【読売テレビten.】Xジェンダーエイセクシャル一般人「僕は嫌な思いしてないから」夏野剛「本人がいいならいいだろ」	ニュー速（嫌儲）	12	https://leia.5ch.net/test/read.cgi/poverty/1557845370/
2019年6月6日～2019年6月7日	【LGBT】性欲がない「アセクシュアル」男にも女にもなりたくない「Xジェンダー」などが出現 [748768864]	ニュー速（嫌儲）	74	https://leia.5ch.net/test/read.cgi/poverty/1559805341/
2019年6月24日～2019年10月29日	【MtX】Xジェンダー1 中性・両性・無性・不定性	人生相談	57	https://rio2016.5ch.net/test/read.cgi/jinsei/1561352530/
2019年6月24日～2020年6月6日	【FtX】Xジェンダー12 中性・両性・無性・不定性	人生相談	174	https://rio2016.5ch.net/test/read.cgi/jinsei/1561346015/
2019年6月27日	Xジェンダーってどう思う？	ニュー速VIP	89	https://hebi.5ch.net/test/read.cgi/news4vip/1561572886/
2019年7月7日～2020年9月15日	【FtX】Xジェンダー13 中性・両性・無性【MtX】	人生相談	1000	https://rio2016.5ch.net/test/read.cgi/jinsei/1562445942/
2019年7月19日	カナダ人活動家・ヒッキーさん来日 ストレートでもレズでもゲイでもバイでもトランスでもない「Xジェンダー」と呼ばれる人たち [402859164]	ニュー速（嫌儲）	11	https://leia.5ch.net/test/read.cgi/poverty/1563526007/

2019年7月31日	男でも女でもない OR 男でも女でもある「Xジェンダー」さん「性別を詮索するのはやめて」[377482965]	ニュー速（嫌儲）	62	https://leia.5ch.net/test/read.cgi/poverty/1564521685/
2019年9月15日〜 2019年9月16日	【第3の性】彼でも、彼女でもなく。サム・スミスが自分の「代名詞」を『They』や『Them』に変えた理由「ノンバイナリー」とは？	ニュース速報+	128	https://asahi.5ch.net/test/read.cgi/newsplus/1568544953/
2019年10月19日	Xジェンダー「女寄りの日は彼氏大好きだけど、男寄りの日はホモじゃないから彼氏に恋愛感情持てない」[377482965]	ニュー速（嫌儲）	18	https://leia.5ch.net/test/read.cgi/poverty/1571421541/
2019年12月15日	米辞書の今年の言葉、ノンバイナリー（中性、無性、双性など）の人を表す代名詞「they」に決定	ニュー速VIP	15	https://leia.5ch.net/test/read.cgi/poverty/1576403635/

資料6　インターネット記事

※URLは2022年7月時点。

期間	タイトル	URL	発信元
2010年〜2014年			
2010年3月15日	男性でも女性でもない性別が公式に認められる	https://web.archive.org/web/20110526193109/http://rocketnews24.com/?p=27484	Rocket News 24
2010年3月21日	男でも女でもない「中性」容認の波紋	https://www.newsweekjapan.jp/newsroom/2010/03/post-46.php	Newsweek
2011年1月1日	【ボーダー　その線を越える時　プロローグ（1)】「命」「性」…消えた境界	https://web.archive.org/web/20141011040456/http://sankei.jp.msn.com/life/news/110106/trd11010610380012-n1.htm	MSN産経ニュース
2011年1月1日	【ボーダー　その線を越える時　プロローグ（2)】「中性」として生きていきたい	https://web.archive.org/web/20130808223138/http://sankei.jp.msn.com/life/news/110106/trd1101061041 0014-n1.htm	MSN産経ニュース
2012年7月6日	"LGBTX座談会（上）　私たちは特別な存在ではない"	https://diamond.jp/articles/-/21153	DIAMOND online
2012年11月12日	LGBTカップル恋バナ（1/3)　どこでどんなデートしているの？	https://s.alterna.co.jp/uncategorized/28934	alterna × S
2013年11月3日	出生届けに"第3の性"？ドイツ	https://web.archive.org/web/20131126001316/https://sankei.jp.msn.com/world/news/131103/erp13110312000002-n1.htm	産経ニュース
2014年4月2日	豪最高裁、男女でない「中立な性別」認める	https://www.afpbb.com/articles/-/3011565	AFP BB News
2014年4月4日	LGBTと仲間と生きる（上）　一つ屋根に多様な「性」	https://www.chunichi.co.jp/article/34984	中日新聞
2014年9月1日	虹色ダイバーシティ（9)LGBT施策は当事者以外の人にも効果あり？｜性的マイノリティの目線から見える社会	http://www.osaka-doukiren.jp/series/minority/5445	大阪同和・人権問題企業連絡会
2014年12月11日	セクシュアル・マイノリティーと引きこもり	https://diamond.jp/articles/-/63541	DIAMOND online
2015年			
2015年2月17日	渋谷区「同性カップル証明書」どうみる？（下）	https://www.bengo4.com/c_3/c_1340/n_2696/	弁護士ドットコムニュース
2015年7月17日	「Xジェンダーとか思い過ごしだろ（笑）」にはこう返せ	http://life.letibee.com/xgender-sexuality/	Letibee Life

2015年7月21日	"やらせろ" と言われ殴られたXジェンダーが警察に相談してみた	http://life.letibee.com/lgbt-sexual-harrasment/	Letibee Life
2015年7月31日	"Xジェンダー"を人に説明するには、まず○○○から話せ	http://life.letibee.com/xgender-explanation/	Letibee Life
2015年9月2日	性別違和とは？性同一性障害との違いは？	https://www.cocolabo.me/seibetuiwa-towa/	ここらぼ心理相談
2015年9月7日	今、企業がLGBTに注目する理由とレインボー消費	https://dentsu-ho.com/articles/3028	電通報
2015年10月10日	性の多様性 理解を　大学生がサークル「nuge沖縄」結成	https://ryukyushimpo.jp/news/prentry-250237.html	琉球新報DIGITAL
2015年10月22日	"Xジェンダー" は日本人にしか通じない!? 外国人に "X Gender" を言ってみた結果	http://life.letibee.com/xgender-english/	Letibee Life
2015年11月13日	トランスジェンダーと改名手続	https://rename-consultant.com/column/gid-and-rename/	改名・改姓相談.com
2015年11月15日	Xジェンダーは和製英語！本当は "Gender Queer"？	http://life.letibee.com/gender-queer/	Letibee Life
2015年11月15日	yayoi takeuchi	http://outinjapan.com/yayoi-takeuchi/	Our in Japan
2015年11月18日	Xジェンダー ってどんな人たち？海外のXジェンダーたちまとめ	http://life.letibee.com/culture/xgender-people/	Letibee Life
2015年11月18日	「どんな性別でも使えるトイレマーク」を決めよう！　香川県のNPOがネットで投票受付中	https://nlab.itmedia.co.jp/nl/articles/1511/18/news126.html	ねとらぼ
2015年11月18日	今年の言葉は「絵文字」、うれし泣き顔を選出－オックスフォード辞典	https://jp.wsj.com/articles/SB10589961604557044643904581362490323601466	The Wall Street Journal
2015年12月11日	女性と男性の狭間で見つけた "私" という性【後編】	https://lgbter.jp/aiko_sekimoto2/	LGBTER
2016年			
2016年2月7日	「女も女性という "性" を過剰に演出している」 Xジェンダーの漫画家が語る、自分らしく生きる方法	https://www.cyzowoman.com/2016/02/post_18877_1.html	cyzo woman
2016年2月15日	akiyo suzuki	http://outinjapan.com/akiyo_suzuki/	Out in Japan
2016年2月24日	月経があるのは女性だけではない 見過ごされてきた人たちとは	https://www.buzzfeed.com/jp/morganthescribe/10nj9-1	BuzzFeed News
2016年3月18日	ダイバーシティが生むイノベーション～企業のLGBTへの取り組み最新事例から学ぶ	https://bizgate.nikkei.co.jp/article/DGXMZO2856731026032018000000?page=3	日経BizGate
2016年4月1日	Xジェンダーが苦しむ" 名前" 問題「社会的記号という感じがする」	https://life.letibee.com/xgender-name/	Letibee Life

2016年4月15日	LGBTとレインボー消費	https://mag.sendenkaigi.com/senden/201604/survive-diversity/007651.php	宣伝会議
2016年4月21日	Xジェンダー向け！Facebook日本語版の性別欄を自由に変更する方法まとめ	https://sengokulife.com/facebook-gender/	戦国らいふ
2016年4月23日	学校・病院で必ず役立つ『LGBTサポートブック』	https://synodos.jp/opinion/society/16573/	SYNODOS
2016年5月2日	「隠さずに就職したい」LGBTが直面する困難と見えてきた希望	https://www.buzzfeed.com/jp/kazukiwatanabe/lgbt-job-hunting	BuzzFeed News
2016年5月5日	男でも女でもない「Xジェンダー」に理解を	https://mainichi.jp/articles/20160505/k00/00e/040/113000c	毎日新聞
2016年5月13日	世界に、僕という人間を届けたい。【後編】	https://lgbter.jp/ryotaro_sato2/	LGBTER
2016年5月26日	ジェンダーとは女性と男性の二択ではない！「ノンバイナリージェンダー」について知っておこう。	https://voguegirl.jp/love/body/20160526/non-binary-gender/	VOGUE GIRL
2016年5月28日	性的指向や性自認に関する法整備の議論に対するLGBT法連合会の見解	https://lgbtetc.jp/news/284/	LGBT法連合会
2016年6月4日	LGBTとは？「珍しい」存在ではなく、「少数」であるだけです	https://shohgaisha.com/column/grown_up_detail?id=69	障害者.com
2016年6月27日	LGBTって何？	http://madeingender.com/?p=285	Made In Gender
2016年7月15日	いじめられるのは嫌だったので、自分を偽って振舞っていました	http://www.lgbtcareer.org/rolemodel/1000/	LGBT就活
2016年7月18日	性別に違和感？性同一性障害？エックスジェンダーかも…	https://www.gid-mcclinic.com/genderdysphoria/	性同一性障害治療、FTM胸オペ、GID学会認定医｜自由が丘MCクリニック
2016年7月26日	トランスジェンダーの人が直面する「職場での現実」とは？	https://www.cosmopolitan.com/jp/trends/society/reports/a1391/transgender-job-discrimination/	COSMOPOLITAN
2016年8月8日	LGBTER　自分を使い切り、シンプルに生きる【前編】	https://lgbter.jp/rie_shintani1/	LGBTER
2016年8月11日	LGBTER　自分を使い切り、シンプルに生きる【後編】	https://lgbter.jp/rie_shintani2/	LGBTER
2016年8月15日	第2回　性の多様性とLGBT	https://www.law-pro.jp/column/p1739/	髙井・岡芹法律事務所
2016年9月7日	ひとりだけ黄色いランドセル、感じだしたもやもや感	http://www.lgbtcareer.org/rolemodel/1023/	LGBT就活

2016年10月28日	「トランスジェンダー FTM」として生きる ～セクシャリティ編～	http://rainbow-japan.site/%EF%BD%86%EF%BD%94%EF%BD%8D/	LGBTラボ
2016年11月9日	LGBTとは？ 13人に1人が抱える「性の多様性」の問題と企業の対応	https://thefinance.jp/law/161109	The Finance
2016年12月9日	「私は男でも女でもある」「私は男でも女でもない」…男女の概念にとらわれないXジェンダーとは？	https://ddnavi.com/news/339132/a/	ダ・ヴィンチWeb
2016年12月10日	【iPhone】Facebook 58種類あるジェンダー（性別）の設定方法とオプションリスト	https://ringo-bito.com/entry/iphone-facebook-gender/	Ring bito
2016年12月12日	男でも女でもない三人称「ze」を使おう　オックスフォード大学が推奨【UPDATE】	https://www.huffingtonpost.jp/2016/12/12/gender-neutral-oxford-university_n_13576302.html?utm_hp_ref=japan	HUFFPOST
2017年			
2017年2月28日	丸井がイベント LGBTの就活を支援	https://senken.co.jp/posts/oioi-lgbt-event-170228	繊研新聞
2017年3月9日	第74話　LGBTに優しいトイレ、ってなんですか？	https://yomidr.yomiuri.co.jp/article/20170308-OYTET50013/	yomiDr.
2017年4月14日	米州Frontline 「They」は「私」、LGBTが変える英文法の常識	https://www.nikkei.com/article/DGXMZO15213150S7A410C1I00000/	日本経済新聞
2017年4月19日	女性化ではなく"無性化"を選択した男性の人生	https://dot.asahi.com/webdoku/2017041900044.html?page=1	AERA.dot
2017年4月23日	【第4回】トランス男子のフェミな日常「性別欄をどうしたらよいのか」	https://wezz-y.com/archives/44951	Wezzy
2017年4月27日	"男でも女でもない私" 語り始めた「Xジェンダー」	https://www.nhk.or.jp/seikatsu-blog/1400/268390.html	NHK
2017年5月22日	カナダで性別を定義しない出生証明書実現の見込み	https://www.newsweekjapan.jp/stories/world/2017/05/post-7646.php	Newsweek日本版
2017年5月25日	LGBTに代わる性的マイノリティの新概念"SOGI（ソジ）"って何？	https://diamond.jp/articles/-/129321	DIAMOND online
2017年5月27日	新しい性的マイノリティ概念「SOGI（ソジ）」	https://rainbowflag.jp/utility/article/2677/	Flag
2017年7月14日	"米国で性別Xの免許証登場！LGBTの権利保護はもはや社会の常識か。"	https://kurukura.jp/news/170712-3.html	くるくら
2017年7月23日	「LGBTQ」の"Q"って何？	http://rainbow-japan.site/whatisq/	LGBTラボ

2017年7月26日	LGBTが「特別」ではなく「身近」な存在になるために【後編】	https://lgbter.jp/masaki_kawamura2/	LGBTER
2017年7月30日	東大生姉弟が起業して、LGBT就活サイトを作った理由・前編【誰もが自分らしく働けるように】	https://todai-umeet.com/article/27598	umeet
2017年8月3日	「LGBT用トイレ」は的外れ、トランスジェンダーが困らない職場環境整備の本質を解説	https://www.sbbit.jp/article/cont1/33843	ビジネス＋IT
2017年8月6日	男女の枠にはまらない"自分"、それが私の答え【後編】	https://lgbter.jp/shi%ef%bd%8dpei_suzuki2/	LGBTER
2017年8月17日	「LGBT」に当てはまらない苦しみ乗り越え 「Xジェンダー」の私が生きる道	https://www.j-cast.com/2017/08/17305970.html?p=all	JCAST ニュース
2017年8月27日	日本人はなぜ「男脳・女脳」に固執するのか 「LGBTQ」の時代がやってきた！Qって何？	https://toyokeizai.net/articles/-/186039	東洋経済 ONLINE
2017年9月22日	なぜ企業はLGBT施策をする必要があるのか？	https://globis.jp/article/5687	GLOBIS知見録
2017年9月26日	【LGBT用語解説】LGBTQとは？「Q」って何？	http://rainbow-project.jp/lgbt-q/	rainbow-project
2017年9月30日	"Xジェンダー"という言葉と出会い、ようやく本当の自分自身を見つけた。【後編】	https://lgbter.jp/kazuki_taiga2/	LGBTER
2017年11月9日	What's LGBT	http://trp2015.trparchives.com/whats-lgbt/	TOKYO RAINBOW PRIDE
2017年11月20日	「女性専用」音楽祭開催へ、スウェーデン 性暴力被害受け	https://www.afpbb.com/articles/-/3151773	AFP BB News
2017年12月20日	Xジェンダー－これからは自分の気持ちと生きていく[前編]	http://npobr.net/comingout_story/cameout_to/id2708	NPO法人パブリング
2017年12月27日	ジェンダー多様性の用語解説	https://kojun.net/genders-glossary	クィアKojunの心理セラピー
2017年12月30日	LGBTQとは	https://www.outjapan.co.jp/pride_japan/column/1.html	PRIDE JAPAN
2018年			
2018年1月2日	不登校になった自分でも、今は自分らしく生きられている。【後編】	https://lgbter.jp/yuzuma_ishida2/	LGBTER
2018年1月11日	「男性」か「女性」の二択は時代遅れ、性別の流動化「ジェンダー・フルイディティー」の台頭	https://www.fastgrow.jp/articles/genderfluidity	FAST GROW
2018年1月13日	自分の性別に違和感があるってこんな感じ… ある漫画が分かりやすいと話題	https://www.buzzfeed.com/jp/saoriibuki/trans-x-gender-manga	BuzzFeed
2018年1月22日	「結局、男なの？女なの？」Xジェンダーとは？就職・職場の悩み	https://niji-recruiting.com/2018/01/22/1210/	Nijiリクルーティング
2018年2月7日	「男子でも女子でもない」中高生、米国で増加	https://www.cnn.co.jp/usa/35114362.html	CNN

2018年3月1日	Xジェンダーはマイノリティの中のマイノリティ。でも、「弱者」ではない【前編】	https://lgbter.jp/haruhi_nonouchi1/	LGBTER
2018年4月4日	仲間はずれ、寂しい 「LGBT＝性的少数者」で見えなくなる人々	https://withnews.jp/article/f0180404004qq000000000000000W03j10101qq000017115A	withnews
2018年4月9日	Xジェンダーらしさ＝その人らしさ。服装や一人称は無理に変えなくていい。オタク上等。	https://sengokulife.com/xgender-rashisa/	戦国らいふ
2018年5月14日	【現地レポート】世界初、NYにオープンした「ジェンダー・フリー」なセレクトショップ	https://ampmedia.jp/2018/05/14/gender-free/	SustainaLize
2018年5月15日	reiji inami	http://outinjapan.com/reiji_inami/	Out in Japan
2018年5月16日	「男女どちらでもない」Xジェンダーとは？	https://news.ntv.co.jp/category/society/cd2602392c5c47d0a73c2c99b5ba7e05	日テレNEWS
2018年5月17日	Xジェンダー	https://www.weblio.jp/content/X%E3%82%B8%E3%82%A7%E3%83%B3%E3%83%80%E3%83%BC	weblio辞書
2018年5月20日	Facebookの性別欄は58種類！ 男性でも女性でもない性のこと	https://www.fnn.jp/articles/-/6420	FNNプライムオンライン
2018年5月22日	「男の子か、女の子かは性器では決めつけられない」。子どもの性別を大人の思い込みから解放する洋服	https://neutmagazine.com/theyby-bananarepublicmini-jessyandjack	NEUT
2018年5月22日	当事者つながる交流会を開催 Xジェンダー富高さん	https://pre-miya.com/paper/kennaiippan/2866.html	プレみや 宮崎日日新聞
2018年5月31日	男女、どちらでもない。「無理に分類されたくない」という性別【LGBT・トランスジェンダーを生きる・1】	https://hanakomama.jp/topics/50919/	Nanako ママ web
2018年6月5日	女性でも男性でもなく、同時にそのどちらでもあるような状態	https://plus-handicap.com/2018/06/9362/	Plus-handicap
2018年6月21日	ベイビーをジェンダーレスで育てる わが子を「ゼイビー」と呼ぶ人々	https://newsphere.jp/national/20180621-4/	NewSphere
2018年6月29日	今さら聞けない？LGBTプライド月間について知っておくべき6つのこと	https://www.businessinsider.jp/post-170024	LIFE INSIDER
2018年6月30日	セクシュアリティで悩む若者を生み出さないために。【前編】	https://lgbter.jp/takuya_takahashi1/	LGBTER
2018年7月4日	男か女か"決めたくない""わからない"「Xジェンダー」という性	https://news.yahoo.co.jp/feature/1004/	Yahoo! Japan ニュース

2018年7月5日	セクマイの意味とは？セクシャルマイノリティの種類も含めて詳しく解説	https://world-note.com/sexual-minority/#toc16	LOREM IPSUM SOLOR SIT AMET
2018年7月9日	Xジェンダーの特徴・診断を受ける前に知っておきたい3つのこと。	https://yoipage.com/928/	読まぬは一生の恥。
2018年7月15日	ありのままが、FTX。【前編】	https://lgbter.jp/marina_tomizu1/	LGBTER
2018年7月29日	海外ドラマで学んだ第三の性別「ノンバイナリージェンダー」	https://www.logi-it.jp/learning-english/what-is-non-binary-gender/	ENGLOG
2018年7月31日	同性も異性も同時に好きになれる「ポリアモラス」な僕【後編】	https://lgbter.jp/takao_yoshizawa2/	LGBTER
2018年8月3日	「家族がほしい」と願ったXジェンダーは、精子バンクを選択した。	https://www.huffingtonpost.jp/2018/08/03/xgender-asexual-family_a_23495143/	HUFFPOST
2018年8月9日	セクシャルマイノリティ・LGBTの方のご相談	http://eternal-ss2018.com/15328343568466	群馬マリッジカウンセリング
2018年8月10日	Xジェンダーの意味とは⁉中性ってこと?男女を超えた性別	https://hirosanta.com/xgender/	Hirosanta.com
2018年8月12日	LGBTはもう古い？最新LGBTQ＋の「プラス」の意味！LGBTQ＋はLGBTTTQQIAAP＋の総称！⁉	https://marshmallow-mental.com/rainbow/600/	Marshmallow Mental
2018年8月31日	Xジェンダー向け出会い系サイト、確実に出会える場所はここ！	https://dokushinn.com/x-gender	出会い系・婚活比較ナビ
2018年9月1日	将来のパートナーが男性か女性か、今は未だ限定したくない【後編】	https://lgbter.jp/chikako_kobayashi2/	LGBTER
2018年9月5日	性別超えた服、NYで人気	https://www.nikkei.com/article/DGKKZO34898500T00C18A9EAC000/	日本経済新聞
2018年9月14日	男性支配社会をぶった斬る。WTFバイクエクスプローラーズサミットの記録	https://sim-works.com/news/a_recap_of_the_wtf_bikexplorers_summit	Sim Works
2018年9月19日	Xジェンダーという言葉や存在を知ってもらいたい。知ってもらうことで社会が変わるきっかけになればいい。【後編】	https://lgbter.jp/ayane_suzuki2/	LGBTER
2018年10月10日	米NY市、出生証明書で「第3の性」認める法律が施行	https://jp.reuters.com/article/ny-idJPKCN1MK0BE	REUTERS
2018年10月14日	Wマイノリティだって、ただ存在しているだけでいい【前編】	https://lgbter.jp/rina_kondo1/	LGBTER
2018年10月16日	Wマイノリティだって、ただ存在しているだけでいい【後編】	https://lgbter.jp/rina_kondo2/	LGBTER
2018年10月16日	私男でも女でも無い気がする…Xジェンダーの特徴4つと悩みが分かったよ	https://ikkiyakou.com/xgender-tokuchou/	一鬼夜行な趣味ブログ

2018年10月26日	高校入学願書の性別欄廃止 大阪、福岡で来春から	https://www.kyobun.co.jp/news/20181026_03/	教育新聞
2018年10月29日	FTMからFTXへ。「真ん中」を選択したら楽になれた【後編】	https://lgbter.jp/tomoki_ysuburai2/	LGBTER
2018年11月20日	「男」でも「女」でもない、性の多様性を受け入れたパスポートが浮き彫りにしたこと	https://wired.jp/2018/11/20/passport-diversity/	WIRED
2018年11月24日	Xジェンダー、そして親 「家族の形も多様」	https://mainichi.jp/articles/20181124/k00/00e/040/235000c	毎日新聞
2018年12月18日	香水のユニセックスとジェンダーレス	https://www.fragrance.co.jp/editions/?eid=1717	MUSASHINO WORKS
2019年			
2019年1月2日	NY市 出生証明書にノンバイナリー「X」の選択肢 新法施行	https://www.mashupreporter.com/birth-certificates-nonbinary-nyc/	Mashup Reporter
2019年1月6日	ドイツで第三の性「ディバース(diverse)」が公式に認められる	https://news.nicovideo.jp/watch/nw4566874	ニコニコニュース
2019年1月16日	トランスジェンダーの3割「トイレに入る際の視線でストレス」	https://www.itmedia.co.jp/business/articles/1901/16/news063.html	# SHIFT
2019年1月17日	ヴァレンティーナが自身がジェンダー「Non-Binary ノンバイナリー」をカミングアウト	https://rpdr.info/2019/01/17/post-1242/	RUPAUL'S DRAG RACE GOSSIPS
2019年1月20日	すべてのろう者に楽しんでもらえる映画を作りたい【後編】	https://lgbter.jp/mika_imai2/	LGBTER
2019年1月29日	ゲイ? バイセクシュアル? 腐男子? いや、Xジェンダーなんだ。【後編】	https://lgbter.jp/seigo_takai2/	LGBTER
2019年2月2日	「女子大は必要?」Xジェンダーの女子高生が、お茶大に聞いてみた	https://withnews.jp/article/f0190202000qq000000000000000G00110101qq000018564A	withnews
2019年2月8日	『Apex Legends』のヒーローのうち、2人がLGBTQだとEAが明言	https://jp.ign.com/apex-legends/32989/news/apex-legends2lgbtqea	IGN
2019年2月8日	スカートがトレンドに浮上! キーワードはジェンダーフルイド	https://www.gqjapan.jp/fashion/news/20190208/skirts-for-men	GQ
2019年2月20日	アメリカ航空会社の性別申告欄にunspecifiedとundisclosedが加わる【英語多読ニュース】	https://ej.alc.co.jp/entry/20190220-newsflash-67	ENGLISH JOURNALONLINE
2019年2月21日	男でも女でもない。「Xジェンダー」とは何か	https://news.nicovideo.jp/watch/nw4863997	ニコニコニュース

2019年3月1日	LGBT 実録映画、女性から第三の性へ　自分探しの旅 LGBT 運動家のジェマ・ヒッキーさんインタビュー	https://style.nikkei.com/article/DGXMZO41697010V20C19A2000000/	エンタメ！裏読みWAVE
2019年3月7日	LGBT フレンドリーな企業 Thought Works、その文化は（後）	https://project.nikkeibp.co.jp/idg/atcl/idg/17/022200213/022200002/?ST=cio-management	CIO
2019年3月11日	【LGBTQ+基礎知識】トランスジェンダーってなに？	https://note.com/palette_lgbtq/n/n9c4a3c55dc62	note
2019年3月12日	"男でも女でもない、私の性別は「X」　カナダ人活動家が語る思いとは"	https://nordot.app/475920674100446305	株式会社全国新聞ネット
2019年3月18日	サム・スミス、自分の性別は「男でも女でもない」、エモーショナルなインタビューで告白[動画あり]	https://www.tvgroove.com/?p=8119	tvgroove
2019年3月19日	サム・スミスが「ノンバイナリー」とカミングアウト	https://genxy-net.com/post_theme04/3193319ll/	GENXY
2019年3月19日	歌手サム・スミスさん、自分は男性でも女性でもない「ノンバイナリー」と公言	https://www.bbc.com/japanese/47621869	BBC NEWS JAPAN
2019年3月20日	サム・スミス、男でも女でもない「ノンバイナリー」と明かす	https://www.ellegirl.jp/celeb/a81145/c-sam-smith-comes-out-non-binary-19-0320/	ELLE girl
2019年3月20日	理解のむずかしさ。Xジェンダー就活体験	https://niji-recruiting.com/2019/03/20/1245-3/	Niji リクルーティング
2019年3月22日	Sam Smith、性別を限定しないノンバイナリーに対する自身の見解を語る	https://lmusic.tokyo/news/67445	Lmusic
2019年4月1日	アメリカTVドラマ史上初のジェンダー・ノンコンフォーミングの主人公が誕生	https://www.outjapan.co.jp/pride_japan/news/2019/4/1.html	PRIDE JAPAN
2019年4月4日	ユナイテッド航空　LGBTのインクルージョンに配慮した予約プロセスを導入	https://usfl.com/2019/04/post/123131	FrontLine
2019年4月5日	LGBTQのQって何？ 日本独自の言い方ではXジェンダーとも	https://stage.st/articles/xCpqZ	STAGE
2019年4月9日	LGBTの患者さんは何に困っているのか｜LGBTと看護のキホン（1）	https://www.kango-roo.com/work/6494/	看護roo!
2019年4月19日	Xジェンダーの私にとって、女性らしい服はコスプレである	https://telling.asahi.com/article/12303478	telling,
2019年4月24日	私たちは男性でも女性でもない「ノンバイナリー」の写真集が伝えるもの	https://news.line.me/issue/oa-buzzfeed/446a97e36602	BuzzFeed

2019年5月2日	ボストンのトイレ表示から、「LGBTの権利」を考える	https://gendai.ismedia.jp/articles/-/64259	現代ビジネス
2019年5月9日	ジェンダーを特定しない絵文字、「Android Q」で導入へ	https://japan.cnet.com/article/35136676/	c|net Japan
2019年5月9日	性別の垣根を越えて活躍する、若手モデルたちに注目！	https://numero.jp/midorioiwa-6/	Numero
2019年5月30日	FTXを自認する、トライアスロンに挑むアスリート。【後編】	https://lgbter.jp/masayo_mishima2/	LGBTER
2019年5月31日	［性同一性障害から性別不合へ］（上）男か女かの「性別二元論」では語れない人たち 「ノンバイナリー」とは何か？…松永千秋・GID学会理事に聞く	https://yomidr.yomiuri.co.jp/article/20190517-OYTET50010/	yomiDr.
2019年5月31日	トラベルポート、ノンバイナリージェンダー旅行者のためのジェンダーコード「X」を設定	https://www.gjkk.co.jp/release/13084/	travelport
2019年6月1日	新聞取材に「アセクシュアル」「Xジェンダー」と回答した当事者若者たちも見抜いていた	https://web.archive.org/web/20190613020554/https://news.yahoo.co.jp/byline/mizushimahiroaki/20190601-00128362/	Yahoo! Japan ニュース
2019年6月1日	［性同一性障害から性別不合へ］（下）私は男でも女でもなかった…50代母が探し当てた「本当の自分」	https://yomidr.yomiuri.co.jp/article/20190517-OYTET50011/	yomiDr.
2019年6月5日	トラベルポート、性別を限定しない旅行者のコード「X」を導入、パスポートやID書類との一致を条件に	https://www.travelvoice.jp/20190605-131989	travel voice
2019年6月12日	『クィア・アイ』ジョナサン・ヴァン・ネス、「ノンバイナリー」であるとカミングアウト	https://front-row.jp/_ct/17279741	FRONTROW
2019年6月15日	fuki narusawa	http://outinjapan.com/fuki-narusawa/	Out in Japan
2019年6月16日	男性でも女性でもない、第三の性「ノンバイナリー」とは	https://newsphere.jp/national/20190616-2/	Newsphere
2019年6月17日	『クィア・アイ』のジョナサン、ノンバイナリーとカミングアウト	https://genxy-net.com/post_theme04/6171119ll/	GENXY
2019年6月19日	ジェンダークィアとは？ノンバイナリー（Xジェンダー）とどう違うの？	https://3xina.com/rainbow/post-2160/	STOCK LGBTQ＋

2019年6月20日	性別が、ない！ インターセックス漫画家のクィアな日々	https://www.maxam.jp/contents/%E6%80%A7%E5%88%A5%E3%81%8C%E3%80%81%E3%81%AA%E3%81%84%EF%BC%81-%E3%82%A4%E3%83%B3%E3%82%BF%E3%83%BC%E3%82%BB%E3%83%83%E3%82%AF%E3%82%B9%E6%BC%AB%E7%94%BB%E5%AE%B6%E3%81%AE%E3%82%AF%E3%82%A3%E3%82%A2/	Maxam
2019年7月19日	性別に結びつく用語、マンホールもだめ？　米国で議論	https://www.asahi.com/articles/ASM7M3C9VM7MUHBI010.html	朝日新聞デジタル
2019年7月19日	Web特集　Xジェンダーを知ってほしい	https://web.archive.org/web/20190719101448/https://www3.nhk.or.jp/news/html/20190719/k10011997521000.html	NHKニュース
2019年7月30日	Xジェンダーの2人が語る「性別を詮索する空気」への違和感	https://www.huffingtonpost.jp/entry/yomiuri-tv-xgender_jp_5d3db7bbe4b0a6d637411e9f	HUFFPOST
2019年8月6日	【第2弾】LGBTQ就活：Xジェンダーが就活用の服を買いに行ってみた	https://adjust.media/entertainment/6717	GLUE
2019年8月9日	LGBTの当事者からあなたへ	https://www.min-iren.gr.jp/?p=38369	全日本民医連
2019年8月16日	「女性である」基準が分からない――子ども時代から感じた違和感。「私は私である」と受け止められるようになって	https://h-navi.jp/column/article/35027429	LITALICO
2019年8月17日	Xジェンダーの「男でも女でもない」感覚ってどんな感じなの？	https://fumumu.net/112453/	fumumu
2019年9月1日	Xジェンダーが自分が当事者だと気づかない3つの理由	https://fumumu.net/112421/	fumumu
2019年9月3日	男性でも女性でもない身分表示、米で受け入れ広がる	https://jp.wsj.com/articles/SB11018761094449544449004585527641263639752	The Wall Street Journal
2019年9月15日	彼でも、彼女でもなく。サム・スミスが自分の「代名詞」を変えた理由	https://www.buzzfeed.com/jp/saoriibuki/sam-smith-they	BuzzFeed News
2019年9月18日	女性でも男性でもない性自認の人の代名詞は「they」。ウェブスター辞典が登録	https://www.huffingtonpost.jp/entry/merriam-webster-they_jp_5d818d68e4b0849d471ff812	HUFFPOST

2019年9月18日	英語の代名詞「they」が単数形？新定義、全米一信頼される辞典に追加	https://courrier.jp/news/archives/174943/	COURRiER JAPON
2019年9月29日	「女性として女性が好き」というより、「船越美紀として女性が好き」。【後編】	https://lgbter.jp/miki_funakoshi2/	LGBTER
2019年10月1日	性の在り方は「グラデーション」一般社団法人fair代表理事・松岡宗嗣さん（前編）	https://media.lifenet-seimei.co.jp/2019/10/01/18364/	LiFenet journal
2019年10月11日	全米一信頼される辞典が「they」の意味に「現代的」な説明を追加！	https://tabi-labo.com/292432/wt-they-non-binarygender	TABI LABO
2019年10月12日	Xジェンダーが敏感に反応してしまう3つの言葉	https://www.excite.co.jp/news/article/Fumumu_112446/	exciteニュース
2019年10月20日	2.4時間テレビ番外編　〜アセクシュアル・Xジェンダーの世界〜	https://web.archive.org/web/20210228003518/http://www6.nhk.or.jp/baribara/lineup/single.html?i=1185	NHK
2019年10月23日	【Third Gender】「第3の性」って？男性でも女性でもない、世界のジェンダー事情【徹底解説！】	https://jobrainbow.jp/magazine/thirdgender	JobRainbow
2019年10月29日	自分たちらしくいられる衣装で二人の門出を祝った日　Xジェンダーカップルのウェディングフォト	https://www.buzzfeed.com/jp/naokoiwanaga/xgender-wedding-photo	BuzzFeed News
2019年10月29日	『ポケモンGO』青チームリーダーのブランシェは、やはりノンバイナリー（無性別）か。公式サイトで新たな根拠が見つかる	https://automaton-media.com/articles/newsjp/20191029-105108/	AUTOMATION
2019年11月9日	「ジェンダーノンバイナリー」というラベルを見つけて、自分に自信を持てた。【後編】	https://lgbter.jp/karen_yamaguchi2/	LGBTER
2019年11月9日	おもちゃも"ジェンダー・ニュートラル"へ。子どもたちに伝えるメッセージは「あなたたちは何にでもなれる」	https://ampmedia.jp/2019/11/09/gender-nutural-toys/	SustainaLize
2019年11月12日	知っておくべき新ジェンダー。「ノンバイナリー」は何を意味する？	https://woman.excite.co.jp/article/lifestyle/rid_Mylohas_201911_201935pvn_nonbinary/	Woman exicite
2019年11月14日	いまや常識「単数形のthey」をより正しく理解しよう｜米語辞典から学ぶ新しい英語（1）【世界が変わる異文化理解レッスン 基礎編30】	https://serai.jp/living/382096	サライ.jp
2019年11月14日	Xジェンダーとクエスチョニングとセクシュアリティ迷子の違いをザックリ解説【専門用語】	https://yomedan-chii.jp/archives/20682868.html	俺の嫁ちゃん元男子

2019年11月15日	【Xジェンダー】女であることが嫌。その理由は性別の「枠」にあった！？	https://kandouya.net/gender/5567/	kandouya.net
2019年11月22日	性別がわからない、日によって変わる、それはXジェンダーかも！？	https://itonoheya.com/gq/	いとぉの部屋
2019年12月3日	『クィア・アイ』のジョナサンが、女性誌の表紙に選ばれた理由	https://www.cosmopolitan.com/jp/entertainment/celebrity/a30095063/queer-eye-s-jonathan-van-ness-makes-history-with-cosmopolitan-u-k-cover/	COSMOPOLITAN
2019年12月3日	男女とは別の性自認「ノンバイナリー」について理解できる青春小説	https://youshofanclub.com/2019/12/03/i-wish-you-all-the-best/	I Wish You All the Best
2019年12月11日	LGBT「10人に1人」 34万人超アンケートで	https://www.nikkei.com/article/DGXMZO53205040R11C19A2CR0000/	日本経済新聞
2019年12月11日	ゲイ用語の基礎知識　ノンバイナリー	https://gladxx.jp/extra/terms/terms_na/6143.html	gladxx
2019年12月12日	今年の「Word of the Year」に性別を問わない代名詞「they」が選ばれました	https://www.outjapan.co.jp/pride_japan/news/2019/12/12.html	PRIDE JAPAN
2019年12月14日	40代に入ってから、夢ができたし、毎日がキラキラし始めた。【後編】	https://lgbter.jp/yoshino_inoue2/	LGBTER
2019年12月25日	「男なのに料理が趣味で偉い」といわれるXジェンダーの生きづらさ	https://abecobe-avecnous.com/genderroll-ryouri/	あべこべあべくぬ
2019年12月27日	アメリカ、今年の言葉にノンバイナリー語"they"選出。多様化するジェンダーの考え方とは？	https://ideasforgood.jp/2019/12/27/non-binary-they/	IDEAS FOR GOOD

文　献

Aboim, S., 2020, "Gender in a Box? The Paradoxes of Recognition beyond the Gender Binary," *Politics and Governance*, 8(3): 231-41.

Abrams, L., 2016, *Oral History Theory*, Abingdon, Oxon: Routledge.

赤川学，1996，『性への自由／性からの自由』青弓社．

─────，1999，『セクシュアリティの歴史社会学』勁草書房．

秋波水魚子，1993，「あなたの隣にいるレズビアン」『くらしと教育をつなぐWe』2(7): 44-7.

─────，1995，「あなたの隣にいるレズビアン」『くらしと教育をつなぐWe』4(3): 15-21.

American Psychiatric Association, 1987, *Diagnostic and Statistical Manual of Mental Disorders: DSM-III-R*, Washington D.C.: American Psychiatric Association. （髙橋三郎訳，1988，『DSM-III-R 精神疾患の診断・統計マニュアル』医学書院．）

─────, 1994, *Diagnostic and Statistical Manual of Mental Disorders: DSM-IV*, Washington D.C.: American Psychiatric Association. （髙橋三郎・大野裕・染矢俊幸訳，1996，『DSM-IV精神疾患の診断・統計マニュアル』医学書院．）

─────, 2000, *Diagnostic and Statistical Manual of Mental Disorders: DSM-IV-TR*, Washington D.C.: American Psychiatric Association. （髙橋三郎・大野裕・染矢俊幸訳，2002，『DSM-IV-TR精神疾患の診断・統計マニュアル』医学書院．）

Ashley, F., 2021, "'Trans' is my Gender Modality: a Modest Terminological Proposal," In Laura Erikson-Schroth eds., *Trans Bodies, Trans Selves*, 2nd ed., Oxford University Press, (Retrieved June 28, 2021, https://www.florenceashley.com/uploads/1/2/4/4/124439164/florence_ashley_trans_is_my_gender_modality.pdf).

有薗真代，2004，「物語を生きるということ──『性同一性障害』者の生活史から」『ソシオロジ』49(1): 55-71.

Becker, H. S., 1963, *Outsiders: Studies in the Sociology of Deviance*, New York: The Free Press. （村上直之訳，1978，『アウトサイダーズ』新泉社．）

ベティ春山，1996，『男女じゃないよ』青心社．

Brown, E. H., 2015, "Trans/Feminist Oral History: Current Projects," *TSQ: Transgender Studies Quarterly*, 2(4): 666-72.

Butler, J., 1993, *Bodies that Matter: On the Discursive Limits of "Sex"*, New York: Routledge. （佐藤嘉幸監訳，2021，『問題＝物質となる身体──「セックス」の言説的境界について』以文社．）

─────, 1997, *Excitable Speech: A Politics of the Performative*, New York: Routledge. （竹村和子訳，2004，『触発する言葉』岩波書店．）

Chase, A. T., 2016, "Human Rights Contestations: Sexual Orientation and Gender Identity," *The*

International Journal of Human Rights, 20(6): 703-23.

Chiang, H., T. A. Henry. and H. H. Leung., 2018, "Trans-in-Asia, Asia-in-Trans: An Introduction," *TSQ: Transgender Studies Quarterly*, 5(3): 298-310.

Clarke, J. A., 2019, "They, Them and Theirs," Harvard Law Review, 132: 894-991.

Cohler, B. J. & P. L. Hammack., 2009, "Lives, Times, and Narrative Engagement," P. L. Hammack and B. J. Cohler, *The Story of Sexual Identity: Narrative Perspectives on the Gay and Lesbian Life Course*, New York: Oxford University Press, 453-66.

Cuthbert, K., 2019, "'When We Talk about Gender We Talk about Sex': (A)sexuality and (A) gendered Subjectivities," *Gender and Society*, 33 (6): 841-64.

Cvetkovich, A., 2003, *An Archive of Feelings: Trauma, Sexuality, and Lesbian Public Cultures*, Durham: Duke University Press.（菅野優香・長島佐恵子・佐喜真彩・佐々木裕子訳，2024，『感情のアーカイヴ——トラウマ、セクシュアリティ、レズビアンの公的文化』花伝社.）

Dale, S.P.F., 2012, "An Introduction to X-Jendā: Examining a New Identity in Japan," *Gender and Sexuality in Asia and the Pacific*, 31, (Retrieved March 19, 2020, http://intersections.anu.edu.au/issue31/dale.htm).

————, 2014, "Mapping 'X': The Micropolitics of Gender and Identity in a Japanese Context," PhD thesis, Sophia University Department of Global Studies.

————，2016，「Xジェンダーの登場——一人のケースからXジェンダーについて考える」Label X編『Xジェンダーって何？——日本における多様な性のあり方』緑風出版，58-67.

團康晃，2013，「『おたく』の概念分析——雑誌における『おたく』の使用の初期事例に着目して」『ソシオロゴス』37: 45-64.

Darwin, H., 2017, "Doing Gender beyond the Binary: A Virtual Ethnography," *Symbolic Interaction*, 40(3): 317-34.

————, 2020, "Challenging the Cisgender/Transgender Binary: Nonbinary People and the Transgender Label," *Gender & Society*, 34(3): 357-80.

土肥いつき，2004，「『『隠す』社会から『語る』社会へ——差別の現場から学んだこと」『情況』5(7): 217-23.

Ekins, R. & King D., 2010, "The Emergence of New Transgendering Identities in the Age of the Internet," S. Hines & T. Sanger eds., *Transgender Identities: towards a Social Analysis of Gender Diversity*, New York: Routledge, 25-42.

藤高和輝，2022，「トランス・アイデンティティーズ、あるいは『名のなかにあるもの』について」『思想』1176: 65-83.

————．2024．『ノット・ライク・ディス——トランスジェンダーと身体の哲学』以文社.

Foucault, M., 1976, *Histoire de la sexualité I: La volonté de savoir*, Gallimard.（渡辺守章訳，1986，『性の歴史I 知への意志』新潮社.）

————, 1978, *Herculine Barbin dite Alexina B*, Paris: Gallimard. (Richard McDougall, trans., 1980, *Herculine Barbin: Being the Recently Discovered Memoirs of a Nineteenth-century French*

Hermaphrodite, New York: Pantheon Books.）

伏見憲明，1991，『プライベート・ゲイ・ライフ――ポスト恋愛論』学陽書房．

―――．1996，『クィア・パラダイス――「性」の迷宮へようこそ』翔泳社．

―――．1997，『〈性〉のミステリー――越境する心とからだ』講談社．

Garfinkel, H., 1967, "Passing and the Managed Achievement of Sex Status in an Intersexed Person Part1," *Studies in Ethnomethodology*, Englewood Cliffs, N.J.: Prentice-Hall, 116-85.（山田富秋・好井裕明・山崎敬一抄訳，[1987] 2004，「アグネス，彼女はいかにして女になり続けたか――ある両性的人間の女性としての通過作業とその社会的地位の操作的達成」『エスノメソドロジー――社会学的思考の解体』せりか書房，233-322．）

Garrison, S., 2018, "On the Limits of "Trans Enough": Authenticating Trans Identity Narratives," *Gender & Society*, 32 (5): 613-37.

Germon, J., 2009, *Gender: A Genealogy of an Idea*, New York: Palgrave Macmillan.（左古輝人訳，2012，『ジェンダーの系譜学』法政大学出版局．）

Goffman, E., 1963, *Behavior in Public Places*, New York: The Free Press.（丸木恵祐・本名信行訳，1980，『集まりの構造――新しい日常行動論を求めて』誠信書房．）

Hacking, I., 1986, "Making up People," T. C. Heller, S. Morton, & D.E. Wellbery eds., *Reconstructing Individualism: Autonomy, Individuality, and the Self in Western Thought*, Stanford: Stanford University Press, 222-36.（隠岐さや香訳，2000，「人々を作り上げる」『現代思想』28(1): 114-29．）

―――, 1995, *Rewriting the Soul: Multiple Personality and the Sciences of Memory*, Princeton: Princeton University Press.（北沢格訳，1998，『記憶を書きかえる――多重人格と心のメカニズム』早川書房．）

―――, 1998, *Mad Travelers: Reflections on the Reality of Transient Mental Illness*, Charlottesville, Virginia: University of Virginia Press.（江口重幸・大前晋・下地明友・三脇康生・ガイタニディス訳，2017，『マッド・トラベラーズ――ある精神疾患の誕生と消滅』岩波書店．）

―――, 1999, *The Social Construction of What?*, Cambridge, MA and London: Harvard University Press.（出口康夫・久米暁訳，2006，『何が社会的に構成されるのか』岩波書店．）

―――, 2004, "Between Michel Foucault and Erving Goffman: Between Discourse in the Abstract and Face-to-face Interaction," *Economy and Society*, 33(3): 277-302.

Hammack, P. L., 2008, "Narrative and the Cultural Psychology of Identity," *Personal and Social Psychology Review*, 12 (3): 222-47.

針間克己，2016，「Xジェンダー・精神科医の立場から」Label X編『Xジェンダーって何？――日本における多様な性のあり方』緑風出版，94-102.

橋本秀雄，1998，『男でも女でもない性――インターセックス（半陰陽）を生きる』青弓社．

畑野とまと，1999，「『性転換手術』に踊らされる人たち」『創』創出版, 29(9): 122-29.

東優子，2017，「ジェンダーの多様性をめぐる概念の登場と変遷」『女性心身医学』22(3): 219-224.

平野広朗, 1994, 『アンチ・ヘテロセクシズム』現代書館.

Ho, M. H. S., 2021, "From Dansō to Genderless: Mediating Queer Styles and Androgynous Bodies in Japan," *Inter-Asia Cultural Studies*, 22(2): 158-177.

Holzer, L., 2018, *Non-binary Gender Registration Models in Europe: Report on Third-gender Marker or No Gender Marker Options*, Brussels: ILGA-Europe, (Retrieved January 6, 2022, https://ilga-europe.org/files/uploads/2022/04/non-binary-gender-registration-models-europe.pdf).

――――, 2020, "Smashing the Binary? A New Era of Legal Gender Registration in the Yogyakarta Principles Plus 10," *International Journal of Gender, Sexuality and Law*, 1(1): 98-133.

堀あきこ, 2022, 「近年のインターネットを中心とした『トランス女性排除』の動向と問題点」『解放社会学研究』36: 120-141.

堀江有里, 2015, 『レズビアン・アイデンティティーズ』洛北出版.

飯野由里子, 2008, 『レズビアンである〈わたしたち〉のストーリー』生活書院.

International Civil Aviation Organisation (ICAO), 2012, *A Review of the Requirement to Display the Holder's Gender on Travel Documents*, TAG/MRTD/21-IP/4, (Retrieved June 15, 2022, https://www.icao.int/Meetings/TAG-MRTD/Documents/Tag-Mrtd-21/Tag-Mrtd21_IP04.pdf).

石田仁, 2002, 「甦るブルーボーイ裁判の〈精神〉：性転換手術とその違法性に関する、雑誌メディアを用いた物語論的言説分析」『法とセクシュアリティ』1: 85-117.

石井由香理, 2012, 「カテゴリーとのずれを含む自己像――性別に違和感を覚える人々の語りを事例として」『社会学評論』63(1): 106-23.

――――, 2013, 「トランスジェンダーの性に関する意識はどう変遷したか――当事者演劇団体の台本分析を通じて」『ソシオロジ』58(1): 89-105.

――――, 2018, 『トランスジェンダーと現代社会――多様化する性とあいまいな自己像をもつ人たちの生活世界』明石書店.

石﨑沙織, 2019, 『Xジェンダーという生き方――男でも女でもない人の恋愛事情』総合教育出版.

伊藤公雄, 1996, 『男性学入門』作品社.

伊藤悟, 1996, 「私たちの想像力はかくも乏しい」『性と生の教育　Human Sexuality』あゆみ出版: 94-95.

Jacobsen, K., A. Devor, & E. Hodge., 2022, "Who Counts as Trans?: A Critical Discourse Analysis of Trans Tumblr Posts," *Journal of Communication Inquiry*, 46(1): 60-81.

神名龍子, 2022, 『トランスジェンダーの原理――社会と共に「自分」を生きるために』ポット出版プラス.

掛札悠子, 1992, 『「レズビアン」である、ということ』河出書房新社.

掛川典子, 1998, 「トランスセクシュアリティ、その諸相――実定的性の彼方へ」大庭健・鐘ヶ江晴彦・長谷川真理子・山崎カヲル・山﨑勉編『シリーズ【性を問う】5　ゆらぎ』専修大学出版局, 85-123.

上川あや, 2007, 『変えてゆく勇気――「性同一性障害」の私から』岩波書店.

風間孝，2002，「カミングアウトのポリティクス」『社会学評論』53(3): 348-64.

―――，2008，「『中性人間』とは誰か？――性的マイノリティへの『フォビア』を踏まえた抵抗へ」『女性学』15: 23-33.

―――，2022，「異性愛を前提とする家族概念をはみ出す同性パートナーシップ制度――ケアの視点からみた渋谷区と世田谷区における制度化」二宮周平・風間孝編『家族の変容と法制度の再構築――ジェンダー／セクシュアリティ／子どもの視点から』法律文化社，116-35.

Kessler, S. J., & McKenna, W., 1978, *Gender: An Ethnomethodological Approach*, Chicago: University of Chicago Press.

小泉友則，2020，『子どもの性欲の近代――幼児期の性の芽生えと管理は、いかに語られてきたか』松籟社.

K. Phoenix，2008，「正当な当事者とは誰か――『性同一性障害』であるための基準」『社会学評論』59(1): 133-50.

―――，2009，『性同一性障害のエスノグラフィ――性現象の社会学』ハーベスト社.

―――，2010，「性同一性障害のカウンセリングの現実について――ここ十数年の調査から」好井裕明編『セクシュアリティの多様性と排除』明石書店，125-60.

―――，2015，「『他者の性別がわかる』という、もうひとつの相互行為秩序――FtXの生きづらさに焦点を当てて」中河伸俊・渡辺克典編『触発するゴフマン――やりとりの秩序の社会学』新曜社，72-103.

―――，2016，「性同一性障害として生きる――『病気』から生き方へ」酒井泰斗・浦野茂・前田泰樹・中村和生・小宮友根編『概念分析の社会学2――実践の社会的論理』ナカニシヤ出版，46-64.

K. Phoenix・小宮友根，2007，「人びとの人生を記述する――『相互行為としてのインタビュー』について」『ソシオロジ』52(1): 21-36.

草柳千早，2004，『「曖昧な生きづらさ」と社会』世界思想社.

Label X編，2016，『Xジェンダーって何？――日本における多様な性のあり方』緑風出版.

Lunsing, W., 2005, "The Politics of Okama and Onabe: Uses and Abuses of Terminology Regarding Homosexuality and Transgender," M. McLelland and R. Dasgupta eds., *Genders, Transgenders and Sexualities in Japan*, New York: Routledge, 81-95.

町田奈緒士，2022，『トランスジェンダーを生きる――語り合いから描く体験の「質感」』ミネルヴァ書房.

前田泰樹，2009，「遺伝学的知識と病いの語り――メンバーシップ・カテゴリー化の実践」酒井泰斗・浦野茂・前田泰樹・中村和生編『概念分析の社会学』ナカニシヤ出版，41-69.

麻姑仙女・志麻みなみ，1996，「現在日本でTGが直面する社会的問題」クィア・スタディーズ編集委員会編『クィア・スタディーズ '96』七つ森書館，80-99.

松本洋輔，2008，「岡山からの報告」『GID（性同一性障害）学会雑誌』1(1): 220.

松永千秋，2014，「性別違和」池田学編『DSM-5を読み解く――伝統的精神病理、DSM-Ⅳ、

ICD-10をふまえた新時代の精神科診断』中山書店，234-50.

Mclelland, M. J., 2000, *Male Homosexuality in Modern Japan: Cultural Myths and Social Realities*, Richmond, Surrey, U. K.: Curzon Press.

―――, 2004, "From the Stage to the Clinic: Changing Transgender Identities in Post-war Japan," *Japan Forum*, 16(1): 1-20.

南野忠晴，1999，「ジェンダーを遊ぼう」蔦森樹編『はじめて語るメンズリブ批評』東京書籍，16-38.

三橋順子，1997，「トランスジェンダー論――文化人類学の視点から」クィア・スタディーズ編集委員会編『クィア・スタディーズ '97』七つ森書館，120-40.

―――，1998，「『性』を考える――トランスジェンダーの視点から」河野貴代美編『セクシュアリティをめぐって』新水社，5-44.

―――，2000，「美輪明宏と女装」鎌田東二ほか『美輪明宏という生き方』青弓社，205-27.

―――，2003a，「性別を越えて生きることは『病』なのか？」『情況』4(19): 206-11.

―――，2003b，「日本トランスジェンダー略史（その2）――戦後の新展開」米沢泉美編『トランスジェンダリズム宣言――性別の自己決定権と多様な性の肯定』社会批評社，104-18.

―――，2003c，「日本トランスジェンダー略史（その3）――1990年代後半～現在」米沢泉美編『トランスジェンダリズム宣言――性別の自己決定権と多様な性の肯定』社会批評社，119-29.

―――，2004a，「ニューハーフ」井上章一・斎藤光・永井良和・古川誠編『性の用語集』講談社，189-95.

―――，2004b，「Mr. レディ, Miss. ダンディ」井上章一・斎藤光・永井良和・古川誠編『性の用語集』講談社，196-201.

―――，2008，『女装と日本人』講談社.

―――，2010，「トランスジェンダーをめぐる疎外・差異化・差別」好井裕明編『セクシュアリティの多様性と排除』明石書店，161-91.

―――，2017，「女装秘密結社『富貴クラブ』の実像」服藤早苗・新實五穂編『歴史のなかの異性装』勉誠出版，70-85.

―――，2021，「『LGBT』史研究と史資料」総合女性史学会編『ジェンダー分析で学ぶ女性史入門』岩波書店，269-90.

宮田りりぃ，2017，「性別越境を伴う生活史におけるジェンダー／セクシュアリティに関する意識」『教育社会学研究』100: 305-24.

―――，2018，「性同一性障害概念にもとづく社会問題化におけるレトリカルな活動の展開」『倫理学論究』5(1): 23-39.

宮田りりぃ・石井由香理，2020，「クロスドレッシング・アウトロー――交流イベントの成立過程と女装者たちの自己語り」『社会学評論』71(2): 266-80.

溝口彰子・岩橋恒太・大江千束・杉浦郁子・若林苗子，2014，「クィア領域における調査研究にまつわる倫理や手続きを考える――フィールドワーク経験にもとづくガイドライン試

案」『ジェンダー＆セクシュアリティ』9: 211-25.

Money, J. & P. Tucker, 1975, *Sexual Signature*, Boston: Little Brown & Company.（朝山新一ほか訳，1979，『性の署名――問い直される男と女の意味』人文書院.）

Monro, S., 2005, *Gender Politics: Citizenship, Activism, and Sexual Diversity*, London: Pluto Press.

森田MILK，2003，「コラム　TGブランチ発足から『約束事』へ」米沢泉美編『トランスジェンダリズム宣言――性別の自己決定権と多様な性の肯定』社会批評社，156-68.

村上隆則・石田仁，2006，「戦後日本の雑誌メディアにおける『男を愛する男』と『女性化した男』の表象史」矢島正見編『戦後日本女装・同性愛研究』中央大学出版部，519-56.

中河伸俊，1989，「男の鎧――男性性の社会学」渡辺恒夫編『男性学の挑戦――Yの悲劇？』新曜社，3-30.

――――，2005，「逸脱のカテゴリー化とコントロール」宝月誠・進藤雄三編『社会的コントロールの現在――新たな社会的世界の構築をめざして』世界思想社，159-73.

中村美亜，2005，『心に性別はあるのか？――性同一性障害のよりよい理解とケアのために』医療文化社.

――――，2011，「性同一性障害――議論されてこなかった問題の本質」吉岡斉編『新通史・日本の科学技術――世紀転換期の社会史1995年〜2011年 第3巻』原書房，409-32.

Namaste, V., 2004, "Beyond Leisure Studies: An Oral History of Male to Female Transsexual and Transvestite Artists in Montreal, 1955-1985," *Atlantis*, 29(1): 4-11.

日本女性学研究会，1998，『日本女性学研究会20周年記念誌　わたしからフェミニズム　女性学七転八倒・Ⅱ』日本女性学研究会.

日本精神神経学会性同一性障害に関する特別委員会，1997，「性同一性障害に関する答申と提言」『精神神経学雑誌』99(7): 533-40.

野宮亜紀，2004，「『性同一性障害』を巡る動きとトランスジェンダーの当事者運動――Trans-Net Japan（TSとTGを支える人々の会）の活動史から」『日本ジェンダー研究』7: 75-91.

野宮亜紀，2024，「特例法の制定過程から考える、その意義と限界」高井ゆと里編『トランスジェンダーと性別変更――これまでとこれから』岩波書店，10-29.

朴沙羅，2011，「物語から歴史へ――社会学的オーラルヒストリー研究の試み」『ソシオロジ』56(1): 39-54.

PESFIS（日本半陰陽者協会）事務局，1997，「主張するインターセクシュアル（半陰陽者）――性を越える」クィア・スタディーズ編集委員会編『クィア・スタディーズ '97』七つ森書館，169-80.

Plummer, K., 1995, *Telling Sexual Stories: Power, Change and Social Worlds*, London and New York: Routledge.（桜井厚・好井裕明・小林多寿子訳，1998，『セクシュアル・ストーリーの時代――語りのポリティクス』新曜社.）

――――, 2010, "Generational Sexualities, Subterranean Traditions, and the Hauntings of the Sexual World: Some Preliminary Remarks," *Symbolic Interaction*, 33 (2): 163-90.

Plunkett, R., 2009, "Fashioning the Feasible: Categorization and Social Change," *Australian Journal of Communication*, 36 (3): 23-44.

Portelli, A., 1991, *The Death of Luigi Trastulli: Form and Meaning in Oral History*, Albany, N.Y.: State University of New York Press.（朴沙羅訳，2016，『オーラルヒストリーとは何か』水声社.）

クィア・スタディーズ編集委員会編，1996，『クィア・スタディーズ '96』七つ森書館.

─────．1997，『クィア・スタディーズ '97』七つ森書館.

Quinan, C. L., & Hunt, M., 2021, "Non-binary Gender Markers: Mobility, Migration, and Media Reception in Europe and Beyond," *European Journal of Women's Studies*, Online First, (Retrieved January 12, 2022, https://doi.org/10.1177/13505068211024891).

Ramírez, H. N. R., 2012, "Sharing Queer Authorities: Collaborating for Transgender Latina and Gay Latino Historical Meanings," Boyd, N. A. & H. N. R. Ramírez. eds., *Bodies of Evidence: The Practice of Queer Oral History*, Oxford University Press, 184-201.

Robertson, J., 1998, *Takarazuka: Sexual Politics and Popular Culture in Modern Japan*, Berkeley: University of California Press.

ROS編．2007，『トランスがわかりません‼──ゆらぎのセクシュアリティ考』アットワークス.

─────．2008，『恋愛のフツーがわかりません‼──ゆらぎのセクシュアリティ考2』アットワークス.

Ross, B.L., 2011, "Outdoor Brothel Culture: The Un/Making of a Transsexual Stroll in Vancouver's West End, 1975-1984," *Journal of Historical Sociology*, 25(1): 126-50.

Sacks, H., 1972, "On the Analyzability of Stories by Children," Gumperz, J. J. & D. Hymes eds. *Directions in Sociolinguistics: The Ethnography of Communication*, New York: Holt, Reinhart and Winston, 329-45.

─────, 1979, "Hotrodder: A Revolutionary Category," G. Psathas ed., *Everyday Language: Studies in Ethnomethodology*, New York: Irvington, 23-53.（山田富秋ほか訳．[1987] 2004，「ホットロッダー──革命的カテゴリー」『エスノメソドロジー──社会学的思考の解体』せりか書房．21-40.）

佐川魅恵．2023，「『性的な存在』の関係論的形成──恋愛/性愛における違和の経験に着目して」『ジェンダー＆セクシュアリティ』18: 27-50.

酒井泰斗・浦野茂・前田泰樹・中村和生編．2009，『概念分析の社会学──社会的経験と人間の科学』ナカニシヤ出版.

桜井厚．2002，『インタビューの社会学──ライフストーリーの聞き方』せりか書房.

─────．2006a，「歴史経験はいかに語られるか」桜井厚編『戦後世相の経験史』せりか書房．6-17.

─────．2006b，「移動経験と被差別アイデンティティの変容──都市皮革業者の生活史」桜井厚編『戦後世相の経験史』せりか書房．136-58.

佐倉智美．1997，『性同一性障害はオモシロイ──性別って変えられるんだョ』現代書館.

Sangster, J., 2013, "Politics and Praxis in Canadian Working-Class Oral History," A. Sheftel & S. Zembrzycki eds., *Oral History Off the Record: Toward an Ethnography of Practice*, New York:

Palgrave Macmillan, 59-75.

斉藤巧弥，2019，「1990 年代の『ゲイリブ』におけるゲイとレズビアンの差異——北海道札幌市における活動を事例に」『ジェンダー研究』(22): 131-49.

埼玉医科大学倫理委員会，1996，「『性転換治療の臨床的研究』に関する審議経過と答申」『埼玉医科大学雑誌』埼玉医科大学，23(4): 313-29.

佐々木掌子，2010，「規定されないものとしてのジェンダー・アイデンティティ——MTX と FTX の質的分類」『GID 学会雑誌』3(11): 44-5.

Schudson, Z., & S. van Anders, 2019, "'You Have to Coin New Things': Sexual and Gender Identity Discourses in Asexual, Queer, and/or Trans Young People's Networked Counterpublics," *Psychology & Sexuality*, 10(4): 354-68.

Sedgwick, E.K., 1985, *Between Men: English Literature and Male Homosocial Desire*, New York: Columbia University Press. (上原早苗・亀澤美由紀訳，2001，『男同士の絆——イギリス文学とホモソーシャルな欲望』名古屋大学出版会.)

渋谷知美，2001，「『フェミニスト男性研究』の視点と構想——日本の男性学および男性研究批判を中心に」『社会学評論』51 (4): 447-63.

志木令子，1996，「レズビアン、バイセクシュアル女性の『セクシュアリティ』」クィア・スタディーズ編集委員会編『クィア・スタディーズ '96』七つ森書館，36-49.

島袋海理，2020，「性的マイノリティに対する文部科学省による支援策の論理——性別違和と同性愛の相違点に着目して」『ジェンダー研究』23: 165-84.

慎改康之，2019，『フーコーの言説——〈自分自身〉であり続けないために』筑摩書房.

荘島幸子，2008，「『私は性同一性障害者である』という自己物語の再組織化過程——自らを『性同一性障害者』と語らなくなった A の事例の質的検討」『パーソナリティ研究』16(3): 265-78.

杉浦郁子，2002，「『性』の構築——『性同一性障害』医療化の行方」『ソシオロジ』46(3): 73-90.

————, 2006, "Lesbian Discourses in Mainstream Magazines of Post-War Japan," *Journal of Lesbian Studies*, 10(3-4): 127-44.

————，2009，『日本のレズビアン・コミュニティー——口述の運動史』（2022 年 7 月 24 日取得，https://l-archives.jp/movement-history-booklet/）

————，2010，「レズビアンの欲望／主体／排除を不可視にする社会について——現代日本におけるレズビアン差別の特徴と現状」好井裕明編『セクシュアリティの多様性と排除』明石書店，55-91.

————，2013，「『性同一性障害』概念は親子関係にどんな経験をもたらすか——性別違和感をめぐる経験の多様化と概念の変容に注目して」『家族社会学研究』25(2): 148-60.

————，2017，「日本におけるレズビアン・ミニコミ誌の言説分析——1970 年代から 1980 年代前半まで」『和光大学現代人間学部紀要』10: 159-78.

————，2019，「1970 年代以降の首都圏におけるレズビアン・コミュニティの形成と変容——集合的アイデンティティの意味づけ実践に着目して」菊地夏野・堀江有里・飯野由里

子編『クィア・スタディーズをひらく　1――アイデンティティ，コミュニティ，スペース』晃洋書房，15-51.

杉浦郁子・前川直哉編，2021，『東北地方の性的マイノリティ団体活動調査報告書』.

Stryker, S., 2008, *Transgender History*, Berkeley: Seal Press.

高田浩一，1998，「WHO の精神障害に関する国際分類」松下正明編『臨床精神医学講座 I 精神症候と疾患分類・疫学』中山書店，416-38.

高橋慎一，2008，「性同一性障害医療と身体の在り処――ガイドライン・特例法とトランスジェンダリズムの分析から」『現代社会学理論研究』2: 113-27.

武内今日子，2021，「恋愛的／性的惹かれをめぐる語りにくさの多層性――『男』『女』を自認しない人々の語りを中心に」『現代思想』49(10): 39-49.

田原牧，2003，「見失ったプライドと寛容性――『性同一性障害特例法』批判」『情況』4(9): 149-200.

田中玲，2003，「トランスジェンダーという選択」『情況』5(4): 173-9.

――――，2006，『トランスジェンダー・フェミニズム』インパクト出版会.

Thorne, N., A. Kam-Tuck Yip, W. P. Bouman, E. Marshall & J. Arcelus, 2019, "The Terminology of Identities between, outside and beyond the Gender Binary: A Systematic Review," *International Journal of Transgenderism*, 20(2-3): 138-54.

戸口太功耶，2016，「日本における X ジェンダーと海外における女／男のいずれかではない性のあり方」Label X 編『X ジェンダーって何？――日本における多様な性のあり方』緑風出版，170-94.

戸梶民夫，2009，「クイア・パフォーマティヴィティと身体変形実践――トランスジェンダーの性別移行に見る移行目標の実定化と恥の解決」『ソシオロジ』54(1): 69-85.

虎井まさ衛，1996，『女から男になったワタシ』青弓社.

――――，2000，『トランスジェンダーの仲間たち』青弓社.

虎井まさ衛編，2003，『語り継ぐトランスジェンダー史』十月舎.

虎井まさ衛・宇佐美恵子，1997，『ある性転換者の記録』青弓社.

蔦森樹，1990a，「ジェンダーの袋小路を抜けたい」蔦森樹編『現代のエスプリ』至文堂，277: 123-33.

――――，1990b，「あとがき」蔦森樹編『現代のエスプリ』至文堂，277: 216.

――――，1993，『男でもなく女でもなく――新時代のアンドロジナスたちへ』勁草書房.

――――，2002，「邦訳版によせて――男らしさを支えるものは何か」Stoltenberg, J., *Refusing to be a Man*, Portland, Or: Breitenbush Books.（蔦森樹監訳，2002，『男であることを拒否する』勁草書房，255-65.）

蔦森樹編，1999，『はじめて語るメンズリブ批評』東京書籍.

動くゲイとレズビアンの会（アカー），1992，『ゲイ・リポート――coming out! 〜同性愛者は公言する』飛鳥新社.

Valentine, D., 2007, *Imagining Transgender: An Ethnography of a Category*, Durham, NC: Duke

University Press.

ヴィンセント, キース・河口和也・田崎英明, 1995, 「〈ゲイ・スタディ〉の可能性」『imago』6(12): 22-43.

ヴィンセント, キース・風間孝・河口和也, 1997, 『ゲイ・スタディーズ』青土社.

Ware, S. M., 2017, "All Power to All People?: Black LGBTTI2QQ Activism, Remembrance, and Archiving in Toronto," *TSQ: Transgender Studies Quarterly*, 4(2): 170-80.

渡辺恒夫, 1986, 『脱男性の時代――アンドロジナスをめざす文明学』勁草書房.

――――. 1989, 『トランス・ジェンダーの文化――異世界へ越境する知』勁草書房.

Weeks, J., 2007, *The World We Have Won: The Remaking of Erotic and Intimate Life*, London and New York: Routledge. (赤川学監訳, 2015, 『われら勝ち得し世界――セクシュアリティの歴史と親密性の倫理』弘文堂.)

――――, 2016, *What is Sexual History?*, Cambridge: Polity Press. (赤川学監訳, 武内今日子・服部恵典・藤本篤二郎訳, 2024, 『セクシュアリティの歴史』筑摩書房.)

Williams, C., 2014, "Transgender," *TSQ: Transgender Studies Quarterly*, 1(1-2): 232-4.

藥師実芳・笹原千奈未・古堂達也・小川奈津己, 2014, 『LGBTってなんだろう？――からだの性・こころの性・好きになる性』合同出版.

山田秀頌, 2020, 「トランスジェンダーの普遍化によるGIDをめぐるアンビヴァレンスの抹消」『ジェンダー研究』23: 47-66.

山田苑幹, 2019, 「Xジェンダーを生きる」『質的心理学研究』18 (1): 144-60.

山内俊雄, 1999, 『性転換手術は許されるのか――性同一性障害と性のあり方』明石書店.

矢島正見編, 2006, 『戦後日本女装・同性愛研究』中央大学出版.

米沢泉美編, 2003, 『トランスジェンダリズム宣言』社会批評社.

吉永みち子, 2000, 『性同一性障害――性転換の朝』集英社.

吉野靫, 2008, 「『多様な身体』が性同一性障害特例法に投げかけるもの」『Core Ethics』4: 383-93.

――――. 2020, 『誰かの理想を生きられはしない――とり残された者のためのトランスジェンダー史』青土社.

Young, E., 2019, *They/Them/Their: A Guide to Nonbinary and Genderqueer Identities*, London, Philadelphia: Jessica Kingsley Publishers. (上田勢子訳, 2021, 『ノンバイナリーがわかる本――heでもsheでもない、theyたちのこと』明石書店.)

Yow, V. R. L., 2005, *Recording Oral History: A Guide for the Humanities and Social Sciences*, Lanhan, Maryland: Rowman & Littlefield. (吉田かよ子監訳, 2011, 『オーラルヒストリーの理論と実践――人文・社会科学を学ぶすべての人のために』インターブックス.)

Yuen, S. M., 2018, "Mediated Masculinities: Negotiating the 'Normal' in the Japanese Female-to-Male Trans Magazine Laph," F. Darling-Wolf ed., *Routledge Handbook of Japanese Media*, London and New York: Routledge, 180-199.

[Webサイト]

AKIRA, 2002, 「無性論」, 「NOISE」ホームページ, (2022年8月17日取得, https://web. archive.org/web/20030826210539/http://ww3.enjoy.ne.jp/~akirain/text/seku/frame.htm).

annojo, 2010, 「DSM-V案では、identityは何でも良いらしい。」「Anno Job Log」Hatena Blog, (2022年7月8日取得, https://annojo.hatenablog.com/entries/2010/02/13).

CrossSexual, 1997a, 「CrossSexual」ホームページ, (2022年5月27日取得, https://web. archive.org/web/19971009150405/http://www.roppongi.com/fetish/CrossSexual/index.html).

―――, 1997b, 「Interview : Keiko Shimada - 嶋田啓子 talking about "overgender' personality」 「CrossSexual」ホームページ, (2022年5月27日取得, https://web.archive.org/web/19971009161159/ http://www.roppongi.com/fetish/CrossSexual/Interview/01Shimada2.html).

―――, 1997c, 「Interview : Keiko Shimada - 嶋田啓子 talking about "overgender' personality」 「CrossSexual」ホームページ, (2022年5月27日取得, https://web.archive.org/web/19971009150405/ http://www.roppongi.com/fetish/CrossSexual/index.html).

デール, 2014, 「ジェンダー？セックス？性別？」Hatena Blog, (2022年8月1日取得, https://sonja23.hatenadiary.org/).

DANA-communication, 2009, 「DANA-communication」ホームページ, (2018年11月30日 取得, http://danacom.nobody.jp/).

デラべっぴんR, 2016, 「【AVレジェンドインタビュー★元男優・山本竜二さん・後編】「監 督が『今日の竜二さんの相手はニワトリだ！ニワトリを女だと思ってレイプしてくれ！』 と言ったんですよ」」デラべっぴんRホームページ, (2018年10月17日取得, http:// dxbeppin-r.com/archives/32320/2).

遠藤まめた, 2020, 「履歴書の性別欄が無くなるまでの17年間のあゆみ」HUFFPOST, (2021 年7月15日取得, https://www.huffingtonpost.jp/entry/story_jp_5f237d7bc5b68fbfc881149b).

F-press!!, 2008, 「F-press!!」ホームページ, (2018年11月29日取得, https://web.archive.org/ web/20030424134421/http://kitaxxx.cool.ne.jp:80/fusionity/).

FtMとFtXのためのセルフヘルプとエンターテイメントを兼ね備えたジャパンFtM＆FtXジ ェンダーアソシエーション「MaX.」, 2012a, 「MaX.」ホームページ, (2022年6月30日取 得, https://web.archive.org/web/20120419063055/http://www.ftmftx.jp/menu.php).

―――, 2012b, 「MaX.より今後の活動方針に伴う変更のお知らせ」「MaX.」ホームページ, (2022年6月30日取得, https://web.archive.org/web/20120505064652/http://www.ftmftx.jp/).

FTMやFTXなどのためのSNSコミュニティー FTM FTX etc, 2009, 「FTMやFTXなどの ためのSNSコミュニティー FTM FTX etc」, (2022年4月19日取得, https://web.archive. org/web/20111223045633/http://ftmftxetc.com/).

gid.jp, 2003, 「ジェンダーフリーに関する公式見解」, 「gid.jp」ホームページ (2022年6月 25日取得, https://web.archive.org/web/20031009102250/http://www.gid.jp/index2.html).

神名龍子, 2001, 「T's用語概説」, EON/W (復刻版), (2022年1月27日取得, http://web.

archive.org/web/20110812042745/http://www.netlaputa.ne.jp/~eonw/term/term.html）.

Kapali, R., 2019, "Moving beyond two, stuck in three," The Kathmandu Post, (Retrieved December 26, 2021, https://kathmandupost.com/opinion/2018/11/16/moving-beyond-two-stuck-in-three).

LOUD, 2022, 「LOUD」ホームページ．（2022年8月1日取得，http://space-loud.org/).

mag, 2009a, 「Various Gender」ホームページ．（2022年6月28日取得，https://geolog.mydns.jp/www.geocities.co.jp/variousgender/index-2.html）.

─────, 2009b, 「～俺 版 用 語 集～」「Various Gender」ホームページ．（2022年6月28日取得，https://geolog.mydns.jp/www.geocities.co.jp/variousgender/words.html）.

にほんブログ村，2022,「メンタルヘルスブログ ランキング」「にほんブログ村」ホームページ．（2022年5月19日取得，https://mental.blogmura.com/ranking/out/).

悟り補完庫，2011,「悟り補完庫」ブログ．（2022年6月15日取得，http://sa-to-ri.sblo.jp/).

性別？そんなの知りません！（笑），2022,「性別？そんなの知りません！（笑）」Ameba．（2022年7月24日取得，https://web.archive.org/web/20111120182009/http://group.ameba.jp:80/group/_Iv8QMpMghBU/).

性同一性障害・相談部屋，2004.「性同一性障害・相談部屋」ホームページ．（2022年6月29日取得，https://web.archive.org/web/20040109213003/http://www.gidftm-rooms.com/).

点に丸の会，2019,「点に丸の会」ホームページ．（2022年8月2日取得，https://tennnimarunokai.jimdofree.com/).

特定非営利活動法人レインボー・アクション，2013,「【Xラウンジから NEWS ！】参議院議員の尾辻かな子さんへのレインボー・アクションの陳情で，Xラウンジから要望書を提出しました。」「特定非営利活動法人レインボー・アクション」FC2ブログ．（2022年8月13日取得，http://rainbowaction.blog.fc2.com/blog-category-2-1.html）.

とん ことり。，2018,「UNION」，「horokara」ホームページ．（2018年11月30日取得、https://plaza.rakuten.co.jp/horokara/006003/).

トランスサロン，2004,「TG自助グループの約束事」，「G-FRONT関西」ホームページ．（2018年11月29日取得，http://www5e.biglobe.ne.jp/~gfront/c-tr-ruru.html）.

TranSearch, 2000,「TranSearch」．（2022年6月22日取得，https://web.archive.org/web/20001109162300/http://t-cube.net/ts/).

T's webring, 2022, T's webring．（2022年6月22日取得，https://web.archive.org/web/20001109093400/http://www.geocities.co.jp/Milano/2057/webring.html）.

ヴイ，2001,「窓1」,「ヴイとルルの映画の部屋」ホームページ．（2018年11月30日取得，https://web.archive.org/web/20030307040037/http://ha2.seikyou.ne.jp/home/LUNA/FTXmado1.html）.

WPATH, 2019, "WPATH Letter to Government of Japan," (Retrieved November 12, 2021, https://www.wpath.org/media/cms/Documents/Public%20Policies/2019/WPATH%20Letter%20to%20Japanese%20Gov%20Officials%20re%20Identity%20Recognition_May%20%2028%202019%20JPN.pdf).

横須賀市，2019，『横須賀市パートナーシップ宣誓証明ガイドブック』横須賀市市長室人権・ダイバーシティ推進課，（2022年5月22日取得,https://www.city.yokosuka.kanagawa.jp/0531/documents/20220401yokosukaguidebook.pdf）．

索　引

【著者略歴】

武内 今日子（たけうち きょうこ）

1993年栃木県生まれ。東京大学文学部行動文化学科卒業。東京大学大学院人文社会系研究科修了。博士（社会学）。東京大学大学院情報学環 B'AI Global Forum 特任助教を経て、2024年4月より関西学院大学社会学部助教。専門は社会学、ジェンダー・セクシュアリティ研究。

主な論文に「未規定な性のカテゴリーによる自己定位——Xジェンダーをめぐる語りから」（『社会学評論』72巻4号, 2022年）、「『性的指向』をめぐるカテゴリー化と個別的な性——1990年代における性的少数者のミニコミ誌の分析を中心に」（『ソシオロジ』66巻3号, 2022年）、共訳書にジェフリー・ウィークス『セクシュアリティの歴史』（筑摩書房, 2024年）などがある。

非二元的な性を生きる
性的マイノリティのカテゴリー運用史

2025年3月20日　初版第1刷発行

著　者　武内　今日子
発行者　大　江　道　雅
発行所　株式会社　明石書店

〒101-0021　東京都千代田区外神田 6-9-5
電　話　03（5818）1171
Ｆ Ａ Ｘ　03（5818）1174
振　替　00100-7-24505
https://www.akashi.co.jp/

装丁　　　明石書店デザイン室
印刷・製本　モリモト印刷株式会社

（定価はカバーに表示してあります）　　　　ISBN978-4-7503-5912-0